U0838022

公共经济学

刘俊英 主编　　郝宏杰 副主编

中国经济出版社
CHINA ECONOMIC PUBLISHING HOUSE
·北 京·

图书在版编目（CIP）数据

公共经济学 / 刘俊英主编；郝宏杰副主编 . -- 北京：中国经济出版社，2022.6

ISBN 978-7-5136-6874-3

Ⅰ . ①公… Ⅱ . ①刘… ②郝… Ⅲ . ①公共经济学 Ⅳ . ① F062.6

中国版本图书馆 CIP 数据核字（2022）第 056074 号

责任编辑 王 帅
责任校对 李若雯
责任印制 巢新强

出版发行 中国经济出版社
印 刷 者 北京柏力行彩印有限公司
经 销 者 各地新华书店
开 本 710mm × 1000mm 1/16
印 张 31.75
字 数 470 千字
版 次 2022 年 6 月第 1 版
印 次 2022 年 6 月第 1 次
定 价 98.00 元
广告经营许可证 京西工商广字第 8179 号

中国经济出版社 网址 www.economyph.com 社址 北京市东城区安定门外大街 58 号 邮编 100011

本版图书如存在印装质量问题，请与本社销售中心联系调换（联系电话：010-57512564）

版权所有 盗版必究（举报电话：010-57512600）

国家版权局反盗版举报中心（举报电话：12390） 服务热线：010-57512564

目　录

1　绪论……1
1.1　公共经济学的含义与特征……1
1.2　公共经济学的研究对象……4
1.3　公共经济学的研究方法……5
1.4　公共经济学的发展……8
1.5　公共经济学的学科定位……13
2　市场、政府与公共经济……18
2.1　市场经济……19
2.2　市场经济与资源配置……23
2.3　市场失灵假定及其表现……29
2.4　公共部门与经济活动……34
2.5　政府参与经济活动的研究……46
3　外部效应……53
3.1　外部效应概述……53
3.2　外部效应的类型……59
3.3　外部效应与资源配置效率……63
3.4　外部效应的治理……73
4　公共物品……86
4.1　公共物品概述……86
4.2　公共物品的有效供给……92
4.3　公共物品的提供方式……96

5 公共选择……115
5.1 公共选择理论概述……115
5.2 公共选择的程序与规则……120
5.3 公共选择政治行为的经济分析……138
6 公共支出……154
6.1 公共支出的含义与原则……154
6.2 公共支出的范围与分类……159
6.3 公共支出增长……164
6.4 公共支出结构……172
6.5 公共支出效益……175
7 购买性支出……182
7.1 行政管理支出……182
7.2 国防支出……187
7.3 科教文卫支出……195
7.4 公共投资性支出……211
8 转移性支出……225
8.1 转移性支出概述……225
8.2 社会保障支出……228
8.3 财政补贴……242
8.4 税式支出……251
9 公共收入……256
9.1 公共收入概述……256
9.2 税收收入……265
9.3 公债收入……270
9.4 公共收入规模分析……274

10 税收原理……282
10.1 税制要素……282
10.2 税收分类……290
10.3 税收原则……292
10.4 税收经济效应……306
10.5 税负转嫁与归宿……309
11 税制结构与税种间协调……314
11.1 税收制度概述……314
11.2 流转税……322
11.3 所得税……346
11.4 财产税……365
11.5 资源税……368
12 公债理论……373
12.1 公债概述……373
12.2 公债管理概述……382
12.3 公债发行的管理……387
12.4 公债流通市场……393
12.5 公债偿还的管理……399
12.6 公债的影响与负担……405
13 公共预算……412
13.1 公共预算概述……413
13.2 公共预算的编制、执行与决算……420
13.3 国库集中支付制度……429
13.4 我国公共预算管理体制概述……438
14 公共经济政策……448
14.1 宏观经济政策的目标……448
14.2 财政政策……450

14.3 货币政策 …… 465
14.4 收入分配政策 …… 477
14.5 其他政策 …… 488

参考文献 …… 493

后 记 …… 499

1 绪论

公共经济学是一门综合性、交叉性较强的新兴学科，它侧重于从经济学的角度研究、解释、分析和规范以政府为代表的公共部门职能和作用。公共经济学的研究对象是公共部门经济活动的规律。在现代经济发展中，政府等公共部门与企业、家庭同为重要的经济主体。作为经济主体，政府财政收支及其对国民经济的影响如何，政府怎样做才能促进经济发展，如何发挥公共部门经济的作用？这些都是现实经济社会发展中存在的客观问题，也是必须要解决的重要问题。

本章重点

- 公共经济学的含义
- 公共经济学的研究对象
- 公共经济学的研究方法

1.1 公共经济学的含义与特征

1.1.1 公共经济学的含义

公共经济学（Public Economics），又称公共部门经济学（Economics of the Public Sector），是研究经济系统中公共部门的经济活动及其规律的经济学科。

在现实的社会经济体系中存在两种类型的经济主体：一类是私人部门（Private Sector），即企业与家庭；另一类是公共部门（Public Sector），即政府及其附属物。两个经济主体在市场运行中扮演不同的经济角色，并都以各自的方式参与国民经济的运行，在国民经济中发挥着不同的经济功能，影响着国民经济发展的方向和速度。现代经济是私人经济与公共经济组成的混合经济，公共部门的经济活动免不了要涉及私人部门的经济活动。公共部门经济活动的资源来源于私人部门的经济活动，公共部门经济活动的目的是保证私人部门经济活动的正常运转。在西方宏观经济学关于国民收入决定的理论中，把政府、企业和家庭看作三个平等的经济主体，三者既相互关联，又各有自己的运行规律。虽然政府、企业与家庭共同参与国民经济，但是其行为方式和目的却大相径庭。企业和家庭作为私人部门是以收益最大化为前提和目标的，而政府作为公共部门是以全社会的福利与公平为前提和目标的。

市场经济初期，市场运行模式以私人部门的完全竞争为主，政府部门作用不明显，故政府被当作经济系统的外生变量。随着经济系统规模的扩张，产生了垄断、信息不完全、外部效应等各种市场失灵（Market Failure）的现象，单纯依靠市场机制已经不能保障社会经济体系的有效运行和社会资源的有效配置与利用，以政府为主体的公共部门对经济体系的直接介入成为必然选择。在市场经济条件下，政府的作用主要有三个：收入分配职能、社会资源配置功能和宏观经济稳定功能。公共经济学就是专门研究以政府为主体的公共部门的经济行为的学科。

公共部门主要是指政府部门。政府部门是指公共部门中不从事产品或服务的生产和销售，主要依靠税收取得收入，免费或部分免费地为社会提供产品或服务的单位的总称。例如，各委办、部（厅、局）机关、法院、检察院、公安、环保、气象、水利、交通、消防、研究所、学校、医院等。从狭义上来看，政府部门是指通过政治程序设立，在一定区域内行使立法、司法和行政权力的实体组织，通常是指中央和各级地方政府。在我国，政府分为中央、省（自治区、直辖市）、地（市）、县、乡五级，省和省以下政府称为“地方政府”。从广义上来看，政府部门还包括政府设立的事业单位，这些单位虽然不拥有行政权力，但它们实际上是在执行政府的政策。例如，通过政府办的学校来实施政府的教育政策，通过政府建立的医院来执行医疗保健政策，通过社保基金来执行政府的社会保障政策，等等。

公共部门除了政府部门外，还包括非政府组织，如公共企业、非营利组织、国际组织和民间社会团体等，它以公共利益最大化和社会福利最大化为社会目标，依法拥有公共权利并管理公共事务。

公共企业一般是指政府拥有的以提供公共物品和公共服务为目的的企业，同时包括以提供公共物品和公共服务为目的的非国有企业。如供水、供气、供电、公共交通等部门，它们主要以销售收入作为生产活动的资金来源，也可以获得政府的补贴。

非营利组织是以从事公共事务为目的的、营利组织和政府组织之外的公益组织，如各种基金会、慈善组织、学会、协会、研究会等，主要提供社会福利、教育培训、医疗保健、救灾赈灾等服务。

国际组织是指联合国、世界银行、国际货币基金组织、亚洲开发银行、世界卫生组织、国际红十字会等跨国界的组织，这些组织通常由各成员单位共同出资，从事公益性活动，但这些活动不属于政府行为。

民间社会团体名目多、范围广，如民间自发形成的以教育救助为目的的各种公益性团体也属于公共部门范畴。

此外，中央和地方政府为了扶持经济发展或出于其他非经济性目的，往往会建立一些政策性金融机构。如我国的进出口银行、国家开发银行、农业发展银行等。这些政府兴办的政策性金融机构，一般也可以被界定为公共部门。

1.1.2 公共经济学的特征

1. 公共经济学是主要研究政府及其行为的学科

政府与市场也同样存在着失灵的现象，因此需要对政府的行为进行科学的研究。公共经济学就是要解决此类问题，即政府为什么要干预经济生活，什么时候干预，怎样干预；政府从事经济活动的范围、方式、途径和效果是什么。

2. 公共经济学以经济学的方法来研究政府经济行为

人们可以从多个角度研究政府，比如从社会学的角度、从政治学的角度等。但是，经济学认为人们是通过理性的利己主义行为、利用价格机制和竞争机制在商品货币关系中完成自己的交易行为的，政府所起的作用是服务性的，是服务性的政府。

3. 公共经济学更加注重对实际问题的研究

公共经济学在研究提供公共物品、政府价格管制、外部性与政府行为、政府政策与经济自由度、寻租等问题时，采用了大量方法。这些方法对解决实际问题起到了极大的作用，比如，运用委托-代理理论、博弈理论、信息理论、公共选择理论、制度经济学理论等。作为经济活动主体的政府在实际工作中迫切需要这样一些理论来指导自己的实践，既能够完成社会的目标，又能够提高经济效益。

1.2 公共经济学的研究对象

公共经济学是以公共部门经济活动作为主要研究对象的。公共部门为什么要参与经济活动，公共部门如何参与经济活动，公共部门的经济决策是如何作出的？这是公共经济学关注的重要学术命题。现代经济是市场经济，市场经济在资源配置过程中发挥着基础性作用。由于现代经济中存在市场失灵问题，才使得公共部门参与经济活动成为必要，市场失灵是公共部门干预经济的前提。当然，政府对于经济的干预同样存在政府失灵的问题，政府失灵是公共部门参与经济活动的上限与边界。

公共部门的经济活动涵盖的范围十分广泛，总体上可以将其分为三个类型：公共收入活动、公共支出活动、公共规制活动。不论是哪种类型的经济活动，都会对相关经济主体的资源进行重新配置。

公共经济学关注的核心问题是经济系统的效率、公平和稳定。可以概括为三个方面：一是研究资源如何在公共部门与私人部门之间实现最优配置，研究公共部门如何参与非市场性的资源配置；二是研究公共部门如何从事社会财富的再分配，以增加收入分配的公平性与合理性；三是研究公共部门如何维护经济运行的稳定性。

以政府为主体的公共部门参与的非市场性资源配置活动，是指政府为满足居民的公共消费需要和社会存在与发展的必然要求，通过采用向社会成员征税和强制转移财富的办法来筹措资金，不以营利为目的提供国防、治安、环境保护、教育、卫生、文化等公共服务。

公共部门所从事的社会财富再分配，是指为了保证社会公民获得公平与公正的待遇、保护弱势群体、缓和社会矛盾，采取税收等强制手段对社会成员的财富进行重新分配。虽然越是有效运行的市场，越能维持最初的收入分配状况，但收入分配的不公平、经济运行的不稳定是无法依靠市场来解决的。

公共部门稳定经济，是指公共部门通过财政政策、货币政策和其他行政手段，制定相应的公共经济政策，对国民经济总量与结构进行调控，以减少宏观经济的波动，稳定经济运行。

公共经济学的主要内容包括公共物品理论、公共选择理论、公共收入理论、公共支出理论、公共预算理论、公共规制理论等。

1.3　公共经济学的研究方法

公共经济学作为经济学的一个分支，已经成为一门学科。学科成立的标志之一是成熟的学科特有的研究方法的形成。公共经济学的研究方法主要有实证分析与规范分析法，理论分析与计量研究法，均衡分析与边际分析法，案例研究法，以及比较研究法等。

1.3.1　实证分析与规范分析法

实证分析与规范分析实际上是两种相互联系又相互区别的研究方法。

所谓实证分析，是指按照事物的本来面目去描述事物，确认事实本身，说明研究对象究竟“是什么”，或者究竟是什么样的。此方法的主要特点是通过对客观存在物的验证，即所谓“实证”来概括和说明已有的结论是否正确。将实证分析法运用于公共经济学，就是通过对公共部门经济活动实际情况的分析与描述，讲清楚公共部门经济活动实际上是一种什么样的活动，它对经济产生了什么样的影响以及将来会产生什么样的影响；讲清楚在各级政府之间政府职责、政府收入和政府支出究竟如何划分，这种划分对经济、社会以及政府本身产生了什么影响；讲清楚有关公共经济政策是怎样发挥作用的以及作用的结果怎样等。

所谓规范分析，是指经过一定的价值判断提出某些标准并作为分析处理经济问题的标准，通过分析解决“应该是什么”的问题。此方法的主要特点是在进行分析之前，先根据一定的价值判断确定相应的准则，再依据这些准则来分析判断研究对象目前所处的状态是否符合这些准则，如果不符合，其偏离的程度如何，应当如何调整等。将规范分析法运用于公共经济学，就是要根据一系列的准则来分析和判断现行公共部门经济活动是否与既定准则相符合，如果不符合应当如何调整。

举例来说，“春运”期间车票紧张，这是什么原因引起的呢？有人认为是政府限价所致，因为限价使车票需求量上升，导致车票紧张；也有人认为，车票紧张是由乘客缺少需求弹性引起的，与限价无关。这些表述方法属于实证分析方法。众所周知，“春运”期间政府总是对铁路和公路票价实行限制。有人认为政府应该实行限价；有人认为政府不应该实行限价，而应该让交通运输市场自行调节。这些诸如“应该”和“不应该”的表述方法都属于规范分析法。

公共经济学的研究既离不开实证分析法，也离不开规范分析法。在公共经济学研究中，一方面，在运用规范分析法研究某些问题时，常常需要运用实证分析法论证研究对象与给定规制之间的符合程度；另一方面，在运用实证分析法研究某些政府活动问题时，常常需要运用某些既定准则来验证分析结果。另外，某些规范分析准则实际上也是在实践探索的基础上，运用实证分析法概括和总结出来的。公共经济学以效率、公平、稳定为目标，追求社会福利最大化，或者追求社会效益最大化。实证分析要计算政策带来的均衡状态的变化，规范分析要评价政策福利方面的效果。通过实证分析，可能揭示公共经济学中最基本的效率、公平，福利的增加与损失等的范畴与原理。规范分析则可以给予处理公平与效率的关系、公共产品供给的主体、政府在市场经济中作用的定位等问题以合理的解释与明确的答案。

1.3.2 理论分析与计量研究法

公共经济研究也经常进行理论分析，或借助于比较研究和逻辑演绎，或借助于数理方法。理论分析法虽不局限于数理方法，但在西方学术界，理论分析基本上等同于数理方法。现实中，除了极少数的经济学大师，如诺贝尔经济学奖得主科斯和布坎南等，已经鲜见经济散文式笔法的理论分析。当然，理论分析更加注重其中的经济学思想，而非数学工具本身，这也是经济学不同于数学的地方。

计量研究法在公共经济研究中的运用也很广泛。理论分析构建的模型是否成立，往往要通过计量研究法的检验。公共经济研究中，计量研究法的普及原因有两个：一是计量经济学理论的发展，数据处理水平的提高；二是现在的经济学家可以获得比以往更多的经济数据。

1.3.3 均衡分析与边际分析法

均衡状态是指一件事物中矛盾的双方势均力敌的状态，在均衡状态下，各方面的潜力均被挖掘殆尽，从而达到了帕累托最优的状态。任何经济问题如果存在最佳解的话，则最佳解一定发生在某种均衡状态下。均衡分析法，就是确定经济问题最佳解的存在条件的方法。

边际分析法，是指通过计算一个变量相对于另一个变量的变化率，从而确定相互矛盾着的双方相对于某一相同变量的变化率大小相等的条件，即均衡条件。边际分析法，就是确定经济问题最佳解的过程的方法。

可见，均衡分析与边际分析二者相辅相成，为分析经济问题发挥着巨大作用。需要指出的是，经济学通常根据私人边际成本与私人边际收益相等的原则，确定私人经济问题的最佳解；而公共经济学则需要根据社会边际成本与社会边际收益相等的原则，确定公共经济问题的最佳解。私人边际成本与社会边际成本同私人边际收益与社会边际收益的相互背离，正是公共经济学有别于经济学的重要方面之一。

1.3.4 案例研究法

案例研究法是法学院和商学院课程常用的方法。实际上，公共经济研究也可以运用这一方法。案例研究法，是指对发生在自然场景中的某种现象进行探索、描述或解释，并试图从中推导出新的假说或结论的研究方法。案例研究法是一种综合性研究方法，一个案例可以运用多种方法对其进行描述、解释和说明。在公共经济研究中，我们可以通过一个具体的公共经济事件，对公共经济行为、公共经济政策、公共经济制度等作出详细的描述和深入的剖析。既可以是纯粹的描述，从大量的历史事实中总结出公共经济规律，也可以用公共经济理论作为指导，检验理论在具体的公共经济活动中的适用性。通过对公共经济案例的研究可以深化对公共经济理论的认识，并在案例研究中发现理论与实践的差异，找出公共经济存在的问题；在解决问题的过程中，深化公共经济理论与公共经济政策研究。与其他研究方法相比，案例研究法具有综合性、直接现实性、真实性、实践性的特征，但在应用中也要充分考虑到它的代表性和可靠性。

1.3.5 比较研究法

比较研究法是对不同的公共经济理论、不同的公共经济实践模式、不同国家的公共经济形态、不同历史时期的公共经济形态进行比较，从而把握公共经济中一般与个别之间的关系。公共经济学一般理论的形成需要对各国公共经济实践进行描述、分析和解释，提炼其共同点。同时，这些共同点是否适用于某个国家或地区，需要比较不同国家或地区公共经济运行的条件和制约因素，找出不同公共经济形态的特殊性。通过对公共经济各要素的比较，对公共经济发展的比较，对不同历史阶段公共经济形态、结构、运行机制的比较，能够帮助我们较为清晰地认识不同国家或地区公共经济的特点，从而为采取不同的公共经济模式提供借鉴。

1.4 公共经济学的发展

1.4.1 财政学是公共经济学的起点

1. 重商主义的公共财政思想

重商主义是在欧洲原始积累时期代表商业资产阶级利益的一种经济学说和政策体系。它于15世纪初萌芽，到17世纪达到极盛。重商主义考察资本主义生产方式是从流通领域的角度出发的，认为国家的强大必须以经济为基础，必须以拥有金银货币的数量来衡量其财富的多少。国家经济政策和活动的一切目的是获取货币，主张实行包括税收政策在内的干预经济的政策，鼓励出口、限制进口，以换回更多的金银货币，以积累货币财富。

2. **重农学派的财政思想**

重农学派的创始人为法国古典政治经济学家弗朗斯瓦·魁奈（Francois Quesney），该学派在18世纪形成于法国，它主要反对重商主义和封建特权，其内容有提倡、重视和发展农业，反对国家干预经济，提倡在经济上实行自由放任。重农学派把理论研究从流通领域转向农业生产领域，认为农业是物质财富的真正源泉，只有农业才能创造“纯产品”。因此，只有发展农业，才能使国家财源茂盛，增加财政收入。从这一角度出发，重农学派在财政方面主张实行“单一的土地税”，并由占有“纯产品”的地主承担全部税负，取消其他课税。同时，反对行会限制和国家干预经济生活，提倡减轻人头税负担，反对包税制的征收制度。魁奈在1758年出版的著作《经济表》中着重阐述了社会总产品的交换和流通，对财政和社会再生产的联系进行了最初的考察，提出了他的“纯产品”学说和“单一土地税”的税收主张。另外，魁奈还认为国家应该把政策重点放在经济繁荣上。杜尔哥发展了重农学派的经济理论，他把社会阶级划分为生产阶级、土地所有者阶级和不生产阶级，并进一步划分出雇用工人和资本家。他认为利润、利息、地租都是农业“纯产品”的一部分。主张实行平等纳税，取消徭役制度和苛捐杂税。在对外贸易方面，提倡自由贸易，实行平等关税。同时，他还认为除土地所得税外，其他对佃农征收的税，以及对企业利润和销售商品征收的税都来源于农业“纯产品”，由土地所有者负担，属于间接税，应当被废除。

3. **古典学派的公共财政思想**

古典学派代表的是新兴资产阶级利益的一种经济理论和体系，产生于17世纪中叶，完成于19世纪初。英国的威廉·配第（William Petty）于1662年发表的《赋税论》是古典经济学产生的标志，亚当·斯密（Adam Smith）于1776年发表的《国民财富的性质和原因的研究》是其主要理论代表，大卫·李嘉图（David Ricardo）发表的《政治经济学及赋税原理》为古典经济学的终结。其他主要代表人物有布阿吉尔贝尔（Boisguillebert）、魁奈、杜尔哥（Turgot）和西斯蒙第（Sismondi）。

威廉·配第是英国从重商主义向古典政治经济学过渡的代表人物，其在财政理论方面的代表为《赋税论》，这部著作主张财政支出按国家职能划分为军事、行政司法、宗教、教育、社会事业和公共土木工程等项目，并认为国家支出应以提高生产率、振兴产业为目标，削减非生产性支出，增加生产性支出。赋税是将一部分人民财产转移给政府，人民所纳赋税应以其在公共秩序中所享受的权益而定。他提出了“公平”“简便”“节省”的征税标准。在税收制度上，他主张以地租为主要税源，以单一国内消费税取代其他税种，并倾向于实行比例税制。

亚当·斯密是英国古典政治经济学的杰出代表，他于1776年在英国出版的《国民财富的性质和原因的研究》(以下简称《国富论》)中创立了古典政治经济学理论体系和财政学体系，被誉为“政治经济学之父”“财政学之父”。《国富论》产生于英国由工场手工业向大机器工业过渡时期，反映了产业资本同封建残余作斗争、迅速发展资本主义经济的要求。作者以资产阶级人性论为出发点，以国民财富为研究对象，使用了双重的研究方法，即一方面探索各个经济范畴的内在联系，另一方面仅仅描绘经济现象的表面联系。贯彻全书的基本指导思想是主张自由放任，即主张在自由竞争中发展资本主义经济。

大卫·李嘉图继承和发展了威廉·配第和亚当·斯密的财政思想。大卫·李嘉图(1772—1823年)，英国资产阶级古典政治经济学的主要代表人物之一，也是英国资产阶级古典政治经济学的完成者，主要经济学代表作是于1817年完成的《政治经济学及赋税原理》。李嘉图早期是交易所的证券经纪人，后受亚当·斯密著作的影响，激发了他对经济学研究的兴趣，其研究的领域主要包括货币和价格，对税收问题也有一定的研究。李嘉图的观点如下。

第一，赋税的来源。李嘉图坚持劳动时间决定商品价值的原理，认为劳动是创造价值的唯一源泉。据此，李嘉图认为税收来自劳动产品的价值，赋税是一个国家的土地和劳动的产品中由政府支配的部分，它最后总是由该国的资本或是由该国的收入支付。李嘉图将税收归纳为来源于资本和收入两个方面，如果税收的征收使得人们增加生产或减少消费，那么税收来源于收入；如果人们没有增加生产或减少消费，则税收来源于资本。李嘉图认为，税收不论来自收入还是来自资本，都是对积累的减少。

第二，税收原则。李嘉图的税收原则思想主要体现在税收公平和税收对生产的影响方面，他并没有像亚当·斯密那样比较系统和全面地对税收原则进行分析。李嘉图认为，社会的一切收入都应被征税，人们应按自己的财力来负担税收；政府税收只要负担合理，至于落在哪项收入上面是无关紧要的，只要赋税不是不平均地压在从事积累和节约的阶级身上，它究竟是课加在利润上面、农产品上面，还是课加在工业品上面，都没有多大关系。为了公平地征收税收，应该建立由工资税、利润税和农产品税组成的税收制度。另外，李嘉图认为政府的财政支出是非生产性的；政府税收是用于政府支出的，因而也具有非生产性；税收具有妨碍生产和耕种的通病，给生产带来负担。

第三，关于地租税。李嘉图认为，地租税只影响地租，地主负担了全部税收，地租税不能转嫁给任何消费阶级；但有些时候地租税也会使农产品的价格提高，消费者也会承担税负。

第四，关于利润税。李嘉图认为，对资本利润征税会导致所生产的商品涨价。对资本家来说，如果征税后税收负担不随商品价格上涨而转嫁，生产产品的资本家就不能获得平均利润。通过进一步分析，李嘉图认为对资本利润课税而且一切商品都按税额成比例地涨价，就会影响股票持有人。

第五，关于工资税。对工资征税会使工资上涨，导致资本利润率的降低。李嘉图指出，对必需品征税和对工资征税的结果不一样，对必需品征税必然使必需品价格上涨，而工资税则不然；必需品征税部分是利润税，部分是对富有的消费者征税，工资税则全部是利润税。工资税的影响是使工资增加，增加的数额至少与税额相等。

第六，关于农产品税。李嘉图认为，任何加在农业经营者身上的税收，无论采取土地税的形式、什一税的形式，还是产品税的形式，都将增加生产成本，因而会提高农产品的价格。对农产品征税，不是由地主负担，因为不能从地租中扣除税款；也不能来自农场主的利润，因为没有任何理由在其他行业获得较高利润的情况下，要求农场主从事这种利润较低的行业。

1.4.2 公共经济学的兴起和发展

公共经济学理论以凯恩斯于1936年发表的《就业、利息和货币通论》为起始点，按发展顺序划分，主要有凯恩斯学派、供给学派、货币学派等。

1. **凯恩斯学派的财政理论**

凯恩斯经济理论的核心是有效总需求理论，该理论认为有效需求是商品的总供给价格和总需求价格达到均衡时的社会总需求，有效需求又包括消费需求和投资需求，但由于“边际消费倾向递减”“资本边际效率递减”“货币的流动偏好”三大规律的影响，会造成消费需求或投资需求的不足，即社会总需求的不足，这必然又会导致全社会就业量的不足和经济危机的产生。

2. **供给学派的财政理论**

20世纪70年代以来，市场经济国家出现了经济“滞胀”的局面，凯恩斯学派需求管理政策受到严重挑战。由于凯恩斯学派的需求管理政策忽视了劳动、储蓄、投资、生产等供应因素，从而导致经济增长率降低。以供给学派为代表的经济理论应运而生，他们认为要医治“滞胀”的经济顽症，就要重新肯定萨伊定律，重视供给管理政策，降低税率以刺激经济增长，减少国家干预经济，提高私人经济的效率。表现在税收上，就要强调税收的中性原则，即征税结果不要影响纳税人在生产、投资、消费等方面的行为。供给学派反对赤字财政政策，主张实行紧缩性的财政政策，恢复预算平衡。在具体政策措施上主张减税政策，以激发人们的工作积极性，刺激投资，增加供应。他们提出了“拉弗曲线”，以此描述税收和生产之间的关系。

3. **货币学派的财政观点**

货币学派以米尔顿·弗里德曼（Milton Friedman）为代表，兴起于20世纪五六十年代。他们反对凯恩斯的理论及政策主张，主张实行单一的货币政策以调节经济。货币学派认为，推行凯恩斯扩大财政支出政策造成货币供应的增加，导致持续的通货膨胀。因此，他们反对赤字财政政策，主张通过实行紧缩性的财政政策和货币政策来控制通货膨胀。在税收方面，货币学派提出了全面降低个人所得税基本税率，减征投资收入税、土地开发税和公司利润税，实行“负所得税”的设想。

4. **其他观点**

除了上述主要流派的财政思想和观点外，在当代西方公共财政学理论中引人注目的还有德国著名财政学家理查德·阿贝尔·马斯格雷夫（Richard Abel Musgrave）的财政理论和公共选择学派的财政理论。

马斯格雷夫在《财政理论和实践》一书中提出以下税收六原则。

第一，税负分布应该是公平的，应使每个人都支付合理的份额。

第二，税收的选择应尽量不干预有效的市场决策，也就是说，要使税收的“额外负担”极小化。

第三，如果税收政策被用于实现刺激投资等其他目标，就必须使之对税制公平性的干扰最小。

第四，税收结构应有助于以经济稳定增长为目标的财政政策的实现。

第五，税收制度应明晰而无行政争议，并且要便于纳税人理解。

第六，税收的管理和征收费用应在考虑其他目标的基础上尽量降低。

总之，随着时代和环境的变化，要求人们从更广的范围、更深的层次上研究政府的经济活动。研究方法的进步，推动了公共经济学的诞生。

1.5 公共经济学的学科定位

公共经济学属于一门交叉性学科。公共经济学脱胎于财政学，在与政治学交叉后又分离出了政府经济学。公共经济学在发展过程中与财政学、政府经济学、当代西方经济学、公共管理学等多个学科有较为密切的关系。

1.5.1 公共经济学与财政学

公共经济学是对财政学的继承，公共部门的经济行为主要依赖国家财政的支持。公共经济学又是对财政学的发展，无论是在研究领域，还是在研究方法上，都有一定的拓展与创新。公共经济学的研究领域比财政学要宽。财政学主要研究国家财政的收支与其平衡问题。公共经济学除了研究国家自身的财政收支与平衡问题之外，还研究公共部门的经济行为及其对经济的影响，公共部门与私人部门的经济关系，非政府公共部门与政府部门的关系，经济决策的影响及其作用机制等。经济学家彼得·M.杰克逊认为：传统的财政学主要侧重于财政中的税收方面，忽略了公共支出与公共选择。他认为，与财政学相比，公共部门经济学近来发展的一个特征是，经济学家更加注重公共产品与公共政策的供求研究。①还有学者认为，过去公共财政专家关注的是如何有效和公正地进行课税和使用税收，但当代研究的许多内容已经不能由公共财政学所涵盖，"而公共经济学很好地包含了这些内容：对国家财政的控制；谁拥有，谁控制，谁管理和谁制定政策，以及谁关注政府的经济政策"。②在研究方法上，财政学主要侧重于实证分析，分析政府是如何进行收支的；公共经济学则采用现代经济分析方法，融入了规范分析、均衡分析、计量分析、案例分析等方法，在和其他相关学科不断融合与渗透的过程中，将理论同实践结合起来。

1.5.2 公共经济学与政府经济学

不少学者认为公共经济学就是政府经济学，还有学者将财政学、公共经济学、政府经济学三者等同。分析其原因大致有二：一是二者的研究对象确有不少相同之处，二是我国非政府公共部门和组织对社会经济运行的影响相当有限。不多的非政府部门和组织被归入既非私人部门和组织，又非政府部门的"第三部门"，与私人部门和组织相对应的主要是政府部门。二者的差异性，可以从以下两个方面进行分析。第一，二者的研究主体不同。政府经济学研究的经济主体是政府部门；公共经济学研究的经济主体是包括政府部门在内的公共部门或公共组织。公共部门或公共组织是相对于私人部门或私人组织而言的。凡是非私人的、涉及社会的部门或组织，都可以被归入公共部门，政府也在其列。而与政府部门相对的，则是非政府的部门和组织。因此，公共部门和组织的概念外延大于政府部门的概念

① 彼得·M.杰克逊.公共部门经济学的前沿问题［M］.北京：中国税务出版社，2000：2-3.

② 约瑟夫·E.斯蒂格利茨，等.政府为什么干预经济：政府在市场经济中的角色［M］.北京：中国物资出版社，1998：153.

外延。第二，二者的学科性质不同。政府经济学与政治学有着较为密切的联系。在一定意义上，政府经济学更像是经济学与相关学科，如政治学、管理学、社会学等交叉形成的交叉学科；公共经济学则属于经济学学科。二者的学科性质不同，致使其在研究方法、遵循的原则、范畴体系等方面有所不同。

1.5.3 公共经济学与当代西方经济学

当代西方经济学理论由微观经济学理论与宏观经济学理论组成。微观经济学以单个经济单位为研究对象，研究单个经济单位的经济行为以及相应的经济变量的决定。公共经济学与微观经济学的联系非常密切，微观经济学研究价格机制、消费者行为理论、生产者行为理论、分配理论等，而公共经济学把政府看成经济活动主体，该主体为实现其经济利益最大化而生产和消费。因此，微观经济学优化资源配置的研究目的同样适用于公共经济学。宏观经济学以整个国民经济活动为考察对象，研究经济中有关总量的决定及其变化，解决国民经济的整体协调与稳定问题。宏观经济学从整个国民经济体系中寻求经济资源的优化配置，其政策目标是充分就业、物价稳定、经济增长和国际收支平衡。公共经济学研究如何在公共事务领域界定政府与市场之间的关系，提高公共经济资源的利用效率，从而实现公共经济资源的优化配置。而作为公共经济学研究对象的公共部门所具有的配置、稳定和分配的职能则与宏观经济学的目标相一致。宏观经济学中关于经济周期、总供给与总需求、财政税收与货币政策等理论的研究成果不仅对公共经济学的研究思路、研究方法具有总体性的指导作用，而且是公共经济学不可或缺的理论范畴。

1.5.4 公共经济学与公共管理学

公共管理学是从管理科学的角度研究公共领域管理的一般特点、规律、原则、方法和手段问题的学科。20世纪80年代前后，许多国家由于财政危机和管理危机的出现，纷纷掀起了“政府再造”的新公共管理运动。新公共管理运动强调以管理替代行政的管理理念。管理主义以经济、效率、科学和理性作为公共管理的价值取向，强调管理技术和专业管理角色在公共领域的运用，主张公共部门仿效私人部门的管理方法、模式和思想。在经济管理领域的研究大多兼有经济学与管理学的两栖性，很难分清谁为纯粹的经济学、谁为纯粹的管理学。一个简单的事实是，经济学分析最终产生的政策含义，只有通过管理付诸实践才能转化为现实生产力。在公共部门，信息不对称和经济人行为往往会导致官僚夸大公共产品提供的成本，或通过寻租以谋取部门和个人经济利益；政府经济活动的弱成本约束，造成公共部门运行成本高昂；而传统官僚体制僵化刻板，人员照章办事，又造成公共部门行动迟缓、效率低下。这些弊端都深为新公共管理的倡导者诟病，必须用以经济、效率为核心价值的管理主义对之进行革新和重塑，再造公共管理的流程和模式。一方面，管理主义大行其道，且与经济学强强融合的趋势日益明显；另一方面，公共部门成本高昂、效率低下的弊端呼吁管理主义的革新运动。因此，公共经济学与公共管理学的研究相结合十分必要。公共经济学在研究公共部门经济行为的过程中，必然涉及公共经济部门中与效率、公平等公共管理问题有关的内容，公共管理学理论成果的应用对公共经济学研究方法的创新、公共经济运行效率的提高具有积极的意义，而公共经济运行的一般特点、规律的研究又必然会为我们认识和改进公共部门的管理提供科学的理论指导。

1.5.5　公共经济学与其他学科

公共经济学与其他学科也有交叉、渗透和关联。例如，公共经济学与福利经济学、公共政策学、政治学、管理学、伦理学等。学习公共经济学，需要对这些学科有基本的了解，从而加深对公共经济学的理解，并在交叉领域滋生新的学科生长点。

◎ **关键概念**

公共部门；非政府组织；非营利组织；实证分析和规范分析

复习思考题

1. 公共部门是指哪些部门和组织？

2. 公共经济学的主要研究对象和研究内容是什么？

3. 如何理解公共经济学与其他学科的关系？

推荐阅读

● 想要了解近年来国外公共经济学研究的新进展，可以阅读Etro F.的论文“Research in economics and public finance”（*Research in Economics*，2016年第1期），唐任伍和李楚翘的论文《国外公共经济学研究的最新进展和发展趋势》（《经济学动态》，2017年第8期），以及张克中的论文《全球公共经济学研究进展》（《经济学动态》，2020年第4期）。

● 想要了解公共经济理论在中国的研究创新，以及适应中国现代国家治理需要的公共经济理论体系，可以阅读同济大学石建勋教授等的著作《新时代中国特色社会主义公共经济学》（清华大学出版社2018年版）以及财政部财科所齐守印教授出版的著作《公共经济理论创新与国家治理现代化》（新华出版社2020年版）。

2 市场、政府与公共经济

本章主要讨论的是市场、政府与公共经济之间的关系。首先，从市场经济的基本内涵与核心要素出发，探讨市场经济配置资源的基本方式和基本条件，进一步引出市场失灵和帕累托最优的概念，并特别指出市场失灵并非市场经济本身的问题，而是指单一依靠市场交换调节经济资源配置不能使资源配置实现帕累托最优状态，或会产生一些公共领域的问题。这些问题主要体现在公共产品、外部性、失业与通货膨胀、收入分配、垄断以及宏观经济等领域。在此基础上，引入公共部门的概念，利用公共部门特别是政府配置公共资源、调节收入分配和稳定经济增长的三大经济职能来解决市场失灵的问题，减少市场失灵带来的社会公共福利损失。同时，还特别指出政府也存在失灵现象，并就政府失灵的原因进行了分析。其次，对政府在参与经济活动中所扮演的角色进行了分析，并详细阐述政府经济活动研究的历史演进。本章在一定的经济学基础上，分析市场经济运行中的问题和政府弥补市场失灵的可能性，主要目的是引出公共经济的研究内容——公共部门经济活动，帮助读者建立起对公共经济逻辑起点的认知。

本章重点

- 有效资源配置的基本条件
- 市场失灵的假定及其表现
- 公共部门（政府）的经济职能
- 政府失灵的概念及原因

一般而言，市场是指商品交换的场所，是商品交换顺利进行的空间条件，是商品流通领域一切商品交换活动的总和。参与市场活动的主体本着私利原则做出买卖决策。市场在遵循私利原则运行的过程中，存在市场失灵的现象，需要遵循公共性原则的政府弥补这种市场缺陷，在配置公共资源、调节收入分配和稳定经济增长等方面发挥作用。政府作为公共经济部门典型的代表，参与市场经济活动的现象和行为构成了公共经济研究的内容。

2.1　市场经济

市场早期作为商品交换的场所，后来逐渐发展成了交换的基本形式。市场经济是以企业和消费者等群体为主体，依据自愿原则、平等原则和互利原则参与交换的一种经济组织方式。市场价格像“一只看不见的手”引导着资源的流向，形成资源优化配置的局面。后来市场经济逐渐发展成一种进行有效资源配置的基本经济制度。

2.1.1　市场经济的基本内涵

市场经济又可以称为“自由市场经济”，是一种经济组织方式。在这种经济体系下，消费者与生产者之间按照市场价格进行交换活动，市场价格像“一只看不见的手”引导供给和需求，供给方不断创新和降低成本来满足需求方的需要，从而推动经济增长。在市场经济活动中，消费者和生产者分别按照自己的理性原则参与交换活动，消费者追求的是物美价廉的商品效用，生产者追求的是薄利多销的商业利润。虽然在市场经济里并没有一个协调机构来指引消费者和生产者做出决定，但是在理论上，市场活动主体通过“理性决策”，依据市场价格进行判断，通过产品和服务的供给和需求产生复杂的相互作用，进而达到自我组织的效果。市场经济配置资源的主要机制是通过“市场价格”这一“看不见的手”对市场供求进行调节，从而实现资源的优化配置。

在市场经济条件下，经济活动是由市场调节的，政府干预的因素较少，“生产什么、生产多少、如何生产、为谁生产”的问题都由供求力量以及由此决定的价格机制调节。市场价格可以调节资源配置、产品产量的决定以及要素的收入分配。

因此，理性经济人假设成为市场经济条件下最基本的人性假设，“一只看不见的手”也成了对市场价格的经典比喻，而市场经济就是在市场活动主体的经济理性基础上，依据“一只看不见的手”做出决策，从而间接推动了经济整体的发展和社会福利水平的提升。

2.1.2 市场经济的构成要素

1. **市场主体**

市场主体又称“市场活动主体”，简单来说，就是指参与市场活动，享有权利和承担义务的个人、家庭、团体或组织等。市场主体既是市场经济活动的第一要素，也是市场经济活动的能动要素。市场主体按照“经济理性人”的假设从事市场交换活动，以营利为目的，这是其最本质、最重要的特征。市场主体具有基于自身利益的独立性和灵活性，遵循市场规律对市场竞争战略和策略进行调整。此外，市场主体具有关联性特征，没有关联的市场主体不是真正的市场主体，市场主体本身蕴含着关系要素——简单的买卖关系、复杂的契约关系，甚至是多元的连带关系等。市场主体具有平等性特征，没有平等的市场主体不可能拥有平等的权益关系，而且市场经济蕴含着深刻的平等价值伦理——这是市场经济平等交换的伦理基础。市场主体还具有合法性特征，合法性约束是市场有效、有序运行的条件保证，市场经济也具有法制经济的特征。

按照现代微观经济学的观点，市场主体由消费者、生产者以及政府三大主体构成。消费者一般是指具有消费意愿和消费能力的个人或家庭，在经济学著作中通常作为需求方出现。生产者一般是指具有资本和技术条件，能够提供商品或劳务的工厂或企业，在经济学著作中通常作为供给方出现。而政府的市场主体身份相对较复杂：一方面，政府代表公众或国家作为社会资源的最主要配置者出现，维护市场契约关系，维持市场公平竞争，甚至还要调控市场经济运行，如凯恩斯主义经济学概念中的政府和计划经济模式下的政府就具有这种身份或扮演这种角色；另一方面，政府是参与市场竞争的主体，既可以是公共物品的供给者，也可以是市场领域的消费者，按照市场经济的规则参与市场竞争。政府在市场经济中的角色和作用也是经济学领域比较具有争议的问题，在以亚当·斯密、萨伊、马歇尔等为代表的新古典经济学领域，政府是以“守夜人”的角色出现的，并不直接干预市场竞争。在20世纪30年代的欧洲经济危机中，以凯恩斯为代表的经济学家开始强调政府干预经济的作用，政府的角色发生了部分变化。在当前的经济学研究领域，仍充满着“政府力量的强大与否甚至直接决定了市场经济的成败”这样的争论，但不可否认的是，政府是作为市场主体出现的。

2. **产权关系**

产权是市场经济活动的另一个核心要素，产权是市场主体参与市场经济活动的基础，多作为法律术语出现。简单来说，产权是经济所有关系的法律表达形式。

在不同的领域，产权具有不同的含义。在政治领域，产权可以用来描述不同政治体制的经济基础——公有制、私有制或混合所有制等，具有某种意识形态的含义。在法律领域，产权是个人、组织与物的关系描述，体现的是法律上的权利和义务关系，更多地关注产权物的含义。因此，产权要指向特定的客体，即任何产权都是以特定客体为前提和基础的，没有特定客体的存在，产权便不再存在。同样，任何产权都是依赖特定客体的产权，也只能是某一特定客体的产权。在现实生活中，产权的客体有多种表现形式，如资产、商品、发明专利、著作、艺术作品等。另外，产权是指主体对客体的权利，即主体与特定客体的关系，主要包括对特定“产”的所有权、占有权、使用权、支配权、收益权和处置权等，可以说，“产权”是主体对客体一系列权利束的总称。产权还应该包括不同主体基于对特定客体的权利，相互之间发生的各种各样的经济关系，如生产者、经营者、消费者等之间的相互关系。在现代公司制中，经常是公司的所有者与公司的经营者以及公司各利益相关者的关系等。

但是在市场经济领域，产权不仅是一个物权的概念，界定了物权关系，同时还是一种对经济关系的描述，并界定了经济关系。产权是用来界定人们在经济活动中如何受益、如何受损以及他们之间如何进行补偿的相关规则，是收益权和控制权相结合的有机体。产权是开展市场交换的首要条件，没有产权的交换等于掠夺或盗窃，没有产权的交换不是平等的市场交换，是不符合交换双方的经济理论性原则的；同时，也是不受法律保护的。产权是经济理性得以实施或达成的基本条件，没有产权作为基础，无论是生产者还是消费者，都不可能以最大的努力追求利润和效用，也就不可能在最大限度上激励生产者和消费者，同样不可能实现资源配置的高效率。而且，以罗纳德·H.科斯（Ronald H. Coase）、威廉姆森（Williamson）、斯蒂格勒（Stigler）、哈罗德·德姆塞茨（Harold Demsetz）和张五常等经济学家为代表的现代产权理论已经证明，产权制度的设计也是市场经济有效运行的必要条件，糟糕的产权制度设计不利于市场经济配置资源能力的发挥，因为其会增加相应的“交易费用”。比如，公有制产权与私有制产权的效率问题就是一个产权理论的争议领域。现代产权理论的奠基者和主要代表，1991年诺贝尔经济学奖得主罗纳德·H.科斯认为，没有产权的社会是一个效率绝对低下、资源配置绝对无效的社会，而能够保证经济高效率的产权应该具有明确性、专有性、可转让性和可操作性等特征。美国经济学家哈罗德·德姆塞茨曾经在其著作《关于产权的理论》中专门论述过产权问题，认为产权是一种社会工具，其重要性在于能够帮助一个人形成与其他人进行交易时的合理预期，所以产权是一种人与人之间的关系，而非人与物之间的关系。根据经济学家张五常的定义，产权并非单指对物件的拥有权，而且包含自由转让权、独立收入享受权和私人使用权三项权利。

3. **市场信息**

市场信息是一个在传统经济学领域并没有受到关注的市场经济要素。信息不仅是能够反映市场状态的要素，也是市场主体作出理性决策的重要因素。消费者会依据获得的商品或劳务的效用信息做出自己的购买决策，生产者自然会依据对整个消费市场、资本市场以及管制法规等信息的了解做出生产决策，政府也会依据整个经济运行状况做出是否干预的决策。当然，政府也可以依据市场信息做出购买商品或劳务的决策。正是在对市场信息把握的多寡或完全与否的基础上，消费者、生产者和政府才能做出是否有利于自己的决策，一旦这种市场信息的传递和获得出现偏差，必然导致消费者、生产者和政府的损失。

市场信息的重要作用在20世纪40年代逐渐受到经济学界的关注；在50

年代至60年代取得一定程度的发展；在70年代逐渐发展成熟起来，成为一门重要的经济学分支学科。早在1961年，美国经济学家、信息经济学创立者之一的约瑟夫·斯蒂格利茨（Joseph Stieglitz）就在《政治经济学》杂志上发表了题为《信息经济学》的论文，其中对信息的价值及其对价格、工资和其他生产要素的影响进行了研究，认为获取信息要付出成本，不完备的信息会导致资源的不合理配置。1979年，首届国际信息经济学学术研讨会召开，信息经济学研究开始引起世界各国的重视，1979 年，丁·希契莱福门（D.Hirsshleifer）和J.G.赖利（J.G.Riley）从与不确定性经济学关系的角度对信息经济学的有关基本问题、基本概念进行了研究，对信息经济学的完善做出了贡献。1983年，美国经济学家保罗·罗默（Paul M.Romer）提出，应把信息当作一种生产要素，重视信息在市场经济中的作用。1984年，著名经济学家阿罗（K.Arrow）出版了《信息经济学》论文集，对信息经济进行了开拓性的研究。1996年度的诺贝尔经济学奖被授予了英国剑桥大学的詹姆斯·莫里斯（James Mirrlees）教授和美国哥伦比亚大学的威廉·维克里（William Vickrey）教授，以表彰他们对西方信息经济学研究做出的贡献。2001年度的诺贝尔经济学奖被授予了约瑟夫·斯蒂格利茨、乔治·阿克尔洛夫、迈克尔·史宾斯三位美国经济学家，为了表彰他们从20世纪70年代就开始在“使用不对称信息进行市场分析”方面所做出的重要贡献。市场信息已然成为现代经济学的热门研究领域。

2.2 市场经济与资源配置

2.2.1 资源配置

资源配置问题是西方经济学研究的首要问题。通常在西方经济学开篇的假设中就会提到该问题，一些经典的经济学著作也把稀缺性与欲望之间的资源配置作为经济学研究的核心问题。英国经济学和经济思想史学家莱昂内尔·罗宾斯（Lionel Robbins）的著作《经济科学的性质和意义》专门论述过该问题。莱昂内尔·罗宾斯认为，经济学研究的是人类在资源稀缺情况下的行为方式，行为和资源本身不是经济学研究的内容，即经济学研究的是人类行为和资源配置两者之间的关系，探究关系保持不变的条件、关系变化的原因，以及如何预测这种关系变化，具有历史永恒的意义。“经济学是把人类行为当作目的与具有各种不同用途的稀缺手段之间的一种关系来研究的科学。”[①]可以看出，面对人的无限欲望的资源配置方式问题是现代经济学研究的主题，经济学被用来研究如何更加有效率地配置有限的资源。而且，经济学中的资源配置问题基本上围绕着“生产什么、生产多少、如何生产、为谁生产”这些经济问题展开。

根据现代人类经济活动的经验，经济领域的资源配置大致可以分为源于农业社会以社会风俗和惯例为主的传统经济方式、以市场交换为主的市场经济方式、以计划指令为主的计划经济方式和融合计划与市场的混合经济方式。在现代经济社会条件下，主要的资源配置方式是以市场交换为主的市场经济方式和以计划指令为主的计划经济方式两种。

1. 以市场交换为主的市场经济方式

市场经济通过市场竞争和市场交换实现资源配置，在整个市场经济活动过程中，商品和服务的生产及销售完全由自由市场的自由价格机制所引导，生产者和消费者依据价格信号做出理性判断和利己决策。从主观上看，生产者与消费者都是基于自己的私利出发，寻求交换活动的最优结果。从客观上看，生产者与消费者在追逐自己私利的过程中，市场实现了资源的优化配置，社会福利得到提高。在亚当·斯密的《国富论》一书中有这样的表述，“各个人都不断地努力为他自己所能支配的资本找到最有利的用途。固然，他所考虑的不是社会的利益，而是他自身的利益，但他对自身利益的研究自然会或者毋宁说必然会引导他选定最有利于社会的用途。……确实，他通常既不打算促进公共的利益，也不知道他自己是在什么程度上促进那种利益。……由于他管理产业的方式目的在于使其生产物的价值能达到最大限度，他所盘算的也只是他自己的利益。在这场合，像在其他许多场合一样，他受着‘一只看不见的手’的指导，去尽力达到一个并非他本意要达到的目的。也并不因为是非出于本意，就对社会有害。

① 莱昂内尔·罗宾斯. 经济科学的性质和意义［M］.朱泱，译. 北京：商务印书馆，2000：20.

他追求自己的利益，往往使他能比在真正出于本意的情况下更有效地促进社会的利益”。[①]这些话表达出的基本意思是以市场交换为主的市场经济在符合经济理性人假设的前提下，市场参与者在私利的引导下，实现了资源的优化配置。

在市场经济条件下，市场主体本身就是产权拥有者，基于经济理性，以私有产权为前提，通过市场交换来回答“生产什么、怎样生产和为谁生产”这三个经济问题。当然，市场经济在资源配置中还存在缺陷或失灵的问题，但这并不能否认市场经济仍然是人类经济发展历史上最伟大的经验总结。

2. **以计划指令为主的计划经济方式**

以计划指令为主的计划经济，或计划经济体制，又称指令型经济，是对生产、资源分配以及产品消费事先进行计划的经济体制，在这种体系下，国家在生产、资源分配以及产品消费各方面，都是由政府或财团事先进行计划的。由于几乎所有计划经济体制都依赖政府的指令性计划，因此计划经济也被称为“指令性经济”。计划经济体制或计划经济模式经常与社会主义或共产主义制度相联系，侧重于拥有强有力的中央计划机构对整个社会的经济活动进行规划安排。在计划经济体制中，“计划”的制订者主观上是为了避免经济发展的盲目性、不确定性以及可能带来的公平性等问题，但对社会经济发展和社会公正造成了危害。

计划经济是从对市场经济的批判开始的。一般来说，最早出现计划经济构想的是德国政治经济学家弗里德里希·李斯特（Friedrich List）对亚当·斯密《国富论》的批判，这批判是政府干预经济行为的第一次理论阐述，之后的《政治经济学的国民体系》更是系统地阐述了政府对经济干预的必要性和对经济发展的主导性。计划经济较早在德国进行实践，宣扬政府控制经济，同时以这种思想主导德国的经济发展，被马克思称为“国家资本主义”。这种靠政府干预执行计划目标的经济发展模式本质上可以称为“计划经济”。计划经济发展的高峰时期，或者说最有力的试验就是苏联的计划经济体制。列宁领导的十月革命建立了世界上第一个社会主义政

① 亚当·斯密.国民财富的性质和原因的研究：下卷［M］.郭大力，王亚南，译.北京：商务印书馆，2009：25-27.

权，并采用了高度的全民所有制和高度集中的计划经济体制。但在1991年后，随着苏联的解体，计划经济体制崩溃，计划经济影响力逐渐式微。新中国成立后，中国照搬苏联模式，通过“社会主义工业化、农业改造、手工业改造和资本主义工商业改造”的“产权改革”，形成了公有产权基础，建立了以公有制为基础的计划经济体制的社会主义经济模式。伴随着1978年的改革开放，计划经济体制模式逐渐被打破，逐步建立了社会主义市场经济体制。

计划经济从一开始就受到崇尚市场经济的经济学家的批评，奥地利经济学派的路德维希·冯·米塞斯认为计划经济必然会失败，因为“经济计算问题”注定了经济计划者——政府永远无法正确地计算复杂的经济体系。只要缺乏了价格机制，政府就根本无从得知市场需求的情报，随之而来的必然是计划的失败和经济的彻底崩溃。“中央计划之所以会失败，是因为中央计划机构无法获得必需的信息，更遑论处理这些信息，并以此为基础直接指挥经济体中的众多企业了。市场经济的优势部分体现在信息效率之上。”①

实行计划经济需要产权公有和强有力的集权政治模式这两个非常必要的条件；同时，计划经济通常会忽略个体消费者的真实消费意愿的表达，缺乏私人参与，不利于提高经济活动参与个体的积极性，经济活动没有源自需求方的活力与多样化。

2.2.2 有效资源配置的三个基本条件

有效资源配置一般指资源配置实现了由意大利经济学家维弗雷多·帕累托（Vilfredo Federico Damaso Pareto）提出来的一种经济状态——帕累托最优（Pareto Optimality），即任何形式的资源重新配置，都不可能使至少有一人受益而又不使其他任何人受到损害的状态。简单来说，帕累托最优是指资源配置的一种状态，在不使任何人境况变坏的情况下，不可能再使某些人的处境变好。与帕累托最优同时出现的另外一个词是“帕累托改进”，

① 约瑟夫·斯蒂格利茨. 斯蒂格利茨经济学文集：第1卷：上册［M］.纪沫，陈工文，李飞跃，译. 北京：中国金融出版社，2007：4.

是指一种变化，在没有使任何人境况变坏的前提下，使至少一个人变得更好。一方面，帕累托最优是指没有进行帕累托改进余地的状态；另一方面，帕累托改进是达到帕累托最优的路径和方法。帕累托最优是公平与效率的“理想王国”，是一种不可能实现的绝对理想；而帕累托改进则是指资源配置朝向最优状态的过程，是通常都会出现的经济发展过程。

通过市场活动进行资源配置，从而达到资源配置的帕累托最优的高效率，需要在一定的环境条件下实现。这些环境条件基本由完全自由竞争的市场主体、具有完全信息以及没有壁垒的市场规则构成。

1. **自由的市场**

“自由”通常作为政治哲学或伦理价值中的概念出现，可以理解为人类可以自我支配，凭借自由意志而行动，并为自身的行为负责。市场经济中的自由一般具有两个层面的意思：一是自由的市场主体可以平等竞争，二是自由竞争的市场环境。自由是市场经济活动中市场主体不可或缺的基本权利，没有自由的市场主体不可能依据自己的经济理性做出决策，也就是说，消费者没有自由选择商品或劳务的权利，而生产者也没有依据市场的需求做出生产决策的自由权利。在这种情况下，必然没有消费者或生产者偏好的真实表达，就没有真实的市场竞争，也就不能形成资源的优化配置。另外，自由竞争的市场环境一般是从外部力量对市场的管制或规制来说的。外部力量一般是指公权力机构，比如政府。公权力机构对市场的管制或规制越多，市场自由活动的空间和条件越少，消费者和生产者的偏好不能够得到真实的表达，市场配置资源的效率也必定不符合帕累托改进。最典型的例子就是美国前任总统奥巴马推行的医疗改革法案，这个医疗改革法案看似是一个非常好的，能够增进美国公众医疗福利的改革计划，但从一开始就受到了不同层面的反对，其本质原因就在于部分公众担心医疗改革法案侵犯了公众自由选择医疗服务的权利和扩大了政府干预医疗服务的权限，这是对美国自由市场经济精神的一种背叛。

2. **完全信息**

完全信息一般是指市场主体能够获得足够、充分和完全的决策信息或相关知识，参与市场竞争并做出决策。完全信息是一个有效率的完全竞争市场所必需的理论前提条件。在某种意义上，它是经济理论中“经济人（理性人）假设”所必需的条件。在完全信息条件下，消费者在每个时点上都了解市场各种商品的全部可能价格，以及自己的偏好、存货，并能够在每个人的环境状态（偏好和资本）和市场价格基础上计算出超额需求。同样，生产者也知道生产要素、价格与投入产出之间各种形式的可能组合配置。这样，消费者与生产厂商之间在任何时点都能了解市场各种商品的供求状态，于是出现市场均衡价格。完全信息以前并没有引起古典经济学家的关注，多数古典经济学家认为，市场可以通过“一只看不见的手”——价格来传递市场信息，市场参与者只要依据已知的偏好，加上市场价格的引导，就能做出最优决策。事实上，完全信息条件是不存在的，而且信息的获取和使用也需要相应的搜索和判断成本。因此，现实情况是没有一个市场参与者能够获得足够、充分和完全的决策信息与市场信息，基本上是处于一种“信息不对称”的绝对状态。“信息不对称”会造成类似于“逆向选择”的道德风险。逆向选择是指市场交易的一方如果能够利用多于另一方的信息使自己受益而对方受损，信息劣势的一方便难以顺利地做出买卖决策，于是价格便随之扭曲，并失去了平衡供求、促成交易的作用，进而导致市场效率的降低。在“信息不对称”条件下，就会产生欺诈、机会主义甚至是犯罪，提高市场交换的机会成本，必然会导致市场配置资源的效率下降。

3. **没有壁垒的市场规制**

市场规制也可以称为“市场管制”或者“市场限制”。在传统的经济学教材中，通常不会把市场规制作为市场进行有效资源配置的基本条件。市场规制一般是指公权力机构、具有垄断某一市场能力的企业或行业协会基于某种目的，通过某种管制措施，如法律法规、技术标准或行业规则等，限制市场领域的自由竞争，限制市场主体偏好的自由表达甚至是限制市场主体参与竞争的权利。市场规制可以理解为为市场竞争设置壁垒，从而实现市场的限制性竞争。就现代市场经济运行而言，比较大的市场规制来自公权力机构，比如最低工资法案是对劳动力市场的管制、控烟措施是对烟草市场的管制、贸易领域的关税措施等，其他如垄断型的企业或行业协会更多的是通过市场竞争本身设置壁垒，比如行业技术标准、较低的倾销价格等。在传统的经济学领域，由于公权力机构名义上拥有更多的社会伦理价值要求，更多地把公权力机构的市场规制作为弥补市场失灵的“良方妙药”，而事实上，越来越多的公权力机构的市场规制限制或扭曲了市场竞争发挥作用，从而降低了资源配置的帕累托改进，进一步促进了市场失灵，比如对货币市场的规制容易造成通货膨胀或通货紧缩，对经济活动的非市场刺激计划造成了未来经济更大规模的不稳定，对烟草行业的规制形成了垄断的暴利行业，美国1920年的“禁酒令”推高了酒类的黑市交易价格等。“由政府介入其中造成资源无效配置的市场不乏其例。在运输业（如铁路、航空、货车、公共汽车及出租车）中实行进入规制即带来行业价格上升和效率降低。更毋庸置疑的是，规制常常被政府用以取得某些目的，如收入的再分配和特殊产业的鼓励，而置经济效率于不顾。”[①]可以这么说，除了部分公共领域外，大部分市场规制都阻碍了市场机制的正常发挥，降低了市场配置资源的效率，公权力机构规制市场的程度越深，市场资源配置的效率就越低。

2.3 市场失灵假定及其表现

市场失灵又称“市场无效”或“市场缺陷”，是指单纯依靠市场交换不能使资源配置实现帕累托最优状态，也可以理解为只靠自由竞争市场机制达不到资源的最优配置或市场难以充分发挥作用。也就是说，在现实经济生活中市场机制并非万能的。市场失灵通常有狭义和广义之分。狭义的市场失灵主要表现为在外部效应，垄断经营的产生，公共物品供给不足，非对称信息情况下的市场壁垒以及社会收入分配不公等问题的调节上运作不灵。广义的市场失灵除了包括狭义市场失灵的内容外，还包括由宏观经济总量失衡导致的经济波动，比如世界历史上的经济危机、金融危机等。

---

① 丹尼尔·F. 史普博. 管制与市场［M］.余晖，何帆，钱家骏，等译.上海：格致出版社，上海三联书店，上海人民出版社，2003：26.

2.3.1 市场失灵假定

在这里讲到市场失灵假定的目的是认清市场失灵的根本原因是否真的是市场经济不可克服的缺陷。在现代经济体系，特别是市场制度建设并不完善的经济体中，市场失灵经常被当作政府干预的合法性理由，或者被当成市场经济自身不可克服的缺陷。事实上，市场失灵的原因或许并非市场交换或市场竞争本身的产物。市场交换和竞争是资源优化配置的手段，市场并没有社会伦理价值预设，怎么会产生“失灵”问题呢？也就是说，市场失灵更多的是人们对市场经济制度的一种社会伦理价值判断，比如市场经济可能导致公共品供给不足、收入分配差距、失业、通货膨胀等问题。市场经济是否是这些问题的根本原因呢？或者反过来讲，是否有其他的资源配置方式能够避免产生公共品供给不足、收入分配差距、失业、通货膨胀等问题呢？现在看来，既不能简单地把公共品供给不足、收入分配差距、失业、通货膨胀等问题归结为市场经济问题，又不能因此而否认市场经济在人类历史上增进社会福利的巨大作用。“应该强调的是这些悲剧的产生有其自我起因，不在于市场体制，而在于追求狭隘定义的利益。不采用市场进行资源配置的国家也遭遇了类似的环境问题，并且通常更为严重。例如，在20世纪后半期，东欧的计划经济国家经历了比西欧的市场经济国家更严重的污染问题。”[①]市场失灵只能说是市场经济运行过程中衍生出来的问题，可能是外部的某种力量扭曲了市场运行的规则而产生了某些问题，也可能是基于禀赋的差异而产生的问题，比如通货膨胀本质上是由于流通领域存在过多的货币追逐商品或劳务，是货币发行出现的问题，而非市场失灵；还有就是沙特地区的石油资源决定了沙特地区的财富状况。诺贝尔经济学奖获得者、美国经济学家保罗·萨缪尔森（Paul Samuelson）认为市场失灵是“高效率市场一般规则的例外”，间接肯定了市场经济的作用。因此，可以把市场失灵看作一种假定，而并非市场经济的问题，但是通常情况下，无论是经济学家、政府官员，还是社会公众都把一些问题归结为市场失灵，或者把市场经济运行中的一些问题归结为

---

① 约翰·利奇.公共经济学教程［M］.孔晏，朱萍，译.上海：上海财经大学出版社，2005：2.

市场失灵的问题。

2.3.2　市场失灵的表现

市场失灵的表现是市场经济运行过程中，资源配置失效或在公共领域出现的一些问题，这些问题出现的原因相对比较复杂，并非完全由于市场经济天生不能克服的弊病。

1. **公共产品**

公共产品是服务于社会公众的，既不具有排他性也不具有竞争性的一类物品，因此这类物品的市场提供相对就没有效率。具体表现在国家防卫、市政建设、生态环境保护、教育、医疗保健以及社会保障等公共部门或准公共部门的产品，不能像汽车、食物、家用电器等私人产品那样，在市场上被自发有效地生产出来。本质的原因就在于对公共产品的消费具有非竞争性和非排他性的特点，增加一个人消费某种公共产品并不会减少其他人对该产品的消费数量和质量，而且要排除某个人对该产品的消费几乎是不可能的。只要它被生产出来，人们就可以免费使用它，如果强行收费，或不让人们免费使用它，则会使整个社会支付的成本上升或使整个社会得到的好处（福利）降低。公共产品供给的缺失在一定程度上是市场失灵的变现，但随着公共经济学的发展，公共产品领域也在不断探索着市场化的公共产品的供给方式。

2. **外部效应**

外部效应（externalities）又称为“溢出效应”“外部影响”或“外部性”，是指一个人或一群人的行动和决策使另一个人或另一群人受损或受益的情况。外部性分为正外部性和负外部性，正外部性是某个经济行为个体的活动使他人或社会受益，而受益者无须花费代价；负外部性是某个经济行为个体的活动使他人或社会受损，而造成负外部性却没有为此承担成本。外部性失灵是市场失灵中非常普遍的现象，在现实生活中，许多产品和劳务的成本或收益有着显著的外部性。这类产品的生产或消费，可以绕过价格机制直接影响他人的经济环境和经济利益，对他人产生了额外的成本或收益，但并未因此进行赔偿或得到报酬，这些成本或收益在一个企业进行核算时往往不予考虑，一般这种现象称为“外部性现象”。有外部性特征的产品，其私人成本和收益与社会成本和收益是不一致的，其差额就是外部性导致的成本和收益。当某些市场主体的活动给外部（社会或其他主体）带来经济损失时，通过市场机制的自发作用来调节将难以达到有效配置社会资源的目的。比较显著的经济发展过程中的外部性是环境污染问题，在发展经济的同时，工业生产带来的环境污染直接威胁着整个人类社会的生存环境。

3. 失业与通货膨胀

失业与通货膨胀也是当前市场经济国家经常面临的两难问题。依靠市场机制运行，时常会出现失业与通货膨胀问题。劳动力是重要的经济资源，失业意味着这种经济资源不能够获得充分的利用，带来的是劳动力的浪费和各种社会问题，甚至给社会稳定带来威胁。而从本质上讲，通货膨胀可以理解为作为市场交换媒介的货币发行量超过了实际的市场经济活动需求量，两者之间的矛盾表现为通货膨胀或通货紧缩。通货膨胀带来的是社会个体和家庭财富的缩水，购买力的下降以及对未来经济增长的失望。在市场经济活动过程中，失业本质上体现了经济活跃程度不能够提供足够的就业岗位，通货膨胀则意味着市场领域存在较多的货币，无论是较少的就业岗位还是较多的货币，都是在市场经济运行过程中产生的问题。但是，并非失业和通货膨胀一定就与市场经济相联系，失业与通货膨胀出现的原因比较复杂，既有经济运行的周期问题，也有货币管理机构的问题；既有劳动力市场的问题，也有货币市场的问题。因此，失业与通货膨胀问题应该被看作市场经济运行过程中的衍生问题，并不一定是市场经济的原因。

4. 收入分配失灵

收入分配失灵表现为在收入分配领域的不公平，单纯依靠市场机制的自发作用不可能完全实现公正的收入分配。分配不公的原因可以分为两大类。一类是由于经济制度设计与分配制度设计本身存在的问题，多表现为不平等的经济制度设计或分配制度设计，比如经济制度领域的垄断条件的设计和反垄断条件的设计、贸易壁垒制度等，特别是在存在垄断的条件下，会使价格严重背离价值，从而使部分人获得不合理收入，或者说背离自由市场交换原则的收入。另一类可以归结为市场经济活动固有的问题，在市场机制的自发作用下，生产要素供求状况的不平衡必然形成要素收入的不合理差距。人们自身的禀赋不同，收入水平就会有差别，而且在市场纯经济效益的作用下，各经济利益主体追求各自利益最大化的结果，会使收入差距不断拉大，以致出现富者越富、贫者越贫的现象，贫富分化严重。但是，需要关注的是市场经济带来的收入分配失灵，部分是自由竞争的结果，部分是制度设计的问题，但不能就此否认市场经济带来的经济增长和收入增加。而且，收入分配不公更多的是对一种社会价值观念的考察，而非单纯的经济结果的考察。但是，在市场经济条件下，似乎任何经济活动上的不均衡都会被归结为市场失灵，所以也就把宏观经济失灵归结为市场失灵的表现。

5. **垄断**

垄断可以简单分为自由竞争形成的垄断和管制形成的垄断。自由竞争形成的垄断是从自由的市场竞争或管制的市场中成长起来的市场活动主体，完全或部分控制某个或若干部门的生产、销售和经营活动。在垄断条件下，市场自由竞争不可能实现，同时消费者福利也会受损。在自由竞争的市场环境里，垄断既是市场竞争的结果，也是市场失灵的表现。在自由竞争市场上，优秀的经营者通过技术进步等手段逐渐获得了行业地位。在此基础上，通过不断的竞争或技术优势获得更大的市场份额或市场话语权，逐渐形成垄断地位，这是基于自由竞争的垄断。但这种垄断也是对其他竞争者的威胁，不仅不利于自由市场经济的发展，而且不利于消费者福利的增加。另外，对市场的管制也会形成垄断，管制的市场本身就不是自由竞争市场，而是更容易产生垄断性企业的领域，比如国家限制私人进入的领域，如烟草、石化、食盐销售等行业。这类垄断通常依靠政府管制或立法管制形成垄断局面，本质上是对自由竞争市场的侵害，更不利于消费者福利的增加。在垄断经营过程中，垄断商品价格总是按照最高价格出现，而不是一种自然市场价格，垄断导致价格严重背离价值，使垄断方获得部分超额利润。价格扭曲和产量扭曲使消费者和生产者不能充分表达自己的偏好，必然降低消费者剩余和生产者剩余的总和，导致生产效率不高，无法实现社会资源的有效配置。

6. **宏观经济**

在市场经济条件下，宏观经济运行出现的问题通常被归结为宏观经济失衡。宏观经济是指整个国民经济或国民经济总体及其经济活动和运行状态，即国民经济的总体活动，通常以物价稳定、充分就业、经济增长和国际收支均衡为目标，凡是偏离此目标的就是宏观经济失衡。宏观经济失衡可以理解为市场经济在配置宏观经济资源时出现的低效率或无效率问题，也就是说，“自发的市场机制并不能自行趋向于充分就业、物价稳定和适度经济增长。这一点早已为创立现代宏观经济理论与政策体系的凯恩斯学派说证明”。①宏观经济是非常复杂的经济运行系统，虽然凯恩斯试图解释宏观经济失衡的原因，但是并没有找到切实的原因证明，还是提出了应对宏观经济失衡的办法，即主张国家采用扩张性的经济政策，通过增加需求促进经济增长，即扩大政府开支，实行财政赤字，刺激经济，维持经济繁荣。宏观经济失衡的发生同前面几个市场失灵的表现一样，并非市场经济导致的结果，而且宏观经济运行更多的是公权力机构考虑的事情，严格来说，与微观的经济活动没有直接的必然联系。虽然凯恩斯主义揭露了宏观经济失衡的经济现象，但是并没有给出完美的解决问题的方案。历史已经证明，任何一次公权力机构采用凯恩斯主义干预经济活动，基本上都会伴随着另一轮的失业、通货膨胀，甚至是财政危机。

2.4 公共部门与经济活动

从市场失灵的表现可以看出，市场在面对公共领域的需要或者遵循公共性价值取向时不能够有效运作。所谓公共领域是相对私人领域而言的，公共领域的需要对应的是私人领域的需要，公共性价值取向则是相对私人价值取向而言的，公共性价值取向更关注具有整体性、普适性和社会性的价值理念。无论是公共领域的需要还是公共性价值取向，都可以归结为具有整体性、公共性和强制性的社会公共需要。整体性是指基于所有社会个

① 高培勇.公共经济学［M］. 北京：中国人民大学出版社，2004：10.

体的共同需要提出来的，不具有个体、组织或团体色彩的需要，比如，环境问题是人类共同面对的问题。公共性是指应该由社会公共机构主动负责提供的，而不是由私人机构负责满足的需要。强制性是指这种公共需要不可以被分割，不具有排他性，私人不愿意提供，必须由具有公共强制力的公权力机构依托政治权力，运用强制力来完成。可以看出，社会公共需求很难依靠市场力量来实现有效供给，属于市场失灵的重要领域。

既然这些社会公共需要是人类社会共同体生存与发展的必需条件，而且完全依靠市场自发竞争来完成供给不能够满足这些社会公共需要，这就必然会需要一个能够担负起供给社会公共需要的机构——公共部门或者政府部门。公共部门或者政府部门担负起满足社会公共需要的任务是理所当然的事情。市场不能够有效运作，也就意味着公权力机构的代表——公共部门或者政府部门在经济活动中应该扮演一定的角色。公共部门或者政府部门如何扮演以及如何利用这种角色或者参与市场，是公共经济学研究的核心问题。

这里需要明确的一个概念是“公共部门”。公共部门是指负责提供公共产品或进行公共管理，致力于增进公共利益的各种组织和机构。最典型的公共部门是政府部门，它以公共权力为基础，具有明显的强制性，依法管理社会公共事务，服务社会公众，其目标是谋求社会的公共利益，追求社会公平与效率，对社会与公众负责，理论上不以营利为根本目的，不偏向任何集团的私利，以增进公共福利为目标。一般来说，公共部门按照组织类型基本可以分为以公权力为运行基础的政府机构；从事公共服务的，为公众提供科学、文化、医疗卫生等公共产品的公共事业机构；以及具有企业性质的公共企业机构三类（见表2–1）。

表2–1　社会领域的基本构成

领域	部门	组成
私人领域	私人部门	个体、家庭、私人企业
公共领域	公共部门	政府机构、公共事业机构、公共企业机构
	第三部门	非营利组织、俱乐部、慈善组织、科研机构、协会、基金会等

考察当前各个国家的实际情况，政府是社会领域最大的公共部门，“纠

正市场缺陷的任务一般归属政府，……在其他情况下，政府本身也卷入产品和服务的提供和生产。经济中存在许多纯公共品与具有拥挤性的公共品，其中多数是由政府提供的"。[①]甚至很多公共经济学教材直接把政府的经济活动作为公共经济学研究的核心内容。

2.4.1 公共部门的经济职能

市场失灵的存在为公共部门介入经济活动领域提供了合理、合法性的前提和基础，并非说公共部门介入经济活动领域就不需要市场经济的作用，公共部门参与经济活动仍然是在发挥市场机制作用的基础上，发挥辅助性或补充性作用，而不是要取代市场机制的作用。公共部门特别是政府在参与经济活动中既扮演"守夜人"的角色，也是市场经济活动的参与者。公共部门参与经济活动的主要目的是弥补市场缺陷，满足社会公共需要，提高社会公共福利水平。市场失灵的领域也是公共部门应该承担的经济职能，按照德国公共经济学家马斯格雷夫于1959年出版的《公共财政学：公共经济研究》，这些领域基本上可以被归结为配置公共资源、调节收入分配以及稳定经济增长三类。

1. **配置公共资源**

公共部门参与公共资源配置是指公共部门为社会成员提供能够满足社会公共需要的商品或劳务，同时运行经济、法律或者政治矫正相关负外部性行为，限制对市场主体正当利益的侵害，提高社会福利的行为。公共部门参与配置公共资源的主要原因可以归结为私人部门不愿意提供公共物品、不考虑外部性问题，还有市场领域的规模报酬递增容易导致垄断的产生。首先，私人不愿意提供公共物品的根本原因是公共物品的成本和收益具有很大的不确定性，这是因为公共物品本身并不具有排他性和竞争性，容易产生"搭便车"行为。而私人物品就没有这个问题，私人物品具有典型的竞争性和排他性，消费者只有通过支付费用才能获得商品或劳务的效用，并且私人物品的排他性自然会将"搭便车"者排除在外，私人供给商

① 约翰·利奇.公共经济学教程［M］.孔晏，朱萍，译. 上海：上海财经大学出版社，2005：11.

品和劳务不仅使成本得到补偿，而且有可能盈利。其次，私人部门没有外部性成本的约束。外部性的存在使作为资源配置信号的市场价格不能真实地反映社会边际成本和社会边际收益。在利润最大化动机支配下，生产者仅仅考虑成本的最小化，而不会关注外部性问题，比如污染问题，这就需要公共部门通过环保法律、法规或排污权交易限制负外部性问题。最后，由于市场竞争造成的垄断需要公共部门进行干预，这种情况出现的典型例子就是规模报酬递增。规模报酬递增是指某一行业或产业产品产量增加的速度大于生产要素增加的速度，从而生产出更多的低价商品参与市场竞争，带来超额利润，从而导致垄断。在这种条件下，生产规模越大产生的利润率就越高，就会在竞争中处于优势地位，并以较低的价格和丰厚的利润逐渐形成垄断局面。而一旦垄断条件成熟，生产者自主确定价格，必然会形成垄断价格，使消费者福利受损，同时其他生产者被限制进入该商品市场，最终形成资源配置的低效率。

因此，公共部门参与资源配置：一是可以通过公共支出直接提供公共物品或劳务，满足社会公共需要；二是可以通过公权力的授权制定法律、法规或者通过采用抬高经营成本的办法限制负外部性和负外部性成本内在化以减少生产经营活动的负外部性；三是在容易产生规模报酬递增的领域实行政府规制或者政府直接投资，减少垄断发生的可能性。

2. **调节收入分配**

在中国封建社会，“均贫富，等贵贱”思维就具有一呼百应的号召力，特别是在朝代更迭的时期，“均贫富”的概念更是一个政权取代另外一个政权合法性的诠释内容之一。在现代市场经济条件下，“均贫富”可以用收入分配是否合理来替代，公平、公正或平等的收入分配更多的是反映社会公正或伦理价值的含义，本身就不是一个经济学领域的概念。事实上，在微观的市场经济领域，并不存在收入分配不公的问题，这是因为市场机制发挥作用自然会遵循劳动力价格进行按劳分配或者按照资本价格进行分配。那么，为什么要进行收入分配调整呢？在这里需要明确的是，所要调整的收入分配包含两大方面的内容。一是基于社会同情或社会伦理的考察，对没有劳动能力的人通过某种制度获得收入上的援助，比如老人、儿童、残疾人的收入援助。亚当·斯密在《道德情操论》中描述过这些问题，“无论人们会认为某人怎样自私，这个人的天赋中总是明显地存在着这样一些本性，这些本性使他关心别人的命运，把别人的幸福看成是自己的事情，虽然他除了看到别人幸福而感到高兴以外，一无所得”。[①]二是基于在市场交换的过程中对社会财富集中程度的考察。也就是说，从整个国家或经济体层面来看，社会财富的集中程度反映了总体的收入分配状况和社会的贫富差距情况。在经济学中，洛伦兹曲线（Lorenz Curve）[②]和基尼系数（Gini Ratio）[③]是衡量整个社会中人们收入差距程度的标准。虽然社会财富集中程度是多种因素——制度设计、资源禀赋、风俗等促成的结果，但不可否认的是，过度的社会财富集中不利于社会稳定，也不符合人类社会的伦理价值。这种收入分配差距对社会的负面效应越来越引起政府、社会舆论甚至是社会公众的关注，比如现在社会领域出现的“仇富”现象。公共部门特别是政府应该在不影响市场配置资源效率的基础上，实现社会的公平分配，对社会收入进行再分配或适当调整。一般情况下，政府通过财政工具或法律、法规等调节收入再分配，如税收制度、工资管制法案或最低工资法案等。但是，需要注意的是政府在运用这些措施的时候应该以不损伤经济效率和经济公平为前提。“经济公平是市场经济的内在要求，它强

---

① 亚当·斯密.道德情操论［M］.蒋自强，钦北愚，朱钟棣，等译.北京：商务印书馆，2011：5.

② 洛伦兹曲线就是在一个国家或地区内，以“从最贫穷的人口计算起一直到最富有人口”的人口百分比对应各个人口百分比的收入百分比的点组成的曲线。为了研究国民收入在国民之间的分配问题，奥地利统计学家M.O.洛伦兹（Max Otto Lorenz）于1907年提出了著名的洛伦兹曲线。

③ 基尼系数是20世纪初意大利经济学家科拉多·基尼（Corrado Gini，1884—1965）于1922年提出的定量测定收入分配差异程度的指标。它是根据洛伦兹曲线找出判断分配平等程度的指标，经济学家通常用基尼指数来表现一个国家和地区的财富分配状况。这个指数在0~1的范围，数值越小，表明财富在社会成员之间的分配越均匀，反之亦然。按照国际通行标准：当基尼系数<0.2时，表示绝对平均；当基尼系数在0.2~0.3时，表示比较平均；当基尼系数在0.3~0.4时，表示基本合理；当基尼系数在0.4~0.5时，表示差距较大；当基尼系数>0.5时，表示收入差距悬殊，通常把0.4作为收入分配差距的“警戒线”。

调的是要素投入和要素收入相对称，这必须在平等竞争的环境下由等价交换来实现。在个人消费品的分配上，实行按劳分配，个人通过诚实劳动与合法经营取得收入，个人的劳动投入与劳动报酬相对称。这既是经济效率的原则，也是经济公平的原则。”①

公共部门特别是政府进行收入分配调节是政府应该具备的经济职能，也是需要很谨慎使用的职能，政府调节并不都是公平的。例如，通常所采用的“最低工资法案”名义上是对低收入劳动者的支持，但事实上会增加雇主选择更有效率的劳动者的意愿，从而通过解雇员工降低经营成本。

3. **稳定经济增长**

稳定经济增长有两层含义：一是公共部门运用一定的手段和工具，保持经济平稳运行，防止经济出现剧烈动荡，比如2008年世界范围的金融危机；二是公共部门要创造良好的经济环境，保持经济稳定增长，增加公众的社会总福利。稳定经济增长，增加社会财富是任何政府都应该担负的基本责任。之所以会存在稳定经济增长的诉求，根本原因在于经济运行并不是一帆风顺的，而且政府是公权力的代表，有义务稳定经济增长并增加社会福利。在经济发展过程中，经济运行过程中经常会出现繁荣与萧条、通胀与通缩以及失业与充分就业交替的局面。这种局面的产生原因比较复杂，既有市场经济运行方面的因素，也有资源禀赋方面的原因，更有经济制度设计上的理由，比如市场缺陷、国际贸易壁垒、资源禀赋差异和经济制度设计缺陷等。总体经济运行中的问题多体现在社会总供给与总需求之间的矛盾。总供给与总需求之间的过度失衡造成经济运行不稳定，不利于经济增长。供求总水平如果过度不平衡，或偏离平衡状态太远，就会造成较大的经济波动，主要表现为失业和通货膨胀。社会总供给与总需求之间矛盾产生的原因有多种，经济方面的原因主要是消费者的总需求受到外部因素如失业的影响，对经济未来预期变得不那么乐观，降低了“边际消费倾向”，减少了购买数量。同时，生产者受到外部因素的影响，降低了“边际收益倾向”，不愿意投入生产，不能为社会提供足够多的商品，

① 张学敏.公共经济学概论［M］.成都：西南师范大学出版社，2004：25.

减少了对劳务的需要，产生失业问题，人们收入减少，降低了“边际消费倾向”，减少了购买数量，整个社会经济进入通货紧缩时期。相反，当外部因素向好时，消费预期转向乐观，“边际消费倾向”增加，全社会消费需求增加；同时，生产者“边际收益倾向”增加，生产者会扩大生产，增加雇佣员工数量，全社会投资需求增加。全社会消费需求和投资需求的增加带来全社会总需求的增加，但短期内全社会总供给不能满足总需求，从而推动社会总体物价水平的上涨，造成通货膨胀。可以看出，经济的不稳定是市场经济活动的常态，政府稳定经济增长的职责随之发生作用。而且，凯恩斯（John M. Keynes）在1936年出版的《就业、利息和货币通论》一书中对就业与物价不稳定的原因进行了分析，得出了政府有能力矫正或防止经济波动的结论，甚至产生了宏观经济学相关理论，使政府稳定经济职能与实施政策找到了理论上的支持。

因此，稳定经济增长成为政府责无旁贷的职责，需要提出的是，政府干预经济活动的主观愿望与实际效果之间的关系是非常值得深入研究的领域。这是因为并非所有的政府干预都会使经济稳定增长，有些政府干预恰恰破坏了市场运行的基本规则，酝酿成了新的经济危机。

2.4.2 作为公共部门代表的政府

政府可以说是现代社会最庞大、最有权力和分布最广泛的公共部门，几乎任何一个领域、任何一个角落都可以看到政府的力量。政府一方面是市场经济的主体参与市场竞争，另一方面会以市场管制者的角色出现。因此，政府参与经济活动具有一定的特殊性。既不像完全的私人部门那样单一追求利润和收益，也不像第三部门那样单纯追求以社会公益为目标，作为公共部门代表的政府具有以下鲜明的特征。

1. 从运作方式上讲，政府拥有来自授权的强制性权力

在现代民主政治制度下，政府的合法性来源于选民的同意、良好的政绩、合理的制度设计以及国家的象征等方面。本质上说，政府通过选民的同意获得授权开展管理国家和社会事务的权力。这种权力具有典型的强制性特征，强制性权力是政府发挥管理国家和社会事务的根本前提，比如国家防务、社会安全、征税权等。同样，在经济领域政府也会依靠强制性权力参与经济事务，提供公共产品，维护经济秩序，比如通过财政政策和货币政策干预经济活动。但是，政府强制性权力的社会性作用巨大，必然会存在滥用的情况，国家或地方的权力机构应该通过各种措施对这种强制性权力加以限制。

2. **从政策对象上讲，政府面向的是全体社会公众**

在现代民主政治制度下，政府制定政策所要面对的是繁杂的社会事务，但从本质上来看，政府应该始终关注全体社会公众。即使是反对政府政策的社会公众也应该受到政府一视同仁的关注，这是由政府的民选性质决定的。特别是人民政府更应该无差别地服务于全体社会公民，增加社会福利，提高社会福利水平。但需要注意的是，政府在具体的经济活动中，并非时时刻刻都能够制定出服务于全体社会公众的经济政策，或者说有益于全体社会公众的经济政策。这是因为构成政府的人员极有可能更先一步地享受到政府提供的公共服务，比如在住房商品化前提下，政府仍然有空间、有条件建设职工住房。这种差别化的住房制度设计，事实上是对政府外社会公众的不公平社会服务。

3. **从目的性上讲，政府追求公共性目标**

在现代民主政治制度下，任何政府都是把公共性的目标或口号作为自己的标签提出，这是因为公共性目标是获得选民支持的必要条件，如教育、医疗、环境保护等。是否政府本身就很愿意把公共性目标作为自己的价值追求呢？事实并不是如此。政府选择公共性的目标是为了获得支持，也就是说，良好的政府不得不把公共性的目标放在自己价值追求的首位，没有了公共性目标价值追求的政府只能被称为“无良政府”，必然会被失望的选民所抛弃。需要注意的是，政府虽然不得不把公共性目标作为价值追求，但并不是说政府就没有私人意愿蕴含其中，比如当前的“考公务员热”是否就意味着参加公务员考试的考生都是基于公共性目标呢？很明显，答案是否定的。所以，对政府参与经济活动的目的要保持一种警惕的心态，或许政府并非真的基于公共性目标，可能是蕴含着其他的“私人性”意愿，比如当前的公务员和参照公务员法管理的工作人员养老保险的薪资体系以及社保福利体系均采取财政预算支付，并没有加入社会保障系统。

事实上，从上述政府的三个基本特征可以看出，作为公权力代表的政府并非时时事事都把社会公共利益作为自己的价值取向。政府干预经济运行既有积极的方面，也有消极的方面，如何界定和判断政府的经济干预是积极的效果是一个难题。“国家权力对于经济的反作用可能有三种，它可以沿着同一方向起作用，在这种情况下就会发展得比较快；它可以沿着相反的方向起作用，在这种情况下它现在在每个大民族中经过一定的时期都要遭到崩溃；或者可以阻碍经济发展沿着某些方向走，而推动它沿着另一种方向走，这第三种情况归根结底还是归结为前两种情况中的一种。但是很明显，在第二种和第三种情况下，政治权力能给经济发展造成巨大的损害，并能引起大量的人力和物力的浪费。”①因此，即使是政府拥有着其他组织或团体不具备的强制性，面对着全体社会公众，崇尚着公共性目标，也并不意味着政府就是万能的，或政府的干预就是积极的。

2.4.3 政府失灵

是否政府这个公共部门的代表在参与经济活动的时候就一定能够纠正市场失灵呢？或者政府参与公共经济活动是否就一定能够抑制或抵消市场缺陷呢？按照一般的公共经济学逻辑，因为市场经济存在市场失灵的现象，所以才有政府干预经济活动的职能，至于政府干预经济活动的效果则是另外一个问题。或者当市场失灵时，是否政府一出面就可以解决问题？历史经验和经济学理论研究都已经证明，这一问题的答案是否定的，因为也存在政府失灵（Government Failure）的情况。

政府失灵②的概念由美国经济学家罗兰·麦肯恩（Roland McKean）

① 恩格斯致康·施米特［M］//马克思，恩格斯.马克思恩格斯选集：第4卷.北京：人民出版社，1975：483.

② MCKEAN R N. The Unseen Hand in Government［J］. The American Economic Review，1965，55（3）：496-506.

在1965年提出，是指即使特定的市场无法满足完全竞争的标准，政府的干预也可能使经济环境变得更加恶劣。国内也有学者论及政府失灵的问题，“所谓政府失灵是指政府的经济活动或干预措施缺乏效率，其作用往往会恶化其市场失灵的结果；或者简单地说，政府做出了降低经济效率的决策或不能实施改善经济效率的政策。同市场失灵现象普遍存在一样，政府失灵现象也比比皆是。从大的方面说，比如我国在20世纪50年代末的‘大跃进’……70年代末出现的基本建设规模极度膨胀”。[①]再如，20世纪末期的东欧剧变和苏联解体都存在着政府失灵的影子。政府失灵一般可以理解为个人对公共物品的需求在现代化议会制民主政治中得不到很好的满足，公共部门在提供公共物品时趋向浪费和滥用资源，致使公共支出规模过大或者效率降低，政府的活动或干预措施缺乏效率，或者政府做出了降低经济效率的决策，或者政府不能实施改善经济效率的决策。

政府干预经济活动存在失败情况的基本原因可以归结为以下几个方面。

1. **经济政策的成本与收益没有办法进行核算**

宏观经济活动是基于微观经济活动个体展开的，宏观经济活动并非个体经济活动的累加，政府很难获知整个经济活动的真实状况，不可能知道全部经济政策的成本与收益，更不可能知道经济政策执行以后的后果。就以凯恩斯主义通过扩张的财政政策刺激经济为例，表面上看经济刺激计划带来一片繁荣的经济局面，事实上这种刺激极有可能带来某一领域的经济过热，为未来的经济衰退埋下隐患，甚至过后政府都不知道经济衰退的原因是什么，而且现代市场经济发展比较充分的国家已经逐渐认识到凯恩斯主义政策的恶果——失业和通货膨胀，而不再采用这种干预经济的办法。

2. **干预经济政策的主观目的与客观目的不一致**

政府干预经济活动与政府机构的性质有很大关系，政府是公权力的执

① 郭庆旺，赵志耘.公共经济学［M］.北京：高等教育出版社，2006：4.

行机构，是要对选民负责的，从这个角度来说，政府干预经济的主观目的是使经济运行得更好。事实上，政府的性质决定了其客观目的是选民的要求，而且政府自身有各种利益参与其中，如果没有外部的约束条件，就不可能制定出有损自己利益的经济政策，最典型的就是政府垄断行业的改革政策。而且，干预经济政策还会出现委托–代理问题（Agency Problem）①，当政府委托人雇用一个行为主体，如国有企业领导，要求其以政府委托人的利益行动时，就会产生委托–代理问题，行为主体有时会选择以自己的利益而非委托人的利益来行动。政府与社会之间的关系类似这种情况，政府本该努力实现社会福利的最大化，但是构成政府的人——如官员、公务员、国有企业的管理者——有他们自己的目标，例如，权力、财富等，他们往往更关注自我目标而非社会目标。

3. **官僚体制与市场体制的矛盾**

官僚体制的运行规则与市场体制的运行规则完全不一致，官僚体制遵循着简单的权威上级授权原则，没有很大的自主权，多是按照固定的程序和格式运行，不可能制定出符合市场运行规则的经济政策；而市场体制就很简单，本着获益原则做出决策，没有权威、没有等级，甚至没有明确的指引，自行运行。官僚体制参与市场经济活动容易利用公权力优势把官僚体制的行为风格强加给市场经济领域，不利于市场自发秩序的形成，更不利于市场自发竞争规则的运行。而且，官僚体制存在着不计管理成本的倾向，必然会出现行政成本较高，程序繁杂僵化，政策效果较差的局面。无论是中央集权，还是地方分权的官僚体制，都存在着对市场经济活动的认识时滞、决策时滞甚至是执行时滞等决策滞后的问题。这种决策滞后问题既是官僚体制的基本特征，也是官僚体制的缺陷，并不能与瞬息万变的市场变化趋势协调一致，而且官僚体制固有的保守主义倾向并不利于市场领域创新的发展。

---

① 代理问题是指由于代理人的目标函数与委托人的目标函数不一致，加上存在不确定性和信息不对称，代理人有可能偏离委托人目标函数而委托人难以观察和监督，从而出现代理人损害委托人利益的现象，又称为“委托–代理问题”。

4. 对自由市场的干预降低了市场主体的自由度

政府干预的领域必然是经济自由度越来越低的领域，没有自由的市场主体，必然没有平等的市场交换；没有平等的市场交换，必然会带来资源配置效率和社会福利的降低。比较典型的领域就是中国的城市出租车服务市场，政府的管制政策降低了出租车服务市场的自由度，没有竞争，只有特许经营，损害了出租车司机和乘客的福利，违背了市场运行规律。还有对医疗服务市场的管制，降低了社会资本进入医疗服务市场的可能性，一方面社会医疗资源不足，另一方面社会医疗服务水平不高；同时，政府又不愿意放开医疗服务市场，从而导致医疗社会福利水平低下。

另外，政府获得的市场信息永远是滞后的和不全面的，这也是政府没有办法对干预经济政策做出明确判断的重要原因。

但是，即使存在政府失灵，也并非在市场经济活动中不需要政府，毕竟如果从公共性的目标和社会性的伦理价值上讲，政府在市场经济的过程中应该仍然发挥一定的作用。即使是新自由主义思想大师哈耶克也不否认政府在市场经济中的作用，“组织我们的社会事务，有两种基本的、非此即彼的方法，一种是依靠竞争的方法，而它如果要有效发挥作用，就需要政府从事大量活动以使其正常运转，在其不能正常运转的时候要弥补其缺陷……我要强调的是，在你能够创造出竞争的环境的地方，你就应当依靠竞争。我一直都在说，生活在这个国家的每个人都应当获得某种最低限度的收入。我不是一个无政府主义者。我没有说过，竞争制度可以在法律体系没有得到有效的强制执行并被明智地制定出来的情况下照样正常运转”。①所以，政府干预经济本质上是在发挥市场竞争优势的前提下，利用公权力优势弥补市场缺陷，以追求公共性目标的实现和社会福利的增加。

---

① 阿兰·艾伯斯坦.哈耶克传［M］.秋风，译.北京：中国社会科学出版社，2003：149.

2.5 政府参与经济活动的研究

正如前文所述，在经济活动中，市场失灵与政府失灵客观存在的事实使公共领域的经济问题凸显。在原有经济学、政治学、财政学等学科基础上，研究公共领域经济问题或公共部门经济活动的公共经济学理论应运而生。公共经济学是以市场缺陷和政府失灵为前提，以市场经济运行规则看待公共领域的经济问题或公共部门的经济活动，以社会公共需要的满足和社会福利水平的增加为根本目的，融合了经济学、政治学、财政学等学科知识的交叉学科领域。政府参与经济活动的研究也在经济学发展的历史中占有重要的位置。

2.5.1 政府参与经济活动的角色

不同历史时期甚至是在不同经济体制条件下，政府以什么样的角色、身份和方式参与经济活动也是不同的。从政府参与公共经济活动的视角来看，政府参与经济活动的角色基本上可以分为经济活动的直接参与者、经济政策的决策者和执行者，而且这两个角色有的时候会有所交叉，甚至相互影响。

经济活动的直接参与者。在市场经济条件下，作为经济活动的直接参与者，政府与其他的消费者和生产者具有同等地位、同等权利和同等责任，属于公平市场的参与者。具体而言，政府可以作为全民代表的国有资产的所有者、公共品的生产者和市场消费者。政府作为国有资产的所有者参与国有资产的经营与管理，并负有国有资产保值增值和防止国有资产流失的责任，比如土地资源、矿产资源等；政府作为公共品的生产者直接提供免费或部分收费性质的公共服务，比如教育、医疗、公共设施等；政府作为市场领域的消费者购买市场领域的商品或劳务，主要表现为政府通过市场进行直接采购，比如公用汽车、办公用品等。

经济政策的决策者和执行者。政府负责制定各种经济领域的政策以及为市场经济活动提供规制措施，使市场能够有效配置资源。作为经济政策的决策者和执行者，政府可以通过管制引导市场公平公正运转，比如制定和实施反垄断竞争法案、最低工资法案等；作为经济政策的决策者和执行者，政府可以通过税收调节收入分配，实现财富在不同群体间的转移，从而减轻或消除市场机制带来的不均等。另外，有些政府还通过制定和实施宏观财政政策或货币政策调节经济运行，维持经济稳定。

政府在参与经济活动过程中扮演的角色可以理解为公共经济活动的重要内容，这是由政府的公共部门性质决定的。需要注意的是，政府参与经济活动也存在一定的负面性，多表现为政府失灵。

2.5.2 政府经济活动的相关研究

政府参与经济活动可谓公共经济的起点，没有政府参与经济活动就没有公共经济领域的发展。

1. 政府财政：现代政府经济活动研究的起点

政府参与经济活动研究最显著的领域就是对政府财政的研究。1663年，英国古典政治经济学创始人、统计学家威廉·配第写成《赋税论》一书，详细论述了公共经费、征税方法、政府筹集资金的方式和手段，为财政学的创立奠定了基础。在这部著作中，威廉·配第较为系统地阐述了公共支出的必要性及其影响，认为应该削减国防费、行政费、宗教事务费，同时增加生活救济费及公共事业费。同一时期，有关财政收入、支出、国债以及国家财富的思想散见于大卫·休谟、托马斯·霍布斯、约翰·洛克、让·雅克·卢梭等的著作中，进一步丰富了公共财政的相关内容。18世纪的英国工业革命推动了英国商品经济的发展，新兴资产阶级要求确立自己的经济权利，主张实行最少的政府干预，施行“自由放任”的经济政策。这一要求也反映在经济学奠基人亚当·斯密的《国富论》一书中。在这本书的第五篇分别讨论了“支出”“收入”“公债”问题，涵盖国民经济和公共财政领域的问题基本确立了比较系统的财政学框架。大卫·李嘉图继承和发展了威廉·配第和亚当·斯密的财政思想，他于1817年完成其主要经济学代表作《政治经济学及赋税原理》，书中详细论述了赋税的来源、税收原则、地租税、利润税、工资税和农产品税等财税问题，难能可贵的是该书还论及了社会总产品的分配问题。1872年，德国财政学家阿道夫·瓦格纳（Adolf Wagner）出版了《财政学》，建立了独立的财政学体系，并指出财政是以国家为中心建立起来的共同经济，国家财政分配也应该随着国家职能范围的扩大而增加，该理论后来发展成著名的“瓦格纳法则”。1896年，瑞典学者、边际学派的代表人物克努特·维克塞尔（Knut Wicksell）出版了《公共财政理论研究》，独到地把公共财政决策过程看成一个集体选择过程，主张政治程序进入财政分析，为后来公共选择理论提供了早期理论基础。1919年，瑞典学者埃里克·罗伯特·林达尔（Erik Robert Lindahl）在其《公正课税论》中提出了“自愿交易理论”，以私人经济运行法则分析政府收支经济活动过程。1922 年，道尔顿（Dalton H.）出版《公共财政学原理》一书，开篇就指出财政学是介于经济学与政治学之间的一门学科，这表明了政府活动所具有的经济学特征。可以看出，早期的公共财政研究关注的是国家或政府静态的收支问题，后来在瑞典学者的努力下，公共财政研究开始关注对财政过程的研究，事实上就是对政府经济活动过程的研究。

2. **经济政策：现代政府经济活动研究的扩展**

伴随着20世纪30年代世界范围的经济危机，古典自由放任的经济理论遭到了空前的质疑，英国经济学家凯恩斯的国家干预经济理论顺势而生，受到政府部门的欢迎，为政府干预经济找到了理论上的支持。公共部门的经济行为发生了重大变化，政府的经济活动逐渐扩张，从传统单纯的财政收支扩大到对经济的调节和干预，越来越多的经济学家把研究问题设定在分析政府经济活动弥补市场缺陷的基础上，提出政府参与或干预经济活动的经济政策，比较典型的例子就是罗斯福新政。政府经济活动已经超越了一般的财政学研究范围，其方法、理念和内容均发生根本性变革。1933年，斯杜登斯基（P.Studenski）在其《公共财政学篇章》中题为“公共经济的性质与机制”的一章，全面地分析了公共集团性质、公共经济性质、公共经济发展、最高社会利益等问题，使“公共经济”这一思路在财政学中得到进一步体现。1936年，意大利学者马尔科（de Marco）的《公共财政学基本原理》一书在美国翻译出版，该书第一章就指出，所谓的私人经济学研究的是个人活动，并且至今它们涉及的是私人需要的满足问题。所谓的公共经济学或公共财政经济学研究的是国家的生产活动，它涉及的是共同需要的满足问题。同时，伴随着经济学家关注国家干预经济政策调整的潮流，美、英财政学理论关注的热点逐渐从“政府收支”转到“公共经济”上。政府参与经济活动逐渐使用了新的名词——“公共经济学”。1944年，奥地利经济学派代表人物路德维希·冯·米塞斯（Ludwig von Mises）出版了《官僚体制》一书，用经济市场的理论研究官僚行政系统，开创了运用经济理论研究政府官僚行为的先河。1947年，E.D.阿伦（E.D.Allen）和O.H.布朗里（O.H.Brownlee）出版《公共财政经济学》一书，从公共财政与公共经济的关系进一步确认了公共经济学的地位。1954年，美国著名经济学家萨缪尔森发表《公共支出的纯理论》一文，提出了公共产品的核心概念。1959年，德国著名学者马斯格雷夫在《财政学原理：公共经济研究》一书中正式引入“公共经济学”概念，并在书中提出“必须把我们的经验看成是研究公共经济的原理，或者更准确地说研究的是通过预算管理中出现的经济政策问题”，特别是分别在1964年和1965年出版的《公共经济学基础：现代国家作用理论概述》和《公共经济学》标志着公共经济学的诞生。这也意味着政府经济活动可以被直接理解为公共经济活动，对政府经济活动的研究也逐渐从公共财政收支问题扩展到对整个社会经济的影响，甚至扩展到政府经济政策对社会整体资源配置效率和社会福利的影响上。

3. **公共选择：现代政府经济活动研究的深入**

20世纪60年代以来，伴随着公共经济理论的发展，政府参与经济活动的研究进一步深入。1962年，美国学者詹姆斯·布坎南（J.Buchanan）和戈登·图洛克（G.Tullock）合作出版了《同意的计算》一书，并在1969年共同创建了“公共选择研究中心”，并创办了《公共选择》杂志，促进了公共选择理论的迅猛发展，丰富了公共经济学的理论内容。同时，公共选择理论帮助人们理解和加深对公共产品、公共权力、公共选择等核心概念的认识，主要从古典经济学理论的视角介绍国家的起源、政府的权利和义务、公共所有权、公共资源、公共政策、宪法、宪政、共和、民主和自由、市场与国家等方面的基础理论与基本知识，用新古典经济学的分析方法对选举行为、官僚主义、党派政治和公共财政等论题进行解释。公共选择理论不仅扩展了公共经济学的研究领域，更为传统的政治学、行政学寻找到了新的发展方向，是研究政府行为的一种有益视角。后来，不断有学者深入研究公共选择理论。美国经济学家肯尼斯·约瑟夫·阿罗在1951年出版的《社会选择与个人价值》一书也影响了公共选择理论的发展，探讨了政治选举过程中的问题，扩展了经济学在政治系统研究中的运用。美国公共行政学家安东尼·唐斯（Anthony Downs）于1957年著的《民主的经济理论》开创性地将经济学理论思想引入政治学研究，被学术界誉为“政治科学的一部奠基性的著作”。安东尼·唐斯从政府、政党、选民的理性行为入手，分析了西方民主制度背后的经济实质，在“理性人”和“利益最大化”的经济学基本假设基础上，建立了一个理解公共政策和政府行为的理论模型，提供了分析西方民主制度的崭新视角，从而阐明了西方民主制度的运行机制、内在动因及其局限性。美国著名政治学者曼瑟尔·奥尔森（Mancur Olson）的《集体行动的逻辑》（1965年）、《国家的兴衰》（1982年）以及后来发表的《权力和繁荣》（2000年）等著作同样使用经济学的方法分析政府政治行为，扩大了公共选择学派的影响。1965年，美国学者列夫·约翰森出版的《公共经济学》明确界定了公共部门的范围与特征，并认为公共经济就是公共性质的政府经济，明确了公共经济就是研究政府的经济行为。1966年，反映公共经济研究成果的杂志《公共经济学杂志》（*Journal of Public Economics*）创刊，进一步促进了公共经济研究的发展。20世纪六七十年代，哈伯尔（Herber）的《现代公共经济学》、霍夫曼（Haveman）的《公共部门经济学》、布朗（Brown）和杰克逊（Jackson）合作的《公共部门经济学》等一系列公共经济研究的著作出版。特别是，1971年美国学者尼斯坎南（W.A.Niskanen）出版的《官僚主义与代议制政府》将公共经济研究运用于行政系统来论证政府的效率。在整个20世纪70年代，以美国经济学家詹姆斯·布坎南为代表的公共经济研究学者，在继承瑞典学者克努特·维克塞尔（Knut Wicksell）、奥地利学者路德维希·冯·米塞斯等前人研究成果的基础上，发展了公共选择理论。该理论运用个人主义的分析方法、经济人假设和政治市场交易三大要素，展开对政府活动，特别是对政治活动的分析，开辟了研究政府活动或政治活动的新天地。后来，在20世纪八九十年代，随着信息经济学和博弈经济学的兴起，研究者开始从非均衡市场、信息不对称等视角重新审视政府与经济活动的关系，特别是对政府在参与经济活动过程中出现问题的制度安排进行了深入研究。新制度理论和实验经济学研究开始引入公共经济研究领域。

◎ **关键概念**

市场经济；计划经济；市场信息；市场主体；市场失灵；资源配置；政府失灵；产权帕累托最优

复习思考题

1. 什么是市场经济，市场经济的构成要素有哪些？
2. 什么是市场失灵，市场失灵表现在哪些领域？
3. 现代经济领域的资源配置方式主要有哪两种？各有什么优缺点？
4. 如何理解有效资源配置的三个基本条件？
5. 简述公共部门与经济活动的关系。
6. 结合政府失灵的概念，简述政府干预失败的原因。
7. 结合公共部门的概念，简述公共部门的经济职能。

推荐阅读

- 要想对市场经济中产权的概念、产权在市场经济领域的重要作用以及世界经济发展的历史有更深入的了解，可阅读诺贝尔经济学奖获得者、美国经济学家道格拉斯·诺思与另一位经济学家罗伯特·托马斯合著的《西方世界的兴起》（厉以平、蔡磊译，华夏出版社1999年版）一书，该书主要从经济发展史的角度探讨了产权制度对经济发展的重要作用。

- 要想进一步加深对计划经济的有限性、市场领域自由竞争的重要作用、政府失灵的原因以及经济活动中的人类行为等问题的认识与理解，可以尝试阅读奥地利经济学派代表人物路德维希·冯·米塞斯的相关著作《社会主义：经济与社会学的分析》（王建民、冯克利、崔树义译，中国社会科学出版社2008年版）、《自由与繁荣的国度》（韩光明、潘琪昌、李百吉等译，中国社会科学出版社1995年版）、《官僚体制和反资本主义的心态》（冯克利、姚中秋译，新星出版社2007年版）和《人的行为》（上、下册）（夏道平译，台湾远流出版事业股份有限公司1997年版）等经济学经典著作。

3 外部效应

外部效应是指，未在价格中得以反映的经济交易成本或效益，虽有多种类型，但是正外部效应和负外部效应是其基本的分类结果。正外部效应反映的是交易双方给第三方带来的额外收益，负外部效应反映的是交易双方给第三方带来的额外成本，无论是额外收益还是额外成本都无法在价格中体现。因此，外部效应是市场资源配置失灵的表现。为了实现资源配置的帕累托最优，可采取矫正性税收、矫正性补贴和政府直接管制以及讨价还价、企业一体化、排污权交易等矫正措施，综合运用多种手段实现外部效应内在化。

本章重点

- 外部效应与资源配置效率
- 外部效应的治理

3.1 外部效应概述

随着社会经济联系的日益增强，外部效应对资源配置的影响也在扩大，掌握外部效应的概念，把握其内涵，了解外部效应产生的原因，对于准确诊断外部效应问题，实现外部效应内在化有重要意义。

3.1.1 外部效应

外部效应，又被称作“溢出效应”，是指一个经济主体的行为对另一个经济主体的福利产生了影响，而施加影响的主体没有为此付出代价或因此获得补偿。称为“外部”效应的原因有二。一是因为它存在于当事人决策“外部”。当一种经济交易的结果影响到了除交易双方之外的第三者时，便产生了外部效应。总之，外部效应的产生是人们决策范围之外的、料想不到的结果或影响，是随着生产或消费的进行产生的某种副作用。二是因为它存在于市场定价制度“外部”。外部效应是未在价格中得以反映的经济交易成本或效益。比如，在海上修建灯塔不仅可以为本地人提供海上导引服务，也可以为外地船只提供导引服务，而灯塔的修建及维护成本则由本地财政支付，这部分成本无法分摊到其他受益者身上。此时，灯塔的修建及维护成本没有真实反映经济交易成本和收益，它存在于市场定价制度之外。

3.1.2 外部效应的基本特征

1. **外部效应对第三者利益产生影响**

外部效应使经济主体的行为除了对自身有影响外，还会对旁观者利益产生影响。例如，在自家门前种花养草不仅可以愉悦养花人的身心，也为周围邻居创造了一番美景，愉悦他人身心。而种花养草所需投入的时间、精力、金钱完全是由养花人自己负担的，其他从中获益的邻居则不用负担任何成本，在这个过程中，养花人的行为给邻居带来了无须任何成本支出的利益。但是，并非所有给交易双方之外的第三者带来的影响都可以称作外部效应。那些可以通过价格或者能够在价格中反映的影响不是此处探讨的外部效应。

2. **外部效应可能是正的，也可能是负的**

经济主体行为可能给旁观者带来有利影响，也可能带来不利影响。在自己门前种花养草会给邻居带来身心享受和愉悦，这是对旁观者利益的有利影响，属于正外部效应。正外部效应中的私人成本高于社会成本，私人生产积极性会受到打击，产品生产供应会减少。很多公共产品就属于具有正外部效应的产品，私人提供该种产品的成本高于收益，因此这类产品只能由政府提供。

负外部效应的典型例子是造纸厂向工厂附近的河流中排放污水，污水一旦进入人们的生活，就会导致人们罹患各种疾病，包括癌症。造纸厂的行为给周围居民的身体健康带来直接损害，而造纸厂产品的交易中却没有体现出损害他人健康应付出的代价。也就是说，造纸厂对他人健康损害的成本没有被附加在产品的生产成本中，这使造纸厂的生产成本远远低于社会成本，各种资源向该领域的配置增多，产出量增加。负外部效应中经济主体应该负担的成本没有负担，第三方应该得到的损害补偿没有得到，社会资源处于低效配置状态。

3. **公共产品是一种特殊的外部效应**

外部效应是某些个人或企业的经济行为影响了其他人或其他企业，却没有为之承担应有的成本或没有获得应有的报酬。如果经济主体给第三方带来的效益远远大于自身成本，即该种产品的私人成本高于社会成本，私人提供不如社会提供效率高，这种产品就成了公共产品。因此，公共产品是一种特殊的正外部效应。市场机制在资源配置过程中以追求自身利益最大化为目标，私人产品因其产权清晰，消费上具有竞争性、排他性，能给生产者带来最大利益，供给积极性普遍很高。当私人提供某种产品的成本远远高于其收益，而又无法从技术上排除他人对该产品的消费时，私人提供的积极性会下降。如果私人不愿意提供这种产品，但是社会又很需要，它就会成为极端正外部性情况下的公共产品。当一种行为对每个人产生正外部性时，这种外部性就是纯公共产品，例如国防。国防的提供不仅可以保障富人的利益也可以保障穷人的利益。每个人向政府缴纳的税收不仅可以给自己带来国防利益，同时也给其他社会成员带来国防保障，而我们无法从技术层面上对国防产品进行分割，并进行准确的产权界定。每个人都可以享有国防产品带来的国防保障，增加一个人对该产品的消费不会影响其他人对该产品的消费效果，私人提供国防产品的正外部效应过大，其私人成本将远远高于社会成本，无法运营管理，最终只能作为公共产品由政府提供。

4. **外部效应使社会脱离有效资源配置状态**

西方经济学市场均衡理论认为，市场机制通过价格信号可以实现资源的合理配置，其条件是配置在每一种产品或劳动上的资源的边际效益等于其边际成本，即$MB=MC$，这是一般均衡的条件。但由于外部效应的存在，市场均衡会被打破。具体阐述如下。由于外部效应的存在，私人的一部分成本或效益实际上由社会承担或获得了，而这一部分成本和效益并没有通过价格信号体现出来，所以演变成了外部成本和外部效益，这样私人厂商的边际效益或边际成本同社会的边际效益或边际成本发生偏离，由于决定个人和厂商生产选择的是私人边际效益与私人边际成本，所以当个人或厂商仅从自身的利益出发，而对给社会带来的外部效益或外部成本完全不予考虑时，其所做出的决策会使资源配置出现扭曲。在一些领域或行业，资源会过分拥挤；而在另一些领域，资源的配置又会显得严重不足。比如，汽车尾气排放损害到其他公众的身体健康，但是在汽油的市场交易价格中并没有反映出对公众利益损害应付出的代价。利己的汽油生产企业不会考虑自己的产品对社会的负面影响，购油者也没有考虑到自己的购买决策对他人身体健康的影响。由汽车尾气排放所产生的社会成本无法在由供求均衡所决定的市场价格中反映出来，公众的健康损失也无法在已有的市场机制中得到弥补。配置在创造负外部效应的石油行业的资源在不断增长，这是因为产生负外部效应的企业可以以低于社会边际成本的私人成本来安排生产，因为它的一部分成本由社会承担了，因此造成资源配置在这些行业过多。另外，配置在创造正外部效应的行业（如公共产品）的资源在不断减少，甚至严重不足。正外部效应的存在使一部分人即使不付出成本也可以获得效益，而人作为“经济人”往往只考虑自身的内在成本和收益，几乎不考虑社会成本和社会效益，从而使此类物品或劳务的供应不足，使实际供应量少于社会真正需要量。

3.1.3 外部效应产生的原因

1. 市场机制论

厂商和消费者做出经济决策的依据是市场价格，而市场价格形成的基础是私人边际成本或私人边际收益。无论是厂商还是消费者，都不会主动地站在社会边际成本或社会边际收益的高度做出经济决策；或者在技术上无法将生产和消费过程中产生的副作用纳入成本或收益中。正是对自身经济利益最大化的追求使人们更多地关注自身的利益和成本，很少关注社会的利益和成本，因而出现外在的成本或收益无法内化，资源配置扭曲的状况。而市场机制就是一种以追求经济主体自身利益最大化为目标的机制，因此无论是生产者还是消费者的决策都有一定的逐利性、自发性和盲目性，这是外部效应产生的原因。

■ 资料链接：当火车驶过农田的时候

20世纪初的一天，列车在绿草如茵的英格兰大地上飞驰。车上坐着英国经济学家A.C.庇古。他边欣赏风光，边对同伴说："列车在田间经过，机车喷出的火花（当时是蒸汽机车）飞到麦穗上，给农民造成了损失，但铁路公司并不用向农民赔偿。"这正是市场经济的无能为力之处，被称为"市场失灵"。1971年，美国经济学家乔治·斯蒂格勒和阿尔钦同游日本。他们在高速列车（此时已是电气机车）上想起了庇古当年的感慨，就问列车员，铁路附近的农田是否因受到列车的损害而减产。列车员说，恰恰相反，飞速驰过的列车把吃稻谷的飞鸟吓走了，农民反而受益。当然，铁路公司也不能向农民收"赶鸟费"。这同样是市场经济无能为力的，也称为"市场失灵"。同样一件事情在不同的时代、不同的地点结果不同，两代经济学家的感慨也不同。但从经济学的角度看，火车通过农田无论结果如何，都说明了同一件事：市场经济中外部性与市场失灵的关系。

资料来源：张五常. 卖桔者言［M］. 成都：四川人民出版社，1988。

2. **所有权论**

罗纳德·科斯认为，外部经济从根本上说是由产权界定不够明确或界定不当引起的，所以只需界定并运用法律有效地保护产权，随后产生的市场交易就能达到帕累托最优。这可以通过双方之间的谈判自然地实现。所谓产权，通常指某种资源的所有权、使用权、收益权以及自由转让权等。只要资源是有主的（无论赋予谁），其价格就会反映出它在其他用途中的价值，这样该资源就会得到有效率的利用；相反，如果全部或部分资源是共有的，它就会被滥用，因为没有人肯节约使用它。比如，一条河流，因为它是共有的，所以任何人都可以无代价地使用河水，河流沿岸的居民或企业肆无忌惮地向河水中排放污水就是明证，最终导致河水污染。如果这条河流是属于某个村庄的，村庄就有权对河流进行管理，排除企业或居民对河水的污染，保持河水清洁。因此，产权界定不明或无法清晰界定产权，是外部效应产生的一个重要原因。

资料链接：公地悲剧

1968年，美国学者哈丁（Garrett Hardin）在《科学》杂志上发表了一篇题为《公地悲剧》的文章。英国曾经有这样一种土地制度——封建主在自己的领地中划出一片尚未耕种的土地作为牧场（称为“公地”），无偿向牧民开放。这本来是一件造福于民的事，但由于是无偿放牧，每个牧民都养尽可能多的牛羊。随着牛羊数量无节制地增加，公地最终因“超载”而成为不毛之地，牧民的牛羊最终全部饿死。

公地悲剧在英国是和“圈地运动”联系在一起的。十五六世纪的英国，草地、森林、沼泽等都属于公共用地，耕地虽然有主人，但是庄稼收割完以后也要把栅栏拆除，敞开作为公共牧场。由于英国对外贸易的发展，养羊业飞速发展，于是大量羊群进入公共草场。不久，土地开始退化，“公地的悲剧”出现了。于是，一些贵族通过暴力手段非法获得土地，开始用围栏将公共用地圈起来据为己有，这就是我们了解到的臭名昭著的“圈地运动”。“圈地运动”使大批农民和牧民失去了维持生计的土地，历史书中称为血淋淋的“羊吃人”事件。但是书中没有提到“圈地运动”的阵痛过后，英国人惊奇地发现，草场变好了，英国人作为整体的收益提高了。由于土地产权的确立，土地由公地变为私人领地的同时，拥有者对土地的管理更高效了，为了长远利益，土地所有者会尽力保持草场的质量。同时，土地在被兼并后以户为单位的生产单元演化为大规模流水线生产，劳动效率大为提高。

资料来源：Garrett Hardin. The Tragedy of the Commons [J]. Science，1968，162（13）：1243–1248。

3. 交易成本论

交易成本（Transaction Costs）又称交易费用，是由诺贝尔经济学奖得主科斯（R.H.Coase，1937）[①]提出的。交易成本是指达成一笔交易所要花费

---

① Coase R H. The Nature of the Firm [J]. Enomics New Servies，1937，4（16）：386–405.

的成本，也指买卖过程中所花费的全部时间和货币成本。具体来说，包括交易中的搜寻成本、信息成本、议价成本、决策成本、监督成本等。

同一种产品或服务往往具有多种不同的属性和特征，要掌握完全信息并对其进行准确测量是十分困难的。为了使交易费用保持在合理的范围内，只能对最有价值、相对来说容易测量的属性和特征制定价格，而让另一些属性和特征处于无价格状态。这种无价格状态就是一个公共区域，任何人均可使用却不必付费。比如，要界定一条河流的产权就是一项十分困难的工作。首先，从河流本身的产权界定来说，要花费大量的时间、精力，甚至金钱去进行信息收集、谈判议价，再加上河流流经区域的广泛，使用人群的众多，其交易费用势必高昂。其次，即使河流产权能够被清晰准确地界定，由于河水使用情况复杂，人们之间的摩擦势必会不断发生，为解决矛盾冲突定要花费大量时间、精力和金钱去进行协调、谈判、议价，这又是一笔巨大的交易费用。既然一条河流的产权界定过程中以及产权界定后的交易成本已经高到人们无法承受的境地，人们就会放弃对河流的产权界定，河流就会处于无价格状态，成为公共产品。因此，企业向河流中排放污水也是自然而然的，企业对社会的负外部效应必然产生。

3.2 外部效应的类型

外部效应的类型多种多样，按照不同的标准有不同的分类结果，但不管是哪种分类标准，最基本的分类结果都是正外部效应和负外部效应。

3.2.1 正外部效应和负外部效应

外部效应对承受者来说既可能有利，也可能有害。按照外部效应结果的不同，可以将外部效应分为正外部效应和负外部效应。正外部效应是指给交易双方之外的第三者带来的未在价格中得以反映的经济效益。负外部效应是指给交易双方之外的第三者带来的未在价格中得以反映的经济成本。

3.2.2 生产、消费外部效应

外部效应的承受者既可能是生产者，也可能是消费者；外部效应的发起者既可能是生产单位，也可能是消费单位。因此，按照外部效应承受者和发起者的不同，可以将外部效应分为生产–生产外部效应，生产–消费外部效应，消费–生产外部效应，消费–消费外部效应，如图3–1所示。

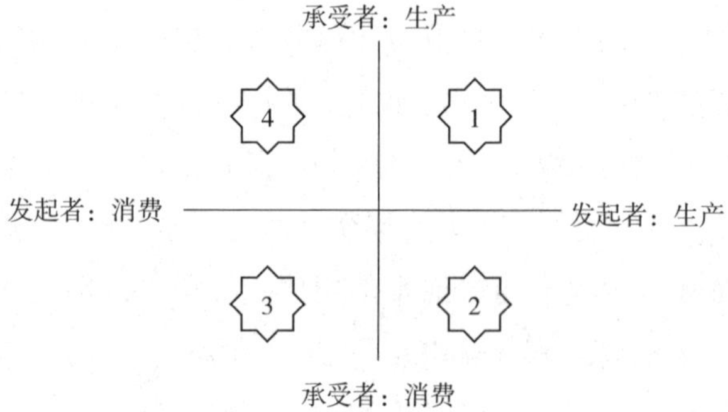

图3–1　外部效应的类型

1. **生产 – 生产外部效应**

某企业因其他企业的生产活动而受到影响，但这种影响无法通过价格得以反映。比如，某企业模仿创新企业的生产技术组织产品生产，该企业的生产行为从技术创新企业那里获得了巨大收益，却不用支付新产品技术研发的成本。这就是企业之间发生的技术外部效应，这种外部效应会打击自主创新企业的创新积极性，降低社会生产效率。为提高社会生产力水平，鼓励企业创新，政府会对企业花费巨大投资研发成功的新技术实施专利保护。

2. **生产 – 消费外部效应**

消费者因企业的生产活动而受到影响，但这种影响无法通过价格得以反映。比如，企业生产过程中向周边排放废气、废水、废渣，破坏周围居民的生存环境，损害人们的身体健康，如果不采取制裁措施，企业将不会为此担负任何成本。

3. **消费 – 生产外部效应**

企业因消费者的消费行为而受到影响，但这种影响无法通过价格得以反映反映。比如，消费者节能减排意识提高，增加对节能产品的消费必将推动其他相关产品生产企业的发展，而消费者并不会因此获得补偿。

4. **消费－消费外部效应**

其他消费者因某个消费者的消费行为而受到影响，但这种影响无法通过价格得以反映。比如，某个消费者注射疫苗，不仅可以提升自身的免疫力，对其他消费者来说也具有防止疾病传播、维护他人健康的作用，这位消费者为他人身体健康做出的贡献就不能通过价格得以反映。

以上四种外部效应，每一种都可以再分为正外部效应和负外部效应，因此结合第一种分类方法，共有八种外部效应。

3.2.3 公共外部效应与私人外部效应

依据外部效应的影响范围可以分为公共外部效应和私人外部效应。公共外部效应是指经济主体的行为对一定区域内的所有消费者或生产者的福利都造成了影响的外部效应。比如，内蒙古草原植被的破坏不仅影响到内蒙古牧民的利益也影响到生态平衡，导致沙尘暴的爆发，在更大范围内影响到人们生活和社会经济发展。私人外部效应是指经济主体的行为只对某区域内极少数消费者或生产者的福利产生影响的外部性。比如室内吸烟，吸烟者的吸烟行为不仅对自身健康有影响，对其他室内成员也构成吸二手烟的威胁。

3.2.4 单向外部效应与双向外部效应

按照外部效应传递方向的不同可以将其分为单向外部效应和双向外部效应。单向外部效应是指外部效应的产生仅由行动的一方向另一方单方向传递。比如，节庆期间燃放烟花。燃放烟花的成本由燃放者负担，但烟花燃放的效果其他人也可以分享，烟花燃放的正外部效应是由燃放者向观赏者单向传递的。双向外部效应是指双方相互影响的外部效应。一方既对另一方产生外部影响，同时又是对方外部影响的承受者。比如，养蜂人与苹果园园主。

■ 资料链接：养蜂人与苹果园园主

1952年，经济学家米德在论文中讲了一个蜜蜂与苹果园的故事。在一个明媚的夏天，苹果园里繁花似锦。苹果园外来了一个养蜂人，他摆开蜂箱，蜜蜂立刻飞进了苹果园，开始不知疲倦地采蜜。蜜蜂以苹果花蜜为食，如果苹果园园主扩大苹果园的面积，就可以为蜜蜂提供更多的食物，使蜜蜂酿造更多的蜂蜜。但是苹果园园主并没有动力这样做，因为他不能向养蜂人收取蜜蜂采食的费用。同时，蜜蜂在采蜜时，无意中会替果树的花粉做传播，如果养蜂人养更多的蜜蜂，就可以使苹果园的收成增加，但苹果园园主也不付钱购买蜜蜂传播花粉的服务，所以蜜蜂的饲养也没有达到最高效率。因此米德认为，政府一方面应该补贴苹果园园主，鼓励其多植树；另一方面应该补贴养蜂人，鼓励其多养蜜蜂。这个田园诗般的故事唤起了许多经济学家的想象力，纷纷主张政府干预经济。但是20世纪70年代，经济学家张五常在美国华盛顿州的“苹果之都”一带进行了十分详细的考察，发现这个故事也是不真实的。苹果花很少甚或没有蜜，而蜜蜂却为苹果提供了有价值的授粉服务，也就是说，应该是苹果园园主向养蜂人付钱，而且这个问题已经解决了，美国苹果园园主与养蜂人之间普遍订有花粉传播服务和蜜蜂采蜜的细致合约，根本用不着政府插手。

资料来源：Steven N. S. Cheung. The Fable of the Bees：An Economics Ivestigation［J］. Journal of Law and Economics，1973，16（1）：11–33。

3.2.5 空间外部效应与时间外部效应

依据外部效应发生作用的时空范围可以将其划分为空间外部效应和时间外部效应。空间外部效应是指某项经济活动在一定空间对其周围经济主体造成的额外损失或收益。如狂吠的狗对周围邻居宁静生活的干扰。时间外部效应是指现在的某项经济活动对未来时期可能造成的额外损失和收益。如义务教育，义务教育的主要利益获得者是私人，但是义务教育成果对未来社会发展会产生降低社会犯罪、促进技术进步、提高工作效率等正外部效应。

3.2.6 技术性外部效应、货币性外部效应和政治性外部效应

技术性外部效应是指组织的创新或设计不仅使本组织受益，而且进入了社会技术知识库，使得全社会都能够从中受益。比如，一个企业自主研发的技术成果不仅会给本企业带来收益，也会引发同行业及相关行业的技术模仿，从而带动整个行业及社会的技术进步，这就是技术外溢。

货币性外部效应是指因某种物品或服务需求量，或供给量变动而以价格上涨或下降形式给现有消费者带来的影响。比如，某一消费者购买了苹果手机，该消费者对苹果手机的消费增加了苹果手机的市场需求，而市场需求的提升会导致价格上涨，价格上涨的结果是其他苹果手机购买者要付出更大代价购机。但是，我们不能说由于该消费者购买手机给第三者带来了负的外部效应。手机价格上涨仅仅说明该品牌手机消费需求旺盛，通过价格上涨可以将资源从消费者手中转移到生产者手中，实现资源的合理配置。苹果手机价格上涨给其他手机购买者带来的影响，是由于货币更多地流向了苹果手机，造成苹果手机供不应求所产生的外部效应，因此属于货币性外部效应。

政治性外部效应是指由于政府干预经济的非客观性及信息不完全性，导致政府经济干预的低效及无效，也可以看作政府失灵的表现。比如，政府官员为追求个人政绩而出台的一些不具有可持续性的经济政策或发展规划，必然导致经济社会中资源配置的低效或无效。

3.3 外部效应与资源配置效率

在完全竞争市场条件下，市场能够通过自身力量自动调节供给和需求，实现供求平衡，使资源配置达到帕累托最优状态。但是，在现实社会经济发展中，帕累托最优是不可能完全实现的，原因是现存市场机制的许多前提条件在现实中无法得到完全满足，即会出现市场失灵，外部效应就是其中的表现之一。政府需要发挥“看得见的手”的职能，对其进行调节和干预。

3.3.1 资源配置效率

资源稀缺性和人们需求无限性之间的矛盾是所有经济问题产生的根源，因此任何社会都必然会发生人们为争夺资源的竞争和为分享现有资源所引发的冲突。如何实现资源的有效配置以及怎样把握资源配置效率的含义和条件，成为经济学家最关注的问题。

1. 资源配置效率的含义

本书第2章2.1节提到了资源有效配置的帕累托最优标准，即资源配置效率就是社会资源的配置达到这样一种状态，资源配置的重新调整不会使任何一个人的状况变得更好，也不会使任何一个人的状况变得更坏。如果调整资源配置在其他人利益不受影响的情况下，一部分人的利益能够得到提高，这个过程就是帕累托改进，通过帕累托改进可以实现帕累托最优。比如，一辆公共汽车上共有30个座位，现在有29个座位被占。这时30个座位资源的配置还有可调整的空间，在其他29个座位不受挤占的情况下，可以再增加1个占有座位资源，这就是帕累托改进。通过帕累托改进可以达到公共汽车座位资源的有效配置，即帕累托最优。当公共汽车上30个座位全部坐满后，无论如何调整都必然要使一部分人的座位资源被挤占，就不能达到资源配置的最优状态。

2. 资源配置效率的实现条件

经济学家用边际分析法得出资源配置效率的实现条件是：

社会边际效益（*MSB*）=社会边际成本（*MSC*）

社会边际效益是指人们对该种产品或服务的消费每增加一单位所增加的满足程度。依据边际效用（或报酬）递减规律可知，随着对某商品消费量的增加，人们从该商品连续增加的每个消费单位中得到的满足程度逐渐下降。或者，在技术水平不变的情况下，若其他生产要素固定不变，只连续投入一种要素，这种要素的边际产量最初可能增加，但当它的增加超过一定限度时，就必然出现递减趋势。因此，社会边际效益曲线可基本认定是一条从左上方向右下方倾斜的曲线，如图3–2所示。社会边际效益可以通过人们为增加一单位某产品或服务的消费所愿意付出的货币最高额来测定。

社会边际成本是指生产者每增加一单位该种产品或服务的产量所需增加的成本。依据边际报酬递减规律作用下的边际产量和边际成本之间的对应关系（边际产量递增阶段对应的是边际成本递减阶段，边际产量递减阶段对应的是边际成本递增阶段，与边际产量最大值相对应的是边际成本最小值）可以判定社会边际成本曲线先递减再递增，递增是必然趋势。社会边际成本可以通过为增加一单位某种产品或服务的产量所需付出的最低成本额来测定。

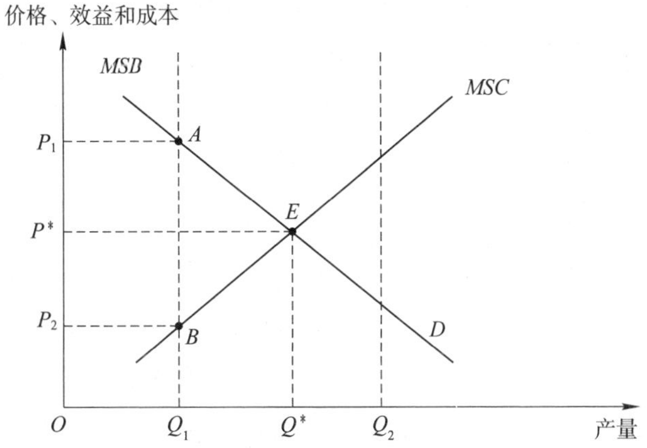

图3-2　资源配置效率的实现条件

从图3-2中可以看出，只要某种物品或服务的社会边际效益大于其社会边际成本（EQ^*线左侧），每增加一单位产品的生产或消费所带来的边际收益都大于其边际成本。企业可以在不损害消费者利益的情况下，通过增加供给的方法获取更多收益；消费者可以在不损害生产者利益的条件下，以更低的价格购买更多的商品。同理，只要某种物品或服务的社会边际效益小于其社会边际成本（EQ^*线右侧），企业就可以在不影响消费者利益（继续降低消费效用）的前提下，通过减少产量降低自己的损失；消费者可以在不使生产者境况变得更坏（继续增加边际成本）的情况下减少购买量，减少效用损失。由此可见，无论是EQ^*线左侧还是EQ^*线右侧，生产者和消费者都可以通过调整使自己的状态变得更好，都存在帕累托改进的可能，资源配置的最佳点不在这两个区域。

只有社会边际效益和社会边际成本相交的E点，才是资源配置的均衡点，E点的价格水平（P^*）和产量水平（Q^*）既是消费者愿意接受的水平，又是生产者能够提供的水平。消费者和生产者都可以实现自身效益最大化，无论是生产者还是消费者，都不愿意再改变目前的状态，因此该状态就是帕累托最优状态。

3. 完全竞争市场条件下的资源配置

边际效益有私人边际效益和社会边际效益，边际成本有私人边际成本和社会边际成本。社会边际效益和社会边际成本反映的是整个市场上某种产品或服务的消费者或生产者，每增加一单位产品消费或生产所获得的额外效益或追加的成本。比如，大豆市场上所有大豆产品的购买者每人再增加一单位产品（1千克）购买所带来的额外满足感就是社会边际效益，而大豆市场上所有大豆的供应者每人再增加一单位大豆（1千克）的生产所追加的成本就是社会边际成本。私人边际效益和私人边际成本仅指某个消费者或生产者增加一单位产品消费或生产所带来的额外满足感或追加的成本。比如，张三增加1千克大豆消费给自己带来的消费效用就是私人边际效益，王五多卖1千克大豆所需增加的成本就是私人边际成本。

在完全竞争市场条件下，价格信号具有充分灵活性，能够及时、准确反映市场状态，当市场处于供求均衡状态时，私人边际效益等于社会边际效益。比如，张三增加1千克大豆消费获得的满足感是1元，1元就是增加1千克大豆消费给张三带来的私人边际效益。假如当日市场上大豆的均衡价格为1元/千克，这表示市场上所有消费者增加最后1千克大豆消费能够获得的额外满足感，因此1元就是大豆消费的社会边际效益。由此可见，完全竞争市场上大豆交易处于均衡状态时 $P=MSB=MPB$。因为，对于消费者来说只要增加一单位某种产品或服务的消费带来的私人边际效益大于其必须为之付出的代价（产品或服务的价格），就会增加该种产品的消费；相反，如果产品消费的私人边际效益小于其必须为之付出的代价，就会减少消费。消费者会调整自己消费量，直到最后一单位消费带来的满足感恰好等于其愿意支付的最高价格为止。也就是说，只有在私人边际效益恰好等于其必须为之付出的代价时，消费者才不再调整消费量。

同理，对于生产者来说，在完全竞争市场条件下，生产者的私人边际成本等于其社会边际成本。因为，只要追加一单位产品生产所消耗的私人边际成本小于其获得的收益（产品或服务价格），企业就会增加该种产品或服务的生产；追加一单位产品所消耗的私人边际成本大于其获得的收益（产品或服务价格），企业就会减少该种产品或服务的供应。企业的调整会持续到其从最后一单位产品或服务的供给中获得的收益恰好等于其因此而消耗的私人边际成本时为止。而最后一单位产品或服务的收益就是企业愿意为增加最后一单位产品或服务所付出的代价，即社会边际成本，此时生产者实现利润最大化。

由此可见，在完全竞争市场条件下，生产者和消费者都不存在外部效应，因为产品价格能够准确反映生产者的成本收益状况，实现生产者利益最大化；也能准确反映消费者的成本收益状况，实现消费者利益最大化。但完全竞争市场是理想市场状态，在现实经济活动中，只要完全竞争市场的必备条件有一个欠缺，市场机制就会在资源配置中失灵，外部效应就会出现。

3.3.2 负外部效应对资源配置效率的影响：产量过剩

如前文所述，生产者和消费者的行为不仅影响到自身，还影响到第三方，使第三方负担本不该由其负担的成本，或获得本不应属于他们的利益。究其原因，就是生产者或消费者在决策时仅从自身利益出发，忽略了外部效应带给第三方的成本或收益。

负外部性的实质是，产品价格不能充分反映生产这种产品的社会边际成本，即私人边际成本小于社会边际成本。之所以私人边际成本小于社会边际成本，是因为外部效应的存在产生了外部边际成本（Marginal External Cost，MEC），而这个成本没有在市场交易价格中反映出来。外部边际成本是指增加一单位的某种产品给第三者带来的额外成本。

成本有私人成本和社会成本之分，私人成本是该产品或服务所包含的原材料、资本、劳动和管理等资源消耗价值；除了私人成本外，产品或服务价格中不包括的、附加在第三方身上的那部分成本（如污水废气对社会环境的破坏、对人体健康的损害等成本）也属于社会成本范畴。因此，社会成本=私人成本+外部成本，社会成本高于私人成本。外部成本就是对旁观者带来负外部性影响应付出的代价。

以玻璃幕墙的光污染为例，现代建筑中的玻璃幕墙之所以会产生光污染，是因为玻璃幕墙强烈的反射光进入附近居民楼房内，增加了室内温度，影响人们的正常生活，容易导致居民视力下降，头昏目眩、失眠、心悸、食欲下降以及情绪低落等类似神经衰弱的症状。有些玻璃幕墙是半圆形的，反射光汇聚还容易引起火灾。烈日下驾车行驶的司机会遭到玻璃幕墙反射光的突然袭击，眼睛受到强烈刺激，极易诱发车祸。外部边际成本有不变、递增、递减三种情况，不同情况下外部效应大小不同，资源配置效果也有差异。

图3–3描绘的是外部边际成本不变时的情况。假定每平方米玻璃幕墙的*MEC*为2元，且固定不变，*MEC*就是一条与横轴平行的直线。玻璃幕墙的外部总成本（*TEC*）（见图3–4）就是一条按固定比率增长的从原点出发的斜线。

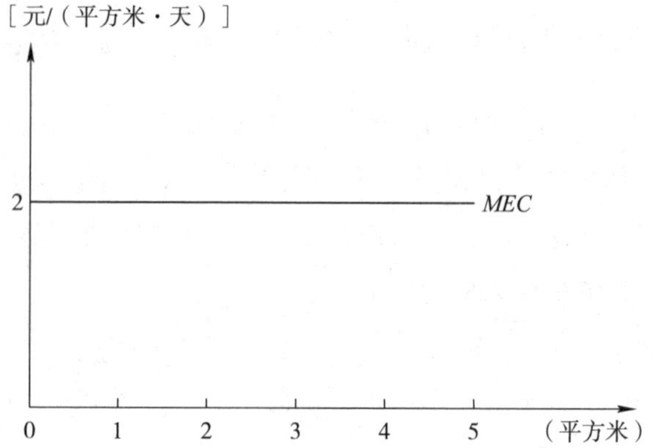

图3–3　外部边际成本不变时的外部边际成本曲线

图3–5描绘的是外部边际成本递增时的情况。外部边际成本递增意味着后增加的一平方米玻璃幕墙，造成的边际光污染比前一平方米更大。因此，图3–5中的*MEC*向右上方倾斜。外部总成本（*TEC*）将随玻璃幕墙面积的扩大按照递增的比率增加，如图3–6所示。

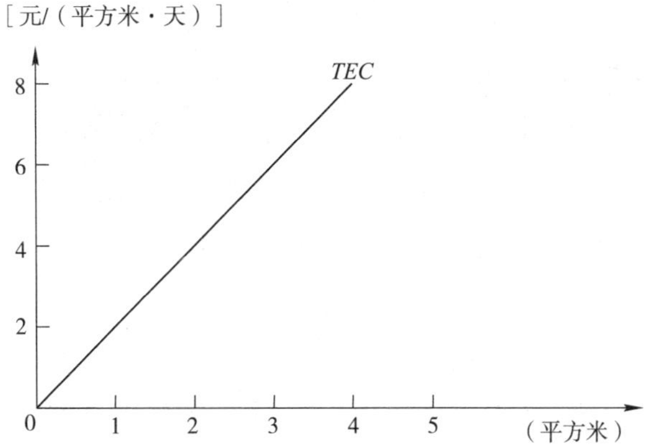

图3-4　外部边际成本不变时的外部总成本曲线

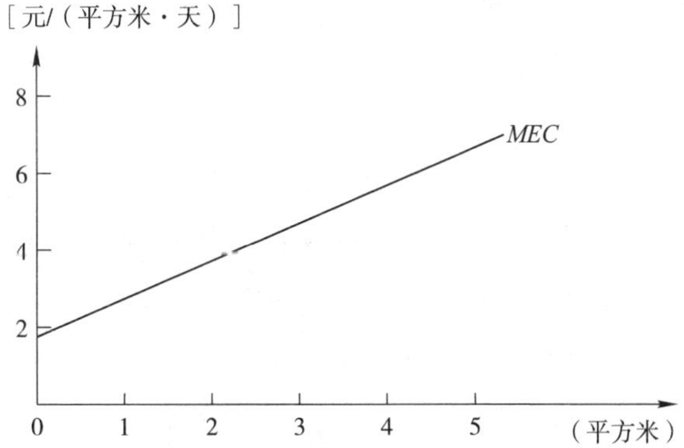

图3-5　外部边际成本递增时的外部边际成本曲线

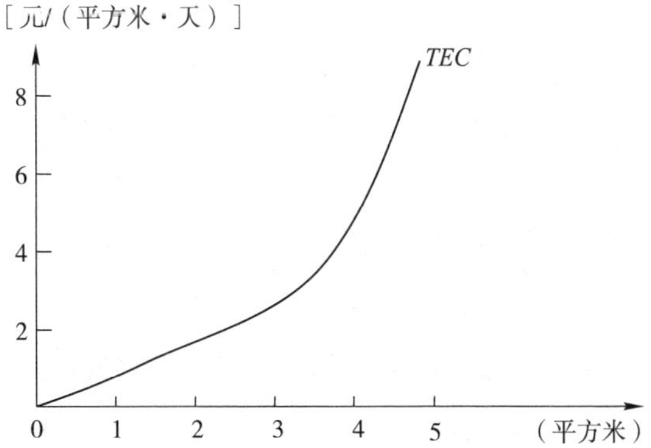

图3-6　外部边际成本递增时的外部总成本曲线

最后一种情况是，外部边际成本随产量增加而趋于递减，并最终为零。实际上这种情况是不太可能发生的，因为外部边际成本递减意味着外部总成本将会按照一个递减的比率增加，而在某个点后追加的污染不会造成进一步的损害。比如，玻璃幕墙每增加一平方米，建造的外部边际成本在达到某一点后，随幕墙面积的扩大而逐渐递减，就意味着玻璃幕墙的面积扩大到一定程度后它所造成的光污染会减小甚至消失，显然是违背常理的。

由于需求曲线反映买者的评价，供给曲线反映卖者的成本，所以图3–7中的*MSB*曲线就是玻璃幕墙的需求曲线，*MSC*曲线就是玻璃幕墙的供给曲线。在完全竞争市场条件下，*MSC*与*MSB*的交点*E*点就是市场均衡点，也是玻璃幕墙生产资源配置的最佳点，因为在此处*MSC=MSB*。

假如玻璃幕墙生产的私人决策与社会决策发生偏差，私人边际成本小于社会边际成本，即产生外部边际成本，资源配置将出现扭曲状态。如图3–7所示，*B*点是由私人边际成本决定的社会供给曲线*S'*与由社会边际效益决定的需求曲线*D*的交点，*B*点的价格水平既是玻璃幕墙生产者的私人边际生产成本，又是玻璃幕墙购买者愿意支付的最高价格，即社会边际效益，*B*点的均衡量（15000平方米）高于市场均衡量（10000平方米）。企业之所以能够在*B*点以更低的价格生产更多的产量，是以（30–28）的外部边际成本为代价的。只有当*S'*曲线移动到*S*曲线位置时，外部边际成本（30–28）才消失，私人边际成本等于社会边际成本，外部成本内在化。由*B*点决定15000平方米的产量水平是缺乏效率的，原因是*B*点的社会边际成本是30元，而它的社会边际效益是28元，社会边际效益（*MSB*）小于社会边际成本（*MSC*）。结果必然是玻璃幕墙以高于最佳产量（10000平方米）的水平在市场上出售。如果采取适当措施能够将产量由15000平方米减少到10000平方米，必然会有△*AEB*面积大小（图中阴影部分）的净效益回馈社会。由此可知，当存在负外部效应时，该种物品或服务的生产将处于过多的状态。

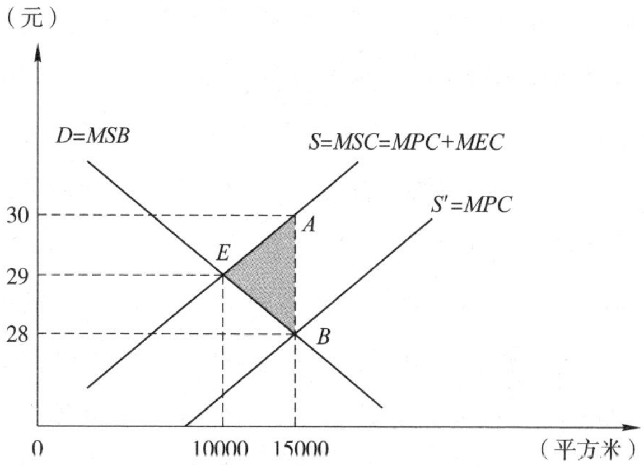

图3-7 市场均衡、负外部效应与资源配置效率

3.3.3 正外部效应对资源配置效率的影响：产量不足

外部效应除了给第三方带来负的外部性影响外，也会给第三方带来正的外部性影响。比如，居民个人节能减排不仅可以减少自己的能源支出，也可以产生诸如保护环境、维持生态平衡等社会效益。对正外部效应的分析类似于对负外部效应的分析，如图3-8所示。

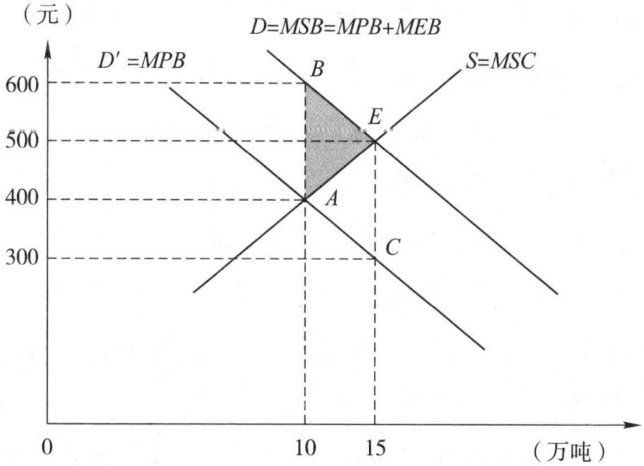

图3-8 市场均衡、正外部效应与资源配置效率

效益包括私人效益和社会效益，私人效益是产品或服务给消费者带来的满足感；社会效益除了包含私人效益外，产品或服务价格中不包括的有益于第三方的那部分效益（如新能源使用对社会空气的净化、生态平衡的维持等）也包括其中。因此，社会效益高于私人效益，社会效益=私人效益+外部效益。正外部效应的实质是带有正外部效应的产品或服务的价格不能充分反映其所带来的社会边际效益，即$P \neq MSB$。根据前文所述，只有当$P=MSB=MPB$时资源才能得到最佳配置，因此当出现正外部效应时（$P \neq MSB$），资源配置也是扭曲的。外部边际效益（Marginal External Benefit，MEB）指每增加一单位的产品或服务的消费给第三方带来的额外效益。由于社会效益=私人效益+外部效益，因此社会边际效益（MSB）=私人边际效益（MPB）+外部边际效益（MEB）。

假设图3–8中的市场是完全竞争市场。MPB曲线代表每增加一单位能源消耗消费者愿意支付的最高价格，相当于不同价格水平上的消费需求，因此MPB曲线就是个人需求曲线。同理，MSB曲线就是社会需求曲线。图3–8中的MSC曲线表示生产者每增加一单位能源供给能够支付的最低成本，相当于不同价格水平上的生产供给，因此MSC曲线就是社会供给曲线。图3–8中的MSC曲线与MSB曲线相交于E点，符合$MSB=MSC$帕累托最优条件，因此E点是该市场的资源配置均衡点。但是，当受外部条件影响私人决策偏离社会决策时，资源配置的最佳状态就会被打破。

图3–8中MPB曲线与MSC曲线相交于A点，A点的新能源消耗量为10万吨，A点MPB小于B点MSB，A点不符合$P=MSB=MPB$的均衡条件，因此A点并不是资源配置的最佳点。只有当新能源消费量从10万吨增加到15万吨，MPB曲线向上平移200（600–400）个单位成本时，才能实现资源的有效配置。因此，A、B两点之间的垂直距离就是私人消费选择带来的外部边际效益（MEB）。在不采取其他措施的情况下，私人的消费选择将会产生$\triangle ABE$面积大小的社会净效益（图中阴影部分）。由此可见，当存在正外部效应时，新能源的消费会呈现出不足的状态。

一般来说，无论是社会边际效益还是私人边际效益，都符合边际效用递减规律，即随着某种产品或服务消费量的持续增加，每增加一单位产品或服务消费的边际效益持续下降。外部边际效益也符合这个规律，比如随着新能源消费人数的逐步增加，每增加一个消费者所产生的额外利益就会下降，因为随着消费人数的增加，旧能源污染的可能性在下降，新能源外部边际效益自然递减。既然如此，*MEB*就有可能递减为零，当*MEB*=0时，*MPB*=*MSB*，*MPB*曲线与*MSB*曲线相交，如图3–9所示。

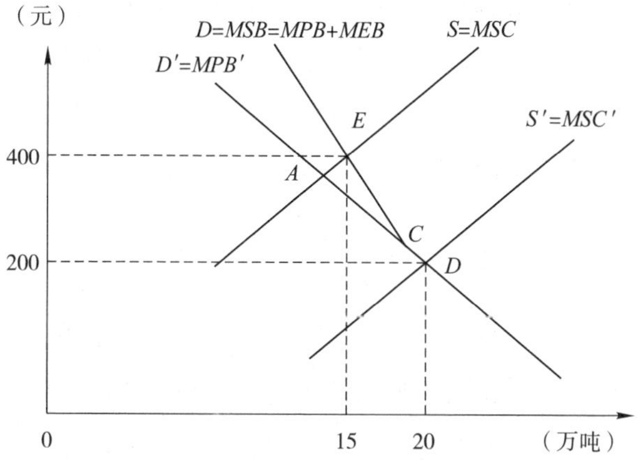

图3–9 正外部效应：外部边际效应递减的情况

供给曲线出现在*MPB*与*MSB*的交点*C*点之前，私人边际效益（*MPB*）小于社会边际效益（*MSB*），资源配置处于失灵状态，存在外部效应。但是，供给曲线如果出现在*C*点之后，就有*MPB'*=*MSB*=*MSC*，符合资源配置效率的条件，市场机制能够实现资源的有效配置，不存在外部效应。由此可见，当某种产品或服务的生产或消耗量足够大时，私人边际效益（*MPB*）与社会边际效益（*MSB*）相等，外部效应会自动消失。比如，当社会上的人都热衷于使用新能源时，个人新能源消费的边际效益与社会边际效益就会相等，外部效应也将不存在。

3.4 外部效应的治理

外部效应的治理就是实现外部效应内在化。外部效应内在化是将因外部效应产生的额外成本或额外收益内化为私人成本和私人收益，即使私人边际成本（*MPC*）=社会边际成本（*MSC*），私人边际效益（*MPB*）=社会边际效益（*MSB*），达到资源配置的帕累托最优。对于负外部效应来说，其具体操作过程是将外部边际成本加到私人边际成本中，使该种产品或服务的价格得以反映全部的社会边际成本；正外部效应则是将外部边际效益加到私人边际效益中，使该种产品或服务的价格能够反映全部的社会边际效益。

既然外部效应反映出私人边际效益（或成本）和社会边际效益（或成本）的扭曲，就有必要采取措施对其进行矫正。依据外部效应矫正主体的不同，外部效应矫正措施可以分为三类：外部效应公共矫正措施、外部效应私人矫正措施和外部效应社会制裁措施。

3.4.1 外部效应公共矫正措施

外部效应是市场机制失灵的表现。市场机制在资源配置中的自发性、盲目性、逐利性导致私人决策偏离社会需要，因此要矫正外部效应必须要政府“看得见的手”发挥调控作用。政府用于矫正外部效应的措施有：矫正性税收、矫正性财政补贴、政府直接管制。

1. **矫正性税收**

矫正性税收适用于负外部效应的内在化。按照庇古的观点，市场配置资源失效的原因是经济当事人的私人成本与社会成本不相一致，从而私人的最优导致社会的非最优。因此，纠正负外部性的方案是政府通过征税或者补贴来矫正经济当事人的私人成本。只要政府采取措施使私人成本和私人利益与相应的社会成本和社会利益相等，则资源配置就可以达到帕累托最优状态。这种纠正负外部性的方法也称为“庇古税”方案。

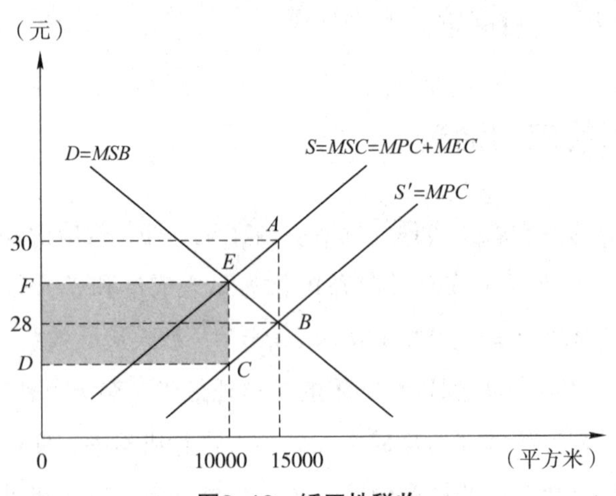

图3-10 矫正性税收

“庇古税”的意义。首先，通过对污染产品征税，使污染环境的外部成本转化为生产污染产品的内在税收成本，从而降低私人的边际净收益，并由此决定其最终产量。其次，由于征税提高了污染产品成本，降低了私人净收益预期，从而减少了产量、减少了污染。再次，庇古税作为一种污染税，虽然是以调节污染产品的供给量为目的的，但毕竟能提供一部分税收收入，可专项用于环保事业。即使作为一般税收收入，也可以相应减轻全国范围内的税收压力。最后，庇古税会引导生产者不断寻求清洁去污技术，对于减少外部成本增进社会效益具有积极作用。

以玻璃幕墙行业为例，假定政府对该行业征收光污染税，光污染税的税额等同于该产品的外部边际成本，以此将私人边际成本提高到社会边际成本的水平，实现负外部效应内在化。

假设每平方米玻璃幕墙外部的边际成本为2元，政府矫正性税收的税额就应当是每平方米征税2元。当*MPC*曲线与*MSB*曲线相交于*B*点时，玻璃幕墙的供给量为15000平方米，外部边际成本$MEC=2\times15000=30000$（元）。因此，政府应该征光污染税30000元，企业的私人边际成本变为*MPC*+30000元。随着光污染税的征收，企业生产成本增加，生产供给能力下降，供给曲线由*S'*移动到*S*，*MPC*曲线恰好移动到*MSC*曲线上，均衡点也从*B*点移动到了*A*点，均衡产量由15000平方米减为10000平方米。

在10000平方米的产量水平下，政府征税总额为$2\times10000=20000$（元），如图3-10中的长方形*ECDF*面积所示。相比较15000平方米时应该征收的30000元，大大降低了光污染的成本，同时随着产量的下降，社会上的光污染也在减少。但是，矫正性税收不能使光污染的成本减少为零。

政府征税的办法虽然在理论上是完美的，但是在实践上有很大问题。因为政府很难确定玻璃幕墙的边际污染成本，也就很难设定适当的污染税率，因此政府实际上很难通过征税的办法来完全解决外部效应的效率损失问题。当然，说很难完全实现配置效率，并不意味着不能弥补效率损失。实际上，只要政府所确定的税率没有超过边际污染成本，征收污染税的做法就可以使完全竞争的企业的产量逼近社会最优产量，从而部分地改善市场效率。因此，在缺乏其他可靠办法的情况下，政府对污染的工厂征税虽然很难彻底解决污染问题，但是可选择的政策之一。

2. **矫正性财政补贴**

既然负外部效应可以通过征税的办法矫正，那么外部效应也可以采取矫正性财政补贴的方法进行矫正。矫正性财政补贴就是通过财政补贴调整私人边际效益，使私人边际效益等于社会边际效益，实现外部效益内部化。具体操作方法是政府对带有正外部效应的物品或服务的消费者，按照该种物品或服务外部边际效益的大小发放财政补贴，以此将补贴物品或服务的私人边际效益提高到同社会边际效益相一致的水平，实现正外部效应内在化。

矫正性财政补贴的作用有：①将外部边际效益加计到私人边际效益上；②增加对带有正外部效应的物品或服务的需求，并降低消费者为其支付的净价格，进而将产量调整至社会边际效益等于社会边际成本的最佳水平；③增加带有正外部效应的物品或服务的消费者效益，鼓励这类物品或服务的消费。

以新能源行业为例。假定政府对该行业实施财政补贴，以增加消费者对该行业产品的需求。政府财政补贴金额等同于该行业产品的外部边际效益，以此将其私人边际效益提高到社会边际效益的水平，实现正外部效应内在化，如图3-11所示。

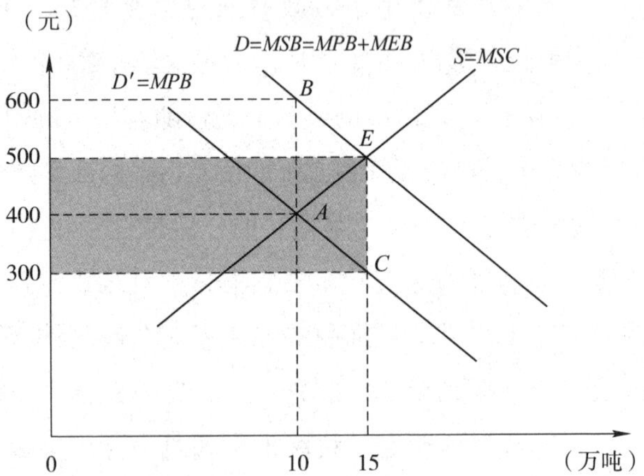

图3-11　矫正性财政补贴

假设每吨新能源消费产生的外部边际效应是200元，政府财政补贴应达到每吨200元才能弥补消费者消费该产品所带来的正外部效应。如果政府已实施财政补贴，那么它将提高消费者消费效益，使消费需求增加，需求曲线即*MPB*曲线向右平行移动，由*D'*移动至*D*，垂直移动距离*WEB*=200，市场均衡点由原来的*A*点移动到*E*点，均衡量由10万吨提高到15万吨，同时新能源价格也由400元/万吨提升至500元/万吨。虽然新能源价格每万吨提升了100（500–400）元，但是政府给消费者每吨补贴了200元，消费者效益不减反升。

新能源消费数量为15万吨时，政府补贴额为15 × 200=3000（万元），即图3–11中阴影部分的面积，相比较10万吨时的政府补贴：10 × 200=2000（万元）要多出1000万元的净效益。因此，政府财政补贴使消费效益大大提升，净增1000万元。

现实中矫正性财政补贴的例子有很多，比如校内奖学金和助学金的发放，植树造林者的补贴，节能减排产品的补贴等，都是对正外部效应进行矫正的措施。但是政府补贴也存在不足，其缺点是补助标准难以制定。实践表明，政府不容易确定最优补给量。这一问题与征收污染税遇到的问题是同一性质的。而且，由于政府本身也是经济人，它的实际目标是预算最大化以及其他方面的最大化，如果制度设计得当，就可以使其行为动机与社会福利最大化相兼容，但到目前为止，依然没有很好地解决这一问题。

3. **政府直接管制**

科斯认为，政府有能力以低于私人组织的成本进行某些活动，因此在市场和私人谈判解决不了负外部性时，有必要进行政府直接管制，即政府做出直接规定，强制性地规定人们必须做什么、不得做什么，并要求人们服从。对违反这些强制性规定的行为处以相应的罚金，使其行为的边际成本与社会边际成本相等，其主要表现为禁令，如明令禁止某些生产经营活动或资源利用与排污，甚至对一些严重污染企业直接采取“关、停、并、转”的强制措施；行政许可证制，即规定只有持有政府行政主管部门颁发的生产经营许可证才能生产或排污。比如，政府可以通过出台环境保护方面的法律法规，规定厂商排污的最大限额，禁止厂商倾倒化学废料，限期调整污染工业的生产布局，勒令厂商安装防污设备或改进生产工艺等。再如，实施专利制度等。

管制虽能满足政府所要达到的目的，但是管制使污染者失去了选择的自由，对任何企业一视同仁的排放标准，无法使具有不同边际效益和边际成本的排污企业均达到最佳生产量，并且只要排放量低于排放标准，就可以免费排放而无须对受污染者付费，如图3–12所示。

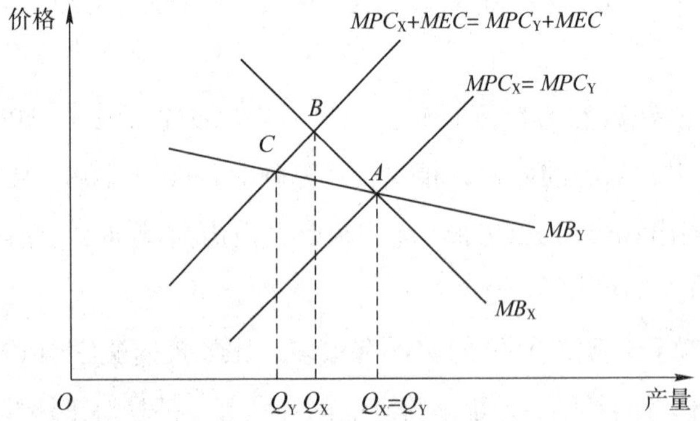

图3–12　政府直接管制

为分析政府规制对不同边际效益企业的影响，现假设X与Y两家企业生产同类产品，企业私人边际成本相同，社会边际效益不同。由于需求曲线反映买者的评价，供给曲线反映卖者的成本，因此图中MB_X与MB_Y分别代表X与Y两家企业的需求曲线，MPC_X或MPC_Y则代表供给曲线。当三条线相交于A点时，$Q_X=Q_Y$。此时，两家企业虽然私人边际效益不同但产量相等，又因为$MB_X \neq MSC_X$，$MB_Y \neq MSC_Y$，所以A点不是资源配置的最佳点。假设两家企业的外部边际成本都是MEC，政府规制要求将MEC内部化，供给曲线必然会向左上方平移MEC个单位的垂直距离，移动到$MPC_X+MEC=MPC_Y+MEC$处，新的供给曲线与MB_X和MB_Y分别相交于B点和C点。图3–12中B点和C点各自的社会边际成本等于社会边际效益，B点和C点应该是各自的均衡点。但是依据市场均衡理论，完全竞争市场中不管有多少个生产企业，有多少个产品消费者，最终达成市场平衡的资源配置的最佳均衡点（$MSC=MSB$）只能有一个，同一市场上出现两个均衡点显然与市场均衡理论相违背，因此Q_X与Q_Y都不是真正的均衡产量。可见，政府规制不能使两家企业都达到最佳均衡量。

多数情况下，“一刀切”式的管制不仅不能很好地解决问题，反而会引发其他问题。比如，政府禁止造纸厂向河流中倾倒污水，在技术不允许的情况下，这种管制势必会导致整个造纸行业的衰退，进而影响到上、下游产业的发展。另外，政府为了制定出良好的政策，需要掌握较为完备的市场信息和行业内部信息以及生产技术信息，但政府管制者要得到这些完整、准确、可靠的信息难度非常大，这就使政府管制的收益与成本很难准确计量。可见“头痛医头，脚痛医脚”的简单管制并不能系统解决问题，外部性问题的解决还是要以市场机制为基础，但这并不意味着直接管制与效率不相容。在有些特定情况下，直接管制具有经济刺激手段的不可替代性。例如，当出现突发紧急情况，如异常气候所产生的干旱、洪涝灾害，或其他自然灾害时，由于情况紧急，并且持续时间不长，这时直接管制将会发生有效作用。

3.4.2 外部效应私人矫正措施

1. **讨价还价**

完整、系统地论述产权问题的最著名学者是美国当代经济学家、1991年诺贝尔经济学奖获得者罗纳德·科斯。20世纪60年代初，他对传统的庇古法则进行了修正，他认为外部经济从根本上说是产权界定不够明确或界定不当引起的，所以只需界定并保护产权，随后产生的市场交易就能够达到帕累托最优。如一个公共池塘，企业可能随意倾倒垃圾，产生外部效应。如果这个池塘是私有的，那么企业倾倒垃圾必须向池塘的主人赔偿污染造成的损失，企业自然会把这项费用计入生产成本中，这时就没有外部成本了。所以，在产权明确的情况下，若交易成本为零或可以忽略不计，则无论初始时谁拥有产权，市场机制都可以把外部效应内部化，这就是科斯定理。

例如，某涂料厂排放的废气影响到附近村民的身体健康，假如1位村民的健康损失为500元，1000位村民的健康损失就是50万元。治理办法一：工厂安装净化设备，费用35万元。治理办法二：给居民提供健康补偿，费用40万元［1000×400（元）］。假如给涂料厂排污的权利，涂料厂就有权向空气中排放废气，居民就要付出健康的代价，为了保障自己的健康，居民会联合起来要求给企业安装价值35万元的净化设备，因为这比起自身的健康损失50万元来说是合算的。假如给居民不受污染的权利，涂料厂就必须安装价值35万元的净化设备，因为按照法律规定，涂料厂有责任保障附近居民不受污染，而且比起40万元的健康补偿费来说，安装净化设备更有效率。不管是哪一种办法，只要协商费用（交易费用）很少，市场均衡的结果就是有效率的。通过权衡比较，大家都会选择安装净化设备，最终只是谁出钱的问题。显然，如果政府赋予企业污染的权利，35万元的净化设备费就由居民出；如果政府赋予居民维护健康的权利，35万元的净化设备费就由企业出。在这两种情况下，区别只是承担成本或享受收益的人不同，资源配置的效果则完全相同。

总而言之，在交易费用很低的情况下，讨价还价是一种有效解决外部性问题的方法，可以按照市场规则将外部效应内部化，即只要产权已明确界定并受到法律的保护，那么交易的任何一方拥有产权都能带来同样的资源最优配置效果。这可以通过双方的谈判自然地实现，产权赋予不同的人只会带来收入分配结果的不同。但是在生活中，科斯定理的作用是很有限的。首先，大部分具有外部效应的物品或劳务，其所有权是很难被界定的，因为外部效应具有非排他性，个人无法通过交换将外部效应内在化；加之现实经济世界非常复杂，即使产权能够很容易地界定，在很多情况下，交易成本也是很高的，以致许多外部效应问题很难在相关内部之间得到妥善解决。当外部效应问题涉及面很广时，更是如此。因此，一般认为，该定理仅适用于当事人很少、交易成本很低并且造成外部效应的原因容易确认的场合。

2. **排污权交易**

根据科斯第一定理，在产权明确、交易费用为零的情况下，无须政府干预，市场通过讨价还价能够解决外部性问题。但是，如果产权明确而交易成本不为零，或者不是可以忽略不计，就需要通过合理的制度选择来减少交易成本，使外部效应内在化，使资源得到合理的配置。比如，涂料厂和村民要通过讨价还价的方式达成协议，假如村民的利益要求各不相同，很难协调，双方的交易成本就会增加，谈判破裂的可能性也在增大，这时讨价还价就不再是一种好的解决外部性的办法。当私人协商无效时，政府可以发挥作用，通过制度安排解决问题。排污权交易制度就是这样一种能够实现资源配置效率的制度安排。

排污权交易制度是一种新兴的环境治理制度，它首先为企业划定了排污总量指标，然后由企业区分，如果哪个企业想争取更多的排污量，就要想办法从别人手里购买，也可以将省下的排污量卖给其他企业。与此同时，政府通过每年回购市场上多余的指标，使排污总量逐年减少。在可转让排污许可证①制度下，购买许可证的是最没有能力减少排放的厂商。如果一个厂商面临相对较高的减污边际成本，就会愿意为每一单位排放的许可证出更高的价格。如果有足够多的厂商和许可证，一个竞争性的排污许可证市场就会发展起来。在市场均衡时，许可证的价格等于所有厂商减污的边际成本。政府选择的排放水平会以最低成本实现。那些减污边际成本相对较低的厂商会最多地减少排放；而那些减污边际成本相对较高的厂商会购买较多的排放许可证，并最少地减少排放。

假设某地有两家企业，一家钢铁厂、一家造纸厂，两家企业都需要向河流中排放污水。为了限制污水排放量，政府推出排污许可证制度。一张许可证100万元，可容许排污100吨。假如两家企业允许的排污量都是300吨，政府给每家企业发放3张排污许可证。假如钢铁厂自己减少污水排放100吨，需耗费成本200万元，而购买100吨排污权仅需100万元，企业就会选择购买排污许可证，这样可节省100万元。造纸厂自己减少污水排放100吨需耗费成本50万元，减少300吨污水排放量仅需耗费150万元，造纸厂会选择自己除污。造纸厂多余的许可证可进入市场买卖。如果钢铁厂需增加排污量100吨，可从造纸厂处购买排污许可证。造纸厂出售一张排污许可证给钢铁厂，可获得100万元收入，减去自己排污耗费的50万元成本，最终一张排污许可证可增加50万元收益。排污许可证在两个企业间的买卖使每个企业都能从中受益，并且整个社会的排污量也下降了。

---

① 排污许可证是一项重要的环境管理制度，对排污单位许可排放污染物的种类、数量、排放方式、排放去向等做出规定，强化环境管理。

当然，排污权交易制度也存在一些问题。排污权进入市场后，企业购买了排污指标，会更加认为排污是理所当然的。另外，在竞争激烈的行业中，有排污权节余的企业可能不肯出售自己的节余排污权，造成排污权的浪费。

资料链接：排污权交易的由来

20世纪中期，由酸雨引起的健康和环境问题越来越受到人们的普遍关注。一方面，电厂每天给上百万人的生产及生活提供电力；另一方面，由燃烧的化石燃料产生大量二氧化硫（SO_2）的排放造成污染。但是随着经济的增长，工厂及居民的用电量不会减少反而有所上升，消费者也不愿承担因电厂控制污染增加成本而带来的经济压力。为了解决这个矛盾，一个创造性的思想——“排污权交易”便应运而生。

“排污权交易”这个概念在学术界已经提出很多年了。它是由多伦多大学的约翰·戴尔斯于20世纪60年代提出的，其主要思想是传统的环境管理除了政府直接干预外，并没有任何激励性措施鼓励企业保护环境，如果能建立一个排污权交易市场，政府通过发放排污凭证的方法控制污染量，同时允许企业进行排污许可证交易，不仅可以保护环境减少污染，还可以降低企业的排污成本。这种以市场为基础的污染治理理念比传统的政府直接管制模式更能有效地减少污染排放。

排污权交易首先被美国联邦环保局应用于大气以及河流污染的治理中。在长达10年广泛深入的酸雨研究计划基础上，美国国会在1990年通过了《清洁空气法》修正案并开始实施“酸雨计划”。酸雨计划的核心就是建立在市场机制上的二氧化硫总量控制和排放权交易，具体来说，就是规定在10年之内削减一半的二氧化硫排放量；同时，国会批准可以用排污权交易作为实现削减的手段。随后，德国、澳大利亚、英国都相继进行了排污权交易的实践。

让我们举例来看酸雨计划的实施过程。假设有两个工厂A和工厂B，在实施酸雨计划前，对两个工厂都没有减排要求，工厂A和工厂B每年都排放20000吨的二氧化硫。现在实施酸雨计划，总量控制要求减少二氧化硫排放量的50%，从20000吨减到10000吨。如果工厂A能够有效地减少

15000吨的排放量，而工厂B只能减少5000吨的排放量，这时工厂A可以选择把富余的排放许可存入银行留待以后再用，也可以选择把这些排放许可卖给工厂B。而对于工厂B来说，就必须从工厂A或其他地方购买所缺的排污许可。这就是总量控制下的排污权交易的运行模式。总量控制和排污权交易机制在节约成本的同时，也激励了企业把排放量减至规定的标准之下，刺激了技术革新和提高能源效率。20世纪90年代，美国的脱硫设施价格降低了60%，而脱硫率却由70%~75%提高到90%~95%。

资料来源：龙平川，吴建丽，“排污权交易”之中国试验［EB/OL］.（2005-08-11）. 东方法眼，http://www.dffy.com/fayanguancha/fangyuan/200508/20050811210401.htm。

3. 企业一体化

除科斯定理之外，部分经济学家认为企业一体化也是解决外部效应的一种方式。一体化是指个人或厂商通过市场机制组织一个足够大的经济实体来将外部效应内在化，从而纠正外部效应带来的效率损失。

由于外部效应发生的方向可能是单向的也可能是双向的，单向的外部效应通过上面的方法可以解决，对于双向的外部效应采用上文介绍的方法则可能失灵。比如养蜂人和苹果园园主，他们彼此之间互相影响，都有外部效应。养蜂人的蜜蜂飞到隔壁果园里采蜜而不付任何费用，必将导致果树数量低于最优数量，而蜜蜂采蜜的同时也在传播花粉，果园园主没有向养蜂人支付蜜蜂传播花粉的服务费用。这两者都是市场失灵的表现，所以需要政府既对养蜂人补贴也对果园园主补贴，以实现社会最优数量的蜜蜂和果树。然而，政府补贴也并非解决问题的最佳方法。经济学家认为还有一种方法，就是让果园园主兼做养蜂生意或者让养蜂人兼做果园生意，这样因为一方存在而给另一方带来的正外部效应就转化为内部效益了。这种方法就是企业一体化，它的前提是企业合并之后的管理成本必须小于市场的交易成本，而且要求企业规模足够大。因为只有规模足够大，才能够将所有的外部效应内在化。比如，只有在果园大到能使所有的蜜蜂只能在该果园采蜜的情况下才能完全实现外部效应的内在化，但是要达到企业规模足够大往往很困难。另外，企业规模扩大也将产生垄断等新的市场失灵，但是一体化理论可以在一定范围内部分地消除外部效应。

英国著名学者米德认为，使外部效应内在化的组织除了企业外，还可以是家庭、社会俱乐部、商业公司协会、政府等。组织安排纠正外部效应问题的基本要素包括：①需要克服的外部效应问题的规模是大还是小；②为克服外部效应问题而加入组织中的成员是否是自愿的；③组织的集体决定规则如何。要想使不同的决策规划更好地克服不同类型的外部效应，就必须建立不同形式的相互竞争的组织，从而让人们有选择的余地。

3.4.3 外部效应社会制裁措施

社会制裁实际上是一种道德约束。道德一般指人的品质或人的行为规范。它是一种意识形态，对于调整人与人、人与社会之间的关系具有重要作用。一个企业的经济行为首先要受到政府经济政策及法律的约束，但是政府的政策及规章并不能涵盖所有的人类活动，因此仅靠经济政策和法律制度来约束企业行为以化解外部性是不现实的。道德约束作为一种非强制性的“软约束”机制，不同于来自政府政策及法律的“硬约束”。它既无时不在又无处不在，主动而又无形地渗透于人们的言行举止中，能够使人们的行为由“自律”转向“他律”。对于企业来说，企业道德的遵从会让企业以更高的标准要求自己，使自己的生产经营行为符合人类社会生存发展的基本要求。道德约束能够在无形中化解企业的外部效应，增加社会效益。事实上，道德约束不仅可以增加整个社会的效益，对于提升企业自身经济效率也有助益。厉以宁曾对道德和效率之间的关系做过论述，他认为效率有两个基础：物质基础和道德基础。只具备效率的物质基础，只能产生常规效率；有了效率的道德基础就能产生超常规效率。

企业作为社会经济活动的主体不能孤立于整个社会系统之外，在追求自身利润最大化的同时也要肩负起相应的社会责任，遵从社会道德，如此才能实现自身的可持续发展，同时也能减少负外部效应，增进社会效益，推动社会的可持续发展。

在日常经济生活中，有大量外部效应，无论是正外部效应还是负外部效应，都会带来福利的损失，所以有必要通过一些手段来实现外部效应内在化。鼓励有正外部效应的物品多生产，控制有负外部效应的物品过度生产。这就需要综合运用多种手段以减少负外部效应的产生，增加正外部效应的产出。

◎ **关键概念**

外部效应；正外部效应；负外部效应；产权界定；矫正性税收；矫正性财政补贴；排污权交易；企业一体化；道德约束

复习思考题

1．什么是外部效应？如何理解外部效应？

2. 举例说明外部效应产生的原因。

3. 如何理解完全竞争条件下的资源配置效率？

4. 举例说明正外部效应与负外部效应的资源配置效率。

5. 外部效应的私人矫正措施有哪些？理论依据是什么？

6. 外部效应的公共矫正措施有哪些？理论依据是什么？

推荐阅读

- 要对交易成本的定义或产权界定的内容做更深入的研究，可以阅读科斯的《企业的本质》(*The Nature of the Firm*)(Coase R H. The Nature of the Firm [J]. Economica，1937,4 (16)：386–405.)

4 公共物品

公共物品理论是公共经济学研究的重要内容之一。自由主义经济学派认为，只要存在一种有效的产权体系，使人们的权利得到保证，并且具有实质性意义，那么个人的积极性、创造性便能创造人间的繁荣。但是，这种理论的前提是市场万能的假设，在现实经济生活中，市场存在失灵现象，也存在一些市场无法或不愿进行活动的领域，尤其是对公共物品的供给方面，市场是无法有效地提供公共物品的。国防、司法、环境保护、公共基础设施等就是典型的公共物品，一般认为，由政府来完成这些领域的资源配置更为适宜。但由于公共物品具有效用的不可分割性、消费的非竞争性和受益的非排他性三个特征，使得公共物品难以通过市场由私人提供，而公共部门提供公共物品又存在配置效率问题，故如何提高公共物品的配置效率就成为人们关注的话题。相对于私人物品而言，公共物品有着特殊的最优供给条件、模型和实现机制。本章首先对公共物品的特征、类型进行简要介绍，其次对公共物品的供求关系以及提供方式等配置效率问题进行深入探讨。

本章重点

- 公共物品的含义、特征与类型
- 公共物品的有效供给机制
- 公共物品的提供方式

4.1 公共物品概述

经济学是研究如何利用稀缺资源以满足人类需要的学科。人类的需求根据满足的途径和手段的不同可分为私人需求和公共需求，与此对应，可将满足人类需求的物品分为私人物品、公共物品和混合物品。掌握每一种物品的含义及其特征，是理解每种物品不同资源配置方式的基础。

4.1.1 私人物品

私人物品是指需要通过市场机制向社会提供，满足作为个体的社会成员私人需要的物品。私人物品是既有竞争性又有排他性的物品。例如，某人买了一辆汽车，不让别人开很容易，因为他有车钥匙，别人就开不了，这就是排他性；某人买了这辆车，别人就不能买这辆车了，这就是竞争性。这两大特性决定了每个人只有通过购买才能消费某种物品。

私人物品一般具有以下特征。

第一，效用的可分割性，即私人物品可以被分割成许多部分，有一定的计量单位，并为不同的人所占有和消费。消费者可根据自己的能力任意选择消费的种类和数量。

第二，消费的竞争性，即消费者一旦消费了某一私人物品，就排除了其他消费者消费该物品的可能。例如，某消费者消费了一个面包，其他的消费者就不可能再消费同一个面包了。

第三，受益的排他性，即只能是占有者才可受益。这要求技术上可将拒绝付款的人排除在消费范围之外，消费者必须按照等价交换的原则，通过商品货币交易获得市场上私人物品的消费权利，如果拒绝付款，除非馈赠，否则不被允许消费。

4.1.2 公共物品

公共物品，又称为“公共品”“公共产品”等。公共物品的概念最早由林达尔（Lindahl）提出，而在关于公共物品含义的众多探讨中，影响最广泛的当属美国经济学家曼瑟尔・奥尔森和保罗・萨缪尔森给出的界定。曼瑟尔·奥尔森在他的著作《集体行动的逻辑》中对公共物品的定义是任何物品，如果一个集团中的任何人都能够消费它，它就不能适当地排斥其他人对该产品的消费，它就是公共物品。保罗・萨缪尔森对公共物品的界定是，无论每个人是否愿意购买它们，它们带来的好处都不可分割地散布到整个社区里。随后，保罗・萨缪尔森在《公共支出的纯理论》一文中，又更进一步地对公共物品做了界定，认为公共物品就是每个人对该物品的消费都不会减少其他人对该物品的消费。

公共物品与私人物品是相对立的，为了清楚地辨别公共物品同私人物品的区别，公共经济学将萨缪尔森的定义加以引申，提出了纯粹公共物品具有与私人物品不同的以下三种特征。

第一，效用的不可分割性（non-divisibility），即公共物品是作为一个整体向社会提供的，整个社会的成员共同享用公共物品的效用，而不能将其分割成小的使用单位，分别归属于某些厂商或个人享用，或不能按照"谁付款谁受益"的原则，限定为之付款的个人或厂商使用。这也可以看作消费者对公共物品的集体消费或等量消费。从《牛津经济学词典》中将公共物品用作复数（public goods）而私人物品用作单数（private good）可以看出这一特征。马斯格雷夫在《财政理论与实践》中甚至认为，正是公共物品的不可分割性，才导致了其具有消费的非竞争性、受益的非排他性等其他特性。

第二，消费的非竞争性（non-rivalness），是指一定数量的公共物品可以由不止一个消费者享用。公共物品一旦被提供，就可以被任何人所享用。消费的非竞争性主要有两方面的含义：边际拥挤成本为零，即任何一个消费者的享用不会减少其他消费者享用的数量和质量；边际生产成本也为零，即增加一个消费者并不会因此增加该产品的成本。以天气预报信息为例，在一定范围内提供的天气预报服务，不会因为增加一个人口而影响到原有人口享受的服务水平。

第三，受益的非排他性（non-excludability），是指公共物品的消费是集体进行、共同消费的，其效用在不同消费者之间不能分割，如要把不为公共物品付费的个人排除在外，或者在技术上不可能，或者成本高昂以至于在经济上不可行。例如，防洪堤坝，避免了地区内洪涝灾害造成的损失，保证了该地区正常的生活和工作，它为该地区所有的社会成员带来了利益，要排斥某一社会成员不让其从中获得利益，从技术上来说是不可能的。同时，任何人都不能用拒绝付款的办法，将与其消费偏好不一致的公共物品排除在自己消费范围之外，即处于公共品效应覆盖范围的消费者必然和自然地受到该产品的服务与影响，而不以其是否希望、愿意和需要这些消费和服务的意志为转移。如居住在一国的公民都要接受国防保护，也不可能把自己所得到的国防保护转让给他人。需要注意的是，公共物品的非排他性不是绝对的。随着科学的进步、技术的变革，在过去不可排他的产品，在今天或在未来某个时期可能是可排他的，如有线电视、卫星电视、数字电视的产生等。

就以上特征，可以用式（4–1）和式（4–2）加以描述。两式中，x_s和y_s分别为公共物品和私人物品的总供给；n为消费者人数；x_i和y_i为个人i消费公共物品x和私人物品y的数量。则

$$x_s=x_1=x_2=x_i=\cdots=x_n \tag{4–1}$$

$$y_s=y_1+y_2+y_i+\cdots+y_n \tag{4–2}$$

式（4–1）表明，公共物品x的总量一旦被提供出来，就可以被社会中的每一个成员等量地消费，即个人在消费公共物品时相互间不排斥、不竞争；式（4–2）表明，私人物品y的总量一旦被提供出来，若被社会中的第一个人消费了y_1单位，那么其余的人就只能在（y_s-y_1）的范围内进行选择了，即个人在消费私人物品时是互相排斥和竞争的。

纯粹的公共物品具有效用的不可分割性、非排他性和非竞争性三个特征，也可以通过这三个特征从理论上判断一种产品是否是公共物品。出于简便的需要，可以按以下步骤进行。

第一步，这种产品的效用是否具有不可分割性，如果具有不可分割性，则进入第二步。

第二步，该种产品的消费是否具有非竞争性，如果具有非竞争性，则进入第三步。

第三步，该种产品的受益在技术上是否较容易排他，如果不能排他，则该种产品或劳务必为纯粹的公共物品。

如果一种产品既不具有效用的不可分割性，又不具有消费的非竞争性和受益的非排他性，则该种产品可以看作纯粹的私人物品。

可以对公共物品进行简单的分类（见表4–1），但在各种产品中区分公共物品和私人物品及与之相关的其他产品时，主要依据该产品是否具有排他性和竞争性（忽略其效用是否可以被分割的特性）来说明。

表4-1　产品的类型

		排他性	
		有	无
竞争性	有	（1）私人物品	（3）共有资源
	无	（2）俱乐部物品	（4）纯公共物品

由表4-1可知，同时具有排他性和竞争性的第一类产品是可以由竞争市场有效提供的私人物品，其余三类可视为具有公共性质的产品，又可分为纯粹公共物品和不纯粹公共物品。第四类为纯公共物品（pure public goods），通常所说的公共物品即指该类。一般认为，社会生活中纯公共物品极少，但比如国防、有效率的公共政策或制度、货币稳定、环境保护等仍为人们所公认。

介于纯公共物品和私人物品两个极端的物品为不纯粹公共物品。按照以上特征对公共物品和私人物品进行的分类，从理论上是周到的，但在实际社会生活中却有很多产品很难简单地将其归于某一种。在现实中，不纯粹的公共产品更为常见。不纯粹的公共产品是指不能同时完全满足非排他性和非竞争性，只能满足非排他性和非竞争性中的一个特征的产品或服务。因此，不纯粹的公共产品具有类似私人产品的某些特征。高速公路就是典型的例子：不能完全满足非竞争性，当行驶在路上的车辆足够多时就会出现竞争（拥挤）问题；也不能完全满足非排他性，设立收费站就是一种常见的办法。

根据公共物品的基本特征，不纯粹的公共物品可以进一步划分如下。

1. **俱乐部产品**

俱乐部产品（club goods），即具有排他性与非竞争性的公共物品，特点是在消费上具有非竞争性，但是可以较轻易地做到排他，即不付费者可以排除在消费之外。比较典型的俱乐部产品有高速公路、公共游泳池、电影院、闭路电视网等。该类产品通过限定名额，将不具备资格的成员排除在外，即对外排他、对内共享。在人们的印象中，同时消费同一种产品的数目有限的个人恰与同一俱乐部的成员相仿，因此将此种产品称为“俱乐部产品”。可以从两方面说明俱乐部产品的消费者数目总是有限的：其一，由于俱乐部成员的数目超过一定标准后会发生拥挤问题，从而破坏非竞争性的特征，所以俱乐部对成员数目必须限定；其二，由于这种产品具有排他性，便能够采取措施限制消费者数目。

2. **共有资源**

共有资源（common resources），即具有非排他性与竞争性的公共物品。共有资源与俱乐部产品正好相反，它在消费上具有竞争性，但是无法有效地排他，即不付费者不能轻易地被排除在消费之外。比较典型的公共资源有空气、河流、公共牧场和公共沙滩等。以公共沙滩为例，随着游客的不断增加，沙滩将变得愈加拥挤，会导致游客的满足感和舒适度大幅下降，因为沙滩的使用是具有竞争性的。共有资源作为不纯粹的公共物品，与纯公共物品具有相似性，也就是总量既定且不归任何个人专有，具有向任何人开放的非排他特点。同时，它与纯公共物品又存在一定的区别，即共有资源的竞争性导致某人消费的增加给他人带来负外部效应（存在导致他人消费减少的可能性），这种负外部效应不仅对他人造成影响，还使自己陷入其中。因此，也可以将共有资源视为拥挤性公共物品（crowded public goods），拥挤不是一般负外部效应，因为带来拥挤问题的使用者自身也要承担其行为成本。

4.1.3 举例：一些重要的公共物品

在我们每天的生活中，会接触到形形色色的公共物品。接下来我们对几种最重要的公共物品举例说明。

1. **国防建设**

国防建设指的是出于国家安全利益需要，为提高国防能力而进行的各方面建设。国防的主体是国家，其效用惠及全国人民，属于典型的公共物品。亚当·斯密最早提出“国防”作为公共物品的典型例子。他在《国富论》中将政府职能界定为三项“保护社会免受其他独立社会的暴行的侵略，尽可能保护社会的每一个成员免于社会每一个其他成员的不公正和压迫行为的伤害，建立和维持公共机构、公共工程”，即国防、警察和公共工程。2015年5月26日，《中国的军事战略》白皮书发布，指出“随着国力不断增强，中国军队将加大参与国际维和、国际人道主义救援等行动的力度，在力所能及范围内承担更多国际责任和义务，提供更多公共安全产品”。这是我国首次提出“公共安全产品”这一概念。作为一个崛起中的大国，中国有责任也有义务向有关地区和国家提供公共安全产品，以维护共同安全。

2. **扶贫计划**

贫困是一个世界性的问题，在我国，政府一直是扶贫事业中的主导力量。从公共经济学的角度来看，“市场失灵”和“政府失灵”问题在扶贫新形势下更加突出，“扶贫”的公共物品的属性更加重要。2013年11月，习近平总书记在湖南湘西考察时，首次提出了“精准扶贫”，即“扶贫要实事求是，因地制宜。要精准扶贫，切忌喊口号，也不要定好高骛远的目标”。在2020年完成“全面建成小康社会”的宏伟目标，是中共十八大根据中国经济社会实际做出的重大决策，扶贫、脱贫则是“全面建成小康社会”的重要一环。

3. **基础研究**

知识的创造也是一种公共物品，如果一个数学家证明了一个新定理，该定理就会成为人类知识宝库的一部分，任何人都可以免费使用。在评价有关知识创造的政策时，重要的是要区分一般性知识与特殊的技术知识。特殊的技术知识，如一种高效电池的发明可以申请专利，因此发明者得到了他的发明大部分好处。与此相比，数学家不能为定理申请专利，因为每个人都可以免费得到这种一般性知识。换句话说，专利制度使特殊的技术知识具有排他性，而一般性知识没有排他性。政府努力以各种方式提供一般性知识这种公共产品，例如，国家科技部、教育部和国家科学基金补贴医学、数学、物理学、化学、生物学，甚至经济学中的基础研究。

4.2 公共物品的有效供给

对公共物品的有效供给，既可以从需求的角度进行分析，也可以从均衡的角度进行把握。国外学者多是从均衡的角度分析公共物品的最优供给。公共物品的局部均衡分析，是对一种公共物品的供给和需求达到均衡状态时的效率状态分析，不考虑其他公共物品的供求状况，更不考虑私人物品的供求状况。换句话说，假定其他公共物品与私人物品的供求状态不发生变化，考察一种公共物品的供求均衡如何实现。

出于分析上的便利，首先考察私人物品的供求状况，其次考察公共物品及混合物品的供求状况。

4.2.1　私人物品的供求关系

根据均衡分析理论，任何一种产品的市场均衡产量及均衡价格，都是由其供给曲线和需求曲线的交点决定的。需求曲线应与该产品消费方的边际效用曲线相一致，供给曲线应与该产品生产方的边际成本曲线相一致，这样社会边际效益就等于社会边际成本，帕累托最优得以实现。按照这一均衡分析方法，先来了解一下私人产品的局部均衡分析。

用图4-1简单分析私人物品的供求关系。假定个人A和个人B是私人物品市场的两个消费者，他们的收入水平可能存在差异，消费的偏好也不相同，但他们在消费某一种产品时却面临同一水平的价格。D_A是个人A的需求曲线，D_B是个人B的需求曲线。

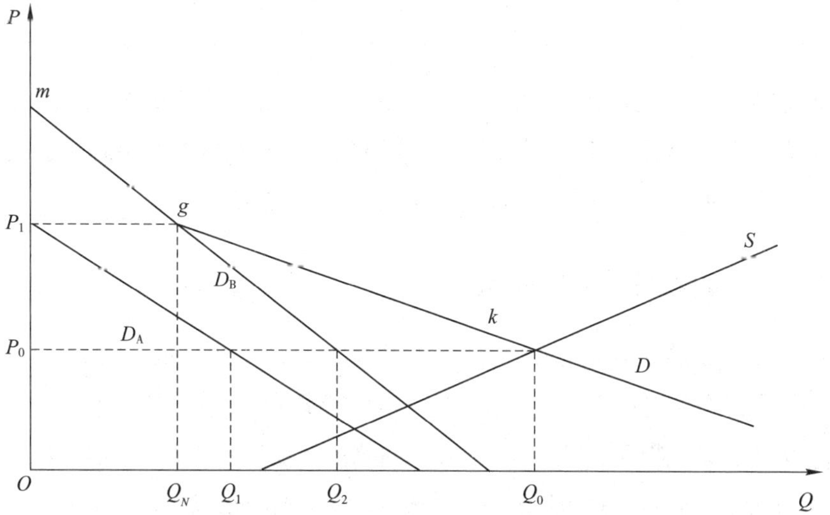

图4-1　私人物品的供求关系

两条曲线表明，在同一价格水平上两人各自消费需求的数量并不相同。假定社会中只有A、B 两人（只是为理论分析方便而作的假设），则全社会对该产品的总需求应为横轴上两人各自消费需求量相加。例如，当价格为P_0时，A的消费需求是OQ_1线段，B的消费需求是OQ_2线段，该产品的社会总需求量是（OQ_1+OQ_2）；而当价格处于P_1时，A的消费需求是0，B的消费需求是Q_N，该产品的社会总需求量是（$0+Q_N$）。可见，私人物品的社会总需求是不同消费者在同一价格水平上的横向相加。若该产品的供给曲线为S，则根据同一价格水平上的横向相加规律，该产品的均衡价格（需求与供给平衡时的价格）P_0（为绘图和描述简便，本图将均衡价格恰好设在P_0处）所对应的社会总需求量Q_0（$Q_0=OQ_1+OQ_2$）即为均衡产量，其与供给曲线S的交点k，与g点相连后所形成的mgD曲线便是该私人物品的社会需求曲线，因此k为该私人物品的社会总供求均衡点（社会总需求与社会总供给平衡）。之所以mgD曲线会在g点出现拐折，是因为当价格由P_0上升到P_1时，A的需求为0，此时只有B存在需求，故P_1价格及以上价格的社会总需求只是B一个人的需求Q_N，社会总需求曲线便从g点开始与个人B的需求曲线D_B重合，换句话说，社会总需求曲线从g点开始只对B具有意义。

图4-1的意义在于，在私人物品的供求平衡时，不同的个人在同样的价格水平上消费不同数量的产品，社会总需求由不同个人的不同消费量进行相加而决定；反过来，要达到供求平衡，关键在于价格能否足够支付私人物品的生产成本，由于不同个人所支付价格相同，因而社会总需求量的大小可以反映不同个人所承担私人物品生产成本的程度。

4.2.2 公共物品的供求关系

与私人物品的供求关系相比，公共物品的供求关系不同。对私人产品进行局部均衡分析可以得知，私人物品的市场需求是对不同个人需求的水平加总。因为在私人物品那里，每个人都是价格的接受者，其能调整的只是产品的需求数量。而在公共物品的局部均衡分析中，假设市场中只有单个公共物品，公共物品一旦被提供，则对每个人来说都可等量使用。虽然每个人能使用的是同样数量的公共物品，但他愿意支付的价格是不一样的。如果要获得支付公共物品价格的市场总意愿，则需要把不同个人的需求线垂直进行纵向加总，即公共物品的总需求等于个人需求的垂直加总。在公共物品的供给曲线确定以后，与总需求曲线的交点决定公共物品的最优供给。

图4–2表现了公共物品的供求关系。

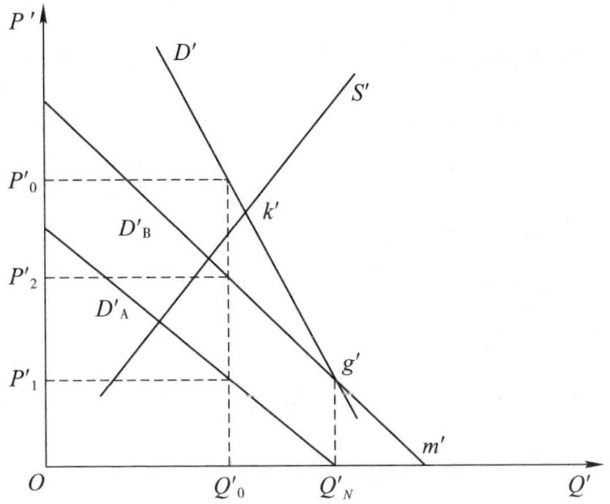

图4–2 公共物品的供求关系

图4–2中D'_A和D'_B分别代表个人A和个人B对某一公共物品的需求曲线，公共物品一旦提供出来，任何个人都可以使用和支配。虽然在实际生活中，个人并不会明确表示他对一定数量的公共物品愿意出多少价钱，但国家对个人的课税却表现了个人对公共物品所（愿意接受）支付的价格。由于每个人的收入水平不同，各自所承担的赋税也不一样，因而对于同一公共物品，每个人所支付的价钱也不相同。在两人社会里（出于分析方便的假设），全社会对一定数量的公共物品所愿意支付的价格自然是个人A和个人B分别支付的价格（税）相加，即图中纵轴上P'_1和P'_2相加所得，也就是图4–2中$P'_0=(OP'_1+OP'_2)$。若该产品的供给曲线为S'，并假定不存在“搭便车”现象，那么均衡价格P'_0（为绘图和描述简便，本图仍将均衡价格恰好设在P'_0处）与S'的交点k'所对应的供给量Q'_0即为该公共物品的均衡产量。又因该公共物品的供给达到或超过Q'_N时，个人A愿意出价为零（或拒绝支付税收），则该公共物品的生产成本将全部由个人B来承担，连接k'和Q'_N对应的g'点，$D'g'm'$曲线为该公共物品的社会总需求曲线，因此k'为该公共物品的社会总供求均衡点（社会总需求与社会总供给平衡）。该公共物品的社会总需求曲线在g'点拐折，正好说明当该公共物品的供给达到或超过Q'_N时，其生产成本由个人B独立承担的特征，此时公共物品的价格便是$0+OP_X$

（OP_X为个人B独立承担的全部成本，图4–2中未标出）。

图4–2的意义在于，在公共物品供求平衡时，不同的个人支付不同的价格（税）却消费了同样数量的公共物品，社会总需求不由个人的消费量的多少相加来决定，而是由不同个人所愿意接受的不同价格（税）相加来决定；反过来，要达到供求平衡，关键在于价格能否足够支付公共物品的生产成本，而具体的个人所支付价格（税）又不相同，因而社会总需求量的大小并不反映个人承担公共物品的生产成本的程度。

另外，从图4–1、图4–2还可以看出，供给曲线S和S'与P和P'的关系恰好反映了产量增加的边际成本，那么在私人物品中，则有

$$P_A=P_B=P=MC \tag{4–3}$$

在公共物品中，则有

$$P'_A+P'_B=P'=MC \tag{4–4}$$

可见，公共物品和私人物品一样遵循了价格等于边际成本的原则，所不同的是，公共物品的价格为个人价格P'_A与P'_B相加所得，私人物品的价格P等于不同个人面临的同样的个别价格。这说明，公共物品很难由私人部门利用市场供给，因为个人对公共物品的享用量是一样的，但其对公共物品的评价（或愿意承担的价格）并不一样，如果由私人部门利用市场提供，厂商势必按式（4–3）中（$P_A=P_B=P=MC$）的原则定价，导致有的人（当然是穷人）没有能力消费公共物品，有违公共物品的公平性。

4.3　公共物品的提供方式

在现代市场经济条件下，市场和政府是资源配置的两大主体。政府通过政治制度提供社会产品和私人通过市场提供社会产品是任何社会产品的两种可供选择的供给方式。而对于公共物品来说，长期以来无论在理论上还是实践上，政府都被认为是公共物品天然的、唯一的提供者。理由有两个。其一，公共物品的非竞争性使新增一个消费者的边际成本为零，这意味着如果按边际成本定价，公共物品必须免费提供，但这样一来私人供给

公共物品的成本将无法得到补偿。其二，公共物品在技术上的非排他性使“搭便车”现象不可避免。这样，私人部门供给的公共物品成本就不可能通过市场得到补偿。既然私人部门不愿意提供公共物品，就只能依靠公共部门，特别是政府来提供。这不仅由于政府在法理上被设定为公共利益的代表，应向全体社会成员的共同福利提供保障，而且由于政府拥有向社会成员征税的权力，从而能够有效避免私人部门提供公共物品成本无法得到补偿的困境。

公共物品由公共部门提供，并不意味着这些公共物品必须由公共部门生产，即“公共提供”（public provision）并不等于“公共生产”（public production）。早在1959年，公共经济学家马斯格雷夫（Musgrave）就指出，“公共需要的供应……并不要求它必须有公共生产的管理，正如公共生产的管理并不要求它必须有公共需要的供应。在决定各自的适当范围时，应根据各自非常不同的标准”。但是，人们的思维在当时被这样一种思想所支配：相对强大、面面俱到的政府能够提供和生产范围相当广泛的产品，人们普遍把政府的能力等同于政府的生产能力。20世纪50年代以来，随着公共物品理论的形成与发展，人们逐渐认识到，在现代市场经济体系中，公共物品的提供是多元的，社区、私人企业、第三部门、国际组织都可以成为公共物品的提供者。这样，公共物品的单一中心提供模式逐渐被多中心提供模式所取代。

4.3.1　政府提供公共物品

随着公共物品供给由政府单一中心提供模式，向政府、社会和企业共同承担的多中心提供模式转变，以及政府和民间组织在公共物品提供上的相互合作、相互补充和相互竞争，已经形成了公共物品供给的“公私合作和伙伴关系”。这种多中心供给模式并不意味着政府可以放弃或减少公共物品的供给责任，它意味着履行供给责任的方式发生了变化。这就是说，尽管政府较少直接生产公共物品，但它仍有义务保证社会有足够的公共物品被提供出来，并以公平的方式分配给所有公民。为此，政府需要对公共物品供给进行更加精妙的制度设计，对公共物品的直接提供者进行严格而合理的规制，既要保证公共物品质量和维持合理的供给价格，又要避免出现以任何借口排斥社会公众消费公共物品的权利。一般来说，政府提供公共物品有两种基本类型：政府直接生产与政府间接生产。

1. **政府直接生产**

（1）政府间公共物品提供的责任

政府直接提供公共物品包括了中央政府直接提供和地方政府直接提供。理论上讲，公共物品可以供所有人享有，但实际上大多数公共物品和公共服务的享用都有特定的受益范围，没有绝对的不受限制的受益区域。按照公共物品在消费空间上的特征，可以把公共物品分为全国性的公共物品和地方性的公共物品。全国性的公共物品是指那些受益范围不分区域的，可供全国居民同等消费，并且共同享用的物品。它的供给并不是为了某一特定区域范围内的消费者，而是可以让全国公民共同受益。如国防、外交、基础科学研究等。地方性的公共物品是指在受益范围上具有地方性特点，局限于特定区域，只被那些居住在特定区域，占全国一部分人口的人享用、消费的公共物品。它一般是为了满足地方消费者的需求，超过一定的范围其效用将会大大减弱，其享用范围很少扩大到其他区域的消费者。如城市道路、消防设施、环境保护等。地方公共物品与全国性公共物品既有联系又有区别，二者均具有公共物品的基本特征：效用的不可分割性、非排他性和非竞争性。由于经济职能在各级政府间是不同的，存在着分工，而且各级政府的公共支出与其履行的职能相关，因此有必要对各级政府间的支出责任进行划分，确定某一类公共物品由哪一级政府提供更合适。政府间公共物品供给责任划分的原则通常有以下几个。

第一，受益原则，即按照公共物品的受益范围确定由哪一级政府来提供。政府所提供的服务，凡受益对象是全国民众的，则支出应属于中央政府，如国防、航天项目、免疫系统等；凡受益对象是地方居民的，则支出应属于地方政府，如地区性基础设施、公园、排水系统。对于跨地区发挥效益的公共物品或服务，则应该划分给更高一级的政府，或在地区之间进行协商。

第二，效率原则，即决定公共物品供给品种与数量的程序要以更好地反映居民的偏好为标准。某些公共物品可能在中央一级决策中更能体现居民的普遍偏好和需要，而另一些公共物品则在地方一级决策中更能反映居民的偏好。

第三，技术原则，即在技术上公共物品是否可分的问题。在公共物品可分的情况下，可按照受益范围，由不同层次的地方政府提供；在公共物品不可分的情况下，为了使公共物品的生产具有规模经济效益，则需要中央政府提供或参与地方政府合作提供。

根据划分原则，政府间公共支出的范围大致可以这样划分。提供全国性的公共物品，进行全社会范围内的资源配置，调节经济运行和进行收入再分配等职责需要的支出，应该由中央政府承担。地方性公共物品和服务，进行区域性的资源配置所需的支出由地方政府承担。具体而言，在西方国家，纯公共物品和自然垄断程度很高的准公共物品，如国防设施、社会福利，国家基础设施、重大基础科学研究，大江大河的开发和利用，国土资源的保护、利用、开发和规划等，通常都是由中央政府直接生产的。除全国性、跨地区的公共物品外，地方性公共物品则由地方政府直接经营或管理。

当然，上述公共物品供给责任的划分也是相对的。在不同国家，中央政府提供公共物品的内容和覆盖范围也会有所不同，在一些福利型国家中，中央政府提供公共物品的范围要大一些；在崇尚自由市场的国家中，由中央政府提供公共物品的范围要小一些。在欧洲大多数国家，地方政府直接提供保健、医疗、自然资源保护、城市设施、警察、消防、煤气、电力、图书馆、博物馆、中小学教育等。在美国，尽管大多数准公共物品都委托给私人企业生产，但义务教育、道路建设基本都是由地方政府提供的，其费用通常占地方政府预算的一半以上。中国的地方政府还承担着为经济发展创造良好的基础条件和改善资金环境等任务。

尽管各国的情况不完全一样，但总体上，以上的责任划分原则具有较普遍意义。中央和地方支出责任划分的基本框架见表4–2。

表4-2　中央和地方支出责任划分的基本框架

内容	责任归属	理由
国防	中央	全国性公共产品或服务
外交和对外援助	中央	全国性公共产品或服务
立法	中央	全国性公共产品或服务
基础性科研	中央	全国性公共产品或服务
国际贸易	中央	全国性公共产品或服务
金融与货币政策	中央	全国性公共产品或服务
管制地区间贸易	中央	全国性公共产品或服务
对个人的福利补贴	中央、地方	收入再分配、地区性服务
失业保险	中央、地方	收入再分配、地区性服务
全国性交通	中央、地方	全国性服务、外部效应
地区性交通	地方	地区性服务
环境保护	地方、中央	地区性服务、外部效应
对工业、农业、科研的支持	地方、中央	地区性服务、外部效应
教育	地方、中央	地区性服务、外部效应
城市维护建设	地方	地区性服务
政策性价格补贴	地方	地区性服务
卫生	地方	地区性服务
公共住宅	地方	地区性服务
供水、下水道、垃圾	地方	地区性服务
警察	地方	地区性服务
消防	地方	地区性服务
公园、娱乐设施	地方	地区性服务

资料来源：马俊.论转移支付［M］.北京：中国财政经济出版社，1998。

（2）中央与地方政府提供公共物品的效率比较

地方公共物品的供应不仅与受益范围有关，而且与各地区居民的偏好有关。由于一国各地区社会经济发展水平不一致，各地区居民对地方公共物品的偏好是不同的，因此对同一公共物品的需求量也不一样。由于公共物品具有层次性和空间限制的特点，因此决定了地方公共物品必须由地方政府负责提供。如果忽视上述特点，而由中央统一提供公共物品，就会导致效率损失。由中央政府统一提供公共物品的效率损失情况见图4-3。

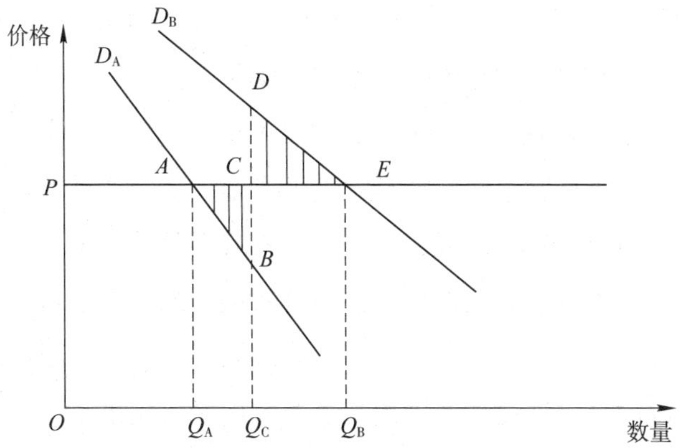

图4-3 中央政府统一提供公共物品的效率损失

为了使问题简化，假设A、B两地区内的居民分别对本地区公共物品的偏好是相同的。D_A和D_B曲线分别代表A和B两个地区居民对公共物品的需求，其中B地区居民对公共物品的需求大于A地区居民。再假定公共物品的人均成本是不变的，为OP，则A地区居民的公共物品的需求量为Q_A，B地区居民的需求量为Q_B。如果由中央政府统一提供公共物品，中央政府为了公平起见，只能在两个地区居民的需求量中取一个折中水平Q_C来提供公共物品。这样，对A地区居民来说，中央政府对公共物品供给超过了其需求，而对B地区居民来说，中央政府对公共物品供给小于其需求。因为人均成本是同样的，对A地区居民来说是成本超出收益，其福利损失为$\triangle ABC$的面积大小部分；对B地区居民来说其需求得不到满足，福利损失为$\triangle CDE$的面积大小部分。从中可见，由中央政府统一提供公共物品是不可取的，会造成各地区的福利损失。因而，从提高公共物品的效率的角度来看，地方公共物品应由地方政府而不是由中央政府提供。

从图4-3中还可以看出，$\triangle ABC$和$\triangle CDE$面积大小与Q_A、Q_B之间的距离及D_A、D_B的斜率有关。也就是说，由中央政府统一提供公共物品造成的福利损失大小与不同地区居民需求差异及价格弹性有关。Q_A与Q_B之间距离越大，福利损失也就越大；需求曲线D_A和D_B的斜率越大，即需求的价格弹性越小，则福利损失也就越大。反过来，图4-3也可以说明，地方公共物品由地方政府提供，会产生更高的效率。让各地方政府自行提供公共物品，可以使其提供的服务更适应由于各地不同条件所产生的对公共物品的不同品位和需求，以减少居民的福利损失，提高资源的配置效率。总之，地方公共物品由各地方政府提供要比中央政府统一提供更有效率。

美国经济学家蒂博特（Teibout）在1956年发表的《地方支出的纯理论》一文中，以“用脚投票”的理论论证了地方公共物品的有效供应。他提出，在一个由众多辖区组成的体制中，具有竞争性的地方辖区之间为了增强自己的吸引力，会有确保公共物品有效供给的内在动机，从而形成地方政府之间在供应公共物品上的竞争态势。同时，由于市场经济保障了一国国民在国内的自由流动性，因此从个人效用最大化出发，居民便可以像选择私人物品一样，按照自己的偏好自由选择居住地区，这种“用脚投票”的机制便形成了各个地区公共物品的最佳供应水平。也就是说，地方公共物品的供应可以达到帕累托最优，实现资源的有效配置。

需要注意的是，蒂博特的理论是以一系列假设条件为前提的。这些条件包括：其一,一国国内的公民具有完全的流动性；其二，能够了解到不同辖区的特点；其三，具有足够数量的辖区可供选择，包括公民期望得到公共产品的数量；其四，不同辖区之间没有利益上的溢出效应；其五，个人收入不受地理因素的制约。而事实上，这些假设条件在现实生活中是很难成立的。如人员的流动不可能是无成本的，人们也不可能对各辖区的情况有完全的信息，地区间公共物品的外部效应也是普遍存在的。尽管蒂博特的理论存在不少严苛的假设条件，但它仍然为地方公共部门的经济活动提供了一个有用的工具。

（3）中央政府对地方政府的转移支付

中央政府对地方政府的转移支付制度是将中央政府财政收入的一部分转作地方政府的收入来源，以满足地方政府提供地方公共物品的需要的一种财政制度。中央政府对地方政府的转移支付也可称为中央政府对地方政府的补助，补助既是下级政府非常重要的收入来源，也是上级政府改变财政资源的主要方法。

转移支付的必要性有以下几点。

第一，纠正外部效应。有些地方公共物品具有辖区外溢效应，外溢效应体现在利益外溢和成本外溢两个方面。当利益外溢时，地方政府的公共支出收益往往被低估，该地区居民以税赋形式支付的成本超过了应该支付的成本。当成本外溢时，该地区的公共支出效益往往会被高估，该地区居民以税赋形式支付的成本少于应该支付的成本。因此，需要中央政府通过转移支付的形式对地方政府提供财政补助，以平衡地方政府的成本与收益。

第二，纠正横向财政不平衡。在一国范围内，可能由于体制、经济结构、自然环境和人口状况等多方面因素，导致同级地方政府之间在收入能力、支出水平以及最终在公共服务能力上存在较大差异。这就要求中央政府通过对某些地区的补助，实现一国范围内在公共物品供给上的均衡。

第三，纠正纵向财政不平衡。中央政府掌握了大部分税收并只负责提供全国性公共物品，常常出现本级财政支出小于收入的局面；而地方政府为了提供一定水平的公共物品，常常出现支出大于收入的局面。把原本归于中央的一部分税收以补助形式转移给地方，则能够有效地填补这种纵向财政缺口。

第四，实现最低服务标准。对于社会保险、卫生保健、教育和社会福利等具有强烈的再分配因素的公共物品，出于维护社会公平的目的，中央政府有必要从财政上采取措施，保证全国各地都有能力按统一标准向全民提供最低限度的此类公共物品。

第五，实现地方性公共物品供给的规模效应。对于一些具有规模经济效应，即只有扩大产出到足够高的水平才能获得成本上节约的公共物品，由于部分地区受财力限制可能达不到这样的产出水平，就必须由中央政府对地方政府进行补助，降低地方政府供应公共物品和服务的成本，从而支持这些地区提高公共物品和服务的供应水平。

第六，实现特殊的政策目标。一般指在地方遇到严重自然灾害、严重事故等非正常情况下，由中央政府对地方政府提供特殊补助，以帮助地方迅速地提供某些具有应急性质的公共物品，帮助地方渡过难关。

2. **政府间接生产**

自20世纪70年代以来，随着福利国家的危机，全球范围内掀起了一股宏大的行政改革浪潮和“重塑政府”运动，将市场机制引入公共管理成为这场运动的主导理念，政府治理理念也从“划桨”走向“掌舵”。政府通过规范市场秩序、利用预算安排和政策安排形成经济刺激，引导私人公司参与公共物品的生产，这就是政府间接生产。公共物品的生产为什么能够实行市场化呢？首先，由于公共物品的生产过程和生产要素的可分割性决定了它能够或至少能够在某些生产环节实行市场化。对于公共物品的生产来说，是多环节、多属性、多层次的，而政府集中生产与市场分散生产各自有其适当的效率范围和规模，因此在生产过程中可以根据不同生产环节和生产要素的可分割程度，采取不同的生产方式。其次，消费需求的层次性要求引入市场机制。因为在所有公共物品中，纯粹的公共物品是非常少的，绝大部分是准公共物品，两种生产方式都可以用。为了充分发挥市场竞争的优势，在消费上越向私人产品属性靠近的公共物品，其市场化程度就越大。

非政府提供的公共物品并没有固定的范围和明确的界限，它与一国的经济体制和政府的偏好有关。例如，灯塔，虽然被大部分经济学家界定为纯公共物品的典型例证，经济学理论中也同样把它视为必须由政府直接经营，甚至由政府免费提供的一种产品。但是，灯塔在英国从来没有由政府经营过。国防安全在理论上讲，也是一种应该由国家生产的“纯而又纯”的公共物品，在社会主义经济中，国防工业百分之百地由国家垄断生产。但事实上许多西方国家都不是政府生产武器，而是购买武器。美国的武器库中从劳动密集型的军服到高度知识技术和成本密集型的原子、电子等高技术武器（如原子弹、核潜艇、军用飞机等）几乎全部由私人部门生产，政府不经营兵工厂。灯塔与国防仅仅是两个比较典型的例证，至于那些大量的混合产品，其生产途径和提供方式更是多种多样。在引入市场机制生产公共物品时，要权衡直接生产和间接生产的比较效率，充分发挥各自的优势，实现职能互补，根据现有的经济技术条件最有效地结合政府与市场、公共部门与私人部门。其基本形式主要有如下几种。

（1）政府与企业签订生产合同

对于那些具有明显规模效益的准公共物品，如果收费不存在技术上的障碍，政府就可以通过公开招标的形式，与合适的企业签订合同。政府与企业的合同承包制度非常普遍。在美国，政府雇员很少直接从事制造、建筑等活动，大量公共物品就是由各级政府委托企业来生产的。用于采取这一形式的公共物品主要是具有规范经济性的自然垄断型产品，即大部分为基础设施，包括道路、学校和政府办公设施等都是通过合同安排，由私人建筑商提供的。此外，很多公共服务，如垃圾收集、街道照明、自来水供应、道路维护、桥梁维护、图书馆管理、蚊虫控制等，也都是政府通过签订合同形式把公共物品交由私人生产（见表4–3）。在签订合同之前一般都由市政主管部门进行招标。例如，由私人公司提出供应顾客“一揽子”服务的最低收费率而中标，与政府签订承包合同；或者公司按政府所定价格提供服务，而所要求的代价数额最小也可以中标。中标后双方签订为期若干年的承包合同。许多发展中国家也采取了这种方式，如巴西、尼日利亚、南斯拉夫等就对公路养护、自来水供应等公共服务项目实行招标承包制。发达国家中许多高科技工作也采用这种方式，如美国国防部就与私人公司签订合同进行军事装备的研发与购买。

表4–3　美国城市中政府通过签订合同形式把公共物品交由私人生产的情况　单位：个

项目	城市数量	项目	城市数量	项目	城市数量
垃圾收集	339	规划	92	征税	24
街道照明	309	自来水供应	84	下水道处理	21
电力	258	水处理	67	图书馆管理	17
工程服务	253	道路维护	63	防火	13
法律服务	187	医院	57	蚊虫控制	12
救护车	169	运输	49	博物馆	12
垃圾处理	143	公墓	47	犯罪化验	7
家畜控制	99	桥梁维护	25	娱乐设备	7

资料来源：刘溶沧，赵志耘.中国财政理论前沿Ⅲ［M］.北京：社会科学文献出版社，2003。

（2）授予经营权

授予经营权是指对于那些利益外溢性显著的公共物品，政府部门通过公开招标形式选择私人企业，通过签订合同的方式委托中标的私人企业经营，但政府部门对这一领域实行政府规制，一方面禁止其他企业自由进入，另一方面禁止中标企业制定垄断价格。适合采取这种生产方式的公共物品，主要集中于那些具有规模经济效益的自然垄断行业。在发达国家，许多公共领域都以这种方式委托私人公司经营，如公路、自来水公司、电话、供电等。此外，如电视台、广播电台、航海灯塔、电影制作、报纸、杂志、书籍等很多公共项目也由这种方式生产经营。例如，在法国，城市间的收费公路可以由私营企业投资、建造、拥有、管理和保养，一定年限之后归还政府。在美国，要想开办电台和电视台必须到联邦通信委员会申请。经核准，该委员会下发执照，授权经营，执照发放后未经联邦通信委员会许可，不得转让给任何人。美国在义务教育阶段推行的“特许学校”也具有这种由政府授予学校经营权的性质，以区别于完全的公立学校。1974年，科斯发表了《经济学上的灯塔》一文。此文基于对英国早期灯塔产权制度的调查，第一次以事实反驳了被普遍接受的私营灯塔无从收费或无利可图的观点。他指出，从16世纪开始，英国航海业的浮标、信标、灯塔就是实行授权经营，即由国王向私人组织——“领港公会”颁发许可证，授权它建造和管理。到19世纪中期，英国议会颁布法令，把全国所有的灯塔经营权全部授予“领港公会”。由于授予经营权有可能构成市场进入的障碍，在保护生产者积极性的同时却牺牲了效率，因此在授权的同时仍要进行政府规制。

（3）政府参股

对于那些初始投资量较大的基础设施项目，如桥梁、水坝、发电站、高速公路、铁路、电信系统、港口、飞机场等，可以由政府通过控股和入股的方式参与建设。政府参股主要是向私人企业提供资本和分散私人投资风险。政府参股可分为政府控股、政府入股两种形式。一般来说，在项目初期政府投入的股份比较多，而一旦项目进入正常运营期，能够依靠正常的利润来维持时，政府就卖出股份收回资金；或者在项目运营一段时期后，政府将私人的股份买下，从而形成完全由政府生产公共物品。

比较引人注目的参股领域之一是高科技开发研究。其方式主要有四种：收益分享债券、收购股权、国有企业经营权转让、公共参与基金。例如，20世纪70年代，为了促进电子行业的技术发展，英国的国家企业管理处在总共为7000万英镑的投资计划中拿出5000万英镑购买了新建立的英莫斯厂商，使之成为全国唯一生产通用硅片的厂家，从而通过政府参股的方式为科学技术的基础研究和应用研究解决了资金的困难，推动了这一领域的发展。2020年，德国政府宣布将参股图宾根生物技术公司CureVac，该公司目前正在研究新冠病毒疫苗。德国联邦经济部部长阿尔特迈尔表示，CureVac公司的技术具有为广大民众开发新冠疫苗和药物并将其投放市场的潜力。联邦政府希望通过参股为该公司提供资金保障，同时参股后将不会对公司的经营政策施加任何影响。

（4）经济资助

经济资助主要适用于那些难以盈利或盈利不高，或未来很长时间以后才能盈利，风险较大，同时又具有较强正外部性的公共物品，如教育服务、卫生服务、基础科学研究、宇航、生物工程、微电子技术等领域。政府经济资助的主要形式包括补贴、津贴、优惠、贷款、贴息贷款、减免税收等。

财政补贴的主要公共领域有教育、卫生、保健、复员军人、图书馆等。根据联合国教科文组织《1977年统计年鉴》，全世界现有156个国家和地区实行义务教育，年限不等，其中美国10年、英国11年、法国10年、日本9年。从教育投资的情况来看，发达国家的投资几乎比发展中国家多一倍，而苏联等计划经济国家则介于二者之间。智利对私人学校的教育补贴很有特色：地方政府对所批准的学校按每个学生每年补贴100美元的标准支付一定的金额，相当于相同的学校收费的1/5左右，因此学校之间在注册人数上进行竞争。

财政补贴的另一个重要公共领域是对科学技术发展的资助。科学技术（特别是基础科学）是典型的公共物品。一个新的课题，从基础研究到实用开发，再到设计生产，其周期往往要用几年甚至几十年。例如，类似波音767这样的大型飞机，从市场调查到开始计划需要5年，从制订计划到接受订货需要3~5年，从接受订货到试制需要3~4年，由试飞到投产需要3年，再加上15~20年的生产时间，一共需要30年的漫长岁月。仅开发所用人力就需2000万人/小时以上。所以一般来说，没有足够的人力与财力是难以进行高科技开发的，单靠私人部门很难完成，必须由政府给予高度支持。又如，精密陶瓷的研究开发是热动力机的关键原材料，在1979—1986年，美国承包这一项目的民间研究机构和企业（通用汽车公司、福特公司等）所用经费高达6亿多美元，而美国政府则补贴了1/3。

（5）提供法律保护

二战以后，随着各个国家的公共福利水平的提高，政府财政补贴的规模也不断扩大，并产生巨大的财政压力。据统计，我国1978年的财政补贴总支出为11.14亿元，到1990年上升为959.68亿元，2006年补贴额跃升为6444.89亿元，近些年还呈不断上升的态势，占比较高的财政补贴支出令各级政府财政不堪重负。因此，许多国家纷纷采取措施，通过颁布法律的形式制止公共部门的垄断，允许和促进更多的民营厂商进入公共部门，实行优胜劣汰的竞争性政策，从而在很大限度上调动了社会力量，发挥了不同类型厂商的积极性，对原有的存在亏损情况的公共部门企业进行整顿，甩掉财政包袱。例如，我国前些年进行的电信行业改革，正是这一措施的典型应用。

世界各国的实践表明，私人部门的生产效率一般高于政府直接经营的效率。用法律的手段允许、促进并保护非政府行业进入公共物品的生产经营领域不但减轻了国家的财政负担，而且能提高服务质量和消费效率。在美国，从20世纪70年代后半期开始，为了推动交通运输行业的自由竞争改革，实现资源的优化配置，形成了一系列代表性法案：《航空货物运输限制缓和法》（1979）、《运输事业者法》（1980）、《家庭行李运输法》（1980）、《斯塔格斯铁道法》（1980）、《海运法》（1984）等。上述法律保护措施的实行，使部分低效率的企业纷纷退出，公共运输的价格得到了较大幅度下降，公共运输的“拥挤”现象也得到极大改善。只要有可能，最好不要由政府直接生产公共物品，而应采取政府间接生产公共物品方式，以有利于提高公共物品供给效率。

4.3.2 私人部门参与提供公共物品

1. 私人部门参与提供公共物品的方式

（1）私人部门独立提供

私人部门独立提供公共物品，即私人部门按照市场化方式，单独生产和提供某种公共物品，通过向消费者收费来获得收益。科斯的灯塔就是很好的例证；互联网上的加密信息，只有付费者才能获得。

（2）私人部门与政府联合提供

在公共物品生产和提供过程中，私人部门和政府由于双方资源的互补，有可能形成某种联合共同提供某种公共物品。比如，政府补贴给私人部门治理沙漠，政府与企业就某种公共物品（如国防产品）签订合同，私人部门负责生产，通过政府采购提供给公众。

（3）私人部门与社区联合提供

私人部门还可以与社区通过有条件的联合来提供某种公共物品。比如，社区为私人部门提供场地，私人部门以较低价格向社区成员提供某种社区公共物品；社区从私人部门购买一定量的公共物品，提供给社区成员。

2. **私人部门参与提供公共物品的条件**

私人部门参与提供公共物品需要具有一定的前提条件。概括起来，主要包括以下几个方面。

第一，公共物品在技术上具有可分割性，能够做到有效排他。科斯在《经济学上的灯塔》一文中指出，在合适的条件和制度安排下，私人部门可有效地或有效率地提供部分公共物品。相反，如果在技术上不能够做到排他，则私人生产的公共物品将无法把“搭便车”者排除在外，难免会陷入“公地悲剧”。

第二，私人部门没有完全熟知政府的预算约束。只要私人部门没有熟知政府的预算约束，通过选择恰当的补助金率，公共物品的供给就能达到帕累托最优，并实现纳什均衡。

第三，私人部门所提供公共物品一般只能是准公共物品。由于纯公共物品一般具有规模大、成本高的特点，政府可利用其规模经济的优势来较为经济地提供。而私人提供纯公共物品不是交易成本太大就是不具有合法性，如产权、收入分配政策等制度安排就不能由私人提供。但这并不意味着私人不能涉足纯公共物品领域，关键是要区分某些纯公共物品的提供与生产。

第四，必须有一系列制度条件来保障。私人部门要想成功地生产公共物品，必须有一系列制度条件来保障，其中最重要的便是产权。必须清晰地界定私人部门对某一公共物品的产权，并在法律上对这种产权给予保护。只有这样，才能使私人部门形成良好的预期，进而有足够的激励来提供某一公共产品。

第五，政府观念的转变，即放宽私人部门进入准公共物品领域的条件，改革公共物品项目审批制度。

3. **自愿捐献与成本分担**

这里采用公共经济学中较为经典的“灯塔”例子来说明。假定某海域需建造一些灯塔以有效解决该地区所有成员的安全航行问题，一种可选择的方式是该地区的所有成员共同分担为此而产生的成本。为便于分析，以“两人世界”为假设：假定该地区只有A、B两个消费者，由他们两人分担建造灯塔所需要的资金费用，并将建造灯塔的数量增加到所集中的资金不再足以承担最后一座灯塔的建造费用时为止。

假设每建造一座灯塔需800元成本。据两者的个人情况，A将为灯塔的建造捐献1000元，B将为灯塔的建造捐献600元。这些数额也分别代表着两个消费者在灯塔的建造上所获得的边际效益，即A从中获得1000元的效益，B从中获得600元的效益，二人的总评价就是1600元。如果他们只打算建造1座灯塔，这1600元就是建造这座灯塔的社会边际效益。可以看出，他们二人自愿捐献的资金总额是大于建造1座灯塔的边际成本的，他们会得出结论——将灯塔建造数量增加到2座是值得的。如果只建造1座灯塔，用于安全导航的预算肯定会有剩余。这就是说，只要预算存在剩余，就表明这个地区所修建灯塔的社会效益超过了其社会边际成本。当灯塔的建造数量为2座时，建造总成本是1600元，A将为此捐献1000元，B将为此捐献600 元，捐献的总额为1600元，恰好与建造2座灯塔的总成本1600元完全相等。这时，对于两个消费者来说，社会边际效益等于社会边际成本，物有所值，这个两人世界的资源配置具有效率。

能否将灯塔的建造量增加到大于2座的水平呢？假定建造3座灯塔，其成本为2400元，这超过了A、B二人对使用灯塔安全导航所带来的社会边际效益的总和，即大于1600元。因此，以自愿捐献方式筹措的资金将不足以抵付建造3座灯塔的成本。也可以概括地说，建造量大于2座时的社会边际效益总和小于那个建造水平的社会边际成本，所以通过自愿捐献方式将不能筹措到建造2座以上灯塔所需要的资金。由此可见，在成员人数较少的社会中，通过自愿捐献和成本分担的合作方式，有可能使公共物品的供给量达到最佳水平。这里的前提条件是，社会成员人数少且对公共物品的需求数量不大。

4. **解决“搭便车”现象**

从上面的分析可以得出这样一个结论：如果每一个社会成员都按照其所获得的公共物品的边际效益的大小来捐献自己应当分担的公共物品的资金费用，则公共物品供给量可能达到具有效率的水平。在西方经济理论中，这被称作“林达尔均衡”。但是，这个以瑞典经济学家林达尔（Lindahl）名字命名的林达尔均衡的实现是以下面两个假设为前提的。

第一，每一个社会成员都愿意准确地披露自己可从公共物品的消费中获得的边际效益，而不存在隐瞒或低估其边际效益从而逃避自己应分担的成本费用的动机。

第二，每一个社会成员都清楚地了解其他社会成员的嗜好以及收入状况，甚至清楚地掌握任何一种公共物品可以给彼此带来的真实的边际效益，从而不存在隐瞒个人边际效益的可能。

不难看出，上述假设条件只有在人数非常少的群体中才有可能存在。例如，在同一个小区里，由于构成这个群体的居民数量较少，相互之间熟悉，对邻居的嗜好及收入状况有充分的了解。因此，即使处于讨价还价的决策过程中，人们通常也不会（或不好意思）有隐瞒其偏好的念头。依据不同居民的边际效益的大小来确定各自应分担的公共物品的成本费用，在此基础上实现公共物品的最佳供给，并不是一件十分困难的事情。但是，在由成千上万的人所组成的社会中，没有任何人能做到对其他所有成员的情况无所不知，人们为了减少其对公共物品的出资份额，就有隐瞒其从公共物品上所获得的真实边际收益的动机，从而导致“搭便车”现象的出现。

“搭便车”又称“免费搭车”，最初由美国经济学家曼柯·奥尔逊于1965年在《集体行动的逻辑：公共利益和团体理论》一书中提出，其基本含义是指不承担任何成本而消费或使用某种物品、得到某种好处的行为。

有这种行为的人或具有让别人付钱而自己享受收益动机的人被称为“免费搭车者”。但是，如果所有的社会成员都想“搭便车”，恐怕任何公共物品都将没有资金来源，也就谈不上公共物品的效益了。由于公共物品具有非排他性，不管人们是否付费都能得到相应的服务，不能把不付费的人排除在消费者之外，供给者很难甚至不可能向消费者收费。在自利行为的支配下，消费者能够不付费就享用物品，当然也就不愿意付费。道路维修就是这个问题的一个突出例子。如果道路维修的资金来源于人们的自愿捐献，那么大部分人可能倾向于这样一种行为方式：一方面依旧享受道路提供的方便；另一方面却不为此捐献任何资金，或者按照远远低于其边际效益的数额捐献资金。很显然，如果每个人都想成为“免费搭车者”，不付费就坐享其成，结果就没有任何道路可供人很好地使用，因为道路的维护需要一定的资金。休谟早在1740年就描绘过的“公共的悲剧”不免会发生。

“搭便车”对任何人来讲都是一种理性的选择，只要有公共物品存在，“搭便车”就不可避免。所以，在合作性的自愿捐献和成本分担制度下，公共物品的供给量往往不足。既然公共物品不可或缺，“搭便车”的问题又不可避免，就只有依靠强制性的融资方式来解决公共物品的供给问题了。仍然以建造灯塔为例，既然该海域修建灯塔最佳量为2座，实现这一最佳修建量所需的费用为1600元，就完全可以通过向A、B两个消费者征税的办法来筹措资金，既可以按照他们的边际效益的大小，分别向A征收1000元，向B征收600元，也可以根据他们各自的收入水平或支出水平的高低，制定相应的征收标准。但不管怎样，其结果都是强制性的融资方法可以保证修建2座灯塔的资金来源，同时也排除了“搭便车”的可能性。尤其在人口众多的地区或社区，以征税为强制性融资是避免出现“搭便车”现象的主要手段。

4.3.3 社区提供公共物品

社区提供公共物品主要有以下三种方式。

（1）通过产前契约提供公共物品

所谓产前契约，即在社区没有生产某种公共物品而该产品又为社区居民所需要时，在生产前大家进行谈判，达成协议并生产公共物品。如果居民表达各自的需求程度尚不足以生产公共物品，则资金归还社区成员。布鲁贝克尔通过研究证明，在社区共同生活的居民经过多次博弈，可以在社区范围内解决“搭便车”问题。同时，社区的“关键人物”在争议较大的社区公共物品决策过程中，能够发挥“一锤定音”的作用，从而使公共物品得以生产出来。

（2）组建私人管理机构

作为社会治理的一种重要形式，私人管理机构具有自愿性、排他性、补充性、竞争性的特点，从而能够有效地降低社区公共物品的决策成本与供给成本。私人管理机构一般有两种形式：居民社会团体和社区企业促进联合体。前者由住户组成，后者由社区中的大小厂商组成，他们为社区成员排他性地提供公共物品，成为政府和企业提供公共物品的潜在竞争者。当然，出于节约交易费用而产生的社区私人管理机构能否真正做到自愿性是一个值得探讨的问题，但只要制度安排合理，私人管理机构就完全可以成为公共物品的重要提供者。

（3）社区自愿提供

社区自愿提供是指一些社区成员自愿贡献自己的时间、精力和金钱，为社区免费提供公共物品。在美国，沿海救生艇的服务就是自愿提供的，许多医疗研究是靠捐赠进行的，许多剧院、交响乐团、体育俱乐部都是靠捐赠维持的。一些社区服务项目也是靠志愿服务提供支持的，如邻里协作组织提供的保护巡逻、志愿消防队提供的火灾保护，其他如房屋维修、救助中心、社区厨房等；在新加坡等华人社区，市民自愿小组、义工等组织，为社区提供助残、消防安全、住宅安全、成人教育等服务。当然，自愿提供公共物品与社会资本以及社区文化有着密切的关系。

4.3.4 第三部门提供公共物品

第三部门也称非营利组织（NPO），或非政府组织（NGO），是介于第一部门（政府）、第二部门（企业）之间的组织或部门。第三部门主要包括志愿团体、社会组织或民间协会等，它具有组织性、自愿性、自治性、非营利性分配等特征。20世纪70年代以来，由于市场和政府在提供公共物品上的无能或缺憾、公民意识的觉醒以及通信技术的革命，第三部门发展迅猛。通过志愿活动，第三部门提供了很多人们需要的公共物品。例如，在文化、教育、研究、卫生、医院与健康、诊所、危机防范、社会服务、环境保护、扶贫等领域，都能看到第三部门活动的影子。第三部门在提供公共物品的过程中，既可以利用它们的雇员来直接生产或提供服务，也可以通过雇用和付费给私人企业去做。由于具有创新优势、贴近基层优势、灵活优势和效率优势，第三部门已经成为公共物品提供的重要主体之一。

◎ **关键概念**

公共物品；私人物品；“搭便车”；全国性的公共物品；地方公共物品

复习思考题

1. 公共物品的基本特征和主要类型是什么？
2. 公共物品与私人物品的供求关系有哪些不同？
3. 公共物品的提供方式有哪些？

推荐阅读

- 要对公共物品的概念、特征及类型做更深入的了解，可阅读经济学家鲍德威·威迪逊的著作《公共部门经济学》(邓力平主译，中国人民大学出版社2000年版)。
- 要对公共物品的供求关系及提供方式做更深入的了解，可阅读经济学家约翰·利奇的著作《公共经济学教程》(孔晏、朱萍译，上海财经大学出版社2005年版)。

5 公共选择

公共选择理论是对非市场决策的经济学研究，亦即对政府决策的经济分析。公共选择理论认为，政治不过是经济交易过程的延伸，政治家、官僚或国家代理人同私人经济中的个人一样，也是一种“经济人”，并尽可能地追求个人私利的最大化。在做出公共决策的过程中，他们和其他人没有差别，既不更好，也不更坏，他们一样会犯错误，其行动本身也受到一些规则和约束的影响。而这些规则和约束同样是人们创造出来的，不一定比其他任何社会组织的规则更加正确无误。公共选择理论将经济交易和政治决策这两种人类的基本行为纳入单一的私人利益分析模式。以此为基础，公共选择理论运用经济学的方法解释个人偏好与政府决策的关系，研究民主制度中的投票行为如何表达对公共物品供给的愿望，分析公共选择过程中各利益群体的基本行为。

本章重点

- 公共选择理论的内容
- 公共选择的投票规则
- 阿罗不可能定理
- 中间投票人定理

5.1 公共选择理论概述

5.1.1 私人选择与公共选择

在日常生活中，只要机会不止一次，就存在着从若干机会中挑选其一的问题，这就是选择。如果此时的选择是由一个人完成的，那么这种选择就是个人选择或私人选择（private choice）。比如，一个人需要决定早餐吃什么，有限的收入是用来买衣服、买房子还是投资孩子教育。这样的决策往往由个人做出，个人会从自身利益最大化出发，做出不同的决策，并且承担选择决策的后果。如果此时的选择不是由一个人说了算，而是由许多人通过协商或表决的方式完成的，那么这种选择就是公共选择（public choice）。人类在社会生活过程中除了要选择私人物品外，还要对影响大多数民众生活的公共事务做出选择。比如，某个城市要不要修地铁，城市应该把财政收入更多地运用于绿地建设，还是提高困难家庭的生活补助，等等。因为公共事务的选择结果会影响与之相关的大量民众，所以公共事务的决策由谁来做，如何做出就成为一个重要问题。

公共选择意味着集体行动，集体行动要求存在一个“政府”，即由政治家和政府官员代表普通民众行使选择权利。如果将政府视为一种强制性组织，则政府在集体行动中的必要性在于公共物品的非竞争性、非排他性决定了“搭便车”行为的普遍存在，没有政府的私人活动必然导致公共物品的短缺，或者市场失灵。因此，必须由政府组织集体行动，对公共物品的提供进行干预。而一旦有了集体行动或政府行动，就产生了政治过程，这一过程将每个人分散的私人选择转化为公共选择。由以上分析可以看出，公共物品的特性构成了公共选择存在的理由。

如上所述，所谓私人选择，指的是个人在市场上按照效用最大化原则，通过理性决策和选择，自由决定各种经济行为的过程。与私人选择相对应，公共选择指的是个人通过集体行动和政治过程，决定公共资源在公共物品之间如何分配的过程。前者是资源配置的市场决策，后者则是资源配置的非市场决策。这两种决策或选择组成了个人的全部选择。

尽管两种选择活动的主体都是理性“经济人”，且参与决策或选择的目的都是个人利益最大化，但是由于选择规则和选择环境的不同，这两种选择还是存在较大差别。

首先，选择的场所、方式与对象不同。个人选择是在现实存在的市场中进行的，由消费者依据等价交换的原则，根据个人的偏好和收入情况决定所需购买的私人物品的数量。公共选择则是由选民依据某种政治程序决定公共资源在公共物品之间如何进行配置。

其次，选择所遵循的原则不同。私人选择基本遵循自愿交换原则，消费者所消费的产品数量恰好是其所需要的。公共选择则具有一定的强制性，选民需要遵循少数服从多数的原则，亦即可能不得不接受自己不喜欢的公共物品。

再次，确定性程度不同。私人选择的主体是个人，个人的最终决策与选择结果之间存在着严密的一一对应关系，亦即个人选择的结果是确定的。而公共选择则不然，虽然公共选择的主体也是个人，但个人并不是最终决策主体（最终决策主体是集体）。因此，从个人角度来看，公共选择的结果具有不确定性。

最后，权责关联程度不同。私人选择的决策结果完全由个人承担，而在公共选择过程中，由于最终结果是由所有选民来决定的，因此个人的职责是可分的，有时甚至与职责绝对脱离。

5.1.2 公共选择理论

1. 公共选择理论的产生

公共选择是一门介于经济学和政治学之间的新兴学科。按照丹尼斯·C.缪勒的定义："公共选择研究的主题和政治学研究的主题是一样的：国家理论、投票规则、投祟者的行为、政党政治、官员政治等。然而，公共选择理论的方法是经济学的。如同经济学一样，公共选择的基本行为假设是人是自利的、理性的和效用最大化者。"

公共选择理论的历史渊源可以追溯到18世纪法国数学家孔多塞（Condorcet）等就投票规则展开的数学分析。同时，近代的政治思想家霍布斯、斯宾诺莎、洛克的主张，乃至美国联邦党人的思想和托克维尔的观点也构成了公共选择理论的最早思想渊源。

现代公共选择理论的产生则离不开当时学术界的主流观念以及政治影响。20世纪30年代后期，经济大萧条对资本主义社会造成巨大冲击，新古典经济学对此束手无策。供给自动创造需求，市场机制会自动调节资源配置从而使社会处于充分就业水平，主张政府采取自由放任的经济政策被现实情况否定。随后，凯恩斯主义经济学大行其道，撼动了新古典经济学的主流地位。美国罗斯福新政通过对财政、货币、金融、产业等部门调控，缓解了经济危机对经济的打击，促进了社会生产的恢复，为政府干预经济理论提供了实践支持。但是，凯恩斯主义并未彻底地解决失业和经济危机；相反，扩大政府支出刺激经济造成了持续的通货膨胀。财政恶化、特殊利益集团的自利行为、政府社会福利计划落空也逐渐加深了学术界对凯恩斯主义的质疑，非市场的集体决策，即国家干预的失败促使人们把用以研究市场经济失灵和缺陷的经济学方法应用于国家和公共经济部门，探讨国家干预失败的原因。传统市场经济理论认为，政府为了公共利益而存在，政策制定过程遵循着公共利益最大化原则。当市场失灵时，政府作为弥补市场失灵的有效手段被引入了经济分析。但随着探讨国家干预失败原因的深入，经济学家发觉政策制定过程没有得到充分重视，即作为政策制定者的国家和政府一直被视为决定经济活动的外生变量，这种分析忽视了政策制定过程中的利益权衡与政策博弈，导致国家干预失败。公共选择学派认为，经济政策制定过程是经济活动的内在因素，政府可以被视为理性人，也在追求自己利益的最大化。

公共选择学派还受到福利经济学和新制度经济学影响。社会福利函数所探讨的将个人偏好次序加总并实现福利最大化，激起了人们研究在不同投票规则下集体选择将会做出什么结果的兴趣。新制度经济学的研究解释和解决了存在公共产品和外部效应条件下的资源配置问题。公共选择理论从独特经济分析角度切入政治议题进行理论创新。

邓肯·布莱克于1948年发表的《论集体决策原理》一文，一般被认为是公共选择理论的开篇之作。20世纪50年代以后，以布坎南和图洛克为核心，公共选择理论学派的队伍不断壮大，公共选择理论的基本原理和理论框架也日益完善。1986年，布坎南因在公共选择理论方面的卓越贡献而被授予诺贝尔经济学奖，从而标志着公共选择理论从过去的非主流地位进入了西方经济学的主流领域。

2. **公共选择理论的内容**

公共选择理论是对公共选择或非市场决策的经济学研究。它以经济学的基本假设（理性“经济人”）为前提，依据自由的市场交换能使交易双方都受益的经济学原理，分析各种政治角色的政治行为，通过对现实政治制度的实证研究，不仅对政治过程做出了深刻的描述，而且提出了一些建设性方案。

公共选择学派的基本特征是将政治过程看作某种特殊的“经济活动”，在这个经济活动中，政府是“生产者”、选民是“消费者”、选票是“货币”，而选举制度则可以等同于“市场制度”。

公共选择理论把经济学的研究对象拓展到因以往被经济学家视为外部因素而由政治学研究的传统领域；把人类的经济行为和政治行为作为统一的研究对象，从实证分析的角度出发，以经济人为基本假定和前提，运用微观经济学的成本–效益分析方法，分析政府这一生产公共物品的“机器”是如何组织和构成的，并分析其行为动机和行为方式等；分析国防、法律、税制、公共教育以及社会福利等公共物品是怎样生产和分配的。具体而言，公共选择学派的理论所涉及的主要问题有国家理论、投票规则、投票人行为、官僚主义等。综合来说，公共选择学派试图回答现代西方民主政体实际上如何运行，而不是应当如何运行，以及与个人选择（通过货币在商品劳务市场上进行的）不同的公共选择（通过政治选票在政治市场上进行的）实际上是怎样做出的，其结果又如何等问题。

传统的经济学的分析单位是个人，研究的是个人行为，并不研究政治决策过程，此类问题自然交由传统的政治学去研究。政治学采用公共利益分析方法，把群体行为看成公共利益中的基本行为，似乎群体行为与独立的个人决定自己的行为一样。公共选择的研究方法则是“私人利益方法”，其贡献在于运用研究个人主义的方法来研究集体行为。公共选择学派的主要代表人物布坎南、唐斯（Downs）、图洛克与麦肯（Mckean）都认为，不应该对私人经济和公共经济采用两套分析方法，不要认为在私人经济中是由利己主义和狭隘个人利益所驱使的个人在起作用，而在公共经济中却是超凡脱俗的国家在起作用，国家是公共利益的反映，与此同时，官吏所追求的肯定是公共利益。这是非常错误的，必须从这种虚构的现象中摆脱出来。

在公共选择领域，与分析私人经济时一样，“私人利益方法”同样可以解释许多政治行为。因为国家不是神的创造物，它并没有正确无误的天赋，所有政治行为不过是对经济交易过程的延伸。国家是一种人类组织，从本质上说，政治家、官僚或国家代理人同私人经济中的个人一样，也是一种“经济人”，他们同样是个人私利的追求者。在公共选择领域做出决定的人和其他人没有两样，既不更好，也不更坏。政府官员一样会犯错误，他们的行动也要受到一些规则与约束的影响。而这些规则和约束同样是人类创造的，不一定就比其他任何社会组织的规则更加美好。

因此，公共选择理论采取了基于“谋求最大化利益”的个人逻辑演绎方法，其逻辑起点就是经济人假设。它将经济交易和政治决策这两个基本的人类行为纳入单一的私人利益分析模式，并在此基础上运用经济学的方法解释个人偏好与政府的公共选择关系，作为投票者的消费者如何对公共物品或劳务供给的决定表达意愿，如何达到政治均衡。

当然，公共选择理论所运用的私人利益分析方法是公共选择的优点，但其也存在不可避免的缺点。优点在于它能得出明确、清晰的分析结论；缺点是把自我利益作为行为的主要动机，未必能够对政治行为的丰富内容（如正义、公平等的追求）做出完整而全面的解释和反映，难免顾此失彼。

总之，在公共选择学派看来，政治过程不过是对经济交易过程的延伸。可以说，公共选择理论是经济学与政治学之间的一座桥梁，它揭示了如何进行公共物品的供给和分配这一政治决策过程。而政府如何才能做出符合公众的“个人”偏好的“公共”决策，便是公共选择理论特别关注的基本主题。在这一主题之下，公共选择理论具有两个重要内容：一是关于公共选择的程序与规则的理论，简称“投票理论”；二是关于公共选择的政治行为的经济分析的理论。

5.2 公共选择的程序与规则

5.2.1 投票规则

在民主制度下，公共决策是通过公共选择的方式决定的。公共选择是人们（有关的当事人）依据一定规则，通过相互协商得以确定方案的过程，相互协商所依据的规则也就是民主制度中的“投票规则”。

民主制度下存在多种形式的投票规则：一种是一致同意规则；另一种是多数同意规则，或称“多数投票规则”。在讨论投票规则之前，必须考虑投票的目的是什么。由于投票目的反映了人们的偏好，因此以下先论述偏好的表达及其前提条件，进而讨论投票规则问题。

1. **偏好与投票**

公共选择的关键问题就是公众的偏好揭示与加总问题。因为每一个集团或组织，都会面临从众多行动方案中做出选择的问题。集体中每个成员对于这些选择都有自己的偏好，如何将大相径庭的个人偏好汇总，从而得到集体决定的结果，是民主政治中一个无法回避的难题。

在当前西方民主政治体制中，投票是把个人偏好转化为社会偏好的基本手段之一。因此，对个人偏好的分析既是投票研究的起点，也是公共选择研究的起点。所谓“偏好”就是个体对两个或两个以上选择对象之间关系的一种主观感觉，个人偏好表现为一定的顺序性。支配个人偏好的是“收益-成本”法则。也就是说，个人之所以参加投票，是因为他或她期望通过投票改善自身的处境。当投票收益大于投票成本时，个人选择投票；反之，则弃权。当投票者从备选方案中获得的预期边际收益大于或等于其负担的税收份额时，个人选择投赞成票；否则，投反对票。

既然并非所有的投票者都能够从投票活动中获得好处，由此就会出现投票者是否真正表达其个人偏好的问题。公共选择理论研究发现，人们在投票中往往不是真实地反映自己的偏好，而是有着自己的策略选择。具体而言，主要有两种行为方式。一是隐瞒偏好。如果个人将要承担的公共物品成本取决于自己所显示的对公共物品的评价，则投票者可能隐瞒自己的偏好或低报自己的偏好。二是策略性投票。投票者个体或联合体在投票时所做的有利于自己的各种策略。因此，要保证投票行为能够实现人们的偏好，必须在投票行为发生之前，尽可能采取有效措施鼓励选民表达其真实偏好。

如果个体投票者能够真实地表达其偏好，那么能否通过对个人偏好的加总形成社会偏好？美国经济学家阿罗对此进行了研究。在1963年出版的《社会选择和个人价值》一书中，阿罗在关于如何实现社会最大化问题的论述中，提出了民主社会的公共选择必须满足的五项伦理准则。

第一，理性假定。对任何一组不同的社会偏好，社会选择规则都必须能够产生一种完整的和可传递的社会秩序。所谓“完整”，是指对于任何两个不同的可供选择的社会状态X与Y，总有一个比另一个更理想或两者没有什么差别。所谓“可传递性”，是指如果社会状态X优于Y，Y优于Z，则X肯定优于Z。

第二，不相关选择的独立性假定。独立性假定是指可供选择的社会状态之间互不干扰。在一组可供选择的社会状态之间进行选择，只取决于每个成员对于这些社会状态的偏好顺序，而与别的因素无关。如果选择只能在社会状态X和Y之间进行，个人关于X、Y的相对偏好没有发生改变，那么不论他关于X、Y以外的其他社会状态的偏好是否发生了变化，投票结果中关于X、Y的相对偏好也不应改变。由此，阿罗强调社会偏好顺序应当源于个人偏好顺序。也就是说，如果一组可供选择的社会状态保持不变，而选择的结果发生了变化，则这一变化必定是由于某个人的偏好发生改变引起的。

第三，帕累托效率状态。如果社会中所有人都认为X比Y好，则社会选择顺序必定表示为X比Y好；如果一个社会中的所有成员都认为X只要和Y一样好，即没有什么差别，但至少有一个社会成员认为X比Y好，则社会选择顺序仍然为X比Y好。

第四，定义域的非限制性假定。非限制性是指对一个社会可能存在的所有状态，个人都可以按照自己的意愿进行自由选择，任何逻辑上可能的个人偏好都不应当先验地被排除，也不能对个人偏好的选择顺序进行限制，即社会选择赖以产生的定义域必须包括所有可能的个人偏好顺序，不能通过限制个人偏好顺序的定义域来产生某一个社会顺序。

第五，非个人独裁假定。应该保证不存在一个将自身的偏好凌驾于其他社会成员之上的个人，任何人都不是其他个人偏好的规定者，即对于所有的X和Y，不存在这样一个特殊的个人，如果此人认为X比Y好，则社会将严格地认为X比Y好，而不考虑其他人的偏好。也就是说，排除了某一个人将个人偏好强加于全社会的可能性。

阿罗认为，只有同时满足上述五项伦理准则的投票规则，才能将个人偏好转化为社会偏好。因此，阿罗事实上为投票规则或选举制度制定了衡量标准。由这些不同的假设条件，可以确认不同的选举制度和选举结果。

2. **一致同意规则**

一致同意规则是直接民主制下的投票规则，一致同意规则又称“全体一致规则”“一票否决制”，即在每人一票的前提下，任何一项集体行动方案只有在所有参与者都同意或者没有任何一个人反对的条件下，才能成为决策结果。在一致同意规则的约束下，每一位投票者都有权提交备选议案，并且每一位投票者都有一票否决权。假如针对某项备选议案尚且存在投票人投反对票的情况，就对该议案进行重新修订，直到该项备选议案得到所有投票人的赞成，或者人们决定不再继续讨论它为止。一致同意规则隐含的政治过程是一个妥协和修订过程，直到达成各方接受方案为止。

一致同意规则存在着一些缺陷。首先，成本问题。不应该忽略为搜寻能够得到全体一致同意的议案所花费的成本，尤其在存在多种偏好类型的大型社会中，一些社会成员为搜寻最优议案所付出的时间损失可能超过所得。一致同意规则采用鼓励投票人的策略性行为，拥有一票否决权后，投票者不得不在相互之间展开讨价还价并且试探对方有无让步的可能性，这会进一步拖延时间。其次，很容易引起冲突、威胁与恫吓。如果最后一名投票者意识到自己拥有的否决权，很可能敲诈那些方案的赞成者，而最后一名投票者对每一个投票者都是适用的。最后，该规则忽视了投票者偏好显示，这是因为投票者不一定是诚实的，当他意识到为所享受的公共服务所支出的费用与他的偏好有关时，他会尽量隐瞒真实偏好，从而花费较少的成本享受到与别人相同的公共服务。

一致同意规则因为高昂的交易成本而使其在现实中很难实施，实际上也很少被采纳，但这一规则仍然因为存在以下优点而受到公共选择学派的推崇。

首先，它可以保护每一个成员免遭社会上其他成员的强制，他们的利益不会因集体的行动而遭受损失。由该规则得出的集体行动方案是一种帕累托最优状态，即每个投票者的偏好都获得了很大程度的满足，因此该规则被认为是“唯一能确定地导出满足帕累托条件的公共物品数量和税额的选举规则”。其次，可以有效地避免“搭便车”行为。由于每一个参与者都清楚地意识到自己的行为直接关系到集体行动方案能否形成，因此在此情况下，任何一个能为非“搭便车”者创造机会的决策都将会因为损害其他成员的利益而遭到否决。最后，它可以有效地平衡各成员的博弈冲突，即使是某些成员利益受损，为了大家的共同利益，那些受益较多的成员也会主动让步和对其弥补，最终使总收益超过总成本的决策能够通过。

3. 多数投票规则及其悖论

（1）简单多数规则

全体一致同意规则很难实现，人们转而求其次，降低同意的百分比，多数投票规则就是对全体一致同意规则的重要弥补。多数投票规则规定，只要一项方案获得约定多数票的赞同就能通过，而无须获得全体投票者的一致同意。目前，世界上普遍使用的是多数投票规则，它要求占一定比例的选票通过，具体比例可根据实际情况而定。在此规则下，某一提案只要求，比如3/4多数、2/3多数、1/2多数，或者小于1/2多数等，就可以通过。

多数投票规则的特点。首先，根据多数投票规则投票决定的方案，其决策结果往往只体现多数同意者的利益，而不同意的少数派的利益则被忽略甚至被损害，投票结果是一种非帕累托改进。在对从多个方案（候选人）中选一个的选举中，甚至可能出现多数人不喜欢的方案（候选人）当选。其次，容易导致多数人的专政。由于多数投票规则基于“少数服从多数”的理念，因此最终的投票结果对全体成员均有约束力。但是多数决定并不能确保意志的合法性与正义性，有可能产生多数人暴政问题。最后，多数投票规则容易导致参与人轻视投票权。单个参与人的选择行为在多数投票规则下显得可有可无，这就促使投票者不重视自己的选举权，从而在相当多的选举中导致投票率偏低。

按照约定的多数票不同，可以将多数投票规则分为比例多数和简单多数。对一项方案而言，比例多数要求赞成方案的人数比例必须超过一个相当大的比例，根据方案的重要性要求，这个比例可以是2/3、3/4、4/5、5/6等。简单多数投票规则是指每人一票，对提案进行赞成或反对的投票，有

1/2以上的人投赞成票，则通过提案。如果有多个提案，那么简单多数投票规则意味着，两两地加以比较这些方案，通过传递性公理比较得出最后的结论。比如，若X被认为好于Y，Y被认为好于Z，那么X必然好于Z。这样，人们不必将每一对提案都付诸投票表决，可以提高投票机制的效率。

在简单多数规则下，由于每人都有一票并且只有一票，保证了这一投票规则的公平。由于决议要求占总数一半以上的成员赞成才能通过，使相对多数规则下可能发生的相互矛盾的提案都被通过的情况得以避免。不过，简单多数规则下可能发生另一种典型的相互矛盾的结果，即投票悖论。

可以从下面这个例子来分析。假设一个由甲、乙、丙三人组成的群体，他们必须在有关环保项目投入量的三种不同水平A（低水平）、B（中等水平）、C（高水平）之间做一个选择。投票者的偏好如表5-1所示，每一栏表示投票者对各种选择的次序排列。比如，乙最偏好于C，而在A与B之间，乙会选择B。

表5-1　导致均衡的投票者偏好

选择	投票者		
	甲	乙	丙
第一	A	C	B
第二	B	B	C
第三	C	A	A

假定选择是在A或B之间做出决定。甲会投A的票，而乙与丙则会投B的票。这里，B（中等水平）会以2：1获胜。然后以胜者B与C比较，则B又会以2：1战胜C。因此，B水平的提案会在所有的选举里击败它的竞争者，从而为简单多数规则所接受。要注意的是，此处B的被采纳与投票的顺序无关，即无论投票顺序如何，B都会胜出。换句话说，先在A、B之间投票，或先在A、C之间投票，最终都会出现B获胜的结果。

（2）投票悖论

但是，简单多数规则并不总会产生上述明确的结果。假定投票者关于不同水平的环保项目投入量提供方案的偏好如表5-2所示。可再次设想，投票者对于A或B，B或C，A或C进行成对选择，然后决定某一提供水平。

表5-2 导致循环的投票者偏好

选择	投票者		
	甲	乙	丙
第一	A	C	B
第二	B	A	C
第三	C	B	A

第一次，对A或B之间进行选择，A会以2∶1获胜，记作A>B；

第二次，在B与C之间进行选择，则B会以2∶1击败C，记作B>C；

第三次，在A与C之间进行选择，C又会以2∶1击败A，记作C>A。

这是一种使人陷入困窘的循环结局：A>B，B>C，而C>A。

本来，可利用传递性公理推知，既然A>B，B>C，那么A>C应该是这个群体在A和C之间的偏好顺序。但是，当投票在A和C之间进行时，由于个人乙和丙都更偏好C>A，因此由简单多数投票规则所决定出的群体偏好次序则是C胜于A，即C>A。

可见，在表5-2给出的情况下，简单多数投票规则与传递性公理发生了矛盾，这又被称作“集体的非传递性”。当这种情形出现时，多数投票规则无法得出最终结果，使投票结果出现循环，无法实现公共决策所需要达到的目的，这种矛盾现象便是所谓的投票悖论。

简单多数投票制因其公平、简便、有效而很早就被采纳，对这一投票机制缺陷的研究也由来已久，其中最具代表性的是美国经济学家阿罗在其《社会选择与个人价值》（1951）一书中提出的不可能定理，即投票悖论。

投票悖论可表述为：如果排除个人之间效用比较的可能性（不考虑偏好强度的问题），各种各样的个人次序偏好都有定义，那么从个人偏好推导出社会偏好的最理想的方法，要么是强加的，要么是独裁性的。然而，对于市场决策或者政府决策来说，阿罗所揭示的重要内容在于强加的或者独裁的都是违反社会选择必要条件的，而所有五个基于人类理性与道德原则的必要条件在逻辑上又是不能同时满足的。因此，不可能存在一种社会选择机制，它所产生的结果不受投票次序的影响，同时又尊重每一个人的偏好，能将所有人的个人偏好次序转换成社会偏好次序，并且准确表达社会全体成员各种各样的个人偏好。

投票悖论也被表述为：如果存在着至少三个可由社会成员以任何方式自由安排顺序的备选方案，同时至少存在两位投票者时，就可能出现循环的结果，即采用“少数服从多数”的投票规则，最终的选择结果可能不是唯一的，而是依赖于投票过程的次序安排，不同的投票次序会导致不同的集体选择结果。如果主持投票的人事先知道这种关系，就会在投票之前选择对自己有利的投票顺序，这又不符合人类理性与道德原则的必要条件，即第四个条件“定义域的非限制性假定”。

所以，投票悖论所揭示的意义在于，在现实生活中，符合前面提出的阿罗五项伦理准则的公平、合理的投票规则不可能存在。而且其原因来源于选举本身，与具体社会政治生活中可能存在的消极因素无关。因而，阿罗的贡献在于，证明不存在一个社会选择规则能够满足他提出的所有条件。

（3）单峰偏好（single-peaked preference）与多峰偏好（mutiple-peaked preference）

为了进一步理解投票悖论，可以用单峰偏好的概念加以说明。假设在多个备选方案中，每个选民都有一个最偏好的方案，这些最偏好的方案对不同的选民来说可以是不同的。如图5-1所示，图（a）、图（b）、图（c）分别表示三个不同选民对三个备选方案（即方案1、方案2、方案3）的单峰偏好，在最优偏好之外，投票者对其他两个备选方案的偏好都下降。在这种情况下，每个选民的偏好只有一个峰值，换言之，投票者的偏好排列像一座只有一个峰顶的山，这种偏好就称作“单峰偏好”。所谓“峰”，是指用于定义个人偏好的一个点，该点所有相邻点都会低于它。如果一个投票者具有单峰偏好，当其从自己最偏好的那个结果向任何方向转移时，他的效用一定会下降。具有单峰偏好的投票者偏好的顶点（峰值）只有一个。

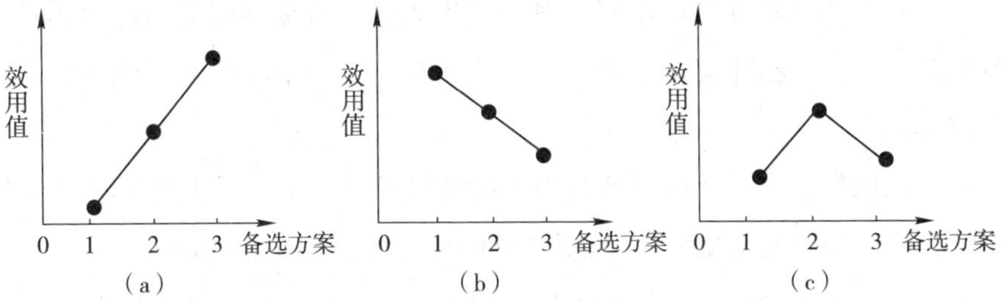

图5-1 单峰偏好

与单峰偏好相对应的是双峰偏好或多峰偏好，即存在一个偏好程度最低的方案，其附近任何一个方案的偏好程度都高于它。这类偏好的曲线上有两个或两个以上的峰值，换言之，投票者的偏好排列像群山一样连绵起伏。当一个投票者具有双峰偏好，曲线表现为先抑后扬，也就是当他从自己最偏好的那个结果游离开时，效用会先下降，再上升，如图5-2所示。

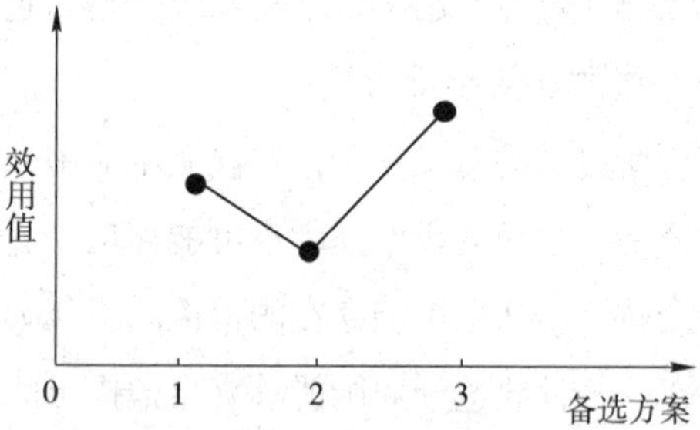

图5-2　多峰偏好

对前面关于环保项目投票的例子，可以用图5-3描述出来，以此表示甲、乙、丙三个投票者的偏好关系。

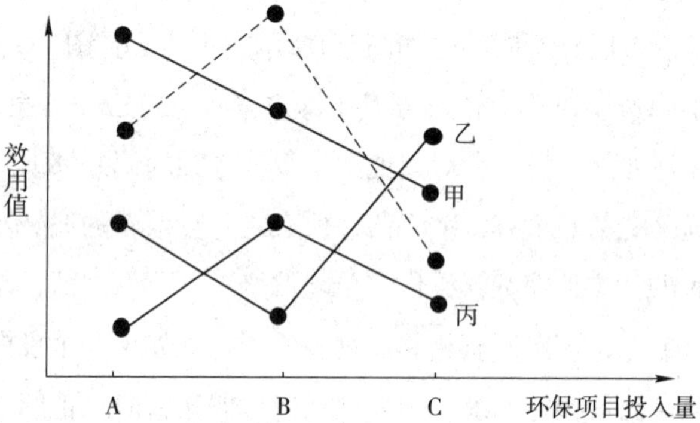

图5-3　多峰偏好导致投票悖论

图5-3中甲具有单峰偏好，其峰值在A点；丙也同样具有单峰偏好，其峰值在B点；乙却有两个峰，一个在A点，另一个在C点，因而乙具有多峰偏好。

单峰偏好意味着，投票者最理想的结果只有一个，对于这个唯一最理想的目标，如果发生偏离，无论是向哪个方向偏离，都是坏事。

多峰偏好则意味着，投票者最理想的结果不止一个。最初，当投票者偏离其最偏好的选择目标时，效用会因此变坏，但若继续沿着这个方向运动，其效用会最终变好。正如图5-3所描述的，当环保项目投入量由A点（低水平）提高到B点（中等水平）时，对乙来说其效用降低，即不是他最理想的目标，但若继续使环保项目投入量提高到C点（高水平）时，其效用又最终大幅度提高。

所以，乙的偏好就属于会导致投票悖论的那种偏好。如果乙是一组单峰偏好的话，则多数投票就会产生一种一致的结果。这可以用来解释表5-1里不产生投票悖论的原因。表5-1中，每一位投票者都具有单峰偏好，一般来说，如果所有投票者的偏好都是单峰型的，则不会有投票悖论出现。可见，多峰偏好导致投票悖论。

（4）投票悖论出现的概率

坎普贝尔与图洛克在1965年发表的论文《多数票循环的重要性的测定》中对发生投票悖论的概率进行了测算，得出了这样的结论：投票悖论出现的可能性与投票者的人数和可供选择方案的个数成正比。参与投票的人数越多，或供选方案的个数越多，出现投票悖论的可能性越大。如表5-3所示，表内数字表示出现投票悖论的概率。进一步的分析结果表明，影响投票悖论出现概率的主要因素是候选方案的个数，对于某个固定的供选方案，当投票者的数量大于10人时，改变参与者人数规模对投票悖论出现的概率基本上没有影响。

表5-3　投票悖论出现的概率

投票者数量	出现概率（%）				
	3个议案	4个议案	5个议案	10个议案	15个议案
3	5.6	11.1	16.0	32.4	41.8
5	6.9	13.9	20.0	—	—
7	7.5	15.0	21.5	—	—
9	7.8	15.6	22.4	—	—
19	8.3	16.6	23.9	—	—
25	8.4	16.9	24.2	—	—
∞	8.8	17.5	25.1	48.9	60.9

资料来源：李晓蕙.公共经济学［M］.大连：大连海事大学出版社，2015。

5.2.2 投票悖论求解

阿罗所发现的投票悖论在经济学和政治学中至关重要。但是，为什么在现代社会的民主制度中，各类议会和委员会在许多场合都采用了多数投票规则，却并没有因为存在投票悖论现象而影响决策，以致无法在众多备选方案中最终决出胜负而获得“理想”的选择结果呢？这是因为在阿罗假设的五个条件中，肯定有某个或某些条件没有得到满足。为此，从投票悖论提出开始，无数学者就致力于解决这一难题。也许，在现实的民主制度社会中，虽然不存在一种理想的投票程序在反映每个人偏好的同时又反映社会总偏好，但多数投票规则仍然是一种相对有效的投票制度，所谓解决投票悖论，只不过是忽略阿罗的假设条件而已，并在此基础上尽量使公共选择的结果有利于提高社会的整体福利。所以，人们讨论投票悖论的“求解”，旨在表明某些探索的努力。

1. **调整偏好结构——从多峰偏好调整到单峰偏好**

考虑将投票者乙的偏好顺序变为B＞A＞C，依简单多数规则，在A与B之间投票，有B＞A；在A和C之间投票，有A＞C；依据传递性公理可推出B＞C，这样恰与B和A之间投票的结果相同，投票悖论消失。而这时，投票者乙的偏好曲线反映在图中也是单峰的了（见图5-3中的虚线）。

如果通过调整峰值的办法来解决问题，就需要调整投票人乙的偏好顺序。但从整个社会的角度来看，期望所有人都呈单峰偏好，无论在理论上还是实际上都是不可能的，因为这意味着全社会的所有成员都要对一系列事项形成广泛的一致认同。所以，要想完全消除多峰偏好是不可能的，只能尽量地调整投票者的偏好结构。而且，这样做的结果有悖于第四个条件，即“定义域的非限制性假定”，它限制了投票者的选择自由和表达偏好的自由。

2. **掌握投票程序或确定议程**

这里仍然以表5-2中所描绘的偏好为例，掌握投票程序或确定议程可以获得最终选择结果，避免循环。所谓掌握投票程序或确定议程，其决定性的工作在于控制投票的顺序。

第一种投票顺序：

首先，在A与B之间进行，则A以2∶1获胜，A>B，B淘汰出局；

其次，由胜者A与C再进行表决，C>A，则最终C获胜。

第二种投票顺序：

首先，在B与C之间进行，则B以2∶1获胜，即B>C，C被淘汰出局；

其次，由胜者B与A再进行表决，那么A将成为最终的选择，即A>B。

可见，不同的投票顺序将产生不同的投票结果。如果控制了投票规则顺序即议事日程，那么控制者就可以得到某种想要得到的结果。与此同时，通过调整投票程序就可以左右投票悖论。假如现在有一个规则委员会制定投票顺序，这个委员会若是由倾向高福利支出的代表所组成，他们就会先就中等支出与低等支出两个方案进行投票，然后拿其中的胜利者再与高福利支出的方案进行投票，那么高福利支持的方案就会胜出。所以，事先确定或者严格监督投票的程序与议程，对解决投票悖论是有重要意义的。

3. **互投赞成票：投票交易**

在简单的多数投票规则下，人们不能显示自己对某一方案强烈的好恶程度。这样极有可能产生一种情况：多数人同意产生的结果所带来的好处小于少数不同意该方案的人为此付出的代价。例如，某公司就通勤班车的行车路线改变方案，要求3位员工进行投票。其中2位员工可以因此节省20分钟的路程，而第三位员工则需要多花1小时才能到家，投票结果显而易见。但这次投票并不合理，因为它增加了员工通勤的总时间，并未达到帕累托最优状态。在这种情况下，少数人为了防止以上结局出现，是愿意进行投票交易的。投票交易又称“互投赞成票”（logrolling），是指在多数同意规则下，当投票者就两个或两个以上的问题进行投票时，其中既有投赞成票的，也有投反对票的，部分投票者（尤其是少数派投票者）会愿意就那些与其关系重大的问题进行投票交易，即互投对方所支持提案的票，以期自己所赞成的提案能够获得通过。在上述例子中，第三位员工可以说服另一位员工不赞成改变行车路线，并承诺支持对这位员工有利的另外事项。在常规看法中，将公共决策的投票作为一种交易，隐含着不合理和不道德。但经过公共选择学者论证，这种投票交易无论从资源配置还是从福利分配的角度看，都使简单多数投票制更加有效了，因为通过个人（利益集团）之间的投票交易，可以使原本在多数规则下无法通过的提案获得通过，尽管无法确定这种交易对全部投票者的整体福利是有利还是有弊。因为，一方面，少数派投票者可以互投赞成票最终使其总福利得到改善，如果其他投票者的福利并未受损，或者其他投票者福利损失小于少数派获得的收益，则投票交易可以增加社会总福利；另一方面，这种投票交易会改变社会资源的配置状况，可能降低资源配置效率，使一部分人受益而另一部分人受损，如果后者的损失超过了前者的收益，则交易降低了社会净福利。

互投赞成票制度允许投票者进行交易，从而让人们显示出对不同方案会有强烈的偏好。假定投票者甲和投票者乙都不想在财政支出中增加武器的费用，但是这种反对的态度并不强烈。而投票者丙则明确地想要有大量的武器，在互投赞成票制度下，丙就会说服甲或乙去投票赞成多拥有一些导弹，同时许诺自己会投票赞成修一条从工厂旁边通过的新路的方案，而这正是乙所梦寐以求的事情。

在现实的政治生活中，互投赞成票是一种常见的行为。可以通过下面的例子来分析互投赞成票的积极意义。假定一个社区正在考虑3个项目：一所幼儿园、一个游泳馆、一个健身房。该社区有A、B、C三个投票者。每个项目对于每个投票者的效益（负号表示一种净损失，即成本超过了效益）见表5–4。

表5–4　互投赞成票增进福利的可能性

项目	投票者			净效益之和
	A	B	C	
幼儿园	200	–50	–55	95
游泳馆	–40	150	–30	80
健身房	–120	–60	400	220

需要注意的是，每一个项目的总的净效益都是正的。因此，按定义，

如果每一个项目都被采纳，则该社区作为一个整体会获益。但是，如果每一次投票只对一个方案进行表决，那么A 会投幼儿园的票，因为幼儿园对其而言净效益为正，但是B与C会对幼儿园投反对票，因为对二人来说，幼儿园的净效益都是负的。所以，幼儿园方案会被否决。同理，游泳馆方案与健身房方案也都会被否决。最终结果是3个项目都不能通过，该社区的整体效益降低。

对于这种情况可以通过投票交易进行补救。假定A、B二人达成协议，作为交易他们互投赞成票。如果A同意投游泳馆的赞成票，B也同意投幼儿园的赞成票，通过这种交易，A的结果就可以胜出160（200–40），B的结果可以胜出100（150–50），从而使幼儿园方案与游泳馆方案都通过。同理，A与C也可以进行交易，在此交易中A支持健身房方案以换取C对幼儿园方案的支持。从而，互投赞成票会使这3个方案都得以通过，这正是社区想要的结果，因为社区的整体利益达到最大，A、B、C三个人各自都得到他们想要的结果。

表5–5同样可以诠释这样一种情况，即互投赞成票会导致不想要的结果。假定有与表5–4相同的三个投票者和三个项目，但现在有着不同的净效益，且每一个项目的净效益都是负值。因此，如果每一次投票只对一个项目进行表决，则应该否决每一个项目。但由于互投赞成票，有些或者全部的无效项目都可以获得通过。

表5–5　互投赞成票降低福利的可能性

项目	投票者			净效益之和
	A	B	C	
幼儿园	200	–110	–105	–15
游泳馆	–40	150	–120	–10
健身房	–270	–140	400	–10

假定A对游泳馆方案投赞成票，以换得B对于幼儿园方案的支持。这笔交易会圆满进行，双方都可能胜出，其中A获得160（200–40），而B会获得100（150–50）。由于A与B相互支持，因此两个项目都得以通过。同样，B与C也可以为健身房方案和游泳馆方案进行投票交易，其中B获得

10（150–140），C获得280（400–120），从而使健身房和游泳馆两个方案都得以通过。最终结果，幼儿园、健身房和游泳馆这3个方案都得以通过。但这并不是该社区整体利益最大的结果，而是花钱投资了总体上大家都不需要（净效益为负）的项目。

为了更好地理解产生这一结果的原因，可以再来考虑一下A和B在幼儿园与游泳馆上的交易。在这时，对于两个项目而言C都身处事外，这也说明了，互投赞成票制度会使投票者的多数派形成一个联盟，对那些能为自己带来利益的项目投赞成票，而让少数派来承担这些成本。因此，尽管对于多数派来说项目的效益会超过成本，但对整个社会来说并非如此。从而可以得出结论，尽管在某些场合，从简单多数投票规则来看，互投赞成票会改善结果，但这种结果并不是必然的。

4. **利用偏好强度不同的选择**

在简单多数规则下，只是按一人一票并将它投在自己相对偏好的方案上，投票行为所显示的个人偏好信息是不完全的，即一位选民投票支持某项方案，只能由此判断该选民认为从这项方案中获得的收益大于成本，至于收益到底比成本大多少是无法判断的。但在市场上，消费者可以表示自己的偏好强度，即他对自己满意的商品愿意支付较高的价格，这个较高的价格就显示了消费者的偏好强度。模仿市场价格机制，公共选择学者设计出另一种多数投票规则，称作“打分投票制”。

假定有三个投票者，每人被给予100分，允许每人将100分分别打在A、B、C三个方案上，那么对每个方案打多少分就显示了投票者各自的偏好强度，如表5–6所示。

表5–6　偏好强度　　单位：分

人员	方案		
	方案A	方案B	方案C
个人1	70	15	15
个人2	10	50	40
个人3	45	45	10
合计	125	110	65

表5-6中，投票结果是方案A得了125分，是三个方案中得分最多的一个，因此方案A是获胜者。

打分投票制的好处是，投票结果一般不会出现循环，因此可以保证传递性，避免投票悖论。但是，这种制度也容易出现胜负不分结果，即可能两个方案得分相同，需要进行第二轮投票来决出胜负。同时，打分投票制尽管可以避免投票悖论，但它违反了阿罗理论体系（如“不相关选择的独立性假定”），即某人认为A优于B，意味着这种排序与C无关。而打分投票制却恰好是以偏好可以在多个方案之间被衡量与比较为前提的，即A、B、C彼此相关，如C分数的变化会影响到A、B的变化，这显然不符合“不相关选择的独立性假定”。

然而，打分投票制仍不失为解决投票悖论的一种思路，因为它可以通过分散且较精确的分数表达投票人的偏好，避免投票悖论。

5. **中间投票人定理**

中间投票人，也称“中位投票人”，是指对某一提案持中间立场的投票人，偏好正好处于所有投票者最偏好结果的中间状态，把另外偶数个投票人分为兴趣或意愿恰好相反的两组，一组人比他偏好多，另一组人比他偏好少。中位投票人定理认为，在个人偏好满足单峰偏好的简单多数规则下，不会出现投票悖论，一定能产生一个均衡的投票结果，在投票中获得胜利的方案将是中位投票人最赞成的方案。为了说明中位投票人定理，假定有五位投票者A、B、C、D、E，正在为共同举办一个周末晚会进行决策，其中每个人对于这个晚会规模的偏好都是单峰的。每个人最偏好的水平见表5-7。由于偏好是单峰的，当支出水平越是接近一个人们偏好的峰顶时，则投票的人越会偏好该支出水平。如果支出水平从0元变到5元，则所有的投票者都会偏好不花任何钱。从5元到100元的变动，会被B、C、D、E批准，而从100元变为150元，都会被C、D、E批准。但是，任何超过150元的支出方案，都会遭到至少三人的抵制：A、B、C。这样，多数投票会选择150元开支。这恰好是C偏好的数目，那么C就是中间投票人，这一选举结果就反映了中间投票人的偏好。

表5-7　周末晚会支出的偏好水平　　单位：元

投票者	开支
A	5
B	100
C	150
D	160
E	200

可见，当所有偏好都是单峰型时，多数投票会产生一个稳定的结果，所选出的结果会反映中间投票人的偏好。但是，若所有投票人的偏好都不是单峰型的，则可能出现投票悖论。正式提出中间投票人定理的是唐斯。他在1957年出版的《民主的经济理论》中指出：如果在一个多数决策模型中，个人偏好都是单峰型的，则反映中间投票人意愿的那种政策会最终获胜，因为选择该政策会使一个团体的福利损失最小。中间投票人定理如图5-4所示。

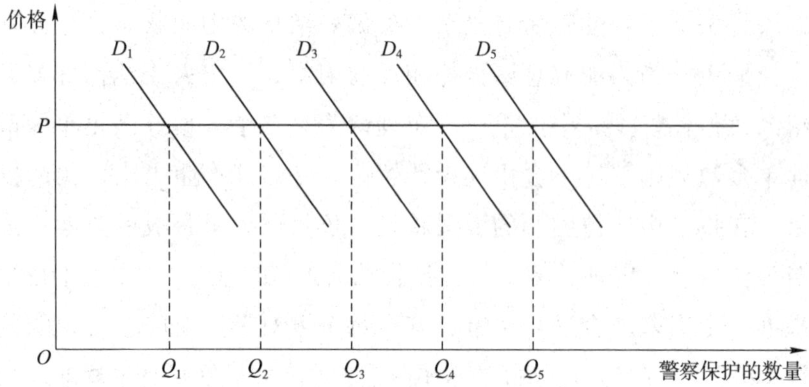

图5-4　中间投票人定理示意

假定有5个人，他们对于公共物品如“警察保护”的需求曲线分别如D_1、D_2、D_3、D_4、D_5所示，每个人都面临OP的“警察保护”这一公共物品的价格。在既定价格水平OP上，个人1最偏好的“警察保护”数量为OQ_1，个人2 最偏好的“警察保护”数量为OQ_2，个人3最偏好的“警察保护”数量为OQ_3，个人4 最偏好的“警察保护”数量为OQ_4，个人5最偏好的“警察保护”数量为OQ_5。为了决定多高水平的“警察保护”程度由政府提供，让以上5个人分别在OQ_1、OQ_2、OQ_3、OQ_4、OQ_5之间投票选择一个。

由图5-4可以看出，个人3、个人4、个人5所偏好的水平均在OQ_1、OQ_2的右端，这意味着产出量OQ_3、OQ_4、OQ_5将胜过OQ_1、OQ_2；而个人1、个人2、个人3所偏好的水平均在OQ_4、OQ_5的左端，这说明OQ_1、OQ_2、OQ_3将胜过OQ_4、OQ_5。将以上两个方面结合起来，可以明显看出处于中间水平的OQ_3将取胜，因此个人3就是中间投票人。

中间投票人定理在公共选择理论中占有重要地位。中间投票人定理意味着，在简单多数规则下民主制度并不能保证51%的投票人可以实现他们的最优偏好。实际上，只有中间投票人能够实现他的最优偏好。简单多数规则只能保证使所有投票人的最优偏好与最终达成的政治均衡的离差最小。在民主制度下，对于政党而言，中间选民的意见具有很大的作用。任何一个政党或政治家要想赢得极大量的选票，都必须寻找中间选民的偏好，使自己的竞选方案或纲领符合中间投票人的意愿。也就是说，政党的竞争会导致一个代表大多数人意见的政治纲要。从社会中广泛的经济意义上讲，中间投票人被解释为中间收入或财产的居民，即中间阶级或者中产阶级。如果一个社会中的中产阶级居于多数地位，那么整个社会就不容易出现走极端的现象，政治也更加稳定，社会经济生活也就越有可能理性化。所以，争取中间投票人是解决投票循环的一种方法。

6. **“用脚投票”**

“用脚投票”是指在某种假设条件下，由于各辖区政府提供的公共产品和税赋组合不尽相同，所以各地居民可以根据各地方政府提供的公共产品和税赋的组合，自由选择那些最能满足自己偏好的地方定居。居民可以从不能满足其偏好的地区迁出，迁入可以满足其偏好的地区居住。该理论可以作为投票悖论的外延，在理想的投票程序不存在而不能满足社会总偏好时，选民可以放弃选票而选择迁入其他地区以满足偏好。

在现实生活中，“用脚投票”原理极其简单：你搞不好、不公平，我就走人。选择生活在同一个社区内的居民作为分析例证，“用脚投票”需要有以下几个假定。

其一，所有公民都具有完全的流动性，将流向那些能更好地满足他们既定偏好的社区。

其二，掌握完全信息，了解所有社区的特点。

其三，存在着充分的社区选择范围，包括公民期望得到公共产品的可能数量。

其四，各社区之间没有利益上的溢出效应。

其五，在就业机会和个人收入方面，没有地理上的限制。

假定“所有公民具有完全的流动性”和“各社区之间没有利益上的溢出效应”这两个条件成立，社区居民倾向于在各自的目标不相抵触的地方有意义。一方面，社区越大脱离的代价越高，因而流动性越小，所以退出小社区比退出大社区的选择更合理。另一方面，社区越小，提供任何特定公共物品所带来的利益越可能溢出到其他社区，引起各社区间的外部效应和非帕累托最优配置。鉴于公共选择的任务是显示不同个人对公共物品的偏好，而“用脚投票”缩小了公共选择的范围，因而部分地解决了公共选择的问题。

5.3　公共选择政治行为的经济分析

无论是作为个体的人还是社会组织，都有自己的利益，都需要与其他个体和组织发生联系与利益碰撞，为此也要通过选择求得最大利益的实现。公共选择中的各个行为主体因分类方式的差异而不同，一般可分为单个主体和集合主体两大类。单个主体是指选民个体，集合主体主要是指政党、官僚集团、利益集团。这种分类是相对的，因为选民个体也有可能从属于某一集团，而且任何集团都是由若干个个体所组成的。为了叙述简便，以下将单个主体的选民个体与集合主体的政党、官僚集团、利益集团并列论述。

5.3.1　选民的行为

一般来讲，选民就是投票人。选民的政治行为具有相对的独立性，是政治行为中的单个主体。在间接民主决策机制下，选民所要完成的主要任务就是把能够为他们谋取利益的代表选举出来。公共选择理论认为，选民在政治市场上所体现出的偏好、行为特点与在经济市场上消费者的偏好、行为特点其实是一致的，没有什么区别。他们所遵循的都是利益最大化。选民之所以要去投票，是因为他们是理性“经济人”，他们参与选举的目的就是通过参与政治获取他们所需要的利益。

选民对决策的投票会出现以下不同的选择。

第一，放弃投票。如果选民认为自己的选票对决策的影响很微弱，他的选票可能根本起不到什么作用，他们就有可能放弃投票权，成为公共选择的“搭便车”者。这一般出现于选民人数相当多的社会中。在此情况下，由于每个投票者参加投票的成本是正数，而其按投票结果的影响力来衡量的效益接近于零，因此投票者选择弃权策略是合乎理性的。但是，如果放弃选票的选民在所有选民中的比例增加的时候，其决策结果的可靠性就会下降，就不能成为民主决策的依据。因此，为了防止投票活动中“搭便车”现象的出现，一些国家将参加投票视为公民必须履行的法律义务。

第二，参加投票。尽管存在选民不愿意参加投票的可能，但一般来说，即便在没有将参加投票视为公民必须履行的法律义务的国家，行使公民权利所带来的满足和利益以及不参加投票所面临的社会压力，也足以促使大多数人参加投票活动。

在经济学家眼中，选民是否参加投票，主要取决于三个密切相关的因素：一是投票效益和成本，二是选民的理性，三是利益集团的影响。

1. **投票效益和成本**

对于参加投票的选民来说，其收益一方面取决于对自己将投票的候选人或候选方案所寄予的预期效益，如果预期效益大，选民参与投票的积极性就高，反之就没有兴趣参与投票；另一方面来自从投票活动中获得的心理满足，虽然单个选民所投的选票对总体的公共选择影响甚小，但选民仍可以从投票活动中获得以下效益。

其一，通过投票获得一种履行义务和责任的心理满足。

其二，参与政治活动的荣誉感的满足。

其三，给予自己最喜欢的候选人或政策支持而带来的心理愉悦。

其四，选民自我能力应验的满足感。

参加投票的成本可分为与投票行为本身有关的费用、时间和精力，以及因决定参加投票而收集信息所需的费用、时间和精力。前者包括参加投票的实际支出，如交通、食宿费用等，还有投票的机会成本，即为了参加投票而放弃的其他可能性收入。后者是指为了获得关于候选人及其政策方案的信息以及不同政策方案是否对自己有利的信息，而需要为此付出的费用、时间和精力，也包含了由此而产生的机会成本。

每个选民的偏好强度不同，因而其成本也有差异，但通常人们都会考虑收益与成本的关系，即只有当投票收益大于投票成本时，才会有参加投票的意愿。从这个角度来说，为了提高选民参加投票的热情，应通过降低获取信息的难度、提高投票信息透明度等方式，尽可能地降低投票成本。

2. **选民的理性**

在解释选民根据什么投票的问题上，政治学主要有两种解释模式：一是以美国密执安大学斯托克斯·康巴斯教授为代表的“党派投票倾向论”，二是以哈佛大学巴伯·彼得罗奇教授为代表的“问题投票倾向论”。前者认为选民根据自己所在的党派倾向进行投票，后者则认为选民投票时并不注重自己所在的党派，而是根据候选人解决社会问题的政策纲领进行投票。公共选择理论则认为，选民是否投票仅仅取决于其政治偏好和不同政党的政策方案。在两党制下，选民投票给予自己政策偏好最相近的政党。在多党制下，选民也会积极促使自己最偏好的政党上台。但是，一旦选民自己最偏好的政党不能赢得大选，则会考虑投票给另一个政党，以阻止自己最不喜欢的政党上台。选民所期待的收益取决于对自己所希望的政策得到实施的期望值。这种期望值的大小，又受到选民自己投票可能促进有关政策实现的概率影响，主要包括四点。

其一，自己打算选举的候选人或候选方案因自己的投票而当选的可能性。

其二，若自己不投票，候选人或候选方案当选的可能性。

其三，自己投票的候选人或候选方案当选后，自己所希望的政策得到实施并从中得到好处的可能性。

其四，自己没有投票的候选人当选后，自己所希望的政策得到实施的可能性。

由此可以看出，投票收益和成本与投票对公共选择发生影响的可能性是有密切联系的，因为投票对公共选择发生影响的可能性的大小将直接或间接影响到选民是否从中获益；同时，若成本太高、收益不大，则投票对公共选择发生影响的可能性会失去意义。这在根本上是选民作为理性“经济人”在政治活动中的理性行为表现。

3. **利益集团的影响**

利益集团是指由一些具有共同利益的人组成的，对政府决策能够施加影响的团体。由于其人多面广，利益一致，往往会不遗余力地宣传本团体的观点和主张，以争取足够多的选民支持。利益集团也常常因与一般选民具有一致或比较接近的利益，而为一般选民所认同。利益集团由于有集团的力量做支持，其主张容易被通过，因此一般选民在一定利益集团的利益与自己的利益相一致或接近的情况下，自然愿意站在该利益集团一方，充满高度的投票热情。这种利益集团影响下的投票热情，其根本上还是选民在收益与成本两相权衡下的理性行为。

结合前面有关中间投票人定理，也可以认为，只有当选民将自己看成中间投票人的时候，才会有高度的投票热情和投票的责任意识，因为中间投票人是最容易获胜的群体；反之，一定的利益集团若能争取到更多的选民，则利益集团也容易形成多数，从而成为中间投票人。所以，选民是比较容易受利益集团影响的，否则就会因为对投票活动感到索然无味而放弃投票。

5.3.2 政党行为

在很多民主制度国家，公共选择活动的内容是政党参与竞选，选举的成败决定其是否能成功地获得政治权力，也决定着社会发展的多种可能性。因此，政党作为政治行为的重要主体，不仅其自身极其重视选举活动，而且他们在选举活动中的各种行为为社会中其他政治行为主体所关注。这样，政党参与选举的目的、策略等就会备受公共选择理论重视。

1. **选票最大化**

对于政党的行为，经济学家一般用追求选票最大化来解释。一般来讲，政党通过参加竞选，由选民选举决定其是执政或者在野，其职责就是让选民的利益得到最大化。但实际上，政党不会为了这个职责去采取行动。公共选择理论认为，政党也有自己的利益，那就是连任，这才是他们利益的最大化。而为了追求自己的利益，在多数投票规则下，他们会通过各种手段让选票数最大化。根据中间投票人定理，如果一个政党想获得极大化选票，就要使自己的竞选方案符合中间投票人的意愿。如果仅考虑不同政党的竞选方案在公共物品供给上的差别，那么政治均衡就会在中间投票人最偏好的公共物品供给水平上形成，而最了解中间投票人偏好的政党也将赢得选举。

2. **两党竞争**

两党民主制的性质与选民的投票行为有一定的联系，选民是否投票取决于候选人立场与自己立场的接近程度以及候选人之间的接近程度。候选人的立场越不接近选民的立场，选民就越有可能不为其投票，这被称作“疏远效应”；如果候选人之间立场越接近、越无差异，选民也越不去投票，这被称作“无差异效应”。此外，两党民主制的性质还取决于选民偏好的分布情况和候选人观点的维度问题，如果候选人观点是一维的，即只对某一个问题表示立场，则两党民主制的性质就依选民偏好的分布特征而有所不同。

（1）选民偏好呈正态分布

如果选民对候选人观点的偏好呈正态分布，如图5-5所示，为单峰对称分布，候选人立场的中数与众数重合，即中间投票人的观点就是大多数人的观点，那么此时中间投票人定理成立。也就是说，因为候选人所持的立场代表了中间投票人所持的立场，所以会得到过半数的选票。这种中间投票人定理所表现的性质促使两位候选人向中间立场靠拢又互相接近。尽管这种向中间立场靠近会因候选人远离极端的选民而使之弃权，也会因候选人观点接近而使一些选民弃权，但位于中间立场的候选人还是会当选。原因就在于，当候选人互相靠近时，双方都会因选民弃权而损失相同的票数；但当候选人向中间立场靠近时，得到的选票会多于因选民弃权而失去的选票。

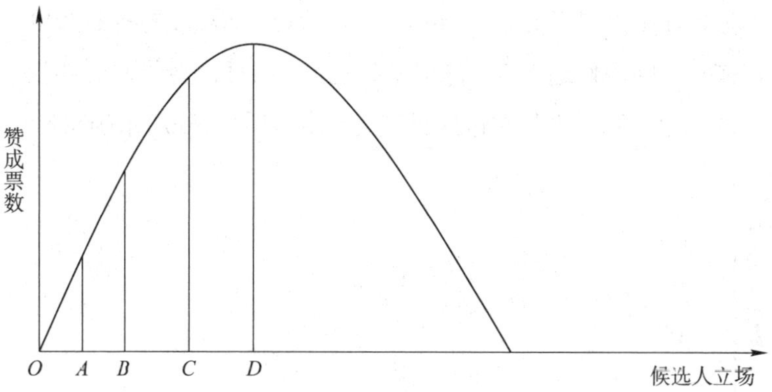

图5–5 投票者偏好呈正态分布

在图5–5中，D为中数和众数，作为中数，它代表了中间投票人的立场；作为众数，它表明以它为最佳立场的投票人最多。显然，当不存在疏远效应与无差异效应时，以D为立场的候选人总能获得过半数的票，原因和前面解释中间投票人的原因相同，此时中间投票人定理依然成立。

但是，即使考虑到疏远效应和无差异效应，中间投票人定理还是会成立。以疏远效应为考虑点，对于左派候选人而言，B立场与D立场相比只能获得A立场到C立场这段距离投票者所对应的选票。这是因为，比A立场更左的投票者因B立场距离自己立场太远而不愿投票，尽管B立场比D立场更接近自己的立场，这就是疏远效应；而比C立场更右的投票者或者去投D立场的票，或者因B立场和D立场距离自己立场太远而谁的票也不投。如果设$CD=AB=BC$，那么当B立场由左至右变到C立场上时，所获赞成票将在BD立场之间，因为他新增了CD立场间的赞成票，失去了AB间的赞成票。在图5–5中，AB间的赞成票明显少于CD间的赞成票，因此当B立场逐渐由左变右时，所获选票会不断增加。当B立场变至D立场这一中间立场时，所获赞成票达到最多。因此，如果候选人在D立场上，即代表中间投票人利益，就一定能当选。

（2）选民偏好不对称

如果投票者的偏好是单峰不对称分布，即中数与众数不一致，那么离众数位置近的候选人将获得多数票，候选人的立场将竭力向众数靠近。如图5–6所示，E为众数，G为中数，设候选人与投票者立场的差距达到一定程度时使投票者弃权，那么G立场只能获得FH之间的选票。再设EF=FG=GH，则当候选人G立场向左移至F立场时，会因选民弃权而损失GH之间的选票，同时因与左边选民靠近所增得票数为EF间的选票。

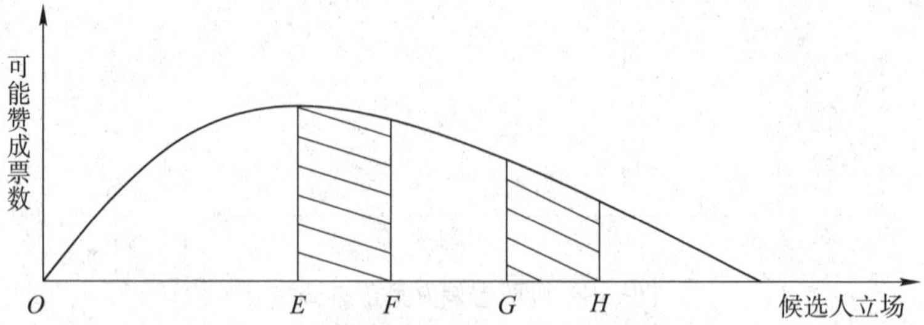

图5-6　投票者的偏好是单峰不对称分布

显然，候选人从中数向众数左移时得到的票数多于失去的票数。但是，当众数距离中数越远时，或众数越小时，或疏远效应越低（投票者不会因为自己与候选人立场疏远而弃权）时，争取获胜的候选人越会偏离众数，而位于众数与中数之间。

（3）选民偏好呈双众数对称

如图5-7所示。如果人们的偏好呈双众数对称分布，则候选人所表现出的立场呈现出不确定性。只有在疏远效应极弱（候选人的立场非常接近投票人的立场，此时疏远效应弱，即投票者较倾向于投候选人的票）时，中数I表示的候选人立场才有可能获得更多的选票，从而吸引候选人的观点向中数即中间投票人立场靠拢。

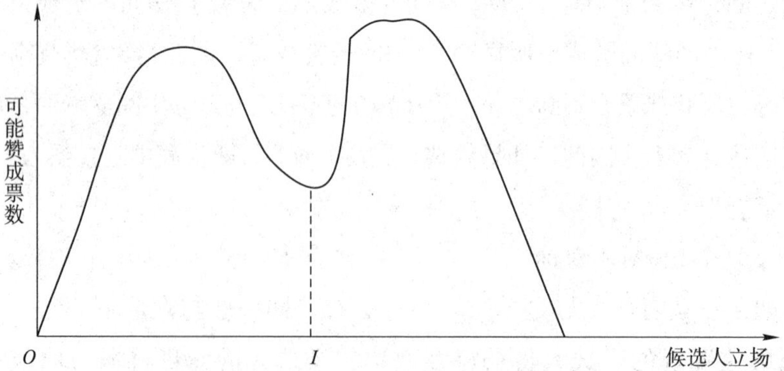

图5-7　投票者偏好呈双众数对称分布

上面所述为具有单维观点的两个政党候选人在选举中的行为。如果政党候选人的政治立场像现实情况中那样是多维的，需要对许多问题发表见解、表示立场，结果就会变得错综复杂，互投赞成票与循环投票就会经常出现，代议制民主就经常出现这种情况。

5.3.3 官僚的行为

在西方国家，官僚是指那些非经政治选举、非经考试进入政府，凭借技术受到雇佣，只对上级负责而不对选民和特定政治家负责，从而不受政府更迭影响的政府官员。在公共选择理论中，“官僚”是政府机构和政府官员行为的同义语。从严格规范意义上讲，官僚并不是公共选择和政治决策的主体，而是由政治家聘任来实施和执行政治家做出决策的人，政治家经过选举获得一定的职位，而官僚由公共机构任命，是公共决策的执行者、公共产品的生产者。官僚掌握着管理技能与专业知识，一般他们在政府中的任期要比政治家的任期长。值得说明的是，“官僚”不是一个贬义词，而是中性词，它仅仅表明由众多同僚所构成的官员群体。

公共选择理论将官僚行为纳入研究视野，是由于公共选择理论只有公共物品的需求理论（代议制政府服务需求），而缺少公共物品的供给理论。官僚的行为对于公共产品的供给会产生重大影响。虽然政府官员作为政治家的下属，对政治家的决策给予执行和实施，但是公共产品供给方式却掌握在这些官僚的手中。政府官员的专业知识和管理技能，使他们并不被动，而是有一定的主动权。以上这些问题也使官僚的实际权力在一定程度上超越了其本身被赋予的权力，尽管政治家对他们的行为进行了监督和约束，但是效果有限。因此，官僚经济理论的产生填补了公共物品供给方面的理论空白，成为公共选择理论的一个重要组成部分。

官僚机构提供公共产品的行为与市场环境下的企业提供私人产品的行为存在很大差别，这些差别具体表现如下。

第一，官僚的行为具有相对独立性。官僚实行任命制，通常只对任命他们的政府机关和政治家负责，并不受选民的制约。选民只能通过社会舆论、组成一定的利益集团或对政党和政府施加影响来影响官僚，所以选民对官僚的制约实际上只是一种软制约，作用的过程也相对较长，因而官僚的行为具有相对独立性。

第二，官僚的行为具有相对稳定性。官僚机构的成员构成一般比较稳定，机构内部有一套严格的登记制度和晋升规则，因此其行为也具有相对稳定性。

第三，官僚的行为具有一定影响力。政治家的政策主张要转变为有条不紊的规章制度，需要通过起草政策法案才能实施，而官僚担负着审议，选择议案时收集、分析和提供各种必要信息的任务，所以他们与社会各界的关系十分密切，官僚提供的信息情况直接影响着政治家的决策，因此官僚的行为具有一定影响力。

1. **官僚行为的目标：预算最大化**

传统的官僚制理论产生于社会学、政治学，而非经济学。马克斯·韦伯曾指出，官僚机构是一个有效率的组织，它向社会提供的是不偏不倚的公共服务；官僚则是“中性的宦官”，他们没有自己的特殊利益。公共选择的官僚理论则将官僚视为理性“经济人”，认为其目标既不是公共利益，也不是机构效率，而是个人效用。唐斯在1967年出版的《官僚制内幕》一书中，第一次提出官僚行为有两个基本动机：一是为权力、收入、地位或安全进行斗争；二是为公共事业服务以及对某一领域政策投入的愿望。但唐斯未能揭示用以解释和预测官僚行为的目标理论。1971年，尼斯坎南（Niskanen）在《官僚制与代议制政府》一书中，首次提出了官僚行为的目标是预算最大化，而非公共物品产出最大化。

尼斯坎南认为，构成官僚个人利益的主要因素有权力、地位、金钱、特权等。具体而言，职务津贴、公众声誉、权力、人事权、较大的影响力、轻松的工作负担、产出、变革的难易度、管理官僚机构的难易度，都是可能进入官僚效用函数的变量。通过研究，尼斯坎南发现，除了最后两项外，其他所有因素都与官僚所在机构的预算规模呈单调正相关关系。而预算规模又与官僚机构的权力大小正相关，即预算规模越大，该机构的权力越大。因此，为追求个人地位、权力和收入，官僚必然千方百计地追求机构预算的最大化。

公共行政的创始人威尔逊（Wilson）曾提出政治与行政“二分法”理论，确立了行政活动的非政治化原则；古德诺（Goodnow）发展了威尔逊的政治与行政“二分法”理论，官僚被认为是“一架精密的机器”，忠实地执行着国家意志。尼斯坎南通过对政府预算的研究，颠覆了行政学的这一传统看法。他认为官僚的“经济人”本性（官僚并不服务于政治家，而是服务于他们自己，最大化他们个人的效用）是官僚预算最大化的主观原因，官僚与议会（由民选产生的政治家组成）的“双边垄断关系”则是官僚机构实现预算最大化愿望、追求私利的客观原因。所谓“双边垄断关系”是指，如果将政府及其提供的服务视为政府提供的公共物品，那么议会作为民选机构代表了全体选民对公共物品的需求，是公共物品的唯一买家，处于买方垄断的地位；官僚机构执行立法的过程就是实际生产公共物品的过程，处于卖方垄断的地位，即官僚是提供公共产品的唯一单位。这样，议会与官僚机构各自垄断了公共物品的消费和生产，形成了稳定的“双边垄断”结构。但是，官僚不仅完全了解公共物品真实的生产成本，而且完全了解议会的偏好（需求曲线），与政治家之间关于公共物品生产的信息是不对称的，因此拥有自己独立利益的官僚在与议会就预算（公共产品的需求价格）进行讨价还价的过程中，官僚可以提出高于实际生产成本的预算标准，并向议会谎称这一高成本是唯一可行的选择。在通常情况下，面对官僚提出的如“要不要”这样类似通牒的预算建议时，即使议会心存疑虑，也会接受，除此之外别无选择。由此，尼斯坎南认为，官僚机构可以凭借其垄断地位，实际上获得相对议会的决策优势，从而使公共物品的生产量高于社会需求。同时，由于官僚机构是一个非营利性机构，在需求约束的条件下，财政节余因无法据为己有而只能被浪费性地使用。

2. **官僚追求自身利益最大化的原因**

虽然学术界对官僚是否将预算最大化作为追求的唯一目标看法不一，但官僚作为追求个人效用最大化的“经济人”的观点却得到广泛认同。至于官僚为什么能够在政治市场上追求利益最大化，早期的公共选择理论从政府制度设计缺陷的角度给出以下解释。

其一，缺乏产权约束。官僚花的是纳税人而非个人的钱，因此在花费上并不珍惜。

其二，高度垄断。与私人企业不同，官僚机构在提供公共物品时缺乏同类供应者之间的市场竞争，即使有竞争，也不过是软竞争和间接竞争。

其三，考核指标模糊。私人部门往往以利润作为考核员工的硬指标，而公共部门的产出具有多样性和社会效益性，既无法用市场价格衡量，也很难用通常的方法来判断一项支出是否值得、是否具有效率，因此导致官僚的劳动成果缺乏明确的衡量标准。同时，官僚的报酬也并非根据其工作绩效，很大程度上是依据职位的高低和制度上的硬性规定，所以对官僚的考核指标相对模糊。

其四，监督困难。缺乏明确的考核指标，自然导致监督困难，而且由于官僚并不是由选民直接选举产生的，因此选民对官僚的约束手段大多是间接的，只能通过舆论压力和政党等途径来影响官僚。另外，官僚在许多问题上的信息优势也致使对他们的监督很难实现。

由于官员具有利益最大化的动机，便产生了一种极不正常的结果：在其他条件不变的情况下，私人部门中的个人活动最有可能符合公众利益（如亚当·斯密所言），而在公共部门工作的个人（官僚）却最有可能恣意追求个人利益最大化，不管这些个人利益是否符合公共利益。

20世纪80年代以后，公共选择理论开始借用经济学中的委托-代理理论来解释官僚为什么能够在政治市场上追求利益最大化。依据该理论，政治家代表选民成为公共物品生产的委托方，决定公共物品的需求量；官僚则接受政治家的委托直接代理生产公共物品，但无权决定生产的规模和利润水平。委托方明确表明自己的利益需求，并承诺代理方实现目标后的报偿方式。代理方只能忠实地贯彻执行委托方的意愿，除非委托方授予其一定的自由裁量权。但是在现实生活中，这种委托-代理关系已被严重扭曲，即作为代理人的官僚机构已在很大程度上脱离了委托人的控制，并根据自我利益需要自行其是。他们将这种政治家对官僚失控的状况称为“官僚机构的代理失控”。

5.3.4 利益集团的行为

1. 利益集团的成因

利益集团是指由一些具有共同利益的人组成的，试图对政府的决策施加影响以实现和维护自身利益的团体。从18世纪开始，美国一些政治学家注意到美国有组织利益集团的倾向性以及这些利益集团在美国政治和社会中的作用，并开始相关的研究工作。利益集团通常是人数较少且通过集体行动获取利益最大化的选民群体，既包括具有一定规则和组织结构的利益集团，也包括大量松散的、没有严密组织形态的利益集团，如建立在共同的收入来源、相同的收入水平、相同的行业和职业利益基础上，或者建立在相同的种族、宗教、地区甚至性别基础上的利益集团。在政治行为过程中，存在着大量利益集团并活跃在各国的政治舞台上。如美国的美国商会、全国制造商协会，北欧国家的渔业协会，日本的经营者团体联合会，英国的律师联合会等都是非常有影响的利益集团，是不可忽视的政治力量。

现代社会的国家，无论是利益集团的总数，还是加入利益集团的总人数都显著增加了，甚至可以说大部分人都与利益集团有关。那么，个体公民为什么普遍愿意结成利益集团？对于这个问题，主要有以下三种理论解释。

（1）传统利益集团理论

特鲁曼和道尔分别在《政府过程》和《谁是统治者》中提出，利益集团的存在是为了增进其成员的利益，特别是那些不能通过纯粹的个人行动获得的利益，这一命题实质上是对“个人行动目的是追求自身利益最大化”命题的推广。在这种理论看来，尽管理性的“经济人”可以通过纯粹个人的、没有组织的行动来增进他的个人利益，但是如果仅仅依靠没有组织的个人行动，在社会变得更复杂、更动态和当政府经常干预经济的情况下，或者根本无法增进共同利益，或者不能有效地增进共同利益。因此，为了谋求个人不能通过自己的纯粹个人行动来增进的那一部分利益，便产生了人们加入利益集团的需要。

（2）奥尔森利益集团理论

曼瑟尔·奥尔森（Maucur Olson ）在1965年出版的《集体行动的逻辑》一书中明确指出，尽管政治学家对利益集团及其相关问题有很多研究，但大多忽略了团体与阶级的集体行动问题。政治学多元主义盲目地相信，利益集团是基于集团利益建立的；马克思主义者认为，从客观的、共享的利益到阶级组织、阶级动员的转变是自发的。奥尔森不但质疑从私人利益到团体组织转变的自发性质，而且将问题颠倒过来提问：对个人而言，致力于追求集体利益是不是理性的？奥尔森以“经济人”假设为基础，认为个人之所以参加利益集团，是因为利益集团能够通过“选择性激励”为个人带来特殊利益。所谓的“选择性激励”，是指利益集团根据其成员有无贡献来决定是否向他提供集体利益，这种“独立的”和“选择性”激励会驱使潜在集团中的理性个体采取有利于集团的行动。

（3）政治企业家理论

针对奥尔森利益集团理论的缺陷，罗伯特·索尔兹伯里（Robert Salisbury）提出政治企业家理论。该理论将政治企业家视为利益集团的组织者，强调政治企业家在集团形成、集团有效行动方面发挥的重要作用。索尔兹伯里指出，政治企业家之所以愿意为集体行动负担必要的成本，是因为他期望从集体行动中获得物质利益和非物质利益。前者通过如向成员收费、征收其他资源，以及集团行动从政府获得利益；后者通过如组织集团行动获得成就感、名声、荣誉等。

2. **利益集团的行为方式**

当一个利益集团确定了自己的利益诉求之后，就要把这种特殊的诉求传达到政策中心，对公共政策施加影响。利益集团在公共选择中发挥重要作用的途径主要有两个方面。一是影响立法机关的活动，包括通过游说争取代表“公共利益”的议员群体的支持；直接参与立法程序；与其他特殊利益集团互相捧场、互投赞成票；为缺乏信息的选民免费提供信息、竭力鼓励他们支持自己，在投票中争取多数选民。二是影响行政机关的决策与执法活动，包括充任民意代表，迫使政府改变或修改决定以实现本集团的利益；控制有关部门的官员人选；参与政策制定的前期工作。

利益集团与政党的不同之处在于，其领导人虽不执掌政治机构的权力，但是他们可以对政府官员施加各种压力或影响，以谋求对其成员有利的提案的最大支持。利益集团的活动主要是进行政治游说，力争通过有利于自己的立法或政策。利益集团也常常利用选票集中对政治家施加压力，例如，告知集团成员将投反对票来威胁候选人或有关政治家，从而达到目的。利益集团也可以通过支持候选人或有关政治家来达到目的，如为其竞选提供金钱和物质上的帮助。

利益集团是公共选择过程中不可忽视的政治力量，他们的活动常常可以左右税收负担的水平和结构，政府财政补贴的数量和去向，政府支出项目的设置，等等。利益集团的存在一定程度上弥补了立法和政策制定方面的不足之处，其与政党之间的相互制衡起到了纠偏的作用。但是，利益集团也可能因为自身的利益实现而造成损害其他集团利益的法案出台，特别是少数利益集团由于其成员规模庞大，资金实力雄厚，或者是与立法者关系密切，从而在利益集团的竞争中总是处于优势地位，因而平等竞争无法实现，甚至会损害公共利益，由此引发的问题同样不容忽视。对于利益集团组织而言，其活动（游说、威胁、支持等）的结果是一项组织内的“公共物品”，有利于集团内的所有成员。而对于社会而言，游说的结果具有私人物品性质，因其主要有利于集团本身，并非出于社会全体成员的需要。利益集团在获得来自政府支出增加效益的同时，必然是以其他人的境况因此变坏为条件的。因为政府用于增加对某一特殊利益集团有利的项目支出的资金来源，不外乎两个方面：一是增加对其他社会成员的（或全体社会成员）的税收，二是减少对其他社会成员有利的项目的支出。

值得注意的是，实际上，并非所有利益集团的行为都真正代表了其宣称和追求的利益，利益集团所宣称、追求的利益是很难被界定和预测的，甚至一些利益集团追求的政策目标会与其成员的明显利益背道而驰。

3. **集体行动的逻辑**

除了研究利益集团作为整体存在的原因和行为方式外，公共选择理论重点研究了利益集团内部的关系、集体行动及其后果。

一般认为，利益集团均具有进一步追求和扩大其所属集团利益的倾向，尤其是选民在政治活动中获得的收益部分来源于其所隶属的集团时更强烈。但是，奥尔森指出这一观点并不正确，除非一个利益集团中的人数很少，或集团内部存在特殊手段（包括强制性手段、激励性手段），否则集团成员不会采取行动来实现他们共同的利益。这是因为集体利益是一种具有非排他性、非竞争性的公共物品，如果个人都是自利且追求效用最大化者，那么“搭便车”行为应当具有普遍性，即尽量少投入或者多消费公共物品，而将成本转嫁到他人身上。其最终结果就是以“自愿”作为行为的基准，即无人自愿为公共物品的生产付费，却自愿免费消费公共物品。

奥尔森认为，个体之所以参与集体行动，是因为集体利益给个人带来的效益要大于个人为产生集体利益所付出的成本。理性“经济人”在这种比较中主要考虑三个因素：个人获益度、效益独占的可能性和组织成本。而这三个因素都与团体的规模有关。对集团的每个成员而言，只有当团体的边际收益超过个人的边际成本时，才是“经济的”。集团规模越大、个体越多，个体的份额就越小，团体的公共物品的供给量就越远离最优水平。从成本的角度看，小集团组织成本较低，达成共识的可能性高于大集团，更容易采取集体行动；大集团中因成员过多，难以对“搭便车”现象进行有效监督，从而难以采取集体行动。因而“人多并不一定力量大”。

此外，奥尔森还指出，除了集团规模外，集团类型与集体行动的能力之间也存在密切关系。他根据集团追求的目标，将集团分为排外集团和相容集团，前者不欢迎新的加入者，成员之间的关系主要是竞争关系；后者则希望更多的参与者来分担成本，成员之间的关系是非竞争性的。如果集团规模相同，通常相容集团的行动能力更强，而排外集团的行动难度要大得多。不过，无论是哪一种集团，都遵循集团规模越大，行动能力越下降的规律。

正如许多具有原创价值的理论一样，奥尔森的利益集团理论在提出之后也遭到了许多质疑，特别是针对那些集体行动的逻辑不能解释的反常现象，索尔兹伯里提出政治企业家理论，认为集团为其成员提供的利益分为三种：物质利益、观念利益、团结一致的利益。奥尔森强调的仅仅是物质利益。现实中，仅向成员提供一种利益的集团很少，大多数集团向成员提供的是多重利益，而这些利益也大多与参与集体行动联系在一起。因此，大集团可以通过利益诱导有效地行动，并不一定采取奥尔森提出的激励性手段与强制性措施。

◎ **关键概念**

私人选择；公共选择；投票悖论；选民；政党；官僚；利益集团

复习思考题

1．公共选择理论的概念及其基本特征是什么？

2．简述投票悖论的内容。

3．中间人投票定理的内容有哪些？

4．简述利益集团的政治行为分析。

推荐阅读

● 要对公共选择的概念、特征及投票理论做更深入的了解，可阅读美国经济学家詹姆斯·M.布坎南的著作《自由、市场和国家》（平新乔译，上海三联书店1989年版）。

● 要对政治行为分析做更深入的了解，可阅读英国经济学家帕特里克·敦利威的著作《民主、官僚制与公共选择》（张庆东译，中国青年出版社2004年版）。

6 公共支出

公共支出就是公共部门提供公共产品的支出，是国家为满足社会公共需要的社会资源配置活动。政府管理公共部门和执行经济职能过程中发生的资金支出行为，构成了公共支出活动。这种公共支出活动是政府履行职能的一个重要方面，通常被认为是政府的公共管理成本。一个政府的公共财政对经济产生的影响主要反映在公共支出上，并且政府干预和调节经济的职能主要通过公共支出来实现。作为与公共收入相对应的政府经济管理的重要组成部分，公共支出具有较强的政策性因素，其结构和规模往往体现着一定时期内政府的经济政策指向，并对社会发展有着十分重要的影响。

本章重点

- 公共支出的含义与原则
- 公共支出的类型
- 公共支出增长的原因
- 公共支出结构
- 公共支出效益

6.1 公共支出的含义与原则

6.1.1 公共支出的含义及特性

公共部门为满足公共需求而提供社会共同收益的产品时，总要花费一定的成本。从这个意义上讲，公共支出（Public Expenditures），是指公共机构通过政府财政部门在向社会成员提供公共产品的过程中，所支付的各种费用的总和。公共支出是以国家为主体，以政府事权为依据，以公共服务为目的进行的一种财政资金分配与使用活动，集中反映了国家的职能活动范围及为履行其职能所必须支付的活动成本或所造成的耗费。从其本质来讲，公共支出就是满足社会公共需求的社会资源配置活动。国家通过财政支出将集中起来的财政资金进行有计划的分配，以满足社会公共需要和社会再生产的资金需要，从而为实现国家的各种职能服务。

公共支出是实现政府职能的具体体现，反映出政府的政策选择，代表政府公共部门提供公共产品与服务所造成的耗费。公共支出的数额、范围实际反映的是政府介入经济生活和社会生活的规模、深度和广度。公共支出行为与政府履行职能行为之间的关联度，既体现了公共支出存在的客观必然性，又是科学界定公共支出范围的理论依据。随着经济的发展，公共支出规模不断扩大，其结构也在不断变化，涉及从中央到地方各级政府的各项支出，包括提供公共产品、准公共产品发生的支出以及为实现收入分配而进行的转移性支出。

公共支出也是政府配置社会资源、弥补市场缺陷的重要途径。在市场经济体制下，市场是配置资源的基础，由于市场机制的不完全或不充分，导致出现市场失灵，从而决定了政府介入和干预经济活动的必要性。但是，政府在克服市场缺陷时，同样存在着导入和利用市场机制的问题。公共支出尤其是公共投资支出，是实现政府干预和市场机制有机结合的一种有效途径。公共投资支出是一种数额大、期限长的集中性投资，它不仅代表了国家的宏观政策，而且由于投资项目具有基础性、长远性和集中性的特点，能够解决市场机制配置不起来的社会资源，从而弥补市场的缺陷，使社会资源得到最优化的配置。

公共支出具有以下特性。第一，公共支出具有公共服务性。在市场经济条件下，政府的行政行为转移了市场失灵的一面，用“看得见的手”办好“看不见的手”办不了或办不好的事情。一方面，政府要着力进行以间接调控为主的宏观调控来完善市场调节机制和充当市场竞争规则的制定者与仲裁人，维护、促进市场公平竞争；另一方面，政府要进行公共利益的项目建设和社会保障体系的建设，满足社会成员的公共需求。政府的公共服务给所有的市场活动参与者都带来了利益，不管这些活动的具体形态如何，作为公共支出都是政府为弥补市场失灵，即为市场提供服务而安排的支出，因而都具有公共服务的性质。第二，公共支出具有非市场营利性。政府作为政权组织，作为社会管理者和公共支出的主体，只能在市场失灵的领域内活动，不直接介入具有市场营利能力的领域，不能在营利动机的引导或驱使下安排公共支出活动，其行为动机只能是公共利益的实现。所以，公共支出是非市场性活动，不能索取市场价格，不能追求市场利润。第三，公共支出具有计划性。公共支出作为生产公共产品以满足社会公共需求的配置资源活动，是国家借助国家预算这种国家年度财政收支计划的形式将集中起来的财政资金进行有计划的分配，以满足社会公共需要和社会再生产的资金需要，从而实现国家的各种职能服务的活动。公共支出体现的是政府支配社会资源的规模状况，公共支出的范围和方向必须借助国家预算这一计划形式来确定和执行。

6.1.2 公共支出的原则

公共支出涉及社会和经济系统中方方面面的关系及利益，自身集中了多项、多层次的矛盾，诸如如何处理公共支出与公共收入之间的关系，公共支出中各项公共支出之间的关系，以及公共支出与社会效益之间的关系等。要解决这些矛盾，必须遵循一定的原则——公共支出原则。各国政府历来十分重视对公共支出原则的确定，因为政府能否安排好公共支出，事关政府各项职能的实现与国民经济的健康发展。基于国内外相关理论与实践，公共支出的原则可以归纳为六项。

1. 弥补市场失灵的原则

市场作为当今社会资源配置最主要的运行机制并不是万能的，而是存在市场失灵现象。所谓市场失灵，是指在市场充分发挥其基础性资源配置作用的基础上，无法有效地配置资源，或难以正常发挥作用的状态。主要表现有垄断经营、公共产品的提供、外部效应、信息的不完全、社会分配的不公平等。而要想克服这些关系到全体社会成员公共利益的市场失灵状态，就必须借助资源配置的非市场解决办法，即政府干预。这一问题的关键在于，弥补市场失灵的公共财政活动是否只涉及了市场发生失灵的领域。公共财政只能以遵循市场失灵的准则去安排自己的活动，即公共财政不应进入市场可以有效运行的领域。据此，公共支出也只能作用于市场自身无法解决的领域，遵循弥补市场失灵的原则。

2. **社会利益最大化原则**

公共支出应该追求社会绝大多数人的幸福最大化，而不能仅仅考虑某些特殊个人、集团或者阶层的利益。公共支出所追求的社会利益，一是保障国家安全、社会稳定，如国防、司法、行政、公安费用的支出等；二是提高社会福利，如公共基础设施、教育、医疗、卫生等的支出。需要指出的是，公共支出虽然不能仅仅考虑某些特殊个人、集团或者阶层的利益，但是如果这些个人、集团或者阶层的支出有利于增进社会整体利益，也可以将这些支出列入公共支出。例如，政府可以对某些私人企业提供补贴，以增加就业、稳定经济；或者对某些发明创造者给予奖励，以鼓励科技创新等。

3. **量入为出、保持平衡原则**

量入为出是财政支出的基本原则。学术界对于公共支出究竟遵循量入为出的原则，还是量出为入的原则，一直存在争论。现在主流的观点是公共支出应坚持量入为出的原则。这一原则实质上是资源稀缺规律作用的具体体现。量入为出、保持平衡原则，是指政府在一定时期（通常为一年），将公共支出的总量限定在财政收入总量许可的范围内，以财政收入来控制公共支出。政府应根据财政有多少收入安排多少支出，坚持收支平衡。事实上，政府在编制财政支出计划时，常常把一些必须开支的项目不安排或者少安排，使支出留下缺口，从而造成实际开支突破计划。当然，这种做法在一定时期有其积极的一面，如国家以赤字的方式适当扩大生产性支出，拉动国内私人投资、扩大消费需求，这对于增加就业和保持一定的经济发展速度是很必要的。中国一贯坚持量入为出的原则，这既是由我国社会生产力发展水平不高的现实决定的，也是现代市场经济制度保持财政分配相对稳定、防范国家债务规模过度膨胀的客观要求。

4. **公平原则**

社会财富的分配受到各种因素的干扰，往往会形成很大的差距，导致社会成员贫富悬殊、两极分化。当然，在市场经济条件下，伴随着改革开放的进程，这种差距和分化也是难以避免的。但是，如果差距和分化超过一定界限，将会引发一系列的深层次社会问题，危及改革全局，对社会的稳定与发展造成十分不利的影响。因此，现实状况要求国家建立尽可能公平的分配机制。公共支出作为政府重要的财政政策工具之一，将会产生分配结果。从公共支出的角度来看，公平原则主要体现在政府通过调整公共支出的范围、规模和结构，调整社会成员、社会集团占有物质财富的相对份额，以促进社会财富分配的相对公平。例如，政府可以通过调整税收和补贴政策，建立完善的社会保障制度等，以满足社会成员生存和发展的需要；可以通过调整转移性支出的政策，缩小地区之间在公共服务、公共福利等方面的差距。需要指出的是，公共支出的原则涉及社会成员的收益能力。对于社会成员普遍享受利益的公共支出，如国防、公安、检察、司法、行政等支出，政府无法根据每位成员的收益能力公平地安排支出。而有些项目如教育、医疗、卫生、社会保险和救济等的支出，却是社会成员能直接享受到的具体利益的公共支出，增加这些项目的支出有利于体现公共支出的公平原则。当然，不同类别的公共支出项目，社会成员可以直接享受到的具体利益也会有所不同。

5. **厉行节约、讲求效益的原则**

公共支出作为一种政府经济行为，厉行节约、讲求效益是其必须坚持的根本原则。公共支出的效益原则，就是要求每笔公共支出获得的社会效益均应超过社会总成本，要求国家的一切公共支出都以获得最大的社会效益为出发点和落脚点。公共支出的效益原则，具体包括三层含义：一是使社会资源在政府部门和微观经济主体之间得到最合理的配置，使国家通过财政支出所取得的各种收益（包括经济效益和社会效益）大于因为政府课税或在用其他方式积累财富的过程中使社会付出的代价或成本，即要取得的净收益大于成本；二是运用成本效益分析等一系列技术方法对公共支出的各种方案进行预测、评估与比较，从中选出最佳方案以取得最大社会效益；三是提供公共产品的各项支出，必须贯彻节俭原则，杜绝浪费、挥霍、占用、挪用、贪污，千方百计地降低和节省成本。为此，政府部门应该借鉴西方发达国家评价公共支出效益的定量分析技术，加强制度建设与管理。同时，必须以市场机制正常发挥作用为出发点，通过公共支出安排为私人经济的市场运营提供尽可能完善的条件，以保证私人经济以及整个国民经济效益的提高。此外，还必须合理确定公共支出所形成的公共物品和公共服务的价格，并通过有偿方式控制对公共产品和公共服务的消费需求。

6. **法定原则**

公共支出应当遵循法定原则，这是实现政府行为规范化、法制化的必然要求。公共支出的法定原则，是指公共支出的投向和数量一经法律确定就必须依法执行，不得随意更改。政府必须依据法律来确定各项公共支出是否必需、是否可行，以及安排支出的先后顺序和实际水平。也就是说，政府公共支出的各项安排，必须遵从国民经济发展规划的总体要求。根据由政府制定，并经人民代表大会讨论通过的财政预算依法而行。因为，只有做到了财政收支行为的法制化，政府行为的法制化才能得到保障。

6.2 公共支出的范围与分类

6.2.1 公共支出范围界定的原则

公共支出范围的界定通常遵循以下原则。

第一，以政府职能范围为依据。政府职能范围的大小决定了财政应涉及领域的宽窄，同时政府职能范围的调整，决定了财政公共支出的范围也要相应进行调整。

第二，以满足社会公共需要为目标，满足社会公共需要是界定公共支出范围的基本依据。在经济发展的不同阶段，除保证执行国家职能部分需要外，社会公共需要的主要内容是在不断发展变化的，这就决定了不同发展阶段，公共支出的范围有所不同，应根据社会公共需要的调整，对公共支出范围进行调整。此外，社会公共需要的不同层次，决定了公共支出范围大小，即哪些公共需要应完全由政府承担，而哪些公共需要应由公共支出和私人支出共同承担，其各自角色又是什么，以及哪部分需要应完全由私人支出承担，政府财政不得涉足。社会公共需要必须和统治阶级的需要区别开，它是社会公众在生产、生活和工作时的共同需要，是每个社会成员可以无差别地共同享用的需要，一个或一些社会成员享用并不排斥其他社会成员享用。

第三，公平与效率原则。公平与效率是界定公共支出的核心问题。公共支出分配要体现公平，同时由于资源有限，应将有限的资源发挥最大的效益，尤其是在公共支出与私人支出共同存在的领域，要以效率为标准合理划分公共支出与私人支出各自承担的份额，可以交由市场的支出应该交给市场去办。此外，还可以吸纳社会组织、民间协会、志愿团体一类非营利组织加入公共产品和公共服务提供者行列，它们在发达国家起到相当重要的作用，但在中国还没有得到广泛的发展。

6.2.2 公共支出的范围

根据以上原则，今后中国政府的公共支出范围应主要限定在国家机关及那些代表社会共同利益和长远利益的非营利领域或事物上，而将不属于这个范围的领域或事物逐步推向市场，让企业和私人去兴办或由市场机制去调节。为此，政府财政对竞争性领域的投资应逐步取消，逐步退出应由市场配置的经营性和竞争性领域，转移到满足公共需要上。经济建设的投资主体应由政府转向企业，财政支出主要用于涉及国计民生的大型公益性基础设施的建设。要严格按照公共需要的层次性，规范事业单位的财政经费供给范围，根据市场经济的一般理论，文化、教育、卫生等事业单位并不都具有公共需要的性质，对于提供纯公共需要的事业单位，如基础教育、基础科研、图书馆、计划生育、公共卫生防疫等，财政应保障其经费供给；对于提供介于公共需要和私人需要之间的准公共需要的事业单位，如高等教育、职业教育、广播电视、医疗保健等，应该由政府财政和享受服务的消费者共同承担支出；对于经营性的事业单位，财政应与其逐步脱离经济关系，使其逐步走向市场。要对国有企业亏损补贴制度进行改革，对一些承担政府特殊责任的国有企业产生的亏损，仍由财政给予补贴，但对于属于竞争领域的国有企业，其亏损补贴应随着企业改革的推进逐步取消。

6.2.3 公共支出的分类

公共支出可以按照一定标准进行划分和归类，公共支出按照管理和统计分析需要，可以有多种分类方式，从国际和国内比较通用的划分方法来看，主要有以下几种。

1. **按照支出性质可分为购买性支出和转移性支出**

购买性支出是政府用于购买商品、劳务与公共工程所发生的支出。它主要是指用于购买日常政务活动所需的商品与劳务的支出，如政府各部门的经常费用，以及用于购买公共投资所需要的支出，如政府各部门的投资拨款。购买性支出是一个等价交换的过程，这种等价交换既会直接地或间接地形成对商品与劳务的有效需求，从而影响社会的需求总量，又会带动相关产品或产业的生产，从而影响资源在各产品或产业之间的配置。随着经济的发展，政府职能在不断拓展，政府的活动范围也在相应地扩大，对商品劳务的需求越来越多。政府购买性支出的任何较大变动，都会对社会生产产生较大影响。因此，购买性支出是公共支出的基本形式，是实现政府职能的基本手段。转移性支出，是指不是用于购买商品和劳务，而是政府按照分配政策，直接拨付给单位和个人，由他们形成社会购买力的支出。转移性支出的基本形式是政府补助，如社会保障支出、政府价格补贴支出等，政府的公债利息支出也属于转移性支出。转移性支出是对国民收入的再分配，在一定程度上有助于缩小贫富差距，改善收入分配状况。

2. **按照支出功能可分为经常性支出和建设性支出**

经常性支出和建设性支出是构成复式预算支出的两个基本部分。经常性支出是指政府用于经常性事务管理方面的支出，经常性事务包括行政管理、国防、外交等。经常性支出具有连续性和稳定性的特点，主要包括人员经费、公用经费、社会保障支出及对外援助和价格补贴支出等。经常性支出所对应的收入项目主要有税收和行政性收入等，一般不允许出现财政赤字。建设性支出也称“资本性支出”，是指用于购买或投入公共工程，以及一次性投入较大且多年受益的项目或设备方面的支出。建设性支出主要包括公共工程建设、大型设备采购、对企业的投资、网络系统建设等支出。由于这种支出不能全部被视为本期公共产品的成本，更多的收益在未来被人们所消费，因此建设性支出所对应的收入有两种：一是税收，意味着本期享用的公共产品，本期付出代价；二是公债，意味着未来享用的公共产品，未来时期付出代价。

3. 按照政府职能可分为经济建设支出、社会文教支出、行政管理支出、国防支出和其他支出

以政府职能为标准进行分类，将公共支出分为经济建设支出、社会文教支出、行政管理支出、国防支出及其他支出五大类。按职能划分的公共支出结构形态，是研究公共支出结构最常用的方法，各项目具有比较单一的目标、功能或利益，可以明确、具体地表明公共支出在政府各职能间分配的格局和各项职能实现的程度，并且可以从动态上反映各项财政职能在不同时期的变动情况和公共支出在不同经济发展阶段上侧重点的变化。

（1）经济建设支出

政府直接组织安排经济建设，整个社会的经济建设资金基本由政府直接提供，这些支出就构成了财政的经济建设支出。这类支出主要包括财政的基本建设投资、增拨企业流动资金、挖潜改造资金支出、支农支出和其他经济建设支出等。如对重要的原材料和产品的开发生产、重要的基础设施建设、对农业发展的保护与支持及对有重大经济价值的科研项目的扶持及国家物资储备支出等。在许多发展中国家，政府的经济建设支出甚至占有巨大比例，是国内经济建设资金的重要来源，中国也不例外。中国从20世纪80年代开始进行大规模投资，到20世纪90年代末实行积极的财政政策对基础设施进行大规模投资等，都表明中国政府的经济建设支出规模很大。今后，为更好地提供公共物品与服务，中国政府仍将继续对公共工程项目和其他公共设施进行相当规模的投资。

（2）社会文教支出

社会文教支出主要包括对科学教育、医疗卫生、文化出版、文物保护、广播通信、气象地震、计划生育、社会保障等社会事业部门发展的各类经费支出。

（3）行政管理支出

行政管理支出主要是指中国财政用于各级国家权力机关和国家行政机关的支出。比如各级人民代表大会及其常务委员会机关经费、政府机关经费和公检法司等国家机关的人员经费和公用经费等；还包括中国驻外使领馆等机构经费、国际组织经费、捐赠支出等。

（4）国防支出

国防支出是指出于建立与维护国家防务需要而安排的支出。在中国，这项支出主要包括军费、国防科研事业费、民兵建设费、专项工程和其他与国防有关的支出等。

（5）其他支出

此外，还有国家职能在实现过程中由政府直接出面借入的国内外资金，发行的各类债券的本金和利息的支出。

4 **按照支出用途和使用部门的公共支出分类**

按公共支出用途分类，是指根据政府具体职责安排的财政支出用途进行分类。西方各国在这方面的支出分类不同。中国正处于向市场经济过渡过程中，公共支出已经体现出市场经济的主要特征。从中国的公共支出来看，按用途可以分为基本建设支出、支援农业支出、科学文教卫生支出、抚恤和社会福利救济费、国防支出、行政管理费、对外援助支出等。此外，我国财政还存在着资本性质的支出，如一部分基本建设支出和企业挖潜改造资金支出等。随着国有经济退出一般竞争性和经营性领域，资本性质的支出在公共支出中的比重将不断下降。公共支出的这种分类方式，是前述按政府职能分类方式的具体化。这种分类方式可以使公共支出指标同国民经济和社会发展指标相互衔接，可以从公共支出中比较直接地反映政府各项支出之间的比例，既有利于政府各项政策的实施和运作，也有利于按用途分配公共支出指标，考核公共支出的使用情况，加强对公共支出的管理监督。

按公共支出的使用部门分类，即按政府组织机构分类，其表现为公共支出在政府各部门之间的配置结构。不同时期和不同国家的政府组织机构也是不尽相同的。目前，中国政府支出按其使用部门来考察，主要包括用于工业、农业、林业、水利、交通、邮电、商业、物资、文化、教育、科学、卫生、国防、行政等部门的支出。不仅如此，还可以对每个部门做进一步的划分，如对工业部门的支出，可分为对各具体工业部门的支出；对教育部门的支出，可分为对各级各类学校的支出；行政支出则可分为对各级国家权力机关和行政机关的支出；等等。通过这种分类，有利于国家对国民经济各部门的发展进行综合协调，监督检查支出的使用效果和优化部门的支出结构，为保持各部门之间的合理比例关系提供了条件。

6.3 公共支出增长

6.3.1 公共支出增长理论

公共支出的增长现象，早已经引起国内外经济学家的高度关注。近年来，为解决医疗、教育、社保等领域公共支出不足和欠账过多的矛盾，中国政府加大了对这些领域的投入力度。在理论界，有人认为改革开放以来中国在经济高速增长30多年后，现在应该考虑向福利国家的方向发展了。然而，也有人提出中国应慎言福利国家和福利社会，盲目的福利赶超会导致中国陷入“拉美陷阱”[①]。经济学家试图对公共支出的增长做出解释，他们站在不同角度，提出不同观点来解释公共支出增长的原因，主要有以下几种代表性的观点：阿道夫·瓦格纳的“瓦格纳法则”（也称为“政府活动扩张法则”）、皮考克（A.T. Peacock）和魏斯曼（J.Wiseman）的“梯度渐进增长”理论、马斯格雷夫和罗斯托（Rostow）的“经济发展阶段增长”理论。

1. **瓦格纳法则**

1882年，德国经济学家阿道夫·瓦格纳通过对19世纪许多欧洲国家和日本、美国的公共支出增长情况进行考察，提出了“公共支出不断增长法

① 所谓“拉美陷阱”是指一些拉美国家不顾收入水平和财政能力的实际条件，照搬发达国家的社会福利制度，想在“经济赶超”的同时也进行“福利赶超”。结果引发高通胀、高赤字，最终导致发展迟滞。

则”，或称“政府活动扩张法则”，又称“瓦格纳法则”。他认为，一国政府的支出与其经济成长之间，也就是政府职能的扩大与国家所得的增加之间存在一种函数关系，即随着国家职能的扩大及经济的发展，就要求保证行使这些国家职能的公共支出不断增加，日益充裕。事实正是如此，“公共支出不断增长”的情况“可由中央及地方政府经费增加的统计上，雄辩地说明这一点”。瓦格纳还认为，只要符合国家职能的要求，即使出现暂时的财政不均衡也无妨。利用公债举办公共事业是可行的，条件是它带来的财政收入增加额能抵销这些公共事业的费用。他把财政经济或公共经济看作国家经济为获得和使用完成其国家职能所必需的财货或资金而从事的活动即经济，从财政支出与财政收入的相互关系上说明财政经济的内容，并且肯定了财政支出的作用。随着国家职能的扩大和经济的发展，要求保证行使这些国家职能的财政支出不断增加对这种关系的解释，他认为最基本的原因是工业化经济中的社会进步对政府活动所提出的日益扩大的需求。首先，对政府保护与管理服务方面的需求扩大。因为工业化经济所引起的社会组织形态变革以及公私行政活动的集中化管理会产生社会和经济制度的非人性化和劳动的高度专业化，从而使经济和社会的复杂性和相互依赖性增加，由此产生的各种摩擦因素也会不断增多。面对这一切，私人部门无法处理和协调，只有政府制定法律、增设一定的机构以维持社会秩序，才能解决这些由工业化本身所产生的问题。

很明显，瓦格纳正确预测了公共支出不断增加的历史性趋势，这已被国家发展的实践所证实。由于他最早系统地阐述了公共支出的长期趋势，更为垄断资本主义国家干预经济提供了一定的理论基础，并且在崇尚“廉价政府”的情况下，明确提出了公共支出增长将作为一条规律而存在。因此，对当时财政思想的变革产生了重大的影响，对以后的财政理论和财政政策研究也做出了一定的贡献。

2. **“梯度渐进增长”理论**

对这一理论的分析，建立在这样的假设基础之上：政府希望花更多的钱，但公民不愿意缴纳更多的赋税。政府必须考虑公民的意愿，注意公民能容忍的税收水平，这是政府公共支出的约束条件。

在这样假设的基础上，皮考克和魏斯曼认为，公共支出增长的原因有两个：正常时期的内在原因和非正常时期的外在原因。正常时期的内在原因是指由于国民生产总值（GNP）增长带来的收入增长，导致税收的上升和公共支出的增长，这时的公共支出和GNP的增长具有相关性。在社会发展的正常时期，经济的发展和收入增加，导致在税率不变的情况下税收收入相应增长，因而公共支出有可能同步增长，这就是政府支出增长与GNP增长的线性相关关系。非正常时期的外在原因则是公共支出增长超过GNP增长速度的主要因素。任何一个政府都愿意提供更多的公共产品和公共服务，即希望有更多的支出。然而，公众虽然愿意享受更多的公共产品和公共服务，却不愿意为其缴纳更多的赋税。

皮考克和魏斯曼的“梯度渐进增长”理论，认为财政支出的增长并不是均衡、同一速度向前发展的，而是在不断稳定增长的过程中不时出现一种跳跃式的发展过程。这种非均衡性增长是在一个较长时期进行的。在这一时期，稳定增长和突发性增长是交替进行的，因而这一理论主要是通过考察财政支出增长趋势中具有特定意义的时间形态，从这些特定的时间形态中寻找政府支出增长的根本原因。这一研究方法是继瓦格纳考察公共支出长期趋势后的又一进步，就其理论阐述的内容来看，它通过对国家与公众关系及心理的分析，已经初步融入了公共选择学派的思想。在他们看来，财政支出增长要受到纳税人税收容忍水平的制约，因为在西方式的民主政体中，纳税人的选票可以影响政治制度的投票结果。从某种意义上讲，他们所认定的财政支出水平也是由政治制度中的多数投票原则决定的水平——这一点与公共选择学派的观点类似，从而在一定程度上把财政支出与政治过程结合起来，这是皮考克和魏斯曼的“梯度渐进增长”理论的创新之处。

3. **“经济发展阶段增长”理论**

这一理论模型主要是由马斯格雷夫和罗斯托提出的。两位经济学家根据经济发展阶段的不同需要，用经济发展的阶段论来解释公共支出增长的原因。

美国著名的财政学家马斯格雷夫认为，从经济发展的观点看，在经济发展的早期阶段，由于交通、水利、通信等基础设施落后，直接影响私人部门生产性投资的效益，从而间接影响整个经济的发展。对这类经济基础设施的投资往往数量大、周期长、收益小，私人部门不愿意投资或没有能力投资，但对这些经济基础设施的投资又是具有较大外部经济效益的。因此，需要政府提供，为经济发展创造一个良好的投资外境。此外，在经济发展的早期阶段，由于私人资本积累是有限的，这就使得某些资本品必须公共生产。即使这些资本品的利益是内在的，不具有外部经济性，也要求通过政府预算提供，所以这一阶段公共资本的作用很大。经济在进入发展中期后，私人产业部门业已兴旺，资本存量不断扩增，私人企业和农业的资本份额增大，那些由政府提供的具有较大外部经济效益的基础设施已基本建成，对它们投资的增加也逐渐变缓了。此时，私人资本积累开始上升，公共积累支出的增长率下降，从而使公共积累支出在整个社会总积累支出中所占的比重下降。当经济进入成熟期时，公共净投资的份额又会增加。这是因为随着人均收入进一步增长，人们对生活的质量提出了更高的要求，私人消费形式将发生变化，从而预算支出也要发生变化。如汽车的广泛拥有，需要存在更发达的交通设施。此外，对生活质量要求的提高，也迫使政府进行更大规模的人力投资。因此，这一阶段对私人消费品的补偿性公共投资处在显著地位，从而使公共积累支出又出现较高的增长率。总之，在经济发展的早期阶段，对公共资本比例要求较高；而在“起飞”实现之后会暂时有所下降；当经济步入成熟阶段时又会上升。至于公共消费支出的增长变化，在经济发展的早期阶段，主要是满足人们的基本需要，如衣、食等消费，因而对公共消费支出要求不高；随着人均收入的增加，在基本需要满足后，私人对基本需要的支出比例将减少，对提高生活层次的消费支出将增加，资源更多地被用于满足发展需要，如教育、卫生、安全等的需要。由于这些消费项目都需要较大的公共消费支出做补充，因此公共消费支出占社会总消费支出的比重也就相应地提高。此外，伴随着经济的增长，将会出现日益复杂的社会经济组织，要求政府提供各种管理服务来协调和处理增长所引起的各种矛盾和问题。如交通、警力、控制污染、反托拉斯等需求的增加，这将引起政府各种管理费用支出的增加，从而导致整个社会公共消费支出的迅速增长。马斯格雷夫关于经济发展各阶段财政支出及其结构变化的独到见解，对考察一国财政支出增长状况，尤其是发展中国家的财政支出增长状况发挥了重要指导作用。

4. 公共选择学派的观点

公共选择学派把经济分析的工具和方法应用到了对政治决策过程的分析上，在解释公共支出不断增长的形成机制方面，有其独到的见解。由于考察的角度不同，公共选择论者对公共支出增长成因的认识也略有差异。

"利益集团的影响"理论。该理论认为，在实行多数投票原则的情况下，利益集团的大量存在直接促进了政府预算规模的扩张。在没有"讨价还价"和"互投赞成票"情况，以及多数投票原则下对政府预算规模的投票反映了中位数选民的偏好。政府的预算规模可能"大"，可能"小"，取决于那些喜欢"大"或"小"的人的相对集中程度。但若考虑利益集团的存在，尤其是当利益集团、官僚和被选出的代表所组成的"铁三角"（Iron Triangle）关系存在时，政府的预算规模就会庞大，戈登·塔洛克以及罗森（Rosen）对此进行了分析。总之，利益集团的存在和发展，加速了政府规模膨胀的进程。

"官僚的作用"理论。认为官僚的作用被看作以一种理性的方式引导有组织的行为，以及按照严格的等级制度从事指定事务。在西方政体中，公共支出项目虽由立法机构决定，但具体的支出事务是由官僚经办的，因此支出的合法性由官僚决定，他们为支出项目的设计和执行提供有价值的技术方面的专家，并且官僚往往比被选出的官员在政府机构中服务期限长，这就保持了政府的连续性。尼斯坎南认为，官僚类似私人企业家所拥有的增加收入的机会是很少的，因此他们更关心官员所给的额外津贴、荣誉、权力等，所有这些目标都要与官僚的预算规模正相关，因此官僚的目标就是使其预算最大化。官僚会努力说服立法官员使他们相信公共产品和服务的利益较大，这就像私人部门使用广告推销自己的商品一样。如果官僚的这种"推销"努力获得成功，政府部门的规模就会扩大，财政支出将会不断增加。

"财政幻觉"理论。引入"财政幻觉"概念的是意大利的埃米尔凯尔·帕维安尼，“财政幻觉”是指个人在做出财政选择时必定介入的制度会产生引起幻觉的影响。这些影响可能足以改变个人的行为。帕维安尼认为，国家统治者的目标就是使财政结构的安排或组织能有效地把被支配阶级的抵抗减到最小，以协调获取的资金。统治集团将在尽可能的范围内制造财政幻觉，这些幻觉具有使纳税者认为他们所要缴纳的税收低于实际应该负担的一种效应。同时，又制造了其他幻觉，使受益者认为向他们提供的公共物品和劳务的价值高于实际会有的价值，这样政府就可以达到自己扩大支出的目的。詹姆斯·M.布坎南把“财政幻觉”引入对现代资本主义国家财政制度的分析中，政府为了扩大财政支出，制造财政幻觉，使政府能够较为容易地获得扩大支出的收入来源。如个人所得税的扣除做法可能是产生幻觉的一个源泉；又如公司所得税对最终纳税者具有的重大的不确定性，也是政府制造财政幻觉的一个手段。支出方面的财政幻觉，表现在官僚机构向立法机构隐瞒提供各种不同公共财货（公共物品）的真实费用，而立法机构则向公众隐瞒政府的真实规模。

5. 福利经济学对公共支出增长的解释

该学派主要从微观角度解释公共支出不断增长的问题。它在一系列假设条件下建立起各种模型，认为对公共物品的需求增加、人口增长、公共供应品质量提高以及公共部门投入品价格的上升，这几种因素造成了公共支出的快速增长。

以上理论从不同角度对公共支出增长现象和原因进行了分析。瓦格纳法则、“梯度渐进增长”理论、“经济发展阶段增长”理论，主要是从宏观角度对公共支出增长现象进行了分析；公共选择学派则着重分析制度、政治决策过程等因素对公共支出增长的影响；福利经济学派则从“经济人”行为这一微观角度对影响公共产品供应和需求的主要因素进行了分析。各个理论均有一定的合理性，在实践上也禁得起检验。但公共支出的增长并非由单一因素决定，而是各种因素（GDP、收入、发展阶段、制度、供求、人口、价格等）的共同作用，其作用程度在不同的经济发展阶段和不同国家也各有差异。这些是任何一个国家在现代经济增长过程中决定公共支出政策时都应该考虑的因素。

6.3.2 影响公共支出增长的因素

公共支出水平不断增长趋势的决定因素，主要是一国的经济体制、经济和社会的发展水平、城市化程度、工业化水平等。政府支出的规模，直接反映了政府职能的变化和公众需要。归结前人的分析并结合当今世界各国财政支出变化的现实情况，不难总结出影响财政支出规模的若干因素如下。

第一，经济性因素。经济性因素主要指经济发展水平，经济体制的选择和政府的经济干预政策等。

第二，政治性因素。政治性因素对财政支出规模的影响主要体现在三个方面：一是政局是否稳定，二是政体结构的行政效率，三是政治制度。

第三，社会性因素。例如，人口状况、文化背景等因素，也在一定程度上影响着财政支出规模。

第四，技术因素。新兴工业的发展极大地提高了社会生产力，促进了经济高速发展。高经济增长和收入增长速度，为公共支出的不断增长提供了坚实的物质基础和需求。

6.3.3 公共支出规模的衡量

公共支出规模通常被理解为公共支出总量的货币表现，是衡量一个国家或地区政府财政活动的主要指标。衡量政府公共支出的方法主要有两种：一种是从绝对量指标上考察，另一种是从相对量指标上考察。

绝对量指标，也可以称为“公共支出的绝对规模”，主要有按当期价格计算的公共支出和按不变价格计算的公共支出。它是一种直接用货币量表示财政规模衡量指标，可以比较直观地、具体地反映一定时期内政府财政活动规模，反映政府所提供的社会公共事务的规模。因而，各个国家和地区通常采用这类指标编制政府财政预算，并向立法机关提供有关预算报告。但在需要对政府公共支出规模进行动态分析和横向或纵向比较时，运用绝对量指标往往有很大的局限性。

相对量指标通常用公共支出占GNP或GDP的比重来表示，是国际上对公共支出规模进行比较时常用的指标类型。它反映了一定时期内在全社会创造的财富中由政府直接支配和使用的数额，可以全面衡量政府经济活动在整个国民经济活动中的重要性。相对量指标便于进行国际比较，而且由于这种方法是通过计算公共支出占GDP的比重来衡量公共支出规模的，因而剔除了通货膨胀的影响，反映了公共支出的规模，从而与以前年度的公共支出也具有可比性。公共支出占国内生产总值的百分比指标通常用于说明在一年或一个财政年度的国民生产总值中有政府集中和分配的份额，因而也可以用该指标全面衡量政府经济在整个国民经济中的相对重要性。

无论采用哪种衡量公共支出规模的方式，其出发点和目的都是有效地控制公共支出的规模。公共支出的增长、规模的不断扩大虽然是历史的发展趋势，但这种主增长并不是无限制的，不能放任其过快增长。如果公共支出增长过快，持续超过收入的增长速度，就会出现“超分配”，造成巨额赤字，形成沉重的债务负担，使国家财政运行陷入困境，进而影响整个国民经济的正常运行。因此，应该根据公共支出的不同性质及其对经济的不同影响，对公共支出的增长进行必要的控制。

改革开放以来，中国的经济体制发生了巨大变化，从高度集中的计划经济体制逐步转变为社会主义市场经济体制。在这一体制转变过程中，中国的经济保持了持续增长，1978—2008年，真实GDP年增长率平均达9%以上。伴随中国经济的高速增长，中国公共支出总量不断增加，1978年中国公共支出为1122.09亿元，1993年突破4000亿元，此后以每年净增1000亿元的速度增加。1998年中国公共支出突破10000亿元，此后以每年净增2000亿元的速度增加，即使扣除价格因素，2008年公共支出总量也是1978年的8倍左右。但通过对公共支出的规模，即公共支出相对于当年GDP比重的考察发现，与西方市场经济国家公共支出单渠道增长的演化轨迹不同，中国的公共支出规模呈现出“U”形变化的特征。从总体上看，中国公共支出的规模从1978年改革初期的30.78%下降到1996年的11.15%，2003年阶段性高峰22.5%之后，又下降了5个百分点，之后则在

20%以下的水平稳步上升，直到2008年实施扩大内需的政策，这一比重才又回升到20%的水平。[①]

6.4 公共支出结构

6.4.1 公共支出结构的内涵

公共支出结构是指公共支出各部分之间的组合状态及其数量配比，或者各类支出的组合及各类支出在总支出中所占的比重关系。从日常表现形态来看，一国在一定时期内的公共支出结构总是体现为各类支出的集合，并呈现出一定的数量关系。但如果从整个财政体系的角度入手，公共支出的结构又往往是该时期政府财政职能和政府政策的体现。

关于公共支出结构内涵的界定，国内外财政理论界有不同的认识。一种观点认为，公共支出结构是指“国家财政资金的用途、使用方向、比例构成及其相互关系”。另一种观点认为，“公共支出的结构是指公共支出总额中各类支出的组合以及各类支出在总额中的比重”。概括起来，人们一般把公共支出结构看成一种构成、一种比例或比重关系，这种对公共支出结构的理解是不全面的。一般地，研究公共支出结构的内涵，要从以下两方面来把握。

第一，公共支出结构是公共支出质的规定性与量的规定性的统一体。所谓质的规定性，是指构成公共支出的各个要素自身的特点，及其在相互作用方式上的特殊性质。所谓量的规定性，是指公共支出构成要素在数量上的比例关系。质的规定性反映着支出结构的基本特征，而量的规定性则决定着支出构成要素间的比例关系。财政资源要配置到哪里，各配置多少，归根结底受财政职能状况制约，有什么样的财政职能状况，就会有什么样的支出结构。然而量也反作用于质，质要以一定的量作为存在条件，这是一定事物保持自己质的规定性的数量界限，突破这个度就会引发事物质的改变。也就是说，财政支出结构并不是各项支出的简单集合，而是财政职能实现状态在量上的体现。

① 根据相关年份《中国统计年鉴》计算得出。

第二，公共支出结构是静态性与动态性的统一体。一定的结构总是在一定的时间和条件下形成的，在这个时点上，其结构虽是既定的，但它又不是一成不变的，而是随着时间的推移、条件的变化而发展变化。也就是说，结构的既定性是相对的，变动性是绝对的，研究财政支出结构的内涵，必须从动态着眼、静态着手，在静态与动态的统一中把握。

6.4.2 公共支出结构的影响因素

公共支出作为政府调节经济的基本财政政策手段之一，虽然体现着政府的意志和政策，但对政府来说，公共支出的构成不是随意的，而是受到各种因素的制约。

1. **政府职能状况**

所谓政府职能，就是政府在一定历史时期根据社会发展的需要而负担的职责和功能，即政府活动的基本方向、根本任务和主要作用。

古典经济学派的创始人亚当·斯密论述了政府职能与公共支出结构之间的关系。他认为，公共支出结构取决于政府职能，政府有哪些职能，就需要相应类型和数量的公共支出做基础，从而决定了公共支出结构。他提出政府是“廉价政府”，政府的职能仅限于三项：一是保护社会，使其不受其他独立社会的侵犯；二是保护个人，使其不受其他人的迫害或压迫；三是建设某些公共设施。与此相对应，政府公共支出主要包括以下三类：国防义务——国防支出，司法行政义务——司法支出，公共设备及土木工程义务——公共事业支出。

在现代市场经济条件下，财政的职能范围是由政府的职能范围决定的。现代市场经济条件下的财政职能定位，即确定财政要行使的职责，财政是政府的财政，是政府行政的物质基础，是为政府履行其职能服务的，财政的职能取决于政府的职能定位。财政职能与政府职能不协调，就意味着政府职能的削弱；财政能力的不足，实质上就是政府能力的不足。众所周知，政府职能的范围不是一成不变的，而是不断变化的，因此公共支出作为政府职能转变的决策行为和数量反映，其范围和结构也处于不断调整和变化中。在计划经济体制下，政府职能可谓无所不包，几乎涉及社会生活的各个领域，此时的公共支出结构也是整齐划一的，政府的经济管理支出与社会管理支出混为一体，没有轻重之分。财政支出的“越位”与“缺位”现象严重存在。随着市场经济体制的建立，政府的职能范围和重心也发生了较大变化，经济建设支出的比重大幅度下降；相反，社会管理支出的比重大幅度上升。

2. **经济发展阶段**

马斯格雷夫与罗斯托认为，在经济发展的不同阶段，财政支出的构成会有所不同。在经济发展的早期阶段，为了给生产性投资创造一个良好的环境，政府必须提供交通、水利、通信等方面的基础设施，因此这一时期基础设施等方面的公共投资支出比率较高。到了经济发展的中期阶段，政府已为社会提供了大量便于资本积累的基础设施，从而这方面相应的公共投资支出的比重就会有所下降。当经济进入成熟阶段后，随着人均收入的提高，按照推广的恩格尔法则，衣、食、住等基本需要方面的消费支出在整个消费支出中的份额会随着人均收入的增加而减少，资源可能被更多地用于满足更高层次需要，如教育、卫生、保健、安全、福利、娱乐等。后来，又有学者对该问题进行了分析，但研究的范围和深度均未超出上述成果，多为上述理论的解释和说明。

3. **国家经济政策**

公共支出作为国家财政政策手段之一，其结构的变化还受到政府一定时期所采取的经济政策的制约。例如，在经济衰退时期，为了增加就业，促进经济增长，国家要实行扩张的经济政策，就会扩大政府公共投资方面的支出；为确保社会成员收入分配的公平性，国家通常会增加基础教育、医疗卫生、社会保障等民生方面的支出。

除此之外，它还取决于制度变迁、公共支出规模以及政府调控资源的能力等，是上述诸因素共同影响和制约的产物。

6.4.3 中国的公共支出结构调整

中国正处于由传统体制向市场体制转变过程中。在计划经济体制下，中国政府职能及财政资金的供给范围比较宽，既承担了“社会共同需要”

方面的事务，也承担了大量竞争性、经营性等方面的事务。所以，在公共支出结构上必然体现出浓厚的计划经济体制的特点，如经济建设支出投入的比重较大，增加了一些本应由市场去办的事务性支出。而在市场经济体制下，政府主要涉足市场不能办或办不好的事情，着力于经济的宏观调控。所以，在公共支出中经济建设支出的比重较小，同时在经济建设中用于基础设施、公用设施等投入的比重较大，而几乎没有用于竞争性、营利性领域的支出。

公共支出既是政府行为的数量反映，也是体现政府政策选择和执行成本的重要指标。政府职能转变的一个有效度量就是公共支出结构的变化。随着政府职能从经济建设型向公共服务型转变，公共支出结构的调整也应当从原来的经济建设型转向公共服务型。除了必要的引导和支持经济建设以外，政府部门要及时退出缺乏效率的经济领域，同时加强市场监管和公共服务。随着社会主义市场经济的建立与完善，政府和财政的主要职能是弥补市场缺陷，即提供公共产品和服务，以满足社会公共需要。主要包括：维护政权建设，保卫国家和领土安全，提供公共基础设施，支持文化教育、科技、卫生事业发展，调节收入分配等。

6.5 公共支出效益

经济学中一个最重要的假设就是资源稀缺性假设。有限的经济资源，由哪一个经济主体支配时能更有效地促进经济的发展和社会财富的增加，是各国政府必须考虑的问题，如果某种经济资源由政府通过分配使用效益更高，就应该由政府使用。公共支出必须注重效益。

6.5.1 公共支出的经济效益

1. 公共支出效益的内涵

从原则上讲，公共支出的效益与微观经济主体的支出效益是一样的，但因政府处于宏观调控的主体地位上，支出项目在性质上又千差万别，因此公共支出的效益内涵又有自己的特点。首先，在计算所费与所得范围上，不仅要计算有形的所费与所得，还要分析间接的所费与所得；不仅要分析政府本身在某项支出上的投入和所得到的效益，还要分析社会为该项支出付出的代价和所获得的利益。其次，在衡量效益的标准上，不能单独以经济效益为衡量标准，必须确定经济效益与社会效益双重效益标准。最后，由于在择优的标准上追求的是整个社会的效益最大化，因此某些关系整个国计民生、社会效益很大，但对于政府财政无经济效益可言甚至会带来局部亏损的支出项目，仍是政府安排支出时的选择目标。

2. **公共部门成本－收益的测评**

第一种测评方法是贴现法，就是计算货币的时间价值与贴现。所谓货币的时间价值，是指货币在不同时点上的价值。为准确计算不同时间投资成本与收益的变化，需要将它们按一定的比率折算成当年价值的大小，这就是所谓“贴现”。折算的方法可采用式（6–1）：

$$P=A/(1+i)^{n} \tag{6–1}$$

其中，A为价值；P为现值；i为贴现率；n为年数。公式的含义：按贴现率i计算，n年底的A元钱相当于现在的P元钱。在实际操作中，各国一般采用年利率作为贴现率折算。

第二种测评方法是成本效果分析法,采取该种方法往往出于两方面考虑：一是对于一些非经济方面的成本和效果，很难用货币数量衡量；二是未来成本效益存在不确定性，容易变动，比较难以估计。进行成本–收益分析实际上是在确定某一目标后提出尽可能多的实施方法，并对各种方法进行成本比较。例如，为了减少污染、减少疾病，从而减少死亡人数，有以下五种方法可供选择：①开发一种新能源，每花费19万元少死10人；②改善医疗条件，每花费12万元少死10人；③贯彻执行防污法规，每花费3万元少死10人；④改进发动机装置，每花费15万元少死10人；⑤为当地群众每人发1个防污面具，每花费300万元少死10人。在这些方法中，第③种方法是最有效的，它的成本最低，社会效果也最好。

6.5.2 公共支出的社会效益

由于政府处于宏观调控的主体地位上，公共支出的项目也是千差万别，而且不同项目效益的表现形式也不尽相同，有些项目有直接的经济效益，有些项目只有社会效益而没有直接的经济效益。因此，对公共支出效益的评价，除了要进行经济效益分析外，还要进行社会效益分析。

1. **社会收益价值的测评**

时间价值的测评。时间价值的测评主要指因为有了公共产品的提供，人们节约了时间从而带来了收益。第一，人们在工作与闲暇之间做出选择，放弃工作与放弃闲暇的价值应该是相等的。第二，闲暇时间增加的价值，可以间接通过一小时工作时间的价值来计算。假如一小时工作时间为12元，获得一小时闲暇也就有了12元收益。如果交通改善使从杭州到上海的行路时间节省了一小时，就相当于给每个人增加了12元收益。第三，不同工作性质、不同发展状况国家的劳动者，对闲暇与工作的价值评估是不一样的。第四，改造交通等公共产品的总收益等于享受交通等公共产品的公众闲暇收益总和。

生命价值的测评。尽管从伦理道德的角度讲，人的生命应该是无价的，因此政府用于改善人民健康、保障公共安全等可以减少死亡人数方面的措施的开支也应该是无限的，但是政府毕竟不能把所有的收入都用到这方面。因此，评估生命的价值是必须面对的现实，也就是财政的制约。评估生命的价值可以用一个人活到正常年龄的收入总和来计算，也可以用人们所要求的风险补偿来计算。

2. **影子价格**

在对某些项目的社会效益进行分析时，相关因素的价格并不能准确地反映其真实价值，这时只能用影子价格来代替。所谓影子价格，即针对无价可循或有价不当的商品和劳务所规定的较为合理的替代价格。理想的影子价格应为不存在市场失灵时的帕累托最优时的均衡价格。例如，在我国，中小学教师由于受到人才流动中的行政限制，他们所接受的工资不能真实地代表他们的劳动力价格。要真实反映他们的劳动力价格，只能采用影子价格加以评估。政府官员的低收入也有这种情况，他们的影子价格就要包括一部分乘车、住房的得利收入来反映他们的实际价格。这里需要说明两点：第一，影子价格并不总是高于实际价格；第二，调整后的影子价格也是可以接近实际价格的。

6.5.3 公共支出效益的分析方法

1. 成本-收益分析法

成本-收益分析，是一种经济决策方法，它是通过比较各种备选项目的全部预期收益和全部预期成本的现值来评价这些项目，以作为决策参考或依据的一种方法。对于政府部门和私人经济部门来说，进行成本-收益分析的程序一般包括四个步骤：第一，确定一系列可供选择的方案，但由于方案量化较为困难，应尽可能多地排列出多套方案，以便于比较；第二，分析各种方案可能产生的后果，特别是各种方案的投入要求及其可以带来的产出；第三，对每一种投入与产出做出有价值倾向的评估，目标福利最大化本身是一个价值倾向问题；第四，加总每个项目的所有成本和收益，以估计项目总的获利能力。

公共部门的成本-收益分析又与私人经济部门有着显著的不同。主要体现在以下两个方面：第一，公共部门进行经济决策要以社会福利最大化为目标，而不能像私人经济部门那样仅以利润为目标；第二，许多政府项目的投入产出不能直接用市场价格来估计。这主要是由两个因素决定的：一是与许多政府项目分析相联系的市场价格根本不存在，因为大部分公共产品不是在市场上进行交易的，如市场上不存在清新空气的价格、生命的价格、时间的价格、自然资源得以保护和生态平衡的价格等；二是考虑到市场失灵现象的存在，在许多场合市场价格不能反映相关产品的真实社会边际成本或社会边际收益。

成本和收益的类型大致有以下五种。

第一，真实的与货币的。这是公共部门成本-收益分析要考虑的最重要的区别。真实收益是指公共项目的最终消费者获得的收益。真实收益反映社会福利的增加；真实成本则是公共项目所利用资源的实际成本；货币收益与成本则是受到市场上相对价格变化影响的收益或成本。价格的变化可能使一部分人的收益或损失增加，又为其他人的损失或收益所抵销。所以从整体上看，它无法反映社会的净收益或净损失。

第二，直接的与间接的。直接的成本和收益是与项目主要目标密切相关的成本和收益；而间接的成本和收益则属于项目的副产品，与项目的非主要目标有关。例如，由于某地区的风景区开发，旅游业的发展成为当地的直接收益，由于游客增多引起该地区的开放和经济发展，则成为其间接的收益。

第三，有形的与无形的。有形的成本和收益是能够以市场货币价值计量的成本和收益。无形的成本和收益是指不能用市价直接估价的成本和收益。例如，新建的公路使车祸发生的次数减少，使人们节约了在路程上所耗费的时间，增加了舒适性。在交通建设的收益中，这些项目虽然是无形的，却是社会的实质收益。由灌溉工程引起的某一区域的美化属于无形收益，而农业产出的增长属于有形收益。

第四，中间的与最终的。中间的收益是通过加入其他产品的生产间接提供的收益，而最终产品提供的收益属于最终的收益。比如，天气预报服务对于计划郊游的人来说，是消费货物，提供最终的收益；而对于民航服务来说，只能是中间产品，提供中间的收益。

第五，内部的与外部的。这里内部的成本和收益主要指项目所在辖区范围内发生的成本和收益，而外部的成本和收益是指项目范围外发生的成本和收益。例如，一个新建的水坝不仅使所在省份得益，而且水坝拦截河流所经其他省份也会有所获益。

2. **最低费用选择法**

对于不能应用成本-收益分析法的政府支出项目，采用最低费用选择法可以达到支出效益的目的。最低费用选择法是一种不完整的成本-收益分析法，即只有成本-收益中成本费用的计算和分析，而没有收益的计算和分析。不用货币计量被选方案的社会效益，只计算有形费用，并以费用最低为择优标准，是最低费用选择法与成本-收益分析法的主要区别。因此，最低费用选择法也被称为“应急方法”，意指在无法评价政府非经济支出的社会效益情况下，通过引进对备选方案进行成本费用的分析，在一定程度上达到提高支出效益的目的。

运用最低费用选择法在选择最优的支出项目方案时，和成本-收益分析法的步骤大致相同。但由于最低费用选择法多用于军事、行政、文化、卫生等公共支出项目，不要求计算支出效益，因此比较简单。首先，要在政府规定目标不变的条件下提出多种备选方案。其次，分别计算出各个备选方案的有形费用。如果涉及垄断价格，就要运用影子价格消除其包含的不合理价格因素。在多年投资项目中，要运用贴现法换算出费用流的现值，从而保证不同备选方案费用的可比性。最后，按照优前劣后的顺序列表供决策者选择。

3. **公共服务收费法**

公共服务收费法是运用价格政策提高公共支出效益的方法。这种方法运用灵活，政策时滞短，具有普遍推广的可能。它和成本-收益分析法及最低费用选择法的目的，都是最大限度地提高公共支出的效益。

公共服务是指政府机构向公众提供的各种服务，如军事、行政、教育、保健、供水、道路、公园、住宅以及邮电等。在自由竞争条件下形成的市场价格，具有指导消费的作用，能使有限的社会资源得到最经济的使用。这是最大限度节省支出以达到消费目的的商品交易原则。公共服务收费法把这一原则引申到部分公共服务的提供和使用领域，借助价格的积极作用，实现公共服务最有效地使用，从而提高公共支出的效率。

公共服务收费法是通过政府制定的公共服务价格，用定价和收费的方法达到对公共服务的节约使用。这是与成本-收益分析法及最低费用选择法不同的方面。公共服务定价可以采用免费、低价、平价和高价等不用的价格政策。

免费和低价可以促进对公共服务最大限度的使用，使其社会效益最大化，适用于全国范围普遍使用，但居民不会自愿消费的公共服务，如强制教育、免费注射等。但免费和低价会导致浪费，不利于节约使用。

平价可以用收费来弥补该公共服务的大部分或部分成本费用，适用于既无须特别鼓励，又不必特别限制使用的公共服务，如公路、公园、邮电和医疗等。平价可以促进对该公共服务的节约使用，从而节约公共支出。

高价可以有效地限制公共服务的使用，并为政府提供额外收入。这种价格有“寓禁于卖”的作用。

公共服务收费法只适用于可以买卖的、采用定价收费方法管理的公共服务部门。运用公共服务收费法必须制定正确的价格政策，只有这样才能达到社会资源最佳配置的目的。

◎ 关键概念

公共支出；瓦格纳法则；“梯度渐进增长”理论；“经济发展阶段增长”理论；公共支出效益；影子价格

复习思考题

1. 简述公共支出的含义、原则与形式。
2. 简述公共支出的不同分类方法。
3. 公共支出的规模是什么？
4. 简述公共支出增长理论的内容。
5. 简述公共支出规模的衡量指标以及影响因素。
6. 公共支出效益的分析方法有哪些？

推荐阅读

- 关于公共支出成本和收益分析的相关问题可阅读布朗和杰克森合著的《公共部门经济学》（中国人民大学出版社2000年版，第8章），以及莱亚德和格莱斯特的著作*Cost-Benefit Analysis*（Cambridge University Press1994年版）。
- Boadway、Hobson等发表的文章“Fiscal Equalization in Japan: Assessment and Recommendations”（*Oecd Economic Surveys Japan*，2001年第4期）列举了财政支出估价技术的很多例子。
- Drummond、Stoddart、Labellet等发表的文章“Health Economics: An Introduction for Clinicians”（*Annals of Internal Medicine*, 1987年第8期）。

7 购买性支出

按照财政支出是否与商品劳务直接交换为标准，公共财政支出可以分为购买性支出和转移性支出。其中，购买性支出在保证国家安全、履行政府职能并确保社会公共安全和公共投资等方面发挥着举足轻重的作用。购买性支出包括社会消费性支出和公共投资性支出。社会消费性支出是指购买政府进行日常政务活动所需商品与劳务的支出，包括行政管理支出、国防支出、科教文卫支出等；公共投资性支出是指购买用于兴办投资事业所需商品与劳务的支出，包括基础产业投资支出、农业投资支出等。本章主要介绍购买性支出中的行政管理支出、国防支出、科教文卫支出、基础产业投资支出、农业投资支出等内容，揭示其在社会经济发展中的重要影响，并结合当前我国购买性支出的现状和存在的问题，探讨控制行政管理支出，完善国防支出，加大教育、科研投入，支持基础产业和农业等领域发展的对策思路。

本章重点

- 购买性支出的主要内容
- 行政管理和国防支出的影响因素
- 科教文卫支出的作用
- 公共投资性支出的含义和特征

7.1 行政管理支出

7.1.1 行政管理支出的含义和内容

行政管理支出是公共财政用于国家各级权力机关、行政管理机关、司法检察机关和外事机构等行使其职能所需的各项费用支出。该项支出是维持国家各级政权存在、保证各级国家管理机构正常运转的经济保障，是政府履行其基本职能所必需的费用，是纳税人必须支付的社会成本。行政管理支出的具体内容取决于一国的政治体制、政府管理机构的构成及其职能。按照国家政权及政府管理机构的设置划分，我国的行政管理支出主要包括行政支出、公安和国家安全支出、立法机构支出、司法检察支出和外交支出等内容，如表7-1所示。

表7-1 我国行政管理支出的基本内容

项目	含义	具体内容
行政支出	指用于国家各级政府机构的各项经费支出	党政机关经费、行政业务费、干部训练费及其他行政费等
公安和国家安全支出	指用于公共安全机关和国家安全机关的经费支出	各级公安机关经费、公安业务经费、警察学校和公安干部训练学校经费及其他公安经费，安全机关经费、安全业务经费等
立法机构支出	指用于人民代表大会的各项经费支出	各级人大的会议、人大立法、人大监督、代表培训、代表工作、人大信访工作、事业运行等经费支出
司法检察支出	指用于各级法院、检察院以及司法行政的经费支出	司法检察机关经费、司法检察业务经费、司法学校和司法检察干部训练经费及其他司法检察经费等
外交支出	指用于国家外事机构进行外交活动的经费支出	驻外机构经费、出国费、外宾招待费和国际组织会费及会议费等

另外，行政管理支出还可以按用途划分为人员经费和公用经费两部分。前者包括工资、补助工资、职工福利费、离退休人员费用等；后者包括公务费、设备购置费、修缮费、业务费等。

7.1.2 行政管理支出的经济分析

1. 行政管理服务的供给方式

行政管理服务，如保障公平和促进效率的政策制度、良好的法律秩序、稳定的宏观经济环境、财产权的有效保护、良好的治安和外交环境等，是一国所有企业从事生产经营、投资和对外贸易活动不可缺少的外部条件。根据公共产品理论，这些行政管理服务具有完全的非排他性和完全的非竞争性特征，属于纯公共产品范畴。因而，行政管理服务的数量和价格都不能通过市场竞争机制来确定，市场在该领域的资源配置功能完全失灵，必须由市场以外的力量即通过政府机制（税收、财政支出等）来完全替代。即使有些公共产品可以由单个企业提供，如安全保卫，也不如由政府集中提供，各个企业共同享用更经济、更方便、交易成本更低。对个人和家庭而言，上述分析同样成立。因此，由政府财政来承担行政管理支出，是维持国家各级政权存在、保证各级国家管理机构正常运转的经济保障，只有国家管理机构有效运转，才能维持社会的安定与团结，保证市场经济的正常运转。

2. **行政管理支出的挤出效应**

行政管理支出在满足各级政府部门商品和服务需求的同时，还对社会其他部门产生各种挤出效应，存在较大的经济社会代价或成本。首先，行政管理支出是一种纯消费型的非生产性支出，不会创造任何物质财富，不能实现价值的补偿和增值，如果行政管理支出过多，经济社会的再生产能力就会下降；其次，如果政府用于行政管理的支出过多，纳税人的税收负担就会过重，相应地，会降低微观经济主体的投资或消费能力，不利于宏观经济的持续健康发展；再次，在一国的财政收入总量既定的条件下，如果政府用于行政管理的支出过多，政府用于提供其他公共产品（如文化、教育、科技、卫生保健等）的支出就会相应下降，这必然会降低公共产品配置的整体效率；最后，在行政管理支出既定的条件下，若政府的行政管理效率低下，则单位行政管理的成本就会上升，要完成同量的行政管理任务，就必须追加行政管理费，或降低行政管理的服务水平，这都会直接或间接造成经济效率损失。因此，在保证国家管理机构正常运转的前提下，应控制或缩减行政管理支出的规模，提高行政管理支出的效益。

3. **行政管理支出的影响因素**

不论是发达国家还是发展中国家，不论是过去还是现在，从较长时间范围来看，行政管理支出都存在增长的趋势。显然，这其中既有合理的因素，也有官僚主义等不合理因素，行政管理支出的规模通常受以下几种因素影响。

第一，一国的经济发展水平和财政状况。行政管理支出直接来源于国家的财政收入。一方面，一国的经济增速越快，经济发展水平越高，国家财政状况越好，行政管理支出的规模就有可能越大，至少不会下降。另一方面，经济发展水平越高，民众对政府公共服务的需求就越高，行政管理支出适度增长也是必要的。

第二，国家行政管理体制及运行效率。国家各级行政管理机构的日常开支直接构成了行政管理支出的一部分主要内容。而一国行政管理机构的日常开支大小又取决于机构的数量、人员的规模、管理体制及运行效率。通常情况下，中央集权制的国家由于频繁的上下级间的科层制管理活动，导致行政管理机构设置较多，活动规模大，且行政管理绩效的评价机制不科学，监督机制不完善，导致铺张浪费、效率低下、以公谋私、腐败等现象存在，这些国家所需的行政管理开支也就越多。

第三，物价水平。一般而言，物价水平与行政管理支出存在正比例关系。一方面，物价水平作用于政府的采购和消费，物价上升，政府的采购和消费性支出必然会增加。另一方面，物价上升，会使大多数生产物质资料部门的员工工资上升，通过价格和工资的刚性，以及工资在部门间的传导等作用，行政部门员工工资也必然会引起增长，即人员经费增加。

7.1.3 我国行政管理支出的现状及改革措施

我国财政体制改革以来的行政管理支出情况见表7–2，从表7–2可以看出我国行政管理支出规模偏大。长期以来，受传统科层制的行政管理体制影响，行政管理支出一直占据我国财政支出很大一部分。行政管理支出额从1995年的872.68亿元增长到2019年的35111.71亿元，增长了39.2倍，年均增速高达16.6%。行政管理支出占一般预算财政支出的比重一直保持在10%以上，2007年更是达到24.54%，而目前世界上绝大多数国家行政管理支出占总支出的比例一般都在10%以内，法国、德国、澳大利亚等发达国家甚至低于5%。可喜的是，近年来我国相继开展了机构改革、政务公开、细化预算、改革财务会计制度、加强审计工作等行政管理体制改革工作，并取得了一定效果，行政管理支出过快增长的趋势得到控制，支出的使用趋于合理，从2008年开始行政管理支出占财政支出的比例逐渐下降，2015年这一比例下降到13.31%。2016年之后，行政管理支出占比又略有回升，2019年达到14.70%。

表7-2　1995—2019年我国行政管理支出情况

年份	行政管理支出（亿元）	财政支出（亿元）	行政管理支出占财政支出的比重（%）
1995	872.68	6823.72	12.79
1996	1040.80	7937.55	13.11
1997	1137.16	9233.56	12.32
1998	1326.77	10798.18	12.29
1999	1525.68	13187.67	11.57
2000	1787.58	15886.50	11.25
2001	2197.52	18902.58	11.63
2002	2979.42	22053.15	13.51
2003	3437.68	24649.95	13.95
2004	4059.91	28486.89	14.25
2005	4835.43	33930.28	14.25
2006	6109.45	40422.73	15.11
2007	12215.68	49781.35	24.54
2008	14096.40	62592.66	22.52
2009	14159.24	76299.93	18.56
2010	15124.08	89874.16	16.83
2011	17601.63	109247.79	16.11
2012	20145.89	125953.00	15.99
2013	21897.67	140212.10	15.62
2014	21986.27	151785.60	14.49
2015	23408.07	175877.80	13.31
2016	26304.48	187755.20	14.01
2017	29493.38	203085.50	14.52
2018	32742.53	220904.10	14.82
2019	35111.71	238874.00	14.70

资料来源：根据历年《中国统计年鉴》计算获得。

此外，我国行政管理支出还面临支出管理约束不力，铺张浪费，乱支滥用行政经费等问题。这些问题的存在使有限的财政资源被浪费，扭曲了财政支出的结构，损害了公共利益，是财政配置资源的失灵，并带来了收入分配不公等社会问题。

以上问题提醒我们必须对行政管理支出进行控制。一方面，要继续精简机构，合理定员定编，划清行政管理支出范围，完善财务管理制度，建立健全经费定额包干管理制度，控制行政管理支出的过快增长，提高行政管理支出的效率。另一方面，要深化行政管理体制改革，充分转变政府职能，进一步完善政治程序的科学化、民主化，提高政府决策、管理的透明度，建立一套科学、可行的绩效管理和评价体系，完善行政经费的监督机制，从根本上解决“行政经费居高不下”与“行政工作水平低下”这一突出矛盾。

7.2 国防支出

7.2.1 国防支出的含义和内容

国防支出即国家防卫支出，是一国政府为了维护国家主权与保证领土完整，用于国防军事工程建设、国防科技事业、军队正规化建设和民兵建设、各军兵种和后备部队的经常性开支、专项军事工程以及战时的作战经费等方面的军事支出。

各国国防支出的具体分类不完全相同，但基本上可以划分为维持费和投资费两大部分。前者主要用于维持军队的稳定和日常活动，提高军队的战备程度，是国防建设的重要物质基础。内容主要包括军事人员经费、军事活动维持费、武器装备维修保养费及教育训练费等。后者主要用于提高军队的武器装备水平，是增强军队战斗力的重要保证，主要有武器装备的研制费、采购费，军事工程建设费等几个项目。若按兵种划分，国防支出又可以分为国防部队支出、战略部队支出、陆军支出、海军支出、空军支出、武警部队支出和预备役、后备役部队支出。

我国国防支出主要由人员生活费、训练维持费和装备费三部分组成。人员生活费用于军官、文职干部、士兵和聘用人员的工资津贴、住房保险、伙食装备等。训练维持费用于部队训练、院校教育、工程设施建设维护以及其他日常消耗性支出。装备费用于武器装备的研究、试验、采购、维修、运输和储存等。国防支出的保障范围包括现役部队、预备役部队和民兵，同时也负担部分退役军人、军人配偶生活及子女教育、支援国家和地方经济建设等社会性支出。

7.2.2 国防支出的经济分析

1. 国防服务的供给方式

国家一经建立，必须执行的一个重要职能就是防御外敌侵犯，保卫国家安全，为此需要建立军队和军事设施。因而，国防同行政管理一样是一国的基本活动，是一国经济发展不可缺少的重要条件。从公共产品的理论来分析，一国的所有居民都可以同时享受到国防服务，且不需要直接支付相关费用，国防具有完全的非排他性和非竞争性特征，是最典型的纯公共产品和集体消费品之一。另外，如果国防由私人来供给，则不利于一国政局的稳定，所以国防只能由国家通常是中央政府来提供，国防支出的规模与结构集中反映了一国的国力、国策和国防战略。

2. 国防经济学对国防支出的分析

国防支出经济分析的关键问题是如何确定国防支出的最优规模。国防经济学是一门运用现代经济学工具研究国防与和平问题的交叉性学科，该学科提出了一国国防支出最优规模的确定思路。首先，要明确国防支出的目标是为了履行国防职能，完成国防目标。比如，世界上大多数国家的国防目标是保卫国家领土不受侵犯，当然个别霸权主义国家的国防目标还包括掌握、控制，甚至动用武力占领其他一些国家或地区。其次，对潜在敌人的军事力量进行分析。假如一国的国防目标是保卫国家领土不受侵犯，就要利用相关军事理论和军事情报信息，对可能侵犯之敌位于何方，可能动员的侵犯力量有多大进行精确分析。最后，对遏制敌人所需的军事力量和军费支出进行估算。在知己知彼的基础上，确定有效遏制敌人侵犯所需的军事力量规模和最优军事方案，以此编制国防预算，计算一国的国防支出。这种国防支出的预算制度，一般又称为“计划—方案—预算”。

3. **影响国防支出的主要因素**

除了受国防目标的直接影响外，一定时期内影响一国国防支出的主要因素还包括以下几点。

第一，经济发展水平的高低。正所谓“弱国无外交”，一国经济发展水平的高低，是确定国防支出的物质基础。一国经济发展速度越快、发展效益越高，国家财政状况会越好，用于国防支出的资源就越多。相反，如果不考虑经济发展的状况，盲目扩充军事实力，则会给民众带来额外的赋税，不利于经济的持续健康发展，未来的国防支出得不到保证，国防的目标将更难实现。西汉汉武帝时期穷兵黩武、连年征战，最终导致民不聊生、国库空虚，自此汉朝走向衰落就是很好的例证。

第二，国内外政治局势。“和平与发展”仍然是当今世界的两大时代主题，受霸权主义、民族主义等思潮影响，当今世界仍存在很多不稳定因素，国家之间常常为了自身国家利益或某集团的政治利益，开展核试验等军事博弈，所以国际政治局势对国防支出有着重要的外生性和不确定性影响。另外，国内政局是否稳定，各地区之间是否协调，各民族之间是否团结，老百姓对政府的服务是否认可等，也会影响国防支出的规模。

第三，军事现代化程度。在当代，科学技术的飞速发展，正从根本上改变着各国国防力量的对比关系，实现国防现代化是当代各国建立巩固国防的客观要求。军事现代化建设是一项系统工程，其中国防科学技术的现代化是关键。就技术水平来说，一方面，国防服务属于资本和技术密集型行业，只有高新技术发展才能为国防服务奠定现代化基础；另一方面，国防需求的外生性决定了国防技术具有高度的排他性，国防类高科技产品很难通过进口或外商直接投资（FDI）等方式引进，军事的现代化只能建立在一国自身技术的基础上。因此，鉴于军事现代化的迫切需要，许多国家增加了这方面的国防支出。

第四，兵役制度。一国的兵役制度包括义务兵役制和自愿兵役制，这两种不同的制度各有利弊。义务兵役制可以有效地保证兵员供给，军事人员的薪金常常低于劳动力市场均衡时的工资水平，有助于减少直接的军事开支费用。但国家需要更多地承担他们退役后的基本生活保障，从而增加社会保障方面的支出。自愿兵役制可以给每个适龄公民以平等选择的机会，有助于实现官兵的报酬与其机会成本的均衡，也有利于提高官兵的军事素质和部队战斗力，但会增加直接的国防支出，减少社会保障方面支出。总体来看，理论界更倾向于选择自愿兵役制。

7.2.3 当前我国的国防政策和国防支出

1. **我国的安全形势**

我国政府最新发表的国防白皮书全面介绍了我国当前面临的安全形势。[①]

当今世界正经历百年未有之大变局，世界多极化、经济全球化、社会信息化、文化多样化深入发展，和平、发展、合作、共赢的时代潮流不可逆转，但国际安全面临的不稳定性、不确定性更加突出，世界并不太平。

亚太地区安全形势总体稳定，但世界经济和战略重心继续向亚太地区转移，亚太地区成为大国博弈的焦点，给地区安全带来不确定性。美国强化亚太军事同盟，加大军事部署和干预力度，给亚太安全增添复杂因素。美国在韩国部署“萨德”反导系统，严重破坏地区战略平衡，严重损害地区国家战略安全利益。日本调整军事安全政策，增加投入，谋求突破“战后体制”，军事外向性增强。澳大利亚持续巩固与美国的军事同盟，强化亚太地区军事参与力度，试图在安全事务中发挥更大作用。朝鲜半岛局势虽有所缓和但仍存在不确定因素，南亚形势虽总体稳定但印巴冲突不时发生，阿富汗国内政治和解和重建艰难推进。部分国家之间的领土和海洋权益争端、民族宗教矛盾等问题仍然存在，地区安全热点问题此起彼伏。

我国仍处在发展的重要战略机遇期，安全环境虽总体有利，但国家安全面临的风险挑战不容忽视，面临多元复杂的安全威胁和挑战：第一，“台

---

① 新时代的中国国防白皮书［EB/OL］.（2019-07-24）.中华人民共和国国防部网站，http://www.mod.gov.cn.

独”分裂势力及其活动始终是台海和平稳定的最大现实威胁，是祖国和平统一的最大障碍；第二，境外“藏独”“东突”等分裂势力活动频繁，对国家安全和社会稳定构成威胁；第三，国土安全依然面临威胁，陆地边界争议尚未彻底解决，岛屿领土问题和海洋划界争端依然存在，个别域外国家舰机对中国频繁实施抵近侦察，多次非法闯入中国领海及有关岛礁邻近海空域，危害中国国家安全；第四，中国海外利益面临国际和地区动荡、恐怖主义、海盗活动等现实威胁，驻外机构、海外企业及人员多次遭到袭击。太空、网络安全威胁日益显现，自然灾害、重大疫情等非传统安全问题的危害上升。

国际军事竞争日趋激烈。世界各主要国家纷纷调整安全战略、军事战略，以及军队组织形态，发展新型作战力量，抢占军事竞争战略制高点。美国进行军事技术和体制创新，谋求绝对军事优势。俄罗斯深入推进“新面貌”军事改革，英国、法国、德国、日本、印度等都在调整优化军事力量体系。以信息技术为核心的军事高新技术日新月异，武器装备远程精确化、智能化、隐身化、无人化趋势更加明显，战争形态加速向信息化战争演变，智能化战争初现端倪。中国特色军事变革取得重大进展，但机械化建设任务尚未完成，信息化水平亟待提高，军事安全面临技术突袭和技术代差被拉大的风险，军队现代化水平与国家安全需求以及世界先进军事水平相比差距还很大。

2. **我国的国防政策**

中国的社会主义国家性质决定了走和平发展道路的战略抉择，独立自主的和平外交政策，“和为贵”的中华文化传统，决定了中国始终不渝地奉行防御性国防政策。第一，坚决捍卫国家主权、安全、发展利益。慑止和抵抗侵略，保卫国家政治安全、人民安全和社会稳定，反对和遏制“台独”，打击“藏独”“东突”等分裂势力，保卫国家主权统一、领土完整和安全。维护国家海洋权益，维护国家在太空、电磁、网络空间等方面的安全利益，维护国家海外利益，支撑国家可持续发展。第二，坚持永不称霸、永不扩张、永不谋求势力范围。主张通过平等对话和谈判协商解决国际争端，反对干涉别国内政，反对恃强凌弱，反对把自己的意志强加于人；坚持结伴不结盟，不参加任何军事集团，反对侵略扩张，反对动辄使用武力或以武力相威胁。第三，贯彻落实新时代军事战略方针。服从服务党和国家战略全局，落实总体国家安全观，强化忧患意识、危机意识、打仗意识，积极适应战略竞争新格局、国家安全新需求、现代战争新形态，有效履行新时代军队使命任务；根据国家面临的安全威胁，扎实做好军事斗争准备，全面提高新时代备战打仗能力，构建立足防御、多域统筹、均衡稳定的新时代军事战略布局。第四，坚持走中国特色强军之路。到2020年基本实现机械化，信息化建设取得重大进展，战略能力有大的提升；同国家现代化进程相一致，全面推进军事理论现代化、军队组织形态现代化、军事人员现代化、武器装备现代化，力争到2035年基本实现国防和军队现代化，到21世纪中叶把人民军队全面建成世界一流军队。第五，服务构建人类命运共同体。坚持共同、综合、合作、可持续的安全观，秉持正确义利观，积极参与全球安全治理体系改革，深化双边和多边安全合作，促进不同安全机制间协调包容、互补合作，营造平等互信、公平正义、共建共享的安全格局。①

3. **我国的国防支出情况**

由改革开放以来我国国防支出情况（见表7-3）以及2019年主要发达国家国防支出的相对规模情况（见图7-1）可以看出，改革开放以来，一方面，我国国防支出的绝对额增加了不少，从1978年的167.84亿元增加到2019年的12122.10亿元，增长71.22倍，年均增速11%；另一方面，国防支出占总财政支出和GDP的比重呈下降趋势，国防支出占财政支出比重从1978年的14.96%下降到2019年的5.07%，国防支出占GDP的比重从1978年的4.60%下降到2019年的1.22%。根据世界银行的统计数据，与其他一些国家相比，我国国防支出分别占中央财政支出和占GDP的比重两个相对规模衡量指标也都处于比较低的水平。这说明，改革开放40多年来，我国始终坚持国防建设服从和服务于经济建设大局，坚持国防建设与经济建设的协调发展，国防经费的投入相对合理，略为偏低。

① 新时代的中国国防白皮书［EB/OL］.（2019-07-24）.中华人民共和国国防部网站，http://www.mod.gov.cn.

表7-3 1978—2019年我国国防支出情况

年份	国防支出（亿元）	财政支出（亿元）	GDP（亿元）	国防支出占财政支出的比重（%）	国防支出占GDP的比重（%）
1978	167.84	1122.09	3645.22	14.96	4.60
1980	193.84	1228.83	4545.62	15.77	4.26
1985	191.53	2004.25	9016.04	9.56	2.12
1990	290.31	3083.59	18667.82	9.41	1.56
1991	330.31	3386.62	21781.50	9.75	1.52
1992	377.86	3742.20	26923.48	10.10	1.40
1993	425.80	4642.30	35333.92	9.17	1.21
1994	550.71	5792.62	48197.86	9.51	1.14
1995	636.72	6823.72	60793.73	9.33	1.05
1996	720.06	7937.55	71176.59	9.07	1.01
1997	812.57	9233.56	78973.03	8.80	1.03
1998	934.70	10798.18	84402.28	8.66	1.11
1999	1076.40	13187.67	89677.05	8.16	1.20
2000	1207.54	15886.50	99214.55	7.60	1.22
2001	1442.04	18902.58	109655.17	7.63	1.32
2002	1707.78	22053.15	120332.69	7.74	1.42
2003	1907.87	24649.95	135822.76	7.74	1.40
2004	2200.01	28486.89	159878.34	7.72	1.38
2005	2474.96	33930.28	184937.37	7.29	1.34
2006	2979.38	40422.73	216314.43	7.37	1.38
2007	3554.91	49781.35	265810.31	7.14	1.34
2008	4178.76	62592.66	314045.43	6.68	1.33
2009	4951.10	76299.93	340902.81	6.49	1.45
2010	5333.37	89874.16	401202.03	5.93	1.33
2011	6027.91	109247.79	487940.00	5.52	1.24
2012	6691.92	125953.00	538580.00	5.31	1.24
2013	7410.62	140212.10	592963.20	5.29	1.25
2014	8289.54	151785.60	641280.60	5.46	1.29
2015	9087.84	175877.80	685992.90	5.17	1.32

续表

年份	国防支出（亿元）	财政支出（亿元）	GDP（亿元）	国防支出占财政支出的比重（%）	国防支出占GDP的比重（%）
2016	9765.84	187755.20	740060.80	5.20	1.32
2017	10432.37	203085.50	832035.90	5.14	1.25
2018	11280.46	220904.10	900309.50	5.11	1.25
2019	12122.10	238874.00	990865.00	5.07	1.22

资料来源：2018年及之前数据根据《中国统计年鉴》数据计算获得，2019年数据根据《中华人民共和国2019年国民经济和社会发展统计公报》《2019年全国财政决算》数据计算获得。

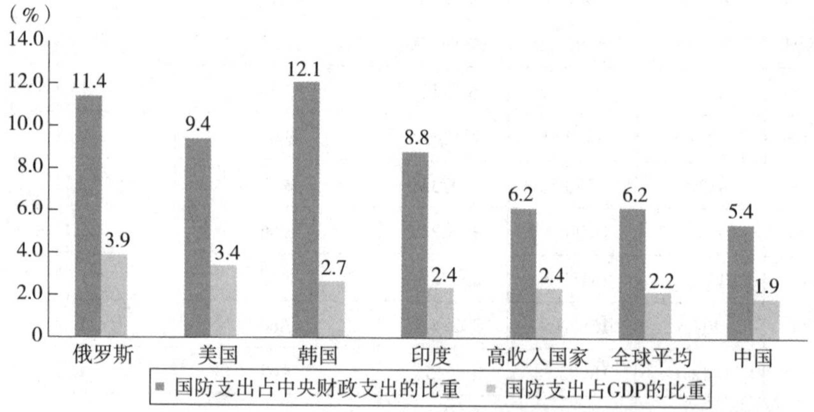

图7-1　2019年主要发达国家国防支出占中央财政支出和GDP的比重

资料来源：世界银行网站，https://www.worldbank.org/。

长期以来，我国国防支出内部人员生活费比重偏高、装备费偏低，如2010年我国国防支出中人员生活费占34.9%，训练维持费占31.9%，装备费占33.3%，装备费与人员生活费之比为0.95：1，而同期美国的装备费与人员生活费之比为1.31：1。近年来，我国全面推进国防和军队现代化建设，实施了国防和军队重大改革，深化军官职业化制度、文职人员制度等重大政策制度改革，推进军事管理革命，注重武器装备现代化建设，在一系列改革措施下，人员生活费比重逐步下降，装备费比重有较大上升，2017年我国国防支出中人员生活费占比下降到30.8%，训练维持费占比下降到28.1%，装备费占比增长到41.1%，装备费与人员生活费之比上升为1.33：1，国防支出的内部结构得到很大优化。

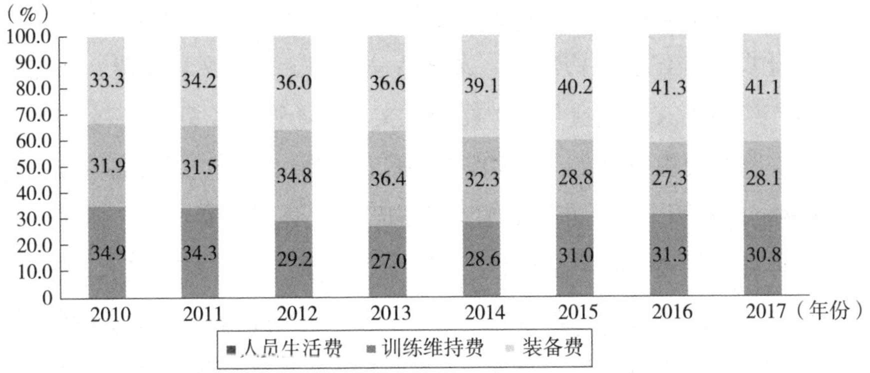

图7-2　2010—2017年我国国防支出内部结构

资料来源：新时代的中国国防白皮书［EB/OL］.（2019-07-24）.中华人民共和国国防部网站，http://www.mod.gov.cn。

7.3　科教文卫支出

7.3.1　科教文卫支出的含义及内容

科教文卫支出，是指政府财政用于文化、教育、科学、卫生、体育、通信、广播电影电视等事业部门经费支出的总称。它具体包括教育支出、科学技术支出、文化体育与传媒支出、医疗卫生支出等项目。

第一，教育支出，指各级教育部门及其举办的各类学校的事业费，包括教育管理事业费、普通教育事业费（包括各级教育部门主办的学前教育、中小学和高等教育机构的经费）、职业教育事业费（包括各类初等职业教育、中专、技校、职业高中、高等职业技术教育等机构的经费）、成人教育事业费、广播电视教育事业费、留学教育事业费、特殊教育事业费、教师进修及干部继续教育事业费、教育附加费安排的支出等内容。

第二，科学技术支出，指各级科委、科协和社会科学院及其归口管理部门的事业费，包括基础研究事业费、应用研究事业费、科技条件与服务事业费、社会科学事业费、科学技术普及事业费、科技交流与合作事业费等内容。

第三，文化体育与传媒支出，指文化、文物、体育、广播影视、新闻出版等部门的事业费，包括文化事业费（指文化管理部门经费、图书馆经费、文化展示与纪念机构经费、文化活动经费、群众文化经费、文化交流与合作经费、文化创造与保护经费、文化市场管理经费等）、文物事业费（指文物管理机构经费、文物保护经费、博物馆经费、历史名城与古迹经费等）、体育事业费（指体育管理机构经费、体育竞赛经费、体育训练经费、体育场馆经费、群众体育经费、体育交流与合作经费等）、广播影视事业费（指广播电影电视管理机构经费、广播电台经费、电视台经费、电影经费、广播电视监控经费等）、新闻出版事业费（指新闻出版机关的经费、新闻通讯经费、出版发行经费、版权管理经费、出版市场管理经费等）等内容。

第四，医疗卫生支出，指卫计及地方卫生部门的事业费，包括医疗卫生管理事务经费、公立医院经费、基础医疗卫生机构经费、公共卫生经费、医疗保障经费、中医院经费、食品和药品监督管理事务经费等内容。

此外，科教文卫支出还包括环保、地震、海洋、计划生育等项目的事业费支出。

科教文卫支出还可以分为人员经费支出和公用经费支出。人员经费支出主要用于科教文卫等事业单位的工资、补助工资、职工福利费、离退休人员费用、奖学金等开支项目，工资是其中最主要的内容。公用经费支出主要用于解决科教文卫等事业单位为完成事业计划所需要的各项费用开支。这些公用经费开支主要包括公务费、设备购置费、修缮费、业务费等。

7.3.2 科教文卫支出的经济分析

1. 科教文卫服务的重要作用

从生产过程和产品形式来看，科教文卫服务与行政管理和国防一样，都属于社会消费性领域，不直接生产物质产品。从产品的实际作用效果来看，行政管理和国防一般仅能满足民众当年的公共需求，是一种纯粹的消费性支出，而科教文卫支出不仅能满足民众当年的精神文化需求，还能从根本上提升劳动者的各项素质，提高生产效率，创造长期的经济和社会效益，既具有生产和投资的特征，又具有投资性特征，是现代服务业的重要领域。

西方经济理论和实践已经证明，用于人力资本与科学技术投资的收益率要高于物质资本投资的收益率，人力资本投资和科技进步与物质财富的生产有着密切关系，既是推动一国经济发展与增长的直接因素，也是导致经济增长率国际差异的主要原因。正是科教文卫服务在现代社会经济发展中发挥着日益重要的作用，各国政府才不遗余力地投入大量资金发展科教文卫服务，科教文卫支出规模呈现出日益增长的趋势。

2. **科教文卫服务的供给机制**

根据公共产品理论，文化、教育、科学、卫生等服务不是纯公共产品，存在一定的排他性和竞争性，具有私人产品特征，属于混合公共产品，需要市场和政府共同作用来实现该类产品的有效供给。同时，科教文卫事业又具有较强的外部正效应，有利于提升全体社会成员的素质，有助于提高整个社会文明程度，对经济的繁荣与发展具有决定作用，各国特别是发展中国家均对科教文卫服务给予很大程度的财政支持。

科教文卫服务存在科教文卫产业和科教文卫事业两种供给模式。两者都向社会公众提供一定的科教文卫服务，但在运行机制上主要存在以下区别。第一，产业主要提供排他性和竞争性更强的服务，用于满足个人消费需要，如职业技术培训和应用性研究；而事业单位提供的服务则主要是正外部性比较明显、非竞争性和非排他性程度高的服务，用于满足社会公共需要，如基础教育和基础性研究。第二，二者从事活动的目标不同，产业从事经营活动的直接目的是取得经济利益，即自身利润最大化；而事业单位从事活动的根本目的是取得社会的共同利益和长远利益。第三，二者的资金运动形式不同，产业的支出主要靠收费获得，而事业单位的支出主要来自财政的科教文卫支出。

7.3.3 教育支出

1. **教育支出的必要性**

教育是集消费的排他性、一定竞争性、拥挤性和正外部性等特征于一身的准公共产品。作为一种准公共产品，市场是不能有效供给的，若将教育全部推给市场去运作，在市场失灵的情况下，必然会给教育带来灾难性损失，直接影响国家和社会的稳定发展。以高等教育为例，由于该项投资的收益大小受个人性格、健康、机遇等因素的影响较大，人力资本投资的回报是不确定的，所以私人的信贷机构一般不愿意冒较大的风险为其提供教育贷款，这就使得那些没有存款或者低收入家庭的青年人无力接受高等教育。因此，负责提供教育经费，引导、规范、促进教育事业健康快速发展的主要责任主体应该是政府。

教育具有正外部性。首先，教育丰富了人们的知识，提高了人们的劳动技能，增强了人们在谋生过程中的竞争力，这些都有助于全社会劳动生产力的提高和综合国力的增强，有利于国家的经济增长，从而使全社会受益；其次，随着教育程度的提高，人们的法律知识、道德修养都得到提升，人们会更加遵守社会公德，从而使犯罪率下降，社会更加安定，社会治安成本下降，经济环境更加优化；最后，教育作为一种统治工具，为政治教育提供了很好的途径，当权者可以借助教育使公民树立起符合自己阶级利益的人生观和价值观，使公民更易于管理，政治更加稳定。

教育是社会公平的起点和关键。经济发展水平和收入分配的不均会导致教育机会不均，经济发达地区也因财力雄厚得以在教育方面率先步入小康；而经济欠发达的贫困地区往往受到财政资金短缺的影响，对财政性教育支出力不从心。教育是社会公平的起点和关键，教育机会的不均很可能再次导致收入不均，带来更大的社会不公平。因此，政府必须通过公共政策的倾斜，加大对贫困地区和低收入群体财政教育支出的扶持力度。

另外，“百年大计，教育为本”，教育是功在当代、利在千秋的大事，对一国的经济发展和社会文明具有重要作用。首先，教育是科学技术进步的基础。科技的继承和创新，以教育为源泉。只有通过教育，新的科技成果才能传播开来。其次，教育是劳动力再生产的重要条件。在现代生产条件下，劳动者的科学文化知识、劳动技能等主要靠教育获得，劳动力的质量和劳动生产率同劳动者受教育的程度呈正相关关系。再次，再教育是解决结构性失业问题的有效手段。只有通过对失业人口进行再教育和再培训，才能实现再就业。最后，教育是社会主义精神文明建设与物质文明建设“两手抓”的结合点。要取得两个文明的双丰收，加强全民教育，普遍提高全民族的科学文化素质是最主要的途径之一。

2. **我国教育支出的现状分析**

改革开放40多年以来，经过政府和全社会的共同努力，中国教育事业取得了举世瞩目的成就，实现了由人口大国向人力资源大国的历史性转变，教育对经济和社会的发展做出了重要贡献。当前，我国财政性教育经费投入情况主要呈现以下特点。

第一，财政性教育经费投入总量呈不断增长趋势。1992—2017年我国财政性教育经费的支出情况如表7-4所示。从表7-4可以看出：1992年以来我国财政性教育支出绝对规模历年都在增长，从1992年的728.75亿元增长到2017年的34207.75亿元，增长45.9倍；从20世纪末到“十五”计划期间，我国财政性教育投资相对指标增长缓慢，财政性教育经费占财政支出的比重反而有所下降；但“十一五”以来我国加大了财政对教育的总投资力度，财政性教育经费占财政支出和GDP的比重都有所上升，2012年以来财政支出占GDP比重已经超过4%，实现了1993年我国制定的《中国教育改革和发展纲要》的总体目标。

表7-4 1992—2017年我国财政性教育经费支出情况

年份	全国教育经费总投入（亿元）	国家财政性教育经费（亿元）	财政总支出（亿元）	GDP（亿元）	国家财政性教育经费占财政总支出的比重（%）	国家财政性教育经费占GDP的比重（%）
1992	867.05	728.75	3742.2	26923.5	19.47	2.71
1993	1059.94	867.76	4642.3	35333.9	18.69	2.46
1994	1488.78	1174.74	5792.6	48197.9	20.28	2.44
1995	1877.95	1411.52	6823.7	60793.7	20.69	2.32
1996	2262.34	1671.7	7937.6	71176.6	21.06	2.35
1997	2531.73	1862.54	9233.6	78973.0	20.17	2.36
1998	2949.06	2032.45	10798.2	84402.3	18.82	2.41
1999	3349.04	2287.18	13187.7	89677.1	17.34	2.55
2000	3849.08	2562.61	15886.5	99214.6	16.13	2.58
2001	4637.66	3057.01	18902.6	109655.2	16.17	2.79
2002	5480.03	3491.4	22053.2	120332.7	15.83	2.90

续表

年份	全国教育经费总投入（亿元）	国家财政性教育经费（亿元）	财政总支出（亿元）	GDP（亿元）	国家财政性教育经费占财政总支出的比重（%）	国家财政性教育经费占GDP的比重（%）
2003	6208.27	3850.62	24650.0	135822.8	15.62	2.84
2004	7242.6	4465.86	28486.9	159878.3	15.68	2.79
2005	8418.84	5161.08	33930.3	184937.4	15.21	2.79
2006	9815.31	6348.36	40422.7	216314.4	15.70	2.93
2007	12148.07	8280.21	49781.4	265810.3	16.63	3.12
2008	14500.74	10449.63	62592.7	314045.4	16.69	3.33
2009	16502.71	12231.09	76299.9	340902.8	16.03	3.59
2010	19561.85	14670.07	89874.2	401202.0	16.32	3.66
2011	23869.29	18586.7	109247.8	487940.0	17.01	3.81
2012	28655.31	23147.57	125953.0	538580.0	18.38	4.30
2013	30364.72	24488.22	140212.1	592963.2	17.47	4.13
2014	32806.46	26420.58	151785.6	641280.6	17.41	4.12
2015	36129.19	29221.45	175877.8	685992.9	16.61	4.26
2016	38888.39	31396.25	187755.2	740060.8	16.72	4.24
2017	42562	34207.75	203085.5	820754.3	16.84	4.17

资料来源：根据历年《中国教育经费统计年鉴》计算获得。

第二，我国的教育投入基本形成以政府财政投入为主，其他各种社会资金相补充的格局。表7-5是1992—2017年我国教育投入的来源情况，可以看到：随着我国市场经济体制的改革，教育投资也基本形成一个多元化的格局，民办学校办学经费、社会捐赠经费、事业收入和其他经费来源都有较大提高，这几类经费的总和从1993年的73.52亿元增长到2017年的8354.26亿元，占教育总经费的比重从1993年的6.94%增长到2017年的19.63%，极大地满足了社会对教育全方位增长的需求，提高了办学效率，推动了高等教育大众化的实现；同时，近年来为了弥补教育的正外部性，促进教育的公平性，财政加大了对教育的投入，财政性教育经费占总教育经费的比例维持在80%左右，确保了国家财政对教育投入的主体地位。

第三，财政教育经费的分配结构得到优化。近年来，随着我国公共财政理念的确立，财政教育投入的分配结构逐步趋于合理。一方面，对于具有私人产品性质，能直接提高个人收入的教育，如高等教育、职业中专、各种岗前培训等教育领域，公共财政在教育投入上做了部分退出，建立了市场、社会和个人进入的体制机制；另一方面，政府加大了义务教育阶段的经费投入，特别是扩大了“两免一补”的政策实施范围，加大了中、西部地区和农村地区的经费投入和保障，大力推动了义务教育的均衡化发展。

虽然我国教育事业取得了快速发展，但与世界先进水平相比，我国财政性教育经费投入仍存在以下问题。

第一，财政性教育经费的投入总量仍然不足。根据世界银行的数据，2017年财政性教育经费占GDP的比重全球平均水平为4.53%，高收入国家为4.94%（如德国为4.91%、美国为4.96%、英国为5.44%、法国为5.45%、瑞典为7.57%），中低等收入国家为4.43%（如俄罗斯为4.69%、南非为6.11%、巴西为6.32%），我国不仅低于高收入国家和全球平均水平，还低于中低等收入国家水平，中国的教育投入仍处于中下等，与我们的国家地位和经济实力不相符。

第二，教育支出存在明显的区域和城乡差异。一方面，受历史和现实因素的影响，教育支出在东、中、西部地区差异明显。由图7-3可以看到，在较为发达的东部地区，如北京、上海、天津、浙江、江苏、广东等省份，人均教育经费比较高；对于中部地区的河南、湖南、湖北、安徽等省份，人均教育经费与东部地区省份有明显的差距；西部地区个别省份如西藏、新疆、青海，由于国家政策的倾斜，人均教育经费与东部地区差距不大，甚至高于东部地区，但其他省份如云南、甘肃、四川等与东部地区也存在较大差距。另一方面，教育支出在城市与农村间差异明显。长期以来，受我国城乡二元经济结构的影响，我国农村教育一直处在投资不足的状态，城乡之间在教育投入上相距极大，农村普通中小学的平均预算内经费一直低于全国平均水平。虽然近年来我国对农村地区义务教育实施了“两免一补”的优惠政策，但财政性教育经费并没有从根本上改善农村义务教育的师资、基础设施和教学条件。中、西部地区和农村地区教育经费的不足，造成了这些地区教育设施、教育条件、教育人才的严重落后，反过来影响着这些地区的经济发展。

表7-5 1992—2017年我国财政教育经费的投入结构

年份	全国教育经费总投入（亿元）	国家财政性教育经费（亿元）	占总教育经费比重（%）	民办学校办学经费（亿元）	占总教育经费比重（%）	社会捐赠经费（亿元）	占总教育经费比重（%）	事业收入（亿元）	占总教育经费比重（%）	其他教育经费（亿元）	占总教育经费比重（%）
1992	867.05	728.75	84.05	—	—	69.63	8.03	—	—	—	—
1993	1059.94	867.76	81.87	3.33	0.31	70.19	6.62	—	—	—	—
1994	1488.78	1174.74	78.91	10.78	0.72	97.45	6.55	—	—	—	—
1995	1877.95	1411.52	75.16	20.37	1.08	162.84	8.67	—	—	—	—
1996	2262.34	1671.70	73.89	26.20	1.16	1884.19	83.29	—	—	—	—
1997	2531.73	1862.54	73.57	30.17	1.19	170.66	6.74	—	—	—	—
1998	2949.06	2032.45	68.92	48.03	1.63	141.85	4.81	609.15	20.66	117.57	3.99
1999	3349.04	2287.18	68.29	62.90	1.88	125.87	3.76	749.72	22.39	123.38	3.68
2000	3849.08	2562.61	66.58	85.85	2.23	113.96	2.96	938.27	24.38	148.39	3.86
2001	4637.66	3057.01	65.92	128.09	2.76	112.89	2.43	1157.51	24.96	182.16	3.93
2002	5480.03	3491.40	63.71	172.55	3.15	127.28	2.32	1460.92	26.66	227.87	4.16
2003	6208.27	3850.62	62.02	259.01	4.17	104.59	1.68	1721.84	27.73	272.19	4.38
2004	7242.60	4465.86	61.66	347.85	4.80	93.42	1.29	2011.43	27.77	324.04	4.47

续表

年份	全国教育经费总投入（亿元）	国家财政性教育经费（亿元）	占总教育经费比重（%）	民办学校办学经费（亿元）	占总教育经费比重（%）	社会捐赠经费（亿元）	占总教育经费比重（%）	事业收入（亿元）	占总教育经费比重（%）	其他教育经费（亿元）	占总教育经费比重（%）
2005	8418.84	5161.08	61.30	452.22	5.37	93.16	1.11	2340.00	27.79	372.38	4.42
2006	9815.31	6348.36	64.68	549.06	5.59	89.91	0.92	2407.30	24.53	420.67	4.29
2007	12148.07	8280.21	68.16	80.93	0.67	93.06	0.77	3177.24	26.15	516.62	4.25
2008	14500.74	10449.63	72.06	69.85	0.48	102.67	0.71	3367.07	23.22	511.52	3.53
2009	16502.71	12231.09	74.12	74.98	0.45	125.50	0.76	3527.59	21.38	543.54	3.29
2010	19561.85	14670.07	74.99	105.43	0.54	107.88	0.55	4106.07	20.99	572.40	2.93
2011	23869.29	18586.70	77.87	111.93	0.47	111.87	0.47	4424.69	18.54	634.10	2.66
2012	28655.31	23147.57	80.78	128.18	0.45	95.69	0.33	4619.84	16.12	664.03	2.32
2013	30364.72	24488.22	80.65	147.41	0.49	85.54	0.28	4926.21	16.22	717.34	2.36
2014	32806.46	26420.58	80.53	131.35	0.40	79.67	0.24	5427.16	16.54	747.70	2.28
2015	36129.19	29221.45	80.88	187.67	0.52	87.00	0.24	5809.72	16.08	823.36	2.28
2016	38888.39	31396.25	80.73	203.27	0.52	81.04	0.21	6276.83	16.14	930.99	2.39
2017	42562.00	34207.75	80.37	225.01	0.53	85.00	0.20	6957.57	16.35	1086.68	2.55

资料来源：根据历年《中国教育经费统计年鉴》计算获得。

第三，我国对不同性质的学校的财政教育投入不合理。我国教育经费过多地给予高等教育、职业教育等私人产品特征较为明显的领域，而对公共产品特征明显的义务教育等领域教育经费投入则不足。高等教育方面，尽管近年来民办教育有所发展，但民办教学和社会捐助比例还是太低，高等教育几乎都由政府和事业收入（学杂费收入）提供，这既增加了家庭的教育负担，也不利于促进高等教育办学的有序竞争，以及高校与企业在产学研等方面的有效对接。提高国民基本素质的关键并不在于高等教育，而在于初等教育，相对于我国庞大的人口基数，教育支出对高等教育的支持力度有些偏大，由此也从侧面反映出初等教育投入经费的相对不足。

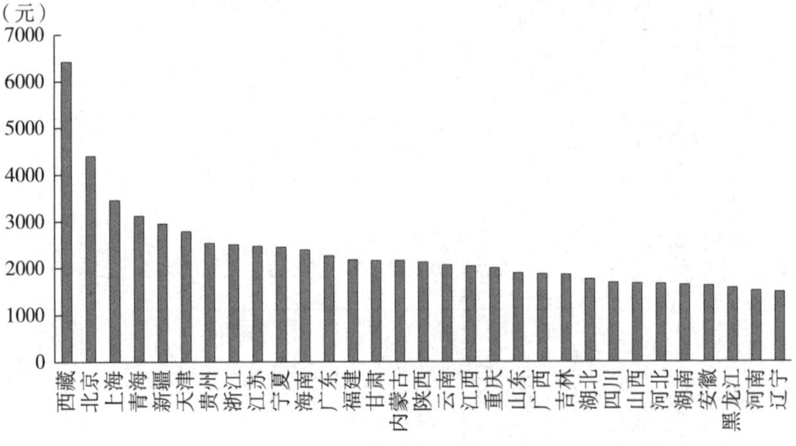

图7-3　2017年我国各地区人均教育经费情况

资料来源：根据历年《中国教育经费统计年鉴》计算获得。

3. 完善我国教育支出的政策建议

第一，建立健全财政性教育支出的制度体系。首先，要以法律的形式明确国家财政性教育经费的数量指标，即分别确定中央和地方各省市应承担的财政性教育经费指标，并根据实际能力与需求，对教育经费实行最低限额的规定。其次，要加强对教育执法的审计和监督工作，凡是财政性教育经费投入未达到法律规定指标的单位，或者未按要求使用教育经费的单位，均应给予相应的惩罚，以保证教育经费的有效投入和有效使用。

第二，拓宽财政性教育经费的来源，增加教育经费总支出。政府的公共财政支出能力毕竟是有限的，要增加财政性教育支出，从根本上来说，还应该拓宽教育经费来源，建立多元化的筹资机制。如发行教育公债，专款专用于教育事业；发行教育彩票；吸收社会闲散资金；充分引入市场竞争机制，鼓励社会力量参与办学。

第三，调整财政性教育支出结构。首先，优化对各类教育的支出结构。应当明确义务教育经费支出在各级教育经费支出中的优先地位，将财政性教育经费的增量主要用于义务教育经费支出。而对于高等教育则应更多地引入市场机制，拓宽教育经费来源渠道，鼓励全社会共同参与，提高教育资源的配置效率。其次，优化地区和城乡的财政性教育支出结构，建立完善的转移支付制度。鉴于我国特殊的城乡二元经济结构和极不均衡的地区经济发展状况，中央政府应当健全一般和专项教育支出转移支付制度，平衡各地区间的财政及教育条件，保证地区和城乡间合理的财政性教育支出。最后，建立弱势补偿机制，加大对弱势群体的补偿力度。要根据经济发展水平和财力状况，加强对贫困地区和贫困家庭的直接资金补助，如建立国家奖助学金标准动态调整机制，使真正需要帮助的群体得到切实有效的政策扶持。

第四，兼顾效率与公平。效率与公平问题在财政性教育支出上表现得尤为明显：从效率来看，当每个人最后一单位的教育费用所产生的效益相同时，社会总产出最大化，基于这一点，能力较强的人因为能产生较高的效益而应该得到较多的教育经费；从公平来看，享受最低标准的教育应该被视为公民的一项基本权利。作为政府，必须同时兼顾效率与公平，政府应当向所有家庭均等地提供最低标准的教育，即我国的九年制义务教育和适当的学前教育；而对于非义务教育，尤其是高等教育的资助，只给予那些无支付能力、贫困的个人，切实实行奖、贷、勤、助、减等助学体系。

7.3.4 科学技术支出

1. 科学技术支出的必要性

科学技术是第一生产力，是推动人类社会发展的最根本力量。从18世纪60年代以蒸汽机为主要标志的第一次技术革命开始，经过19世纪以电磁应用为标志的第二次技术革命，直到20世纪50年代以原子能、电子计算机和空间技术为标志的第三次技术革命，以及目前方兴未艾的以信息技术为标志的第四次技术革命，生产力发展的大部分是由科学技术的发展带来的。

近代经济发展史和经济理论也都表明，科学技术是推动一国经济和社会发展的重要推动力，科技进步能有效提高劳动生产率和资源的利用效率，对经济增长的贡献率不断提高，科技进步、追加投资和提高管理水平成为一国经济增长的三大动力。据估计，二战以后，主要资本主义国家劳动生产率提高的数字中，有60%~80%是靠采用新的科学技术成果实现的。当今发达国家的经济增长中，物质成分所起的作用逐步下降，知识成分的作用大幅度提高，已成为决定性力量。当前，科技发展水平已成为衡量一国综合竞争力的重要指标，各国政府都非常重视科学技术的发展，纷纷加大公共财政对科技的投入，特别是增加了对基础性、重大性科研的经费投入。

2. **我国财政性科学技术支出的现状和问题**

近年来，随着我国对科技重视程度的提高，财政对科技的投入逐年增加（见表7–6），财政性科技支出由1991年的160.7亿元增加到2018年的9518.2亿元，增长58.2倍，年均增速高达16.3%。虽然财政性科技支出绝对量增长较快，但是财政性科技支出仍存在以下几方面问题。

第一，财政性科技支出相对量不足。一方面，财政性科技支出占国家财政总支出的比重总体上波动比较大，一些年份出现较大幅度的下降，1991—2002年，财政性科技支出占比从4.75%下降到3.70%，之后又缓慢增长到2010年的4.67%，此后又呈现波动性下降趋势；另一方面，财政性科技支出占GDP比重也比较低，我国科技支出绝对量虽不断增加，但与GDP的增加相比仍有较大差距。1991年，我国财政性科技支出占GDP比重为0.74%，之后的很多年该比重呈波动性下降趋势，并在1996年达到低谷（0.49%），2015年之后财政性科技支出占GDP比重才呈波动性上升趋势，2018年该比重增长到1.06%，而根据世界银行的数据，我国研发经费支出占GDP的比重（2.19%）总体上接近全球平均水平

（2.27%），但与同期韩国（4.84%）、日本（3.26%）、德国（3.09%）、美国（2.84%）等发达国家相比，还存在比较大的差距（见图7-4）。所以，我国的财政性科技投入总体上仍然偏低，导致国家整体创新能力比较弱，这显然与我国建立创新性国家的战略以及未来经济发展不相符合。

表7-6 1991—2018年我国财政性科技支出总额及比例

年份	国家财政性科技支出（亿元）	财政总支出（亿元）	GDP(亿元)	国家财政性科技支出占财政总支出的比重（%）	国家财政性科技支出占GDP的比重（%）
1991	160.7	3386.6	21781.5	4.74	0.74
1992	189.3	3742.2	26923.5	5.06	0.70
1993	225.6	4642.3	35333.9	4.86	0.64
1994	268.3	5792.6	48197.9	4.63	0.56
1995	302.4	6823.7	60793.7	4.43	0.50
1996	348.6	7937.6	71176.6	4.39	0.49
1997	408.9	9233.6	78973.0	4.43	0.52
1998	438.6	10798.2	84402.3	4.06	0.52
1999	543.9	13187.7	89677.1	4.12	0.61
2000	575.6	15886.5	99214.6	3.62	0.58
2001	703.3	18902.6	109655.2	3.72	0.64
2002	816.2	22053.2	120332.7	3.70	0.68
2003	944.6	24650.0	135822.8	3.83	0.70
2004	1095.3	28486.9	159878.3	3.85	0.69
2005	1314.9	33930.3	184937.4	3.88	0.71
2006	1688.5	40422.7	216314.4	4.18	0.78
2007	2135.7	49781.4	265810.3	4.29	0.80
2008	2611.0	62592.7	314045.4	4.17	0.83
2009	3276.8	76299.9	340902.8	4.29	0.96
2010	4196.7	89874.2	401202.0	4.67	1.05
2011	4797.0	109247.8	487940.0	4.39	0.98
2012	5600.1	125953.0	538580.0	4.45	1.04
2013	6148.9	140212.1	592963.2	4.39	1.04

续表

年份	国家财政性科技支出（亿元）	财政总支出（亿元）	GDP(亿元）	国家财政性科技支出占财政总支出的比重（%）	国家财政性科技支出占GDP的比重（%）
2014	6454.5	151785.6	641280.6	4.25	1.01
2015	7005.8	175877.8	685992.9	3.98	1.02
2016	7760.7	187755.2	740060.8	4.13	1.05
2017	8383.6	203085.5	820754.3	4.13	1.02
2018	9518.2	220904.1	900309.5	4.31	1.06

资料来源：根据历年《中国科技统计年鉴》计算获得。

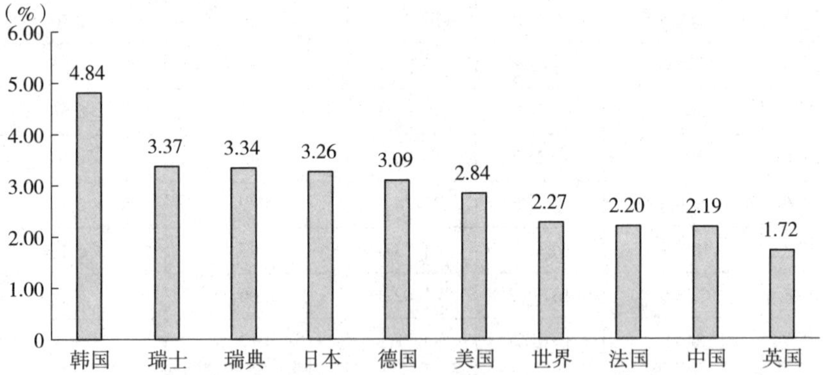

图7-4　2018年部分国家研发经费占GDP的比重

资料来源：中国科技统计网，http://www.sts.org.cn。

第二，财政性科技支出的结构失衡。根据公共产品理论，财政性科技支出可以分为纯公共产品类型的支出和准公共产品类型的支出。纯公共产品类型的支出如基础研究和卫生、保健和环境等社会公益研究等，具有明显的正外部性，而且是一个国家技术创新的源泉，虽然市场不愿供给，但是各国财政性科技支出的重点。而准公共产品类型的支出如应用性研究等能够为研发者直接创造经济效益，市场愿意供给，政府可以减少该领域的投入。2018年，我国研究与试验发展（R&D）经费总支出中，基础研究、应用研究和试验发展经费支出所占比重分别为5.5%、11.1%和83.3%，也就是说，我国大部分研发经费投向了应用性科技开发活动且支出范围广泛，没有针对性，而需要政府支持的基础性和公益性科研项目经费投入不足，远远低于发达国家20%左右甚至更高的投入比例（见图7–5），所以财政性科技支出总量的不足还制约着我国研发结构的合理性，可能导致基础创新能力不足和核心技术难以突破，影响产业升级和经济可持续性增长。

第三，中央、地方财政性科技支出体系不完善。财政性科技支出的主体包括中央政府和地方政府（见图7–6）。20世纪90年代之前，中央政府承担了财政性科技支出的70%以上，随着我国财政分权体制的建立，地方政府的财政性科技支出不断增加，在地区科技进步中扮演着越来越重要的角色；2007年地方财政性科技支出的份额首次超过中央财政，并进一步增长到2018年的61%。然而，由于我国区域发展的不平衡，各地区财政性科技支出水平存在很大差异，如2018年，我国人均财政性研发经费支出最多的是北京、上海、陕西、天津等省份，人均财政性研发经费超过500元，而云南、河北、广西、江西、内蒙古、山西、新疆、贵州、河南等省份人均财政性研发经费还不足100元（见图7–7）。地区间科技能力的差距又会加剧地区间的经济发展差距，造成恶性循环。同时，中央和地方各自的科技支出范围也不够明确，导致科技支出项目存在重复或缺失，既容易造成财政资金的低效率，又会影响国家科技发展战略的实施。

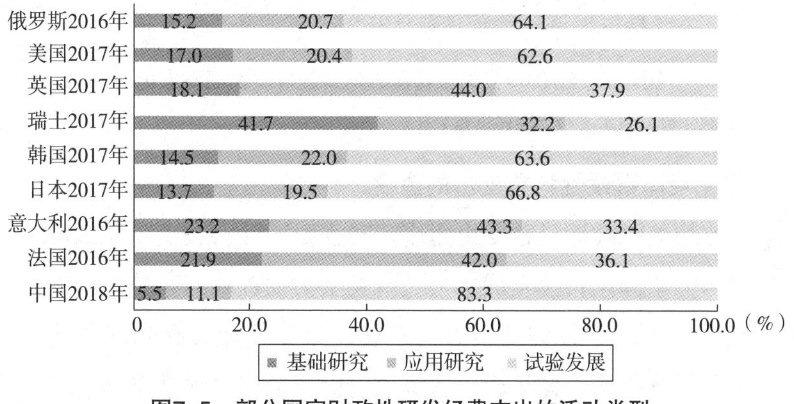

图7–5　部分国家财政性研发经费支出的活动类型

资料来源：中国科技统计网，http://www.sts.org.cn。

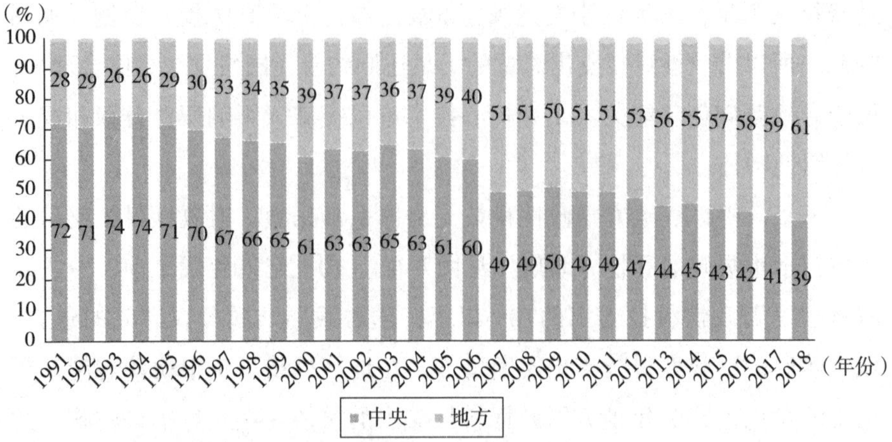

图7-6　1991—2018年我国财政性科技支出的中央和地方构成

资料来源：根据历年《中国科技统计年鉴》计算获得。

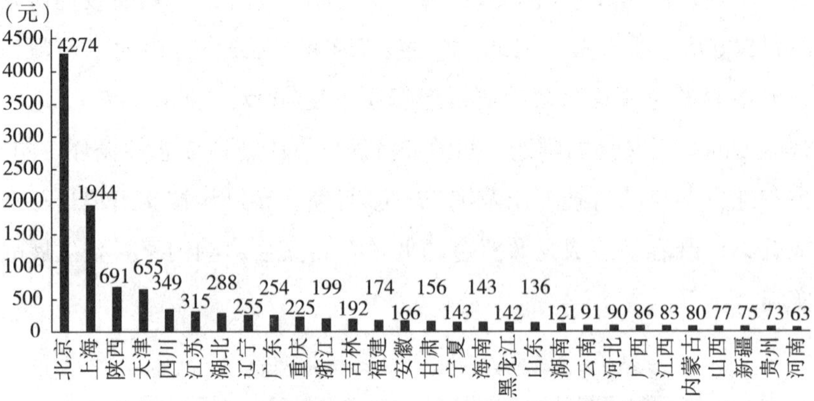

图7-7　2018年我国各省份人均财政性研发经费支出

资料来源：根据历年《中国统计年鉴》计算获得。

3. **优化我国财政性科技支出的建议**

第一，加大财政性科技支出力度，建立财政性科技支出与经济增长的联动机制。一个国家科技发展水平及科技实力的提高与科技支出规模密切相关。我国要朝着科技创新型方向发展，就必须加大财政性科技支出投入，提升科技支出的总体规模。各级政府财政应建立科技支出与经济增长相联动的机制，不仅要保持财政性科技支出与经常性财政支出相挂钩，还要把国家财政性科技支出与GDP和国家财政总支出相关联，纳入政府预算支出目标考核体系，实现财政性科技支出的自然联动增长。

第二，调整财政性科技支出的结构。首先，政府要不断增加对基础研究的财政支出，使基础研究的支出在R&D经费支出中的比重持续提高，以此促进我国在基础理论方面有重大突破。其次，政府应该根据我国经济发展阶段和发展战略，适时调整政府财政支出的结构，将财政的有限资金投入到科技前沿领域以及有助于提高国家自主创新能力的领域，并逐步退出可以通过市场机制解决资金投入的科技领域，做到重点投入有效利用财政资金。最后，中央财政要加大对科技落后地区的科技专项经费转移支付力度，缓解地方财政压力，促进落后地区科技水平的发展和创新能力的提高，进而推动落后地区经济发展，缩小地区发展差距。

第三，多渠道筹集社会科技经费投入。从发达国家经验来看，财政支持科技活动的方式主要有财政支出、税收激励和联合安排三种。其中，财政支出还包括财政补贴、政府采购等形式，税收激励又有加速折旧、税收抵免、投资抵免等多种方式。我国财政也应积极采取措施，动员全社会的力量，多渠道筹措科技资金。一是利用政策的导向作用，促使企业建立健全技术创新机制，积极投入技术开发经费，确立企业技术创新的主体地位，培养企业自身的科技创新意识。二是完善科研机构自我投入和发展机制，进一步推动政府研究机构企业化转制和分类管理改革。三是拓宽科技金融融资渠道，对科技贷款实行贴息、减息等政策，为技术开发、科技成果转化提供融资保障。

7.4 公共投资性支出

7.4.1 公共投资性支出概述

1. 公共投资的含义

投资一般是指经济主体投入货币或其他资源用于某些领域产品生产和经营的经济活动。投资的这一含义表明了投资主体、投资目的、投资方式和投资行为过程的内容及其内在联系。其中，投资效益是投资的收益与成本或费用之比，包括经济效益和社会效益，前者指投资活动给投资主体带来的直接效益，后者指投资活动对社会生态环境、公共福利以及精神文化素质等方面做出的贡献。投资风险是指投资遭受各种损失的可能性，或者实际获得的收益低于预期收益的可能性。投资效益总是与投资风险相伴而生，通常呈正相关关系，即投资效益越高，风险越大；投资效益越低，风险越小。因此，投资活动首先要强调效益观念，提高投资效益，同时尽可能规避和控制风险。只顾投出资金、高投资低效益或者低效益高风险的行为都不是理性的投资行为。

根据投资主体的不同，投资可以分为私人投资和公共投资，两者共同构成了社会总投资。所谓公共投资是指政府将一部分公共资金用于购置公共部门的资产，以满足社会公共需求所形成的财政支出，它是政府提供公共产品和服务的前提与基础。公共投资与私人投资相比，具有以下特点。

第一，公共性和基础性。公共投资的资金来源于政府的财政收入，具有公共性。公共投资的目的主要是弥补市场失灵的固有缺陷，以及克服非政府投资的局限性，其着眼点首先在于为全体居民和各类经济主体的生产、生活需要提供必要的社会性、基础性条件，以满足社会公共需要，履行政府与财政的基本职能。

第二，社会效益明显。私人投资主体的投资主要是为了赚取利润，追求微观经济效益的最大化；而公共投资主要是受非经济动因，即社会动因支配，以追求社会效益、生态效益和宏观经济效益的最大化。所以，只要投资项目的建成能够带来全社会整体利益的增加，即使该项目本身不盈利，投资行为也是可行的。

第三，间接性和无偿性。政府公共投资为企业生产和居民生活提供了良好的外部环境，降低了企业的交易费用，提高了居民的生活质量，而企业和居民对公共投资成果的消费一般不需要直接支付费用，是无偿的。但这种无偿性也不是绝对的，企业和居民首先要无偿地向政府上交税款，然后政府继续用于公共投资，从而间接地形成公共投资。

第四，政策性。公共投资必须考虑国家的宏观经济政策，特别是产业政策，引导社会其他投资主体的投资方向，弥补社会投资对某些部门投入的不足，使社会各个投资主体的目标与国家的整体体系保持和谐统一，保证社会投资活动顺利地进行。

2. **公共投资性支出的必要性**

公共投资之所以成为社会总投资中不可或缺的一个重要组成部分，是因为它具有不可替代的重要性，主要表现为以下四个方面。

第一，公共投资是克服私人投资在资源配置中市场失灵的必要手段，对外部效应明显、投资数额巨大、周期长、回收慢、无盈利或低盈利的领域或投资项目，私人一般不愿投资，公共投资在该领域就具有不可替代性。

第二，公共投资是进行宏观调控、优化资源配置的重要手段。通过政府投资方向、规模和模式的选择，公共投资本身对资源配置既具有直接调节作用，又给私人投资创造了良好条件，起到了投资导向的作用。

第三，公共投资是促进国民经济发展的物质基础。政府可以运用各种财力、物力、人力投资于各项基础设施和基础产业等项目，直接对资源进行配置；同时，政府也掌握着产业布局的机动权，可以对形成合理的产业结构和产业结构的优化调整发挥重要作用，从而可以为企业创造良好的投资环境。

第四，在现代市场经济和技术进步条件下，政府对教育、科研、文化、卫生等方面的投资，是提高国民经济整体素质、推动科技进步、提高经济增长质量和效率、促进社会全面进步的重要推动力量。

3. **公共投资的最优范围**

公共投资是社会总投资的重要部分，并不意味着公共投资的范围和规模越大越好。从理论上说，公共投资在遵循不扭曲市场机制的基础上，主要限定在市场配置资源失灵的范围内，以弥补和矫正市场投资的缺陷。

一般来讲，根据国民经济各行业的性质和特点，社会投资项目大致可以分为竞争性项目、基础性项目和公益性项目三大类。竞争性项目是完全受市场调控能够盈利并能形成市场竞争的项目，该类项目属于“私人产品”性质，具有排他性和竞争性，多为投资较少、建设周期较短、投资完全能够回收并能实现价值增值的加工行业和服务行业，主要包括制造业、建筑业、流通仓储业、金融保险业（商业性部分）等。基础性项目是具有自然垄断性、投资额大、建设周期长，且收益较低的基础设施和基础工业、农业以及需要政府重点扶持的高技术产业和部分支柱产业等。公益性项目是不从事生产经营的国防、政府行政机构、司法部门，科研、文化、教育卫生等事业，环保和其他城市公用设施以及社会团体的投资项目，该类项目基本上属于“公共产品和服务”。

根据上述竞争性、基础性和公益性三类投资性项目的不同性质与特点，为防止政府对市场配置资源进行不必要的干预，促使政府把有限的资金集中用于必不可少的领域。公共投资的最优范围为：竞争性项目应以私人投资为主体；公共投资首先保证公益性项目的投资；基础性项目应主要由政府集中必要的资金进行投资建设，并引导社会资金、企业资金和外资参与投资；政府可以适当参与支柱产业、农业、重点项目和高新技术项目的投资。

7.4.2 基础产业投资

1. 基础产业的含义

基础产业一般包括基础工业和基础设施两大类：基础工业主要指能源（包括电力）工业和基本原材料（包括建筑材料、钢材、石油化工材料等）工业；基础设施主要包括交通运输、机场、港口、桥梁、通信、水利和城市供排水、供气、供电等。基础产业是支撑一国经济运行的基础部门。一国的基础产业越发达，该国的经济运行就越顺畅，人民的生活也就越便利；相反，基础产业越落后，该国工业、农业和商业等其他产业的发展就越会遭遇瓶颈，影响整个国家经济的有效运行。

2. 基础产业的特征

在社会经济活动中，与其他产业相比，基础产业具有以下特征。

第一，基础设施为整个社会提供“共同生产生活条件”。基础设施为全社会创造了包括交通设施、建筑物、通信、水利设施等形式的固定资本，这些固定资本不能被某个生产者或消费者独家使用，也不能被卖者当作商品一次性地将其整体出售给使用者，具有“公共产品”的公用性、非独占性和不可分性等特征，为全社会提供了“共同生产生活条件”。

第二，基础工业是处在国民经济产业链上游的生产部门。上游是指基础工业所提供的产品是其他生产部门（也包括本部门）生产和再生产时所必需的投入品，如能源、基本原材料等行业。上游产业具有基础性、原料性、联系性强等特点，其产品价格构成其他部门产品成本的组成部分，它们的价格变动具有很强的连锁效应，会引起整个产业成本的波动，其发展质量直接影响着其他行业的发展水平。

第三，基础设施和基础工业大多属于资本密集型行业，需要大量的固定资本或沉没成本投入，具有明显的自然垄断和规模经济特征，建设周期一般比较长，投资形成生产能力和投资回报的时间需要很多年，投资收益也缺乏保障，存在较大的投资风险，导致私人企业没有能力或者不愿在这些产业投资。尤其是在一国经济发展的初期，完善基础设施、建立基础工业体系是该国工业化、城市化的关键，需要政府在较大程度上的支持与介入。

3. **基础产业的投资和经营模式**

尽管基础产业在国民经济发展中具有举足轻重的地位，并且政府也是基础产业发展的主导者，但并不意味着基础产业投资所需的全部资金都来源于政府财政。恰恰相反，根据国内外许多国家的实践经验，在市场经济条件下，基础产业投资和经营方式呈现多元化的发展趋势，即充分发挥政府财政资金的引导和示范作用，以少量的财政资金带动庞大的社会资金，引入市场机制，鼓励私人资本积极参与，有效解决基础产业投资的资金短缺问题，提高基础产业的投资效益。具体来讲，基础产业的投资和经营模式主要有以下几种。

第一，政府直接投资，向公众无偿提供。该模式由政府直接对基础产业进行投资，免费向社会公众提供，政府通过税收来负担全部的投资成本。这是最基本也是最传统的一种政府投资方式。该方式主要适于城市道路、市政设施等公众普遍受益，且受益额大体相等的基础设施项目。

第二，政府直接投资，非商业性经营。该模式由政府对基础产业进行直接投资，然后授权政府所属的特定公共部门进行不以营利为目的的非商业性经营，经营主体向使用者收取等于或小于经营成本的费用。此时，政府主要通过税收和使用费来负担投资成本。该模式主要适于码头、机场和邮电等公众普遍受益但受益额不同，具有排他性但又不宜由私人部门经营的基础设施项目。

第三，政府间接投资，私人部门商业性经营。针对高速公路、集装箱码头及高新技术产业等具有一定外部性、项目盈利率较低或风险较大，受益对象不够普遍、具有排他性且适宜私人部门经营的基础设施和基础工业项目，政府一般不直接进行投资，而是通常采用投资参股、优惠贷款、提供借款担保、低价提供土地使用权、税收减免、部分补贴等方式，给予私人部门一定的支持，由私人部门按商业方式投资和经营。此时，项目成本补偿实际来源于提供项目服务的价格。

第四，财政投融资。财政投融资即政策性金融，指政府为实现一定的产业政策和财政政策目标，通过国家信用方式把各种闲散资金，特别是民间的闲散资金集中起来，统一由国家专门机构（一般是政策性银行）掌握管理，根据经济和社会发展计划，在不以营利为直接目的的前提下，采用直接或间接贷款方式，支持企业或事业单位发展的一种资金活动。该模式既体现政府政策取向，又在一定程度上按照信用原则组织经营，其资金应主要投向那些投资额大、投资风险高、收益率低，但又是国民经济发展必不可少的基础产业。

第五，BOT（build-operate-transfer）方式。BOT即建设-经营-转让，是指政府通过契约授予私营企业（包括外国企业）一定期限的特许专营权，许可其融资建设和经营特定的公用基础设施，并准许其通过向用户收取费用或出售产品以清偿贷款，回收投资并赚取利润；特许权期限届满时，该基础设施无偿移交给政府。这种方式的最大特点是能够鼓励和吸引私人投资特别是外国直接投资对高速公路、能源开发（海洋石油、核电站）等投资规模大、投资风险大、生产技术要求高的基础设施和基础工业的投资。著名的英法海底隧道工程和上海的南浦大桥、杨浦大桥等重大交通工程就是运用这种方式建成的。

第六，PPP（public private partnership）方式。PPP即政府和社会资本合作供给，是指政府（public）与私人（private）之间，为有效提供公共产品和服务，达成特许权协议，形成“利益共享、风险共担、全程合作”

的伙伴合作关系，让私人部门掌握的资源参与提供公共产品和服务。PPP模式优势在于政府的财政支出更少，企业的投资风险更小。与BOT模式相比，PPP模式下企业深入参与了项目的前期调研、立项等阶段，政府也深入参与了项目的中后期建设管理等运营过程，双方合作的时间更长，化解了BOT模式下双方在项目一些参与环节信息不对称问题。BOT模式下在实现公共产品和服务有效供给的同时，政府的直接财政投入更少，企业所面临的风险也更小。BOT模式适用于能源、基础设施等大型投资项目，如深圳地铁4号线二期就采用PPP模式建设。2015年，财政部、发展改革委、中国人民银行联合发布的《关于在公共服务领域推广政府和社会资本合作模式的指导意见》正式开启了社会资本进入公共服务领域的大门，此后我国PPP项目数量迅速增加，截至2019年底，我国PPP项目入库数量共计9036个，入库项目总金额达13.64万亿元，涵盖能源、交通运输、水利建设、生态建设和环境保护、市政工程、城镇综合开发、农业、林业、科技、保障性安居工程、旅游、医疗卫生、养老、教育、文化、体育、社会保障、政府基础设施和其他19个一级行业。

■ 资料链接：河南郑州以PPP项目实现智慧城市全覆盖

2016年9月7日，郑州市水务局作为采购人对外发布了郑州市贾鲁河综合治理工程PPP项目资格预审公告，特邀请有兴趣的潜在社会资本方（以下简称“申请人”）提交资格预审申请。公告称，根据《郑州市贾鲁河综合治理工程实施方案》，本项目治理长度合计62.77千米，其中，综合治理长度49.67千米，河道疏挖长度13.10千米。本项目工程概算总投资265213.38万元。对申请人的条件要求是，必须为依法注册的独立法人实体，或由不同法人实体组成的联合体，但联合体内的成员数量不得超过3家。申请人净资产不低于50亿元人民币等。

2016年9月14日，河南省财政厅公布了PPP推介项目库项目清单，共有793个，涉及18个领域，总投资额为9363.75亿元。这一规模成为河南PPP项目对外公布的史上最大规模投资额度。其中，郑州在PPP项目的开发与实施中走在河南省的前列。早在2016年4月初，郑州市就对外发布了32个PPP项目，总投资额度为1126亿元，并逐步探索了PPP运营的制度体系。

郑州推广运用PPP模式的步骤：2015—2016年选取轨道交通、供水、污水处理等收费定价制透明、有稳定现金流、市场化程度高的项目进行试点探索，初步建立政府与社会资本合作的制度体系；2017年，实现智慧城市、体育、医疗、养老服务设施等适宜社会资本参与领域的“全覆盖”，形成运转流畅的投资、建设、运营市场化体系和投资、补贴、价格等政策要素协同机制；2018年，建立完善的政府和社会资本合作制度体系，构建形成多元化、多层面、多渠道的“政府与社会资本合作”新格局。

资料来源：李传金.河南郑州以PPP实现智慧城市全覆盖［N］. 大河报，2016-10-08。

7.4.3 农业投资支出

1. 农业在国民经济发展中的重要性

农业是国民经济的基础，农业在经济发展中的作用极其重要，主要体现在以下三个方面。

第一，农业生产为人类提供了基本的生产和生活条件。“民以食为天”，无论人类社会发展到哪个阶段，人们都离不开食物的消费，而不论哪种食物，其最初都来源于农业。特别是，在我国人均耕地面积日益减少的情况下，发展农业生产对保障人们最基本的生产和生活尤为重要。

第二，农业是“工业化”的起点与基础，是“城市化”的初始动力。首先，农业的发展为工业特别是轻工业提供最重要、最基本的原材料，也为工业的发展提供原始资金积累。其次，随着我国农业劳动生产率的提高，农村劳动力的供给大于实际需求，存在大量剩余劳动力，为我国非农产业的发展提供了充裕的劳动力。最后，随着农民和进城务工农民工收入水平的提高，消费能力越来越强，也为工业生产提供了巨大的市场。总之，农业是“工业化”的起点与基础，是“城市化”的初始动力。

第三，农业的稳定是我国经济社会持续健康发展的重要因素。其一，由于农业是其他产业的主要原料，所以农产品价格是否稳定关系到大多数工业品价格的稳定，也关系到宏观物价水平的稳定。其二，农业的稳定直接关系到农民收入的稳定，影响着农民的生活质量，也关系着社会的稳定与和谐。总之，“无农不稳”就是对农业基础地位的最好概括。

2. **政府对农业投资的必要性**

与其他产业相比，农业生产具有以下特点。

第一，农业的生产过程受自然因素影响较大。农业的生产过程也是生物生长的过程，该过程受到土地、气候、森林、水利等因素影响，使其生产过程具有周期性、季节性和不确定性等特点。特别是，随着全球气候变暖，自然灾害频发，进一步加剧了农业的自然风险。

第二，农产品供给与需求的特殊性。在当今高度发达的商品经济社会，农业生产不再是自给自足，其价值的决定和变动要遵守供求定律。由于农产品的替代品较少，其价格需求弹性一般也比较小；与此同时，由于农业生产者信息的不完全及其决策的非理性，导致农产品的价格供给弹性较大。农产品供求之间的矛盾，经常导致“谷贱伤农”等损害农业生产者利益的经济现象，不利于农业的稳定发展。

第三，我国农业生产的历史条件欠佳。长期以来，我国为实现工业化，实施了不利于农业部门发展的“剪刀差”政策，导致农产品价格相对偏低，而农业投入品的价格偏高，使得农业生产的投资回报较低，严重挫伤了农民从事农业生产的积极性，也导致农业部门自我积累不足。另外，我国农业生产经营单位分散单一，农业产业化水平低，导致农业竞争力薄弱。

总之，鉴于农业生产的重要性和特殊性，政府必须介入农业的发展，从资金、技术和政策等方面给予农业大力支持。即使在全球经济已经从工业化迈向信息化的今天，世界各国包括发达国家依然把农业作为重点保护的对象，美国、欧盟各国等每年都向农业提供巨额补贴，世界贸易组织（WTO）关于农产品自由贸易的谈判至今也没有取得突破性进展。

3. **政府财政支农的重点**

近年来，我国逐步加大了财政支农的力度，但由于历史欠债太多，目前财政支农的绝对和相对水平都非常低。要从根本上改善农业生产条件，解决“三农”问题仍需要一个长期的过程，这就要求政府在建立健全财政支农资金稳定增长机制的同时，必须明确财政支农的重点，优化财政支农的结构，提高财政支农的效率。2005年，我国开始推进社会主义新农村建设；2017年，党的十九大报告中提出“乡村振兴”战略，这些都为加强和改善政府的财政支农工作提出了更高要求，创造了良好机遇。从我国目前财政支农的重点来看，许多地方政府在新农村建设中把更多的资金投资于农村住房建设，虽然许多农民住上了楼房，但是农业生产方式、农民收入水平和农村公共服务仍然面临较大短板，财政支农的重点应该是具有“外部经济”以及牵涉面大、规模较大的农业项目，重点包括以下几个领域。

第一，加大农业和农村基础设施建设，保证农业可持续发展。要改善农业生产条件，提高农业综合生产能力，确保农业稳定发展，政府要加强农业基础设施投资。首先，政府应加快大江大河大湖治理，抓紧主要江河控制性工程建设和病险水库加固，提高防洪调蓄能力。着力抓好大型灌区节水工程改造，积极开展群众性农田水利建设，搞好水土保持。其次，加快农村道路、农民安全饮用水工程、农村垃圾集中处理、农村生活污水处理、农村卫生改厕、教体文卫等农村社区公共服务设施、农村广播电视和信息网络等有关民生的基础设施建设。最后，要进一步加强欠发达地区农村的基础设施建设。欠发达地区既是我国经济发展的薄弱地区，也是我国蕴含着新一轮发展潜力的地区。建议有关部门进一步加大对广大农村特别是中、西部地区农村的基础设施建设扶持力度，使之成为我国经济发展新的增长极。

第二，加强农业科研投入，提高农业竞争力。加快农业科技发展是提升农业生产力的关键，是农业现代化的必要举措，是我国农业发展的根本出路。一方面，构建财政农业科技投入稳定增长机制，稳定支持农业基础性、前沿性、公益性科技研究，逐步提高科研机构运行经费保障水平，大力支持农业科技成果转化和技术推广，着力推进农业技术社会化服务体系建设，为增强科技对农业农村发展的支撑能力提供有力保障。另一方面，从长远看，农业科技的提高关键是提高农民自主运用科技的能力，财政应积极发挥引导作用，带动更多的企业和其他社会资金投向农业科技领域，促进提高农业科技的社会投入水平。

第三，加强农村公共服务体系建设，为农业的产业化、社会化发展提供保障。建立一个健全、完善、惠及全民的农村公共服务体系，有利于促进现代农业的发展，提升农村经济发展水平，增加农民收入，统筹城乡经济社会发展，缩小地区和城乡间发展差距，维护农村社会的和谐稳定，促进社会公平正义。针对农村实际情况，农村公共服务体系的建设应根据不同地区、不同阶段发展水平的差异，合理确定公共服务覆盖农村的优先顺序，区分轻重缓急，突出服务重点，量力而行，循序渐进，从农民群众最关心、最迫切、最直接的事情做起，从农村义务教育、公共卫生、社会保障、养老保险等最基本的公共服务和农民急需的农村基础设施建设做起，然后进一步扩大公共服务领域，提高服务标准，逐步形成与经济社会发展水平相适应的农村公共服务发展格局。

第四，解决农民就业问题，提高农民收入。就业是最大的民生，“三农”问题的核心是解决农民就业问题，增加农民收入，从根本上提高农民生活质量。在当前形势下，政府财政应该从以下几个方面增加农民收入。首先，加快国家农产品储备库建设，健全农产品价格保护制度，并有效解决种子、化肥、农药等农资的垄断问题，切实提高农民的务农收入。其次，加大对农村第三产业特别是现代服务业如电子商务、物流等领域的投资，引导农民参与第三产业，提高农业增加值，增加农民的劳务收入，丰富农民生活。最后，以“工业化、城镇化和农业现代化”“三化”协调发展为纲领，加快中西部经济区的发展，促进农民“家门口就业”，在保障农业生产的同时，促进农民工稳定就业，提高农民工就业质量，加快农民工市民化进程。

■ 资料链接：山东省寿光市充分发挥财政职能作用　扎实推进乡村振兴战略

近年来，山东省寿光市围绕实施乡村振兴战略，强化资金投入，坚持农业农村优先发展，为打造乡村振兴“寿光模式”提供了强有力保障。

第一，编制乡村振兴规划，引领资金投入。从2018年起，寿光市坚持高起点定位，高标准规划，科学编制《寿光市乡村振兴战略规划（2018—2022）》，保障乡村振兴全面实施。在此基础上，按照全市“一盘棋”的思路，制定出台涉农资金统筹整合相关实施方案，设立全市乡村振兴重大专项资金，集中财力支持实施乡村振兴战略，创新提升“寿光模式”。

第二，围绕现代农业发展，加大资金投入。一方面，助力打造“寿光品牌”，投入300万元，对“寿光蔬菜”整体品牌进行策划，对寿光蔬菜进行顶层设计，助推发展“互联网+现代农业”等新型业态，打造高端品牌，提升寿光蔬菜影响力；年投入1400万元，全力保障菜博会筹备工作，促进设施农业、智慧农业、低碳农业等科技创新成果的转化推广；根据市政府出台的《关于进一步提升蔬菜品质的实施意见》，进一步健全全市蔬菜质量安全管理制度，投入700多万元，建立蔬菜质量安全网格化监管机制，通过设立28支蔬菜质量抽检队伍，做到蔬菜种植户、蔬菜经营主体检测全覆盖，推动蔬菜产业提质增效转型升级。另一方面，助力打造现代农业园区，先后投入1.4亿元建设现代农业集成示范区，通过省级验收争取到位奖补资金3000万元。下一步，围绕建设全国蔬菜质量标准中心试验示范基地，计划投入4亿元，建设五大功能区为平台，打造一流的质量评价中心和标准体系建设中心，推动农业高质量发展。

第三，实施人居环境综合治理，保障资金投入。先后投入2136万元，实施乡村连片治理、“省级美丽乡村示范村”、“富美乡村”等精品项目；投入7200万元实施农村“厕所革命”，完成79616户旱厕改造任务，惠及10个镇街295个村。在此基础上，2019年计划投入2400万元对5个街道172个村20676户旱厕进行全面改造；投入1.35亿元，对全市300个人居环境综合治理示范村进行奖补，提升群众居住环境指数。

第四，保障村级组织运转，持续投入资金。每年投入7025万元，及时落实农村在职干部和离任干部的工资待遇；年投入680万元，用于156个经济薄弱村光伏发展项目，增强村级集体“造血”功能；安排资金1200万元，对113个薄弱村进行农村用电改造；下一步将持续加大资金投入，多方争取上级资金，探索助推农村经济发展新模式，全面壮大村级集体经济。

资料来源：寿光财政.寿光市充分发挥财政职能作用　扎实推进乡村振兴战略［EB/OL］.（2019-04-30）.搜狐网，https://www.sohu.com/a/311237683_120036367。

◎ 关键概念

购买性支出；社会消费性支出；公共投资性支出；行政管理支出；国防支出；教育支出；科学技术支出；公共投资；基础产业；农业投资

复习思考题

1. 简述我国行政管理支出改革和完善的思路。
2. 简述财政投入与教育、科研事业发展的关系。
3. 简述公共投资的特点，与私人投资的主要区别。
4. 简述财政对基础产业投资的必要性。
5. 简述财政对农业投资的必要性和重点。

推荐阅读

● 要想深入了解教育对经济和社会发展的作用，教育的生产提供机制，政府在教育中的作用等具体问题，可阅读英国著名教育经济学家克里夫·R.贝尔菲尔德的著作《教育经济学——理论与实践》（曹淑江译，中国人民大学2007年版），该书评估了教育体系中财富效应的普遍性和深入性，论述了教育提供者的效率问题，包括教师的供给、教师资源配置的最佳原则等，还讨论了教育市场、教育中政府的作用、教育的宏观经济作用以及教育的主要社会收益。

● 要想具体了解财政农业投资的必要性和重要领域、公共财政与新农村建设的关系，推荐阅读韩连贵的著作《中国财政扶持“三农”发展保障之路探讨》（中国财政经济出版社2019年版），该书深入开展了对我国财政扶持“三农”发展保障之路的研讨，包括我国农业生产经营建设管理体系、农村土地综合开发治理利用、征购储备、供应占用和财政筹融资监管体系、农村经济结构调整优化和农业现代产业化经营、党的十八大以来全国农民脱贫增收、“三农”发展安全保护保障体系、农业综合开发治理项目等方面。

8 转移性支出

与购买性支出相比，转移性支出是政府无偿的、单方面转移给企业或居民的财政资金，它不存在等价交换问题，反映的是政府作为中介使财富在社会成员之间发生的再分配问题。所以，转移性支出对收入再分配具有最直接的影响，有利于促进社会公平和稳定目标的实现。转移性支出主要由社会保障支出、财政补贴、税式支出、捐赠支出和债务利息支出等构成，其中社会保障支出、财政补贴、税式支出是转移性支出的主要内容。本章主要分析转移性支出的职能、经济影响和发展趋势；介绍社会保障制度的含义、意义和内容，探讨我国社会保障支出的现状、问题和改革思路；阐述财政补贴的性质、分类、经济影响及我国财政补贴制度和改革出路；介绍税式支出的概念、分类和形式，分析税式支出的经济效应，我国税式支出制度的改革思路。

本章重点

- 转移性支出的含义和作用
- 我国社会保障支出的主要内容
- 财政补贴的经济效应
- 税式支出的含义、形式和经济效应

8.1 转移性支出概述

8.1.1 转移性支出的含义和作用

转移性支出是指政府按照一定方式，把一部分财政资金无偿地、单方面地转移给单位和个人的支出，主要由社会保障支出、补助支出、捐赠支出和公债利息支出等构成，它体现的是政府的非市场型再分配活动。在财政支出总额中，转移性支出所占的比重越大，财政活动对收入分配的直接影响就越大。这是一种政府参与收入再分配的方式。

转移性支出也是公共财政履行调节收入分配、优化资源配置和稳定宏观经济三大职能的主要手段。

第一，转移性支出最主要的作用在于调节收入分配。政府通过单方面、无偿的转移性支出，增加了支出受益者的货币收入，在私人和企业间进行了收入再分配，对改善民生、缩小收入差距、保障社会公平和稳定具有重要作用。

第二，转移性支出也对资源的配置产生间接影响。受益者在获得转移性支付资金后，会把该部分资金用于消费或投资，引起货币和资源的流动。由于不同收入群体的消费结构不同，所以该部分资金对资源配置的经济影响也不同，转移性支出间接产生资源配置效应。

第三，转移性支出也是稳定宏观经济的重要手段。转移性支出增加了有关居民和企业的可支配收入，间接增加了社会购买力，在宏观经济内需不足的情况下，会增加宏观经济的总需求。特别是，转移性支出中的社会保险和济贫支出等，能够自动地随着宏观经济运行状态逆向变动，是宏观经济运行的自动稳定器，已成为政府最重要的宏观经济政策手段之一。

8.1.2 转移性支出的经济影响

转移性支出根据受益对象可以划分为对居民的补贴和对企业的补贴，两者对经济发展有着不同的影响。

1. 对居民的补贴支出的影响

对居民的补贴支出，是一个收入再分配的过程，直接影响国民收入的初次分配状况。对居民的补贴资金主要来自高收入的企业和居民，支出对象主要是低收入的居民。通过这种“课税—补贴”转移的过程，国民收入初次分配的差距可以缩小，低收入、无收入居民的最低生活水平可以得到基本保障。

该项补贴支出还间接影响社会生产。一方面，受补贴居民多是低收入群体，他们所消费的商品一般是生活必需品，补贴支出的增加将会增加对此类消费品的需求，进而刺激生产此类消费品的企业扩大生产、增加投资，又会刺激生产有关原料和生产资料的企业扩大生产。另一方面，高收入居民的边际消费倾向一般低于低收入居民，国民收入从高收入居民向低收入居民转移，会使全社会的边际消费倾向提高，从而提高全社会的消费/储蓄比例，短期内有利于扩大内需，但长期内全社会的投资率会下降，可能会减缓依赖投资的国家的长期经济增长速度。

2. **对企业的补贴支出的影响**

财政对企业的补贴包括投资补贴、限价补贴和亏损补贴等。投资补贴是为鼓励企业对关系国计民生的关键或短缺部门投资进行补贴，该类补贴对优化该国的产业结构，提升产业的竞争力具有重要作用，同时也满足了居民的消费需求。限价补贴是指对产品价格受政府限制的企业给予补贴，补贴支出增加将弥补企业因为限价带来的亏损，使其获得等于甚至高于平均水平的利润，会增加此类消费品的生产，从而满足消费者特别是低收入群体的需求。亏损补贴是指对因价格或市场原因造成亏损的企业进行补贴，以促其适应市场变化进行产业调整，维持该类产品的生产，同时还可以保障低收入阶层的就业。

总之，对企业的补贴支出固然直接改变了国民收入的分配状况，但其主要影响在于生产方面，无论出于何种目的，采取何种形式的补贴，都有刺激企业生产的作用。

8.1.3 转移性支出的发展趋势

20世纪30年代之前，由于绝大多数西方国家实行自由竞争的市场经济制度，政府对宏观经济特别是对收入分配的直接干预很少，转移性支出在财政支出中所占比重较小。

从20世纪30年代开始，为应对经济大萧条，解决宏观经济有效需求的不足，缩小贫富差距，以美国等为首的西方国家开始实施积极的财政、货币等宏观经济政策，转移性支出占财政支出的比例逐步上升，主要呈现以下特点：第一，转移性支出特别是对居民的补助支出，占财政支出的份额急剧增加，在有些发达国家甚至占财政支出的一半或一半以上；第二，用于转移性支出的资金来源也逐步固定为由某些特定的税收（如工薪税）提供；第三，转移性支出日益紧密地同政府的社会保障计划结合在一起。

从理论上讲，由于转移性支出具有单方面和无偿的特征，一般来说，西方很多学者把它与税收相对照，称为“负的税收”。只不过两者的区别在于税收是居民和企业将资金无偿转移给政府，而转移性支出则是政府将资金无偿转移给居民和企业。这两种转移尽管方向相反，但对国民收入在本国居民间的分配状况影响不大，不过都会影响政府和非政府经济主体之间，以及非政府经济主体之间的资金分配关系。正因为有这种共性，国民收入发生了有利于债权人的变化，一些国家常将税收与转移性支出手段配合使用。

8.2 社会保障支出

社会保障支出是财政转移性支出的重要内容之一，该项支出对保障社会成员的基本生活需要，为企业提供公平竞争的客观环境，稳定社会秩序都有非常重要的意义。我国正处于社会转型期，社会保障支出的意义尤为重要。

8.2.1 社会保障制度概述

1. 社会保障制度的含义

社会保障制度是指在政府管理下，依据一定的法律和规定，以社会保障基金为依托，积极动员社会各方面资源，保证无收入、低收入以及遭受各种意外灾害的公民能够维持生存，保障劳动者在年老、失业、患病、工伤、生育时的基本生活不受影响；同时，根据经济和社会发展状况，逐步提升公共福利水平，提高国民生活质量。该定义又包括以下几层含义。

第一，社会保障的行为主体是国家和政府。由于社会保障是一种准公共产品，在社会保障过程中政府应承担主导作用，给予足够的财政资金支持，并制度化保障的方式和形式、保障标准、保障时限等条款。

第二，社会保障的对象是符合法律规定的社会成员。社会保障是国家在全社会范围内统一实施的社会经济制度，其对象应该覆盖全体社会成员。因而，全社会符合保障条件的公民都可机会均等地享受社会保障。

第三，社会保障的目的是保障人们的基本生活。为社会成员提供基本生活保障，是社会保障的行为属性。社会保障的意义和标准都要围绕保障人们的基本生活这一核心来确定。

第四，社会保障是一种政府管理过程。这个过程包括社会保障制度和政策的制定，社会保障基金的筹集、支付及其管理，社会保障基金的投资和管理等环节。

第五，社会保障必须依靠国家立法或行政措施来推行和实施。由于社会保障是一种以稳定社会关系为目的的利益调节行为，它的资金提供者与直接受益者往往是分离的，因此其实施必须借助强制性的法律和行政手段。

2. 社会保障制度的功能和作用

在现代社会，社会保障制度在调节经济、保障民生、实现社会公平和稳定等方面有着重要作用。

第一，社会保障可以有效地防范和应对社会风险，保障人们的基本生活。由于社会资源分配结构的不完善、市场经济的风险、家庭“遗传”优劣势的不同、个人能力的差异及自然灾害等诸多风险因素的存在，社会成员不可避免地会遇到各种各样的生存与发展方面的风险，而一旦发生风险，社会成员就会在身体和经济等方面遭受重大损失，致使其很难维持正常生活水平。另外，风险的发生是不确定的，每一个社会成员特别是低收入群体等弱势群体很难准确预测和规避风险。所以，社会有必要建立社会救助、社会养老保险、医疗保险、生育保险、工伤保险、失业保险、社会福利以及社会优抚等多个方面的社会保障体系，有效应对社会风险，确保每一个社会成员都有一个基本生活水平。

第二，社会保障的发展和健全有利于扩大内需，促进就业，增加居民收入，促进经济发展。目前，我国宏观经济面临的最大问题是国内最终消费不足和对外贸易依存度过高。根据世界银行的数据，2018年中国对外贸易依存度为37.4%，同期美国对外贸易依存度为25.7%，这也是这次全球经济衰退对我国经济影响比较深刻的原因。而健全的社会保障，有利于促进国内消费，带动就业，增加居民收入，促进社会经济的健康、持续、科学发展。

第三，社会保障有利于国民素质的提高，有效地激发社会活力，增加国民福利。一方面，社会保障的健全解除了劳动者的后顾之忧，为他们创造了安心工作的心理环境，使人们更多地、更加自觉地关注社会和自然，开阔了人们的视野，丰富了人们的生活，特别是丰富了精神生活；另一方面，社会保障确保人们可以提高自身素质，因为社会给个人提供了越来越多的支持，所以个体可以从各种社会关系中解放出来，有更多的精力来提高自身素质。

第四，社会保障可以弥补初次分配的不足，保持社会公平，促进社会稳定与和谐。首先，社会保障对调节收入分配起着重要作用：一方面，无论是社会救助、社会保险还是各项社会福利事业等，都需要财政拨款支撑，它普惠城乡居民，不仅给受保障者带来收入增加的实惠，更为全体国民提供了稳定的安全预期；另一方面，社会保障吸引着社会资源，如雇主缴费、社会捐献等，其对财富的再分配作用异常突出。其次，社会保障可以有效地增加社会团结与合作。作为个体的人是无法生存和发展的，人们只有在社会合作中才能得到生存和发展。社会保障制度是一个“人人为我，我为人人”“一方有难，八方支援”的互助共济制度，有助于减少社会成员、社会群体之间的隔阂，最大限度地消除社会的离心因素，增强人们对社会的普遍认同，形成社会群体之间、社会成员之间相互信任的风气，进而提升社会的相互合作与相互依赖的程度，增强社会的整合性。最后，社会保障有利于社会共同信仰的形成和发展，也是社会制度优越性的体现，有利于整个社会的稳定、和谐。

8.2.2 社会保障支出的主要内容

社会保障体系是各种社会保障范畴的有机组合，是一个庞大的系统。从各国的实践经验来看，社会保障支出主要包括社会保险（Social Insurance）、社会救济（Social Assistance）、社会福利（Social Welfare）、社会优抚（Social Special Care）等内容。其中，社会保险以满足保障对象的基本生活需要为目标，是社会保障体系的中间层次；社会救济以满足保障对象最低生活需要为目标，是社会保障体系的最低层次；社会福利以提高国民的社会福利水平为目标，是社会保障体系的最高层次；社会优抚是对特定人群进行的特殊保障，它属于社会保障体系的特殊层次。

1. **社会保险**

社会保险是国家通过立法形式，采取强制手段，为法定受保人在遭受未来年老、疾病、工伤、残疾、失业、死亡等风险而丧失或减少收入来源时提供收入或补偿的一种社会和经济制度。社会保险计划一般由政府举办，强制某一群体将其收入的一部分作为社会保险税（费）形成社会保险基金，在满足一定条件的情况下，被保险人可从基金获得固定的收入或损失的补偿，它是一种再分配制度，目标是保证物质及劳动力的再生产和社会的稳定。经过长期发展，目前的社会保险项目主要有养老、医疗、失业、工伤、生育和遗属等，其中养老保险制度又是最重要的一项。

目前，世界各国的社会保险制度不尽相同，但除了少数发达国家（如新加坡）外，大多数国家都建立了个人、企业和政府相结合的社会保险基金筹资制度，其中政府财政在支持弱势群体、弥补社会保险基金的亏空、提高社会保险的给付水平等方面都发挥着重要作用。

2. **社会救济**

社会救济，也称“社会救助”，是指国家对于遭受灾害、失去劳动能力的公民以及低收入的公民给予救助，以维持其最低生活水平的一项社会保障制度。社会救助主要是对社会成员提供最低生活保障，其目标是扶危济贫，救助社会脆弱群体，对象是社会的低收入人群和困难人群。社会救助体现了浓厚的人道主义理念，是一种“雪中送炭”式的社会保障方式，是社会保障的最后一道防护线和安全网。由于世界各国的社会经济条件不同，对贫困的衡量标准也不一样，使社会救济的具体内容也存在差异。但从各国的情况看，社会救济的内容主要涉及两类：自然灾害救济和最低生活保障救济。

社会救济制度的供给虽是市场机制有效发挥必备的外部条件，却是市场机制不能有效提供的“失灵领域”。所以，社会救济是政府的当然责任或义务，无论是资金的筹集、使用还是监管，公共财政始终在社会救助领域居于不可替代的主导地位，发挥着重要作用，离开了政府财政的支撑，其核心的制度内核也就不复存在。

3. **社会福利**

社会福利是指国家依法为所有公民普遍提供旨在保证一定生活水平和尽可能提高生活质量的资金与服务的社会保险制度。社会福利有广义和狭义之分：广义的社会福利是指提高广大社会成员生活水平的各种政策和社会服务，旨在解决广大社会成员在各个方面的福利待遇问题；狭义的社会福利是指对生活能力较弱的儿童、老人、母子家庭、残疾人、慢性精神病患者等的社会照顾和社会服务。社会福利所包括的内容十分广泛，不仅包括生活、教育、医疗方面，而且包括交通、文娱、体育、欣赏等。由于社会福利是国家和社会在社会成员基本收入之外为其提供的利益，因此在社会保障体系中，社会福利是一种“锦上添花”式的层次比较高的保障措施。

目前，世界各国在社会福利的供给方式上也存在较大差异，在欧美等发达国家，社会福利一般采取政府委托社会组织，由社会工作者直接为居民提供服务的方式。而我国的社会福利主要是通过民政、工会等政府机构来直接提供，但社会福利的社会化供给方式是未来发展的趋势。尽管各国社会福利的供给方式存在差别，但其社会福利的资金主要来源于政府财政。

4. **社会优抚**

社会优抚，是国家政府以提供津贴、服务和安置条件等方式对特定群体（一般是军人及其家属）给予生活优待及工作安置，使其安居乐业的社会保障项目。它是一种具有褒扬性和政治性的社会保障项目。这种褒扬性不但表现在为社会做出特殊贡献是优抚安置的一个基本条件，而且表现在社会优抚的标准一般是以优抚对象所做贡献的大小和做出贡献所付出的代价为依据确定的。2018年4月，我国整合了相关部门的职能，成立了退役军人事务部，专门负责退役军人教育培训、安置、优抚、待遇保障和相关服务工作。由于社会优抚具有褒贬性和政治性，政府财政一般是其最主要的资金来源。

资料链接：我国养老和医疗保险制度的改革历程

1978年以前，我国社会保险制度的典型特征是“企业保险”。1978—1991年，我国开展了一些从“企业保险”向“社会保险”转变的改革措施，开始尝试养老保险费用和退休人员退休费的社会统筹。1991—2000年，我国对社会养老保险制度进行了较大幅度的改革，确定社会养老保险费用由国家、企业和职工三方共同筹资，建立了社会统筹和个人账户相结合的基本养老保险制度（基本做法是按职工工资的11%建立个人账户，其中个人缴费8%，企业缴费3%），并确定探索建立国家基本养老保险、企业补充养老保险和个人储蓄性养老保险相结合的多层次养老保险体系；同时，建立统一的社会保障管理机构，社会保障行政管理和社会保险基金经营分开，社会保险基金主要用于购买国家债券，确保社会保险基金的保值增值。

2000年以后，随着中国人口老龄化问题越来越严重，各地为了应付老年人的养老金开支，势必要挪用新缴费群体的个人账户资金，导致个人账户成为“空账”。针对这一问题，我国养老保险制度进入“做小做实”阶段，从矛盾尖锐的辽宁省开始试点，开展了财政补贴“做实”个人账户等改革。2009年9月，针对农村养老和人口结构失调等问题，我国开始了新型农村养老保险制度试点。新型农村养老保险制度采取社会统筹与个人账户相结合的基本模式和个人缴费、集体补助、政府补贴相结合的筹资方式，在支付结构上分为基础养老金和个人账户养老金两部分，基础养老金由国家财政保证支付。2011年7月1日，城镇居民养老保险在全国层面试点推行，实行社会统筹和个人账户相结合，与家庭养老、社会救助、社会福利等其他社会保障政策相配套，保障城镇居民老年基本生活。从2009年到2012年7月1日，我国仅用3年时间就基本实现了社会养老保险制度全覆盖，比原来预期的10年左右时间大大提前。这填补了农村居民和城镇非就业居民养老保险长期以来的制度空白，使人人享有养老保险成为现实，我国基本形成覆盖城乡全民的养老保险制度。鉴于此，2014年2月7日，国务院出台《关于建立统一的城乡居民基本养老保险制度的意见》，要求各地将新型农村养老保险制度和城镇居民养老保险制度合并实施，在全国范围内建立统一的城乡居民基本养老保险制度，首次打破公共服务城乡二元制度，使城乡居民享受制度上无差别、水平大致相当的养老保障，在制度模式、筹资方式、待遇支付等方面将实现无差距对接，这不仅让亿万老年人能够"老有所依"、生活无忧，更增强了全社会的安全感和凝聚力，还有利于促进人口纵向流动，对于拉动消费、鼓励创新创业，同样具有重要意义。

2015年1月14日，国务院发布《关于机关事业单位工作人员养老保险制度改革的决定》（国发〔2015〕2号），要求机关事业单位与企业等城镇从业人员统一实行社会统筹和个人账户相结合的基本养老保险制度，都实行单位和个人缴费，都实行与缴费相挂钩的养老金待遇计发办法。该决定从制度和机制上化解了"双轨制"矛盾，在统筹推进城乡养老保障体系建设，促进机关事业单位深化改革等方面都具有重大意义。

在计划经济体制下，我国在城市建立了劳保医疗和公费医疗制度，在农村实行合作医疗制度。改革开放以来，为了适应市场经济体制建设的要求，我国医疗保障体制进行了一系列改革。当前，我国已经基本建立由城镇职工医疗保险制度、城乡居民医疗保险制度等构成的基本惠及全民的医疗保险体系。1998年，国务院发布《关于建立城镇职工基本医疗保险制度的决定》，在全国范围全面进行职工医疗保障制度改革，该制度实行社会统筹与个人账户相结合的模式（用人单位的缴费比例为工资总额的6%左右，一部分用于建立统筹基金，另一部分划入个人账户；个人缴费比例为本人工资的2%，计入个人账户；统筹基金主要用于支付住院和部分慢性病门诊治疗的费用，统筹基金设有起付标准、最高支付限额；个人账户主要用于支付一般门诊费用）。目前，城镇职工基本医疗保险制度已经在全国普遍建立，基本取代了劳保、公费医疗制度，覆盖范围包括国家机关、企事业单位职工和退休人员，并逐步扩大到非公经济组织的从业人员、灵活就业人员和农民工等人群。

2002年10月，《中共中央　国务院关于进一步加强农村卫生工作的决定》提出各级政府要积极引导农民建立以大病统筹为主的新型农村合作医疗制度。从2003年开始，国务院按照“财政支持、农民自愿、政府组织”的原则组织进行试点，到2010年在全国农村基本建立起这一制度，覆盖了7亿多农民。2006年，党的十六届六中全会《关于构建社会主义和谐社会若干重大问题的决定》提出要“建立以大病统筹为主的城镇居民医疗保险”，主要是对城镇非从业居民医疗保险做了制度安排，已经于2010年在全国全面推开，逐步覆盖全体城镇非从业居民。2016年1月12日，国务院发布《关于整合城乡居民基本医疗保险制度的意见》，提出将新型农村合作医疗制度和城镇居民医疗保险制度合并实施，在全国范围内建立统一的城乡居民基本医疗保险制度。该项改革对解决城镇居民和农村居民在参保缴费、用药目录、实际享受的医疗服务等方面的差别，以及化解政策碎片化问题，使城乡居民的医疗保障更加公平、管理服务更加规范、医疗资源利用更加有效。

资料来源：根据国务院、人力资源和社会保障部网站的相关资料整理获得。

8.2.3　我国财政性社会保障支出的现状与改革思路

1. 我国财政性社会保障支出的现状

出于保险市场失灵及收入再分配需要等方面的考虑，各国政府都在社会保障方面发挥着重要作用。但由于每个国家国情不同，政府介入社会保障的程度和财政在该领域的支出水平存在较大差异。就我国而言，社会保障支出的构成内容比较复杂，主要包括社会保险基金支出、行政事业单位人员离退休费、社会福利费、社会救济费、社会优抚安置费等相关内容。2010—2019年我国社会保障的支出状况见表8-1。

表8-1 2010—2019年我国社会保障支出情况

年份	就业与社会保障支出（亿元）	社会保险基金支出（亿元）	社会保障支出占财政支出的比例（%）	社会保障支出占GDP的比例（%）
2010	9130.62	15018.90	10.16	2.28
2011	11109.40	18652.90	10.17	2.28
2012	12585.52	23331.30	9.99	2.34
2013	14490.54	27916.30	10.33	2.44
2014	15968.90	33002.70	10.52	2.49
2015	19018.69	38988.10	10.81	2.77
2016	21591.50	46888.40	11.50	2.92
2017	24611.68	57145.60	12.12	2.96
2018	27012.09	67792.70	12.23	3.00
2019	29580.37	74740.78	12.38	2.99

资料来源：根据历年《中国统计年鉴》和《全国社会保险基金支出决算表》计算获得。

从表8-1可以看出，自2010年以来，我国政府用于社会保障方面的支出每年都有较大幅度增加：就业与社会保障支出总额从2010年的9130.62亿元增加到2019年的29580.37亿元，增长2.2倍，年均增速高达14%；社会保障支出占财政支出的比例从2010年的10.16%增加到2019年的12.38%，说明社会保障支出的增长速度快于财政支出的增长速度；社会保障支出占GDP的比例从2010年的2.28%增加到2019年的2.99%，说明社会保障支出的增长速度快于GDP的增长速度。

长期以来，我国社会保障基金的筹集主要依靠国家财政和企业，由于企业在计划经济条件下是统收统支的，所以财政在社会保障体系中扮演着“最后担保人”角色，财政拨款为我国的社会保障体系的建立发挥着极其重要的作用。随着我国社会保险制度改革的深入开展，社会保障体系建设取得明显成效，社会保险覆盖范围迅速扩大，社会保险基金征缴和管理不断加强，各项社会保险待遇水平进一步提高。社会保险基金支出总额也从2010年的15018.90亿元增加到2019年的74740.78亿元，增长3.98倍，年均增速高达19.5%。近年来，参加各项社会保险的人数也不断增长，2019年末全国参加基本养老保险人数为96754万人，参加基本医疗保险人数为135436万人，参加失业保险人数为20543万人，参加工伤保险人数为25478

万人，参加生育保险人数为21432万人。[①]

■ 资料链接：2020年城乡居民医保人均财政补助标准达到每人每年不低于550元

2020年6月10日，国家医疗保障局会同财政部、国家税务总局制定印发了《关于做好2020年城乡居民基本医疗保障工作的通知》（以下简称《通知》），对进一步做好2020年城乡居民基本医疗保障工作做出部署。

《通知》明确，提高城乡居民基本医保筹资标准，健全待遇保障机制。2020年居民医保人均财政补助标准新增30元，达到每人不低于550元，个人缴费标准同步提高30元。巩固城乡居民基本医保和大病保险的待遇保障水平，政策范围内住院费用支付比例达到70%，大病保险起付线降低并统一至居民人均可支配收入的一半，政策范围内支付比例提高到60%。

《通知》强调，全力打赢医疗保障脱贫攻坚战。一要确保完成医保脱贫攻坚任务，确保贫困人口动态应保尽保。二要巩固医保脱贫攻坚成效，持续发挥医保三重制度综合保障、梯次减负功能，落实新冠肺炎救治费用医保报销和财政补助政策。三要研究医保脱贫攻坚接续工作，严格落实"四不摘"要求，研究医保扶贫长效机制。四要在脱贫攻坚期内大病保险对农村建档立卡贫困人口起付线较普通参保居民降低一半，支付比例提高5%，全面取消农村建档立卡贫困人口封顶线。

《通知》提出，要完善医保支付管理，加强基金监督管理，加强经办服务。普遍实施按病种付费为主的多元复合式支付方式，开展疾病诊断相关分组（DRG）付费国家试点工作，加强定点医药机构管理和医保目录管理。建立全覆盖式医保基金监督检查制度，全年组织开展两次医保基金监督检查。推进做实基本医保基金市地级统筹，完善收支预算管理。全面实施全民参保计划，推进一体化经办运行，落实经办政务服务事项清单，提升经办管理服务能力。

资料来源：《关于做好2020年城乡居民基本医疗保障工作的通知》政策解读［EB/OL］.（2020-06-19）.中华人民共和国中央人民政府网站，http://www.gov.cn/zhengce/2020-06/19/content_5520659.htm。

---

① 资料来源于《2019年度人力资源和社会保障事业发展统计公报》和国家统计局相关数据。

2. **我国财政性社会保障支出存在的问题**

虽然近年来我国社会保障事业取得了长足的发展，但是面临我国人口老龄化趋势以及城市化进程的加快，我国社会保障的供需缺口仍然非常大，具体来讲我国社会保障的财政支出存在以下几点问题。

第一，我国的社会保障支出逐年增长，但是整体水平仍偏低。社会保障制度的根本目的是通过收入的再分配实现贫富差距的缩小，促进公平，但我国的社会保障支出与发达国家甚至是同程度发展中国家之间的差距也是比较大的。一是与发达国家相比较低。瑞典社会保障支出占财政支出的比重高达2/3，占GDP的比重也高达1/3，很多发达国家的社会保障支出占财政支出的比重都在50%以上。二是与部分东欧转型国家和拉美国家相比也偏低。20世纪90年代末，部分东欧和拉美国家的经济发展水平与我国目前大体相当，而社会保障支出水平与我国2010年社会保障支出水平相比要高出不少。三是与东亚新兴经济体如韩国、新加坡和中国台湾相比，我国社会保障支出水平并不低，但我国基尼系数目前维持在0.47左右，收入分配差距比较大，而东亚新兴工业体国家（地区）收入分配结构却是比较合理的，所以我国仍然有必要逐步提高社会保障支出水平，更好地促进社会公平。

第二，我国社会保障财政支出的结构不合理，农村养老保障等问题仍然突出。一方面，社会保障支出的项目结构不合理，突出表现在支出项目散乱、混杂，不同属性的社会保障支出项目之间、社会保障支出项目与非社会保障支出项目之间界限不清。例如，国有企业的社会保险支出与社会救济、社会优抚、社会福利支出混在一起，机关事业单位职工的离退休金、社会福利补贴等支出与政府的经常性支出混在一起，企业政策性亏损补贴、城镇居民物价补贴和住房补贴等财政补贴，多兼有经济支持和社会保障双重属性。另一方面，由于我国长期的二元式经济战略模式的存在，城市的社会保障体系起步早于农村，且发展的成熟程度远高于农村，农村的社会保障项目除了医疗保险、社会救济外，其余的项目如养老保险的保障水平仍然比较低，以发达地区浙江为例，按2019年10月浙江省人力资源和社会保障厅、浙江省财政厅《关于建立城乡居民基本养老保险待遇确定和基础养老金正常调整机制的实施意见》，如果居民个人交费按每年3600

元档次交足15年，60岁以后每月可以领取基础养老金155元（省内不同地区也存在较大差别，杭州市区为220元，建德市为160元），这仅相当于最低生活保障的40%左右，城镇职工养老保险年人均养老金的15%左右。同时，城镇居民还会享受到价格、食品、医疗、事业、养老等种种补贴，导致城乡间社会保障水平差距较大，这也不利于城乡的经济和社会发展。

第三，地区发展不平衡问题突出。社会保障支出作为转移性支出的主要内容，理论上讲应当是缩小地区差距，促进地区均衡发展的重要制度安排和政策工具，然而目前仅有13个省份实现了省级层面统筹管理社保基金，远远没有实现全国统筹。从全国来看，社保基金累计结存已经超过了5万亿元，但地区间养老保险基金的财务差距悬殊，有些地区的盈余规模越来越大，而部分地区陆续出现了当期“收不抵支”，不同省份居民所享有的社会保障水平则存在很大差别，这种差别反过来影响着资本、劳动和技术的跨省流动，在某种程度上成为固化甚至放大地区发展差距的负面因素。例如，大量中西部地区的农村劳动力流入长三角、珠三角等发达地区，“人口红利”效应助推这些地区的经济快速增长，而在社会保险制度地区分割的条件下，这些发达地区因劳动力结构的年轻化而出现缴费低且社会保险基金大量结余现象；而对劳动者流出地而言，这些地区年轻劳动力外出多、老年人口多、退休人员多，结果出现居民缴费率高而社保基金收不抵支现象，这种格局无疑与地区间的协同与均衡发展目标相悖。

3. 优化我国财政性社会保障支出的建议

第一，继续加大我国的财政性社会保障支出。加大我国的财政性社会保障支出主要体现在三个方面。首先，要尽快开征社会保障税，并使其成为政府履行社会保障功能的主要资金来源，成为社会互济的主要筹资模式，增加和稳定财政的源头。其次，调整财政支出的结构，从精简人员方面减少行政管理费用，从公共物品的私人提供角度，能交给市场的就交给市场去做，能吸引私人投资的可以适当地引进私人投资，减少财政的投入，如PPP投资方式就很好地解决了财政支出的问题。最后，提高财政性社会保障支出的效率，间接加大了财政的投入。

第二，加强对农村社会保障支出的倾斜。首先，社会保障权是现代社会公民的一项基本权利，过去我国把社会保障的重点放在城镇，现在必须让农民享受国民待遇，要加大财政对农民社保事业发展的扶持力度。其次，要明确政府财政在农村社会保障制度建设中的职能。随着改革的深入，政府职能的转变，财政支出结构需要调整，要把解决包括社会保障在内的民生问题作为财政支出的重要组成部分。目前，财政支出有不合理和不公平的地方，为了推动经济的发展，政府各部门对企业的技术改造、扩大出口等都给予了一定的资金支持，实际上这是将A企业的税收收入投入到B企业，显然是不公平的。财政支出要重点用于社会保障和公共服务。最后，以乡村振兴为契机，创新体制机制，提高农村养老保险支付水平。就业机会少、收入水平低是农民基础养老金待遇低的根本原因，为此财政要加大对乡村振兴项目的扶持，为农民提供更多就业机会和收入来源，同时加速农村土地和宅基地的流转置换，推动农村“以地养老”“以房养老”，在优化农村资源配置的同时，减轻财政负担、弥补养老资金不足，从根本上解决高龄和丧失劳动能力农民的养老问题。

第三，逐步完善制度，尽快实现社保基金的全国统筹。社保基金的全国统筹有助于平衡省际社会保险累计结余资金的巨大差距，进一步破除劳动力省级间自由流动的制度障碍。社保基金的全国统筹也面临诸多难题，需要逐步推进，短期内应该以养老保险为突破口，先建立社保基金中央调剂制度，来缓解省际养老保险基金不平衡的矛盾。在此基础上，基于试点地区实践经验的总结，制定出全国统筹的时间表、路线图，不断地完善社保基金中央调剂制度，并尽快地实现社保基金统收统支的全国统筹模式，即全国所有参保人的缴费直接上缴给中央政府，并由中央政府直接给全国所有退休者发放养老金，该制度消除了地区和行业差别，充分体现了制度的公平与效率，并有利于劳动力等资源的全国优化配置和地区间均衡发展。

■ 资料链接：宁夏平罗县探索“以地养老、以权养老”新模式

近年来，宁夏回族自治区平罗县在推进农村综合改革试点的进程中，将农村老年人“以地养老、以权养老”作为农村土地经营管理制度改革试验的重要内容，受到农民群众欢迎。

平罗县胜利村支部书记马占虎介绍，“以地养老、以权养老”就是农村老年人将其土地承包经营权、宅基地使用权和房屋产权自愿有偿退出，由村集体收储后统一流转经营，农村老年人以退出产权补偿费置换养老院养老服务，在养老院安度晚年。

胜利村是一个回汉混居村，有村民680户2229人，60岁以上老年村民274人。现有耕地5600亩，人均2.5亩。2014年，胜利村将闲置的小学改造成养老院，把30多间教室整体改造为宿舍、餐厅、活动室等养老设施，规划建设了节能日光温室蔬菜生产区、枸杞枣树栽培区、畜禽养殖区和休闲娱乐区，配套了供热锅炉、化粪池等基础设施。目前，改造工程基本完成，已有59位老人陆续入住。

胜利村“以地养老、以权养老”的具体做法。一是退地筹集养老金。2015年，每位入院老人退出耕地2.5亩，共退出172亩，收储补偿费为每亩0.9万元，筹集集体土地收储金154.8万元。二是财政补贴养老金。县财政补贴按照每人3万元，补贴177万元。通过这两项措施，胜利村筹集到331.8万元为村里失地农民购买养老保险。老人每月领取1200元养老保险，交入院管理费用150元，伙食费360元，剩余690元，主要用于平时的生活、医疗等支出。

农业专家认为，这项改革至少可以实现三大红利。一是盘活了农村闲置资源。平罗县共有近30所农村中小学因被撤并而闲置，为村集体公益性建设用地。胜利村通过将学校改造为养老院，由村集体统一管理和经营，有效地盘活了农村闲置资源。二是为破解农村养老难题找到了出路。当前，随着大量农村青壮年劳动力进城务工，农村留守老人逐年增多，且生活孤独、缺乏精神慰藉。将农村闲置学校改造为农村养老院，由村集体进行统一管理和经营，将老年农民退出土地产权补偿费置换养老院养老服务，日常运行在不增加财政投入的情况下，有效地解决了农村养老难题。三是促进了土地规模化经营。目前，平罗县农村70%的土地由农村留守老人经营，将农村老年农民的承包耕地采取自愿有偿退出的方式由村集体统一收储，经过田块调整集零为整后统一流转，由新型农业经营主体实行规模化经营，可以大幅度提高农业机械化水平，提升土地综合利用效益，促进现代农业发展。

资料来源：平罗县探索“以地养老、以权养老”新模式［N］. 农民日报，2017-01-27。

8.3 财政补贴

8.3.1 财政补贴概述

1. 财政补贴的含义及特征

财政补贴是政府根据经济社会形势的需求，在一定时期内，向某些特定的产业、部门、地区、企事业单位或个人给予的无偿补助。财政补贴是国家经济管理的一个重要经济杠杆，它通过物质利益在国家、企业、个人之间的再分配来调节社会生产和生活，对引导企业投资和居民消费、促进经济发展起着重要作用。同其他财政分配形式和经济杠杆相比，财政补贴有如下几个特点。

第一，政策性。财政补贴是根据政府在一定时期内社会、政治、经济等方面的政策目标，由财政部门统一管理，并随国家宏观形势的变化而修正、调整与更新，具有很强的政策性。

第二，专项性。财政补贴的对象、规模和形式等具体内容都有专项规定，要通过指定的事项进行补贴，除指定的事项外，均不给予补贴。

第三，灵活性。财政补贴是国家调节经济、协调各方面关系一个比较灵活的杠杆，财政补贴的对象、范围和作用均由财政部门根据国家政策的需要而定，并且国家可以根据形势的变化和政策的需要，及时修正和调整财政补贴。

2. 财政补贴的分类和内容

财政补贴通常可以从不同角度进行分类。从补贴在生产中的环节角度，可将财政补贴分为生产环节补贴、流通环节补贴和消费环节补贴。从补贴的稳定性角度，可将财政补贴分为经常性补贴和临时性补贴。从补贴的隶属关系角度，可将财政补贴分为中央财政补贴和地方财政补贴。从补贴的透明度角度，可将财政补贴分为明补和暗补，明补是指将全部补贴都纳入国家预算管理。暗补是指补贴支出不被纳入国家预算管理，不构成预算支出项目，受补者也不直接获得补贴收入，只是从减少上缴和节约支出上受益。从补贴对象角度，可将财政补贴分为价格补贴、企业亏损补贴、职工和居民生活补贴、某些公益事业补贴、外贸补贴、财政贴息等。

目前，我国财政补贴主要是根据国家预算管理的要求进行分类的，具体内容如下。

第一，价格补贴。为了安定城乡人民生活，由财政向企业或居民支付与人民生活必需品和农业生产资料的市场价格政策有关的补贴。它是我国财政补贴的主要内容，是国家自觉运用价值规律调节经济，促进经济发展的重要举措。目前，被列入政府预算支出的补贴项目主要有四种类型：一是生产资料价格补贴，该项补贴是国家为了稳定农业生产，实现农产品增产、农民增收，以低于价值的价格向农民出售农业生产资料，向有关生产企业拨付的价差补贴，我国实施价格补贴的农业生产资料主要有化肥、农药、农用电和农用塑料薄膜等；二是日用消费品价格补贴，该项补贴是国家为了避免日用生活必需品批发或零售价格大幅上升对居民生活的不利影响，向商业企业或城镇居民支付的价格补贴，如平抑市场肉食价格补贴、平抑市场蔬菜价格补贴、住房补贴、交通补贴、冬季取暖补贴等；三是工矿产品价格补贴，该项补贴是政府为了配合能源和基本原材料等产业政策的实施，对煤炭、黄金、白银等工矿产品因调出或收购价格较低而支付的财政补贴；四是进出口补贴，是指为了缓解国内市场某些商品的供需紧张，或为了提高出口企业的国际竞争力，国家财政对外贸企业给予的补贴，包括出口补贴和进口补贴，出口补贴是财政对某种商品出口给予出口商的直接补贴和通过减免出口关税或国内商品税等的间接补贴。

第二，企业亏损补贴。企业亏损补贴是指政府为了使国有企业能够按照政府政策或计划生产、经营的社会需要，但客观上亏损的产品，而向这些企业拨付的财政补贴。在预算管理上，企业亏损补贴被列入预算收入科目，做冲减收入处理。企业亏损补贴可分为政策性亏损补贴和经营性亏损补贴。所谓政策性亏损补贴，是指国家财政对由于贯彻国家政策，对某些产品实行低价政策，造成的企业亏损给予的补贴；经营性亏损补贴，是指国家财政对国有企业因经营管理不善而造成的亏损给予的补贴。一般而言，国家财政对经营性亏损原则上不予补贴，只对政策性亏损给予补贴。但对一些生产急需的产品和重要产品的企业，经国家财政部门审批后，可给予暂时性的补贴，并通过整顿限期扭亏为盈，以利于促进生产和调节供给需求平衡。

第三，财政贴息。财政贴息是指政府为了宏观调控的需要，财政对使用某些规定用途银行贷款的企业，就其支付的贷款利息在一定时期内，按全额或一定比例给予的一种补贴。根据2012年财政部颁发的《基本建设贷款中央财政贴息资金管理办法》，我国财政贴息的范围主要有：农业、林业、水利部门相关项目，司法部、新疆生产建设兵团所属的监狱、劳教等项目，国家级高新技术产业开发区管辖区域范围内的基础设施项目，军工集团“三线”搬迁、核电项目，西部铁路项目等其他项目。

8.3.2 财政补贴的经济效应分析

财政补贴的经济效应主要是指财政补贴对国民经济和社会生活所产生的影响，通常有积极影响和消极影响两个方面。

1. 财政补贴的积极影响

第一，有效调节社会总供求的平衡，维护宏观经济稳定。在社会经济活动中，社会产品的需求对社会产品的生产与供给起着决定性作用，因此财政补贴对社会需求总量和结构的影响，最终会间接地反映到社会供给总量与结构的变化上。如在通货紧缩时期，政府可以通过扩大对企业和居民个人的财政补贴支出，维持或相对扩大企业的投资需求以及居民的消费需求，从而为进一步维持和扩大企业的生产规模、促进经济复苏创造前提条件。

第二，促进社会资源的优化配置，产业结构的调整，实现可持续发展。在市场经济条件下，市场机制在社会资源配置中的基础与主导作用是通过价值规律自发调节实现的。政府通过对具有正外部效应的活动给予一定的财政补贴，可以有效地弥补其效益损失，鼓励更多的生产者从事这些经济活动，从而达到优化全社会资源配置的目标。可见，财政补贴能够在一定程度上纠正市场配置资源的失灵，提高资源配置的效率。比如，改革开放特别是近年来，为调动农民务农的积极性，国家曾多次提高农副产品收购价格，同时又降低了农业生产资料的零售价格，由此产生的粮食加工企业和支农工业品生产企业的亏损则由财政给予补贴，从而极大地调动了广大农民的生产积极性，促进了农业生产力水平的提高，加快了农业生产发展。又如，政府以税收上的投资抵免、加速折旧等方式对高新技术产业等部门进行投资补贴，将会降低被补贴投资活动的相对成本或提高被补贴投资活动的相对收益，从而引导资金更多地投入被补贴的投资领域，推动我国产业结构的优化升级，实现国民经济持续健康发展。

第三，配合自然垄断领域的管制价格，提供社会福利。在自然垄断存在的领域，如城市公用事业（供水、供气、公共交通等），其生产的产品和提供的劳务与社会生产以及人民活动密切相关，但是无法通过市场价格进行公平有效的配置。因此，政府通常会对此类生产企业采取价格管制手段，通过低价政策向整个社会提供该类产品及服务，特别向社会的中低阶层提供基本社会福利。为了避免低价政策给相关企业带来亏损，政府必须向其提供财政补贴，以维持此类企业的生存和发展，增进社会福利。

第四，调节收入分配，保障居民基本生活。在国民收入的再分配环节，财政补贴可以发挥积极作用。如国家为了增加农民收入，每年都会提高农副产品的收购价格，从而提高农民收入；同时，为了使城镇居民生活水平不受影响，政府经常对城市居民特别是低收入群体进行补贴。这些措施既保证了城乡人民生活水平的稳定，也缩小了居民的收入差距，促进了收入的公平分配。

2. **财政补贴的消极影响**

在财政补贴产生一定积极影响的同时，它所产生的消极影响也是不容忽视的，主要有以下几个方面。

第一，财政补贴扭曲了商品间的真实价格关系，不利于企业间的平等竞争。财政补贴客观上增加了被补贴商品和企业的利润（或者降低了亏损），不能真实地反映补贴商品的成本、利润以及相关商品的比价关系，如果补贴的范围过广，就会不利于市场机制的有效发挥，不利于企业间的公平竞争。

第二，财政补贴加重了财政负担，削弱了财政的宏观调控能力。作为财政支出的重要部分，财政补贴还具有增长的刚性特征，如果把其当作政策手段长期运用而不加以控制，势必加重财政负担，进而削弱其宏观调控能力。

第三，不利于企业加强经营管理，提高经济效益。由于财政补贴在管理上存在许多弊端，如补贴对象难以划分、补贴方法简单等，致使一些受补企业钻补贴政策的空子，有的甚至“借补求存”，不仅没有促进受补企业生产发展，提高企业生产积极性，反而使受补企业心安理得地吃补贴“大锅饭”，从而淡化了企业经营管理观念，不利于企业提高经济效益。

第四，不利于劳动工资制度的改革。物价变动以后，国家对职工个人消费支出的补贴是平均分配的，并带有“福利支出”性质，容易保护个人既得利益，刚性较强。加上近几年各地区自行出台了一些补贴措施，更是造成地区间的补贴不平衡，这些都给推进以按劳分配原则为核心的劳动工资制度改革带来困难。

8.3.3 我国财政补贴制度及其改革

1. 我国财政补贴制度的基本情况

自20世纪70年代末期以来，我国财政补贴规模大、范围广、渠道多、管理乱，既给财政带来沉重负担，也扭曲了市场机制的运行，给国民经济的发展带来一定阻碍。1989年，我国各项财政补贴占财政支出总额的比重高达13.23%，成为财政的一大包袱。进入90年代以后，随着我国市场经济体制改革的深入，财政体制也由“国家财政”向“公共财政”转型，国家对财政补贴制度进行了减少补贴项目，压缩补贴规模，规范补贴方式等一系列改革和整顿。具体措施包括：取消商业和粮食企业的亏损补贴；取消“三挂钩”补贴、加价款补贴和地方粮油价款补贴，建立相应的基金；取消粮棉储备费用补贴、平抑肉食和蔬菜价差补贴和“三挂钩”的柴油补贴，将其转换为农产品储备基金；取消绝大部分工业企业亏损补贴，财政只对军工、航天等负有特殊使命的国有企业，及因执行国家有关政策而导致亏损的企业给予适当补贴；逐步取消外贸企业亏损补贴；结合工资改革，把对个人的明补纳入工资；改革公用事业补贴。经过30余年倾向市场取向的改革和整顿，目前我国财政补贴的规模、方式和效益都发生了极大改变，已逐步接近市场经济规律要求和世界通行规则，但仍然带有相当程度的传统计划经济体制的成分和色彩，并存在以下问题。

第一，财政补贴数额较大、项目过多。目前，我国的财政补贴数额仍然较大，补贴项目过多，许多项目不合理。这一方面使财政负担严重，加剧了财政收支矛盾，影响了财政平衡；另一方面扭曲了价格机制，刺激了不合理消费，不利于市场经济的有效运行。

第二，现行的企业亏损补贴制度不规范。我国现行的财政补贴制度对竞争性产业和国企进行了大量补贴，不仅使它们产生依赖的思想，并未有效改善它们的经营效率和竞争力，还加剧了企业的不公平竞争；同时，对科教、技术创新、环境保护、公益设施等投入产生挤出效应，导致财政功能和补贴政策一定意义上的错位。

第三，中央政府与地方政府在财政补贴领域中的职权划分不明确。目前我国的财政补贴制度没有明确规定中央和地方政府的职权，导致在实践中存在“错位”“缺位”等现象。特别是，在发展冲动的驱使下，地方财政竞相推出种种财政补贴“优惠政策”，使得财政补贴颇为紊乱，也导致市场竞争秩序的“失序”，还不利于分税制财政体制的有效运行。

2. **我国财政补贴制度的改革思路**

针对我国财政补贴制度存在的弊病，我国财政补贴制度的改革思路如下。

第一，要彻底转换政府职能，财政补贴应尽量减少对市场机制的干扰。要控制财政补贴，提高财政补贴的经济效益，转换政府职能是关键。应明确政府的宏观经济管理职能和国有资产管理职能。理顺国有企业产权关系，真正实现政企分开，政府不再直接干预企业的经营活动。财政补贴应成为政府调节宏观经济的一个经济杠杆，而非干预企业具体经营活动的行政手段。因此，财政补贴的范围不宜过大，否则就会丧失其宏观调节的作用。

第二，控制财政补贴规模，优化财政补贴结构，规范财政补贴的重点和范围。我国财政补贴的规模问题也是结构问题，我国财政补贴规模的压缩是一种结构性的削减。一方面，将某些财政补贴并入其他分配范畴中。例如，目前提供给居民的相当于普调工资的那些粮、油、副食补贴，大部分可以明确地归入职工工资中；另一部分以及企业补贴的一部分则可以转变为社会福利支出，专门用于向暂时失业的人口和鳏寡孤独、老弱病残者提供财政补助。另一方面，配合其他改革措施取消一些不合理的补贴项目。例如，企业亏损补贴，如果企业破产制度得到实施，政府除了对少数关系国计民生的企业的计划亏损继续提供补贴外，大部分企业亏损补贴都可以取消，其中的一部分将转化为对破产企业职工的失业救济支出。

第三，改革财政补贴的方式，提高财政补贴的透明度。一方面，要合理运用实物补贴和货币补贴方式。一般来讲，实物补贴更能增加补贴对象的效用和满足程度，但通过货币补贴把使用资金的权利赋予补贴对象，更能提高补贴对象的福利水平。另一方面，取消“暗补”，提高补贴的透明度。由于“暗补”的方式没有被纳入政府财政预算，监督机制不健全，财政补贴的管理存在很多漏洞，导致补贴被一些不应该获得补贴的企业或个人获得。如某些国有企业每年获得大量亏损补贴，却饱受争议；另外，农村低保也存在大量违规发放问题。这大大影响了补贴的实际效果。财政补贴作为政府弥补市场失灵和调节收入分配的手段，原则上不应该采用“暗补”的方式，而应该采用“明补”的方式，保证补贴的公正、公平和公开。

第四，改革财政补贴的配套措施。在完善财政补贴制度的同时，还要改革国有企业经营机制等配套措施。只有彻底转换企业经营机制，理顺国有企业产权关系，实现政企分开，使企业真正自负盈亏，才能明确划分企业政策性亏损和经营性亏损。对于企业经营性亏损坚决不能给予补贴，而企业政策性亏损补贴的范围应从国有企业扩大到其他经济成分的企业，只要符合国家政策，因政策影响导致的亏损就应该给予补贴。只有这样，才能更好地发挥企业补贴的宏观调节作用。

■ 资料链接：新冠肺炎疫情防控、企业复工复产中财政补贴的作用

新冠肺炎疫情发生以来，全国各级财政部门按照上级指令积极开展工作，保证对疫情期间经费支出全面支持，对企业复工复产工作提供政策支持，充分发挥企业作用，统筹兼顾疫情防控和企业复工复产等工作。

财政部预拨14亿元支持各地做好疫情防控期间重大病虫害防控相关工作。2020年2月20日，中央财政预拨农业生产和水利救灾资金14亿元，用于支持各地做好农作物重大病虫害防控相关工作。其中，安排粮食作物重大病虫害防控8亿元，用于支持湖北、河北、安徽等26个省（自治区、直辖市）做好粮食等农作物重大病虫害防控工作；安排农区蝗虫防控0.3亿元，用于支持四川、山东、河南等15个省（自治区、直辖市）做好农区蝗虫防控工作；安排草地贪夜蛾防控4.9亿元，用于支持云南、广西等21个省（自治区、直辖市）做好草地贪夜蛾防控工作；安排湖北省蔬菜病虫害防控0.8亿元，对湖北省蔬菜病虫害防控所需农药、药械和统防统治等给予适当补助。

安徽省财政厅紧急下拨疫情防控经费2亿元。根据财政部部署要求，近日安徽省财政厅会同省卫生健康委印发《安徽省财政厅　安徽省卫生健康委员会关于预拨2020年度中央新型冠状病毒肺炎疫情防控补助资金的通知》，紧急下拨资金2亿元，支持各地做好疫情防控工作。

该通知要求，各地按照《安徽省人民政府办公厅关于印发应对新型冠状病毒肺炎疫情若干政策措施的通知》（皖政办明电〔2020〕6号）、《安徽省财政厅　安徽省卫生健康委员会关于做好新型冠状病毒感染的肺炎疫情防控经费保障工作的紧急通知》（皖财社〔2020〕68号）有关要求，统筹安排并规范使用好中央财政、省级财政和本级财政补助资金，确保疫情防控补助政策落实到位。

截至2月18日，安徽省统筹拨付五批次疫情防控相关资金共计15亿元，有力保障了各地疫情防控工作。

浙江省财政厅贴息免息补贴奖励支持企业，多措并举推动复工复产。疫情发生后，浙江省财政厅第一时间研究出台了一揽子财政金融政策，通过直接降低企业融资成本，鼓励金融机构让利和扩大融资渠道，引导政府性融资担保机构积极开展增信服务并降低担保费等措施，大力支持金融更好服务疫情防控和稳企业、稳经济、稳发展工作。具体来说，主要有四个方面。

“贴”：对疫情防控重点保障企业贷款给予财政贴息，对享受人民银行专项再贷款支持的企业，按企业实际获得贷款利率的50%给予贴息。

“免”：鼓励支持金融机构在省级疫情防控一级响应期间免除实体企业贷款利息。各级财政对免除企业3个月及以上贷款利息的金融机构给予一定奖励，省级财政根据各地奖励情况进行补助。

“补”：要求各级政府性融资担保、再担保机构取消反担保要求，降低担保和再担保费率。省再担保公司对市县政府性融资担保机构免收3个月再担保费，省级财政给予专项补助。

“奖”：对扩大企业融资的金融机构给予奖励。有三方面内容：对为企业发行债务融资工具提供主承销服务的金融机构进行奖励，其中对承销民营企业债务融资工具按2倍标准进行奖励；对创设信用风险缓释工具且不需要政策性融资担保机构提供反担保的金融机构，给予每个项目10万~30万元奖励；对使用央行支小再贷款发放小微民营企业贷款符合条件的金融机构，给予贴息性奖励。

上海市嘉定区实施就业补贴，力促企业复工复产。2020年3月30日，上海市嘉定区人社局、经委、商务委、财政局联合制定了《关于给予本区相关企业就业补贴应对疫情影响稳定就业岗位的操作办法的通知》（嘉人社发〔2020〕9号），对春节期间支持疫情防控工作的重点企业和受疫情影响较大的困难行业中的企业给予一次性补贴扶持。具体措施：一是对春节期间支持疫情防控工作的重点企业给予一次性吸纳就业补贴，补贴标准按照企业春节期间实际复工生产人数计算，标准为每人1500元。每户企业补贴上限为500万元，限申请一次。二是对受疫情影响较大的困难行业企业给予稳就业补贴，主要对象是住宿餐饮、文体娱乐、交通运输、旅游（指旅行社及相关服务、游览景区管理两类）四类受疫情影响较大行业中的企业，补贴标准按照企业申请时的上月实际缴纳城镇职工社会保险人数计算，标准为每人800元。每户企业补贴上限为500万元，限申请一次。

资料来源：疫情防控，财政是一支重要的力量！（二十六）[EB/OL].（2020-02-24）.齐鲁网，http://news.iqilu.com/china/gedi/2020/0224/4465099.shtml；应对疫情影响，稳定就业岗位，嘉定区给予相关企业就业补贴！附政策解读[EB/OL].（2020-04-13）.搜狐网，https://www.sohu.com/a/387777694_761765。

8.4 税式支出

8.4.1 税式支出概述

1. **税式支出的含义**

1967年，美国财政部部长助理、哈佛大学教授斯坦利·萨里（Stanley Surrey）首次提出了"税式支出"的概念。这一概念刚一出现就引起了财政理论界的重视，并成为财税制度改革的重要领域。根据不同学者给出的"税式支出"的概念，税式支出是指国家为达到一定的政策目标，在税法中对正常的税制结构有目的地规定一些背离条款，造成对一些特定纳税人或课税对象的税收优惠，以起到税收激励或税收优惠的作用，基于这些对正常税制结构的背离条款所导致的国家财政收入的减少、放弃或让与就构成了财政上的税式支出。

从本质上讲，税式支出是政府为实现自己的经济和社会政策目标，增强对某些经济行为的宏观调控，以减少收入为代价的间接性财政支出，这种财政支出并不表现在政府的预算书上，是间接的政府支出，所以又称为"看不见的预算"，属于财政补贴性支出范畴。近年来，各国政府已普遍利用税式支出的方式来达成某些特殊的经济目的，或落实某项社会福利政策。

2. **税式支出的分类**

根据税式支出最终发挥的作用，可以把税式支出分为照顾性税式支出和刺激性税式支出。

照顾性税式支出是对纳税人由于客观原因在生产经营发生困难时采取的特殊照顾措施。该类支出的主要目的是扶持社会需要的亏损或微利企业发展，如对灾区企业的免税政策，对公共福利性企业的减免税政策。

刺激性税式支出主要指用于改善资源配置、提高经济效率的特殊减免规定。该类支出的主要目的在于正确引导产业结构、产品结构、进出口结构以及平衡市场供求，促进纳税人开发新产品、新技术以及积极安排劳动就业等。如对雇用下岗职工的企业的税收减免，对高校毕业生自主创业的税收减免，对高新技术企业的税收减免，对某行业产品的出口退税等。

3. **税式支出的形式**

各国在实践中采用的税式支出具体形式不尽相同，常见的形式有起征点、税收减免、优惠退税、优惠税率、税收抵免、加速折旧等类型。

第一，起征点，又称“征税起点”，是指税法规定对征税对象开始征税的税基起点数额。征税对象的税基数额达到起征点的就全部数额征税，未达到起征点的不征税。如目前我国个人所得税中工资、薪金所得的起征点为5000元。

第二，税收减免，是指根据一国一定时期的政治、经济、社会政策需要，对生产、消费中的某些特殊情况给予减轻或免除税收负担的行为。如为了解决下岗职工就业问题，我国很多地方规定招收下岗职工的企业可以进行税收减免。

第三，优惠退税，是指政府为了某种特定的政策目的对纳税人已纳税款或实际承担的税款予以退回的行为，通常针对某些产品的出口或某领域的再投资行为。

第四，优惠税率，是指对符合规定的企业课以低于正常水平的税率。如国家为了重点扶持和鼓励发展特定的产业和项目，对于某些税种给予的优惠，如企业所得税税率为25%，而对高新技术产业、小型微利企业的优惠税率分别为15%和20%。

第五，税收抵免，是指对纳税人来源于国内外的全部所得或财产课征所得税时允许以其在国外缴纳的所得税或财产税税款抵免应纳税款的一种税收优惠方式，是解决国际所得或财产重复课税的一种措施。

第六，加速折旧，是指按照税法规定准予采取缩短折旧年限、提高折旧率的办法，加快折旧速度，减少应纳税所得额的一种税收优惠措施。其目的一是可以减少企业所得税，二是可以增强公司未来竞争和融资能力。

8.4.2 税式支出的经济效应

税式支出是政府主动运用的经济调节工具，对资源配置和收入分配都可能产生以下积极影响。

第一，有利于鼓励微利有益产品的生产。按照市场机制，生产者的经营目标是利润最大化，他们一般不愿意生产那些利润低（甚至亏损）但存在正外部性的产品（产品的社会效益大于产品的企业效益）。如果政府实行适当的税式支出政策，使产品的正外部效益转化为企业自身的经济利润，就能刺激产品生产者增加该类产品的供给。

第二，有利于扩大就业，保障低收入者的收入，提高整个社会的福利水平。政府通过免税、减税、应税所得扣除等税式支出手段，维持一些劳动密集型企业的正常经营，鼓励企业雇用下岗工人和弱势群体，可以提高低收入者的实际收入，从而提高整个社会的福利水平。

第三，有利于消除市场失灵。市场机制存在一定的盲目性、自发性和滞后性，常常导致某些产品供求的严重失衡，政府采用税收优惠等政策，可以促进企业扩大再生产，满足消费者的刚性需求，需求实现供求的平衡。如我国全面取消农业税，在增加农民收入的同时，鼓励农业生产。

第四，有利于落实国家的产业政策，加快产业结构的调整、优化和升级。我国产业发展的整体水平仍然比较低，且布局不合理，加快产业结构调整、优化和升级是“十二五”时期我国经济发展的重点。政府采取对某些行业、某些地区企业的税式支出政策，有利于这些企业经营战略的转型。比如，通过政策支持，我国珠三角地区一些劳动密集型企业可以有两个选择：一是加大研发和创新，向资本和技术密集型转型；二是向中西部地区转移，降低成本。

当然，税式支出如果运用不当，也会带来扰乱市场秩序、增加新的收入分配不公、增加税法征管的难度、减少财政收入等负面效应。

8.4.3 我国税式支出制度的改革思路

20世纪90年代以来，随着我国财税体制改革的推进，税式支出在我国发展很快，先后实施了税收减免、优惠税率、优惠退税、起征点等税式支出政策，这些政策对扩大就业、调节收入分配、促进供求平衡和推动产业结构调整都发挥了重要作用。但我国在对税式支出的管理上还存在税收优惠范围过宽、手段单一、目标不清晰，相关法律不健全，缺乏规范、有效的监督、管理制度等问题。未来，我国税式支出管理体制应从以下几个方面进行改革。

第一，优化税式支出的方向。我国税式支出的方向不应局限于一般意义上的激励和照顾，而应以国家的宏观经济发展目标为导向，促进国民经济持续、健康发展。具体地说，一要强化国家产业税式支出政策，对新能源和新材料工业、农林水利等基础产业，高新技术企业，现代服务业等需要鼓励的产业和项目，给予更多的税式支出；二要优化区域性税式支出政策，减少对东部沿海地区过多的税式支出，配合财政的直接转移支付政策，加大对中原经济区等中西部地区的税式支出政策倾斜。

第二，建立系统、科学的税式支出预算管理制度。目前，许多西方国家已采取各种形式对税式支出进行预算和控制。由于我国长期以来一直没有形成统一的、系统的税式支出管理制度，税收优惠存在的问题涉及的面比较广，今后需要根据我国的实际情况，逐步建立系统、科学的税式支出预算管理制度。具体实施步骤：①根据主要税种（如增值税、消费税、营业税、关税、企业所得税、个人所得税等）涉及的重点行业、项目、产品、纳税人的税收优惠进行税式支出的统计、测算、分析和评估，编制比较简单的税式支出报表；②根据主要税种的税收优惠进行税式支出的统计、测算、分析和评估，编制比较系统、规范的税式支出报告；③根据所有税种的税收优惠进行税式支出的统计、测算、分析和评估，编制比较全面、规范的税式支出预算。[①]

第三，完善对税式支出实际效果的评估。税式支出评估是指对税式支出的实施情况进行具体分析，比较成本和效益情况，主要包括预算的执行情况及其政策效果。成本估算主要有三种方法：一是收入放弃法，即计算由于提供税收优惠而减少的税收收入额；二是收入收益法，是指取消一项特殊的减免优惠所预期的税收收入增加额；三是支出定量法，是指用以估算一项相应的直接支出取代另一项税式支出，需要多少税前支出才能达到相同的税后收益。我国在税式支出的实践中，也应当对税式支出的实际效果加以量化考核，以便检验有关税收政策、制度的科学性、合理性和可行性，并适时加以必要的调整。

① 王文婷.我国税式支出规范浅析［J］.中国经贸导刊，2011（20）：64-65.

◎ 关键概念

转移性支出；社会保障制度；财政补贴；税式支出

复习思考题

1. 简述转移性支出的经济影响。
2. 简要分析社会保障制度的主要内容与类型。
3. 简述社会保障支出的主要内容。
4. 简述财政补贴的经济影响。
5. 简要分析我国财政补贴存在的主要问题及改革思路。
6. 简述我国税式支出的主要形式。

推荐阅读

● 要想深入了解我国社会保障制度及财政对社会保障支出的情况，可阅读张燕著《中国财政社会保障支出及其分权研究（中国劳动关系学院学术论丛）》（社会科学文献出版社2020年版），该书全面梳理了不同时期中国社会保障财政责任及其财政社会保障支出状况，总结分析了中国财政社会保障支出分权特色，科学测量和评估了中国财政社会保障支出分权程度，并对当前中国财政社会保障支出水平、项目结构、支出公平及支出分权所存在的主要问题进行了重点分析研究，以期对中国财政社会保障支出及其分权机制的完善提出相应的政策建议。

● 要想进一步了解税式支出预算制度的内容及我国税式支出预算制度改革的具体思路，可阅读东北财经大学崔惠玉博士的著作《税式支出预算研究》（中国财政经济出版社2011年版），该书详细阐述了税式支出的含义和内容，介绍了OECD等发达国家税式支出预算的编制和管理制度，并初步构建了我国税式支出预算编制和管理制度框架。

9 公共收入

政府向社会提供公共物品和劳务形成了公共支出，本章要进一步介绍满足公共支出需要的公共收入问题：第一，公共收入的来源有哪些？是通过哪些形式实现的；每一种公共收入形式之间有哪些本质区别？第二，公共收入形式选择的理论根据是什么？为什么税收是政府取得公共收入的最有效形式？第三，公共收入的规模如何衡量？

为此，本章主要阐述了公共收入的形式、原则及公共收入的规模，税收的必要性和可能性，公债的功能以及公债的规模与限度，公共收入的规模与衡量指标等问题。

本章重点

- 公共收入的负担原则
- 公共收入的主要来源
- 公债主要功能及界定公债规模与限度的指标
- 公共收入的规模与衡量指标

9.1 公共收入概述

9.1.1 公共收入的内涵与基本特征

1. 公共收入的内涵

公共收入（Public Revenue），是公共财政分配过程的一个重要环节，它是指政府为履行提供公共产品职能而筹措的一切资金的总和，即以货币表现的社会总产品的一部分。在市场经济条件下，公共收入是公共部门筹集资金满足社会公共需要和提高人民生活水平的重要途径，也是政府部门调节生产、引导消费、控制市场波动的重要调控手段。另外，公共收入也可以理解成为了满足社会公共需要，凭借公共权力，由以政府为代表的公共组织向私人部门和个人筹集的一种收入，其本质是公共组织参与社会产品再分配所形成的一种强制性分配关系。它标志着一部分社会资源由私人部门转向公共部门，公共收入的筹集和使用应当由社会公众根据公共需要依据一定程序来决定和监督。

2. **公共收入的基本特征**

通过这一定义，我们可以发现，公共收入具备以下基本特征：

第一，公共性。公共权力产生于社会共同需要，公共收入作为公共权力在经济方面的表现，同样源于社会的共同需要。因此，公共收入必须遵循公共性的要求。

第二，强制性。由于公共收入的获得主要以公共权力为依托，而公共权力的一个主要特点即强制性，相应地，公共收入也就具有了强制性的特征。

第三，规范性。公共收入从诞生之日起就具有内在的制度含义和外在的制度约束，其获取与使用都是有章可循的。同时，随着社会的发展，公共收入要依据一定的法律和规章制度，不能随意地收取。

第四，稳定性。这实际上是公共收入的强制性与规范性的必然推论，正是由于公共收入的征收与使用具有强制性，而且又有制度化的规定和保证，因此公共收入具有客观的稳定性。

9.1.2　公共收入的负担原则

在公共经济学家眼中，如何把政府所提供的公共物品或服务的成本费用恰当地分摊给社会成员是公共收入的基本问题。政府提供必要的公共产品是公共收入形成的主导原因，而公共收入的取得又要遵循一定的原则。尽管这些原则在表述方式或应用场合上有各自的特点，但总体来说，包含了三个方面原则，即受益原则、支付能力原则和效率原则。

1. **受益原则**

所谓受益原则（Benefit Principle），是指政府所提供的物品或服务的成本费用的分配，要与社会成员从政府所提供的物品或服务中获得的效益相联系。从这个原则来看，规费和使用费是最理想的公共收入形式。规费和使用费具有类似价格的功能，它们可以将物品或服务的成本费用分配给消费者。

受益原则的主要优点在于，如果它能够得以成功的贯彻，那么，政府所提供物品或服务的每单位成本可以同这些物品或服务的边际效益挂钩。而如果所有的社会成员都依据其从政府所提供的物品或服务中获得的边际效益的大小做出相应的缴纳，那么，林达尔均衡就会形成，公共产品供给量达到最佳效率水平，同时，“搭便车”问题也会得到解决。

然而，现实中受益原则是不可能被严格遵守的，问题在于，政府所提供的大多数物品或服务都属于联合消费或共同受益的性质，很难从客观上界定每一社会成员的边际效益。唯一的办法是让每一个社会成员自己呈报其所获得的效益为多少。但是，按照前已述及的道理，如果人们知道自己所承担的公共支出的成本份额取决于其所呈报的边际效益，那么他们肯定会从低呈报或根本不呈报其获得的真实效益。只有在一个社会是由很少的成员组成，人们对彼此的偏好非常了解的情况下，才不至于出现从低呈报或隐瞒不报的现象。这种问题在规模庞大、系统复杂度极高，信息传导受到阻碍的现代化社会中是难以克服的。

2. **支付能力原则**

所谓支付能力原则（Ability-to-pay Principle），是指政府所提供的物品或服务的成本费用的分配，要与社会成员的支付能力相联系。例如，赚取收入能力较强的人应当比赚取收入能力较弱的人负担更多的税收。按照这个原则，政府所提供物品或服务的成本费用的分配，与社会成员所获得的边际效益的大小无关，而只应依据社会成员的支付能力进行。

支付能力原则的主要优点在于，如果它能够被成功地贯彻，那么政府所提供物品或服务的成本费用的分配，可以使社会成员的境况达到一种相对公平的状态。这样，政府的许多税收就可以改变国民收入的分配状况，使其向收入分配公平的目标转变。也正因如此，政府才能通过税收等手段改变国民收入的分配状况，实现公平分配的目标。

但是，支付能力原则也存在着在现实社会中的实现问题。按照社会成员的支付能力确定其所承担的公共支出成本的份额是一回事，怎样测度其支付能力则是另一回事。经济学家们在如何测度社会成员的支付能力上存在着许多争议，有的主张以社会成员的收入、财产和消费支出的多少来测度其支付能力；有的则主张以社会成员因承担公共支出成本而在主观上感受的牺牲程度大小来测度其支付能力。

3. **效率原则**

效率原则（Efficiency Principal）是指公共收入的获得过程应当达到效率准则的要求，尽可能增大所得和尽可能减少所费，即要考虑公共收入的获得成本问题。从资源配置的角度考虑，公共收入要有利于社会资源的有效合理配置，使社会从可用资源中获得最大效益；从经济机制角度来看，公共收入要有利于经济机制的有效运行，尽量减少干扰私人经济部门的选择造成的超额负担，不仅使微观经济效益提高，也要使宏观经济稳定增长；从行政效率角度来看，公共部门应该尽量降低公共收入获得的直接成本或行政成本。

9.1.3 公共收入的主要来源

公共收入的形式，是指政府取得公共收入的具体途径，即政府采用什么方式方法获得公共收入。随着技术进步、社会经济的发展和政府职能的变化，公共收入的形式也在发生演变。考察现代各国公共财政实践，公共收入的形式大体包括：税收、公共债务、国有资产（公共资产）收益和其他形式，则公共收入的来源包括：税收收入、公共债务收入、国有资产（公共资产）收益和其他收入。

1. **税收收入**

税收是政府为实现其职能的需要，凭借其政治权力，并按照特定标准，强制地无偿地取得公共收入的一种主要形式，获得收入称为税收收入，是公共收入的主要来源。目前关于税收概念的定义和观点较多，各有差异和侧重，但其中有一些共性的观点。

一是税收的征收主体是政府。政府作为公共利益的代表，只有它才有权力向公民征税。征税权力只属于政府，这里的政府包括中央政府和地方政府，除此之外，其他任何组织或机构均无征税权。

二是税收的征收凭借的是政府的政治权力。税收的征收，实质上是政府参与社会资源的分配，而社会资源的分配需要依据一定的权力来进行。政治权力是税收征收的前提，只有政治权力具有的强制性才能为税收的合法征收提供保证。作为公共管理部门的政府，显然只能依据政治权力来取得社会资源，即凭借政府的政治权力把私人部门占有的社会资源的一部分转移到公共部门。

三是税收的征收具有强制性。征税的实质是政府对私有资源的侵犯。在政府政治权力和私有资源权利的对立中不具备强制性，政府就不能对社会资源实行再分配，就不能占有私人部门的一部分资源。并且纳税人无论是否愿意，都必须照章依法纳税，如果纳税人不履行这种义务，就会受到相应的法律制裁。

四是税收的征收具有无偿性。政府征税之后，税款为公共部门所有。政府在征税环节既不需要任何偿还，也不需要向纳税人付出任何代价；纳税人不会因多纳税而得到更多的公共产品和服务，纳税人所缴纳的税款与其所可能享受的公共物品或服务的收益之间无直接的对应关系。可以说，税收的征收是无偿的，不存在等价交换或等价报偿的关系。

五是税收的目的是满足政府日常开支和社会公共福利的需要。政府为了维持存在和实现职能，需要耗费一定的人、财、物，而税收就是这些经费开支的主要来源。

六是税收的征收有特定标准。特定标准是指税收的主体、客体和税收的比率是由法律确定的，时间上是连续的，数量上是有限度的。比如，对一亩地课征多少千克粮食、每个人丁缴纳多少钱、某一种收入要缴纳的比例等。

总的来看，税收作为政府取得公共收入的一种形式，与其他公共收入形式相比具有强制性、无偿性和固定性三个特征，税收的三个特征是互相联系的。税收的无偿性决定着税收征收必须是强制性，因为如果是有偿的，就不需要强制征收；而税收的强制性和无偿性又要求税收征收的固定性，如果可以随意征收，就会侵犯现存的财产关系，使正常的经济活动无法维持下去，从而危及国家的稳定和存在。因此，税收的强制性、无偿性和固定性是统一的，缺一不可的。一种财政收入形式是否为税收，取决于它是否同时具备上述三个基本特征，而不是取决于它的名称。

2. **公共债务收入**

公共债务（公债）是政府以债务人的身份，凭借国家信用，按照一定的法律程序和规定，通过向企业或者个人有偿借债而形成的一部分收入，它是取得公共收入的一种主要形式。公共债务收入是国家取得公共收入的一种特殊形式，其特殊性在于必须偿还。从本质上来讲，公共债务收入实际上是政府对未来公共收入的一种透支或提前使用。从为公共部门取得公共收入这一点来看，公债与税收的功能是无差别的，但公债作为有偿性的公共收入，具有自愿性、有偿性和灵活性的特点。此外，公共债务也是一种政府调节宏观经济的杠杆，调节宏观经济中的货币供给总量，同时可以增强政府的财政支付能力，有利于财政政策的实施。

3. **国有资产（公共资产）收益**

国有资产（公共资产）收益是指国有资产通过投资、转让、租借、授权使用等途径获得的资产增值。国有资产指的是国家依据法律所拥有的自然资源或由于资金投入、资产效益及接受馈赠而形成的资产，它的一切产权属于国家。按照经济用途，可以将国有资产分为经营性国有资产和非经营性国有资产。经营性国有资产主要表现为国家投资或资本效益而形成的国有资产。非经营性国有资产，指的是由一般的行政事业和非营利性的其他公共机构占有和使用的一部分国有资产，它本身不具有保值增值功能，也不会创造经济效益，它包括政府机构、科教文卫、人民团体等机构拥有的国有资产。按照存在形态，可将其分为以自然资源为主体的国有资产和人类加工利用而形成的国有资产以及无形资产。由于经营性国有资产具有盈利性，侧重于经济效益，能够直接带来财政收入；而非营利性国有资产侧重于社会效益，无直接的经济效益，甚至还需要国家的财政补贴，因此，我们这里讨论的国有资产收入指的是经营性国有资产和资源性国有资产的收入。国有资产收益构成主要包括：第一，国有独资企业缴纳所得税后应上缴国家的利润；第二，股份有限公司中国家股应分得的股息和红利；第三，有限责任公司中国家作为出资者按照出资比例应分取的红利；第四，国有财产与国有股权转让收入；第五，国有资产的租赁收入；第六，国有资产的授权使用收费。第七，土地使用权转让收入。

作为一种特殊的公共收入，国有资产收益的获得是通过市场体系来完成的，从这一点来看，国有资产收益与私人部门的生产要素收益没有本质上的区别。

■ 资料链接：《国务院关于2018年度国有资产管理情况的综合报告》

根据《中共中央关于建立国务院向全国人大常委会报告国有资产管理情况制度的意见》，形成《国务院关于2018年度国有资产管理情况的综合报告》，主要内容如下：

（一）企业国有资产（不含金融企业）

2018年，中央国有企业资产总额80.8万亿元、负债总额54.7万亿元、国有资本权益总额16.7万亿元，平均资产负债率67.7%。2018年，地方国有企业资产总额129.6万亿元、负债总额80.3万亿元、国有资本权益总额42.0万亿元，平均资产负债率62.0%。

汇总中央和地方情况，2018年，全国国有企业资产总额210.4万亿元，负债总额135.0万亿元，国有资本权益总额58.7万亿元。

（二）金融企业国有资产

2018年，全国国有金融企业资产总额264.3万亿元，负债总额237.8万亿元，形成国有资产17.2万亿元。

（三）行政事业性国有资产

2018年，中央行政事业性国有资产总额4.7万亿元，负债总额1.0万亿元，净资产3.7万亿元。其中，行政单位资产总额0.8万亿元，事业单位资产总额3.9万亿元。2018年，地方行政事业性国有资产总额28.8万亿元，负债总额8.9万亿元，净资产19.9万亿元。其中，行政单位资产总额9.3万亿元，事业单位资产总额19.5万亿元。

汇总中央和地方情况，2018年，全国行政事业性国有资产总额33.5万亿元，负债总额9.9万亿元，净资产23.6万亿元。其中，行政单位资产总额10.1万亿元，事业单位资产总额23.4万亿元。

（四）国有自然资源资产

2018年，全国国有土地总面积50552.7万公顷，国有森林面积8436.6万公顷，全国水资源总量27462.5亿立方米，内水和领海面积38万平方公里。

资料来源：《国务院关于2018年度国有资产管理情况的综合报告》，中国人大网，2019年10月24日。

4. **其他收入**

除了上述三种主要公共收入形式外，政府还有其他形式的收入来源，有的甚至非常隐蔽，如铸币税收入、金融压制收入和通货膨胀引致的收入；还有一些比较常见的各种杂项收入形式，如规费、使用费、捐赠等。这里限于篇幅，简单介绍下面四种公共收入来源。

第一，规费收入，规费是政府部门为公民提供某种特定服务或实施行政管理所收取的手续费和工本费。通常包括两类：一是行政规费，诸如外事规费（如护照费）、内务规费（如户籍规费）、经济规费（如商标登记费、商品检验费、度量衡鉴定费）、教育规费（如毕业证书费）以及其他行政规费（如会计师、律师、医师等执照费）；二是司法规费，又可以分为诉讼规费（如民事诉讼费、刑事诉讼费）和非诉讼规费（如初生登记费、财产转让登记费、遗产管理登记费、继承登记费、结婚登记费等）。

第二，使用费收入，使用费是政府部门为公民提供特定公共品或劳务所收取的一部分费用。它也是公共收入的一个来源，是按照受益原则收取的。如对政府所提供的公路、桥梁和娱乐设施等收取使用费就是与受益原则相一致的。收费标准是通过特定政治程序制定的，政府对公共住宅、公共交通、教育设施、公共娱乐设施、下水道、供水、以及公共保健设施等收取的使用费，通常只相当于为提供该种物品或劳务所花费的成本费用的一部分。一般来说，政府收取使用费的作用主要是：一方面有利于促进政府所提供的公共设施的使用效率，另一方面有助于避免经常发生在政府所提供的公共设施上的拥挤（congestion）问题。

总之，无论是规费还是使用费，都有一个共同的特性，其收费是以政府提供某种产品和服务为前提的，根据受益大小和服务成本来收费，“谁受益谁负担”。因此，收费的项目同家庭、企业的日常活动密切相连，并具有一种直接的服务报偿关系。此外，各国规费和使用费系列的政府收入，不仅纳入政府预算管理和监督，而且建立了严格的征收、管理、使用、检查等综合管理制度。

第三，捐赠收入，对政府的捐赠，这里指在政府为某些特定支出项目融资的情况下，政府得到的来自国内外或组织的捐赠（donations）。如政府得到的专门用于向遭受自然灾害地区的灾民或其他生活陷入困难之中的人们提供救济的特别基金的捐赠，战争期间政府得到的来自国内外组织或个人的人力、物力支持，以及和平时期政府鼓励厂商、个人对应由政府提供的公共设施的捐助等。

第四，通货膨胀引致的收入，政府引致的通货膨胀（government-induced inflation）是指政府为弥补其提供的公共物品或劳务支出而扩大货币供给，从而造成物价的普遍上涨现象。为弥补政府支出，政府既可以开动印钞机印制钞票，也可以采用扩大货币供给的手段，造成物价的普遍上涨，降低人们手中持有的货币购买力，从而增加政府所能支配的资源，即增加政府的公共收入。这一行为本质上是一种社会资源的再分配，与向全体国民征税无异，被人们喻为“通货膨胀税”。

9.1.4 公共收入形式选择的理论根据

公共收入形式是政府取得公共收入所采取的具体方式。公共收入形式是公共财政分配关系的反映，也是公共财政政策在收入上的具体体现。从公共收入形式自身的发展演变过程来看，公共收入形式既具有继承性和相对稳定性，又具有适用范围和实施条件的特定性。由于税收、规费等收入形式都是凭借国家的政治权力而取得的，一直是各国取得公共收入的主要形式，而公债以政府信用为依托，作为公共收入的调剂形式而存在。不同公共收入形式的选择，依赖于不同的理论根据。

1. **取决于公共财政分配所体现的分配关系**

公共收入的形式一般应与其对特定对象的分配关系相一致。若国家以社会管理者的身份，凭借政治权力，强制地、无偿地参与社会产品的分配，就采取税收形式；税收体现了国家和纳税人之间的分配关系；而以国有资产所有者的身份，从国有经济、国家参股和控股公司中取得的公共收入，体现了一种财产所有权关系。公债是国家依据信用原则在国内举债或国外借款而取得公共收入，它体现了一种债权债务关系。

2. **取决于通过公共收入所要达到的目的**

政府运用各种公共收入形式参与社会产品分配所要达到的目的是：①取得稳定、及时、足额的公共收入；②调节国民经济运行，保证国家经济持续、快速、协调发展。政府可以根据所要达到的不同目的，分别选择合适的公共收入形式。

9.2 税收收入

税收是公共收入的主要形式，可以说税收是公共财政之本，是由公共部门实行不直接偿还的强制性征收。英国《新大英百科全书》认为“在现代经济中，税收是国家公共收入最重要的来源。税收是强制的和固定的征收，它通常被认为是对政府公共收入的捐献，用以满足政府开支的需要，而并不表明是为了某一特定的目的。税收是无偿的，它不是通过交换来取得，这一点与政府的其他收入大不相同，如出售公共财产或发行公债等等。税收总是为了全体纳税人的福利而征收，每一纳税人在不受任何利益支配的情况下承担了纳税义务”。任何公共财政体系离开了税收收入都将无法维持，因此，对于税收理论与实践的研究在公共经济学中是一个重要领域。

9.2.1 税收的必要性与可能性

1. **政府征税的必要性**

政府为什么要征税，为什么要强制征税，一直是被关注和争论的问题。通常的一种说法是，税收的存在是为了维护国家日常开支和社会公共福利的需要。从现代社会发展的理论与实践角度来看，政府征税的必要性如下：

第一，通过税收为政府支出筹集资金。政府为公共支出提供资金是征税最基本的原因，政府庞大的公共支出必须要求有稳定的收入来源，税收是政府比较主要的和最为稳定的收入来源。税收不足，或没有税收，不仅公共事业难以正常发展，甚至政权的存在都将受到极大的威胁。

第二，通过税收调控市场。在市场机制发育不健全或市场机制失灵的情况下，政府为了弥补市场缺陷，通过加大或减少税收的办法，也就是扩大或者减少财政收入的形式来抑制或促进某一经济领域的发展。政府通过税收来调控市场，促进资源的有效配置，使社会经济稳定协调发展。

第三，税收能够矫正收入分配的差距，促进社会公平。基本要素禀赋的不平等，在市场经济体制所强调的机会均等、规则均等的原则加持下，会放大要素禀赋带来的收入不平等，引起税前分配的不公平。在社会初次分配差距较大的情况下，政府通过征收所得税，再通过转移支付手段进行二次分配，实现社会公平。

第四，政府通过征税体系能够获得比个人更为充分的信息。政府在保证国家税收及时、足额入库的全过程中，为了防止偷税漏税行为，以及避免税收影响经济效率，就必须了解纳税人生产、经营、收益和履行纳税义务的情况，科学有效地把握税源和税收对象。这些信息，不仅直接影响着国家的税收，而且也直接反映着经济运行和发展的情况，对于政府完成经济的宏观调控有着至关重要的作用。

第五，税收是解决公共产品消费时“搭便车”行为的一个有效手段。从税收是国家提供公共产品和劳务价格的角度来看，税收是解决公共产品消费时“搭便车”行为的一个有效手段。由于公共产品在消费中的非竞争性和非排他性的特点，它对消费的效率价格为零，人人都可以消费公共产品而无须支付任何成本，而公共产品的供给是有成本的，它必须占用和消耗一定的社会资源。由于无法直接向公共产品的消费者收取相应的费用，公共产品中的“搭便车”行为便产生了，而这一“搭便车”问题无法通过市场机制来解决。由于税收征收与受益的非直接对称性，使得税收可以作为公共产品和劳务价格的形式存在，以弥补提供公共产品和劳务的成本，从而提高公共产品的供给效率。

2. **政府征税的可能性**

政府之所以能够征税，纳税人之所以能够纳税，主要取决于两个相互制约的前提条件。一是国家政治权力的建立，二是客观经济条件的存在，即政府具有征税的能力和社会经济发展保障政府税收有充足的来源。

国家的存在是税收产生的前提，税收是一种以国家政治权力为前提的分配方式，而国家权力是由政府来代表的。在现代民主政治体制下，具有政治权力的政府代表的是社会公共权力。社会公共权力的国家化、政府化产生出经常的、庞大的“公共需求”，即为发挥国家职能所建立的公共行政、立法、司法等各种机构的正常运转所需要的公共支出。公共支出的要求使税收成为必要；国家政治权力的建立，使税收成为可能。国家政治权力作为社会权力的最高形式，不论是作为阶级压迫的工具，还是作为社会公共权力的代表，都使之被赋予了无可辩驳的强制性，而且只有政府才能代表国家行使这种带有强制性的政治权力。因此，以政府为代表的国家权力的建立，使税收在政治上具备了可能性。

所谓客观经济条件是指剩余产品的出现和独立经济利益主体的存在。从社会扩大再生产的角度来说，没有剩余产品，再生产也就无从谈起，税收也就无物可征，因此，可供税收分配的物质来源只能限于社会剩余产品，否则社会扩大再生产将难以为继。随着社会生产力的发展和剩余产品的出现，使税收在经济上有了可能。独立经济利益主体一方面包括财产所有者，即财产私人占有和集体所有；另一方面包括财产所有权和经营权分离条件下的经营者。独立经济利益主体的存在，使税收在对象上有了可能。因此，剩余产品的出现和独立经济利益主体的存在也使税收有了客观性与可能性。

9.2.2 税收的负担

税收负担简称“税负”，指的是纳税人向政府缴纳税款所承担的经济负担，它主要分宏观税负和微观税负。宏观税负指的是一个国家纳税人税收负担的总和，它表明该国整个国民经济的负担状况，一般用一国一年的税收收入总额与该国当年的国内生产总值相比来表示，即T/GDP。而微观税负指的是单个纳税人的税收负担，具体包括个人负担和企业负担。个人税收负担，一般用个人总收入负担率和个人单项收入税收负担率来表示。企业税收负担，一般以企业盈利综合税收负担率和企业利润负担率等表示。此外，税收负担还可以分为名义税负和实际税负。名义税负，是指由名义税率所决定的税收负担水平；实际税负，是指纳税人由实际缴纳税款而承担的税收负担。由于税收减免以及偷漏税等情况的存在，实际税负往往低于名义税负。

在通过税收获得公共收入的过程中，政府必须得考虑税收负担，无论是宏观税负水平，还是微观税负水平，都需设定在合理范围内。当然在这一过程中还得考虑税负的转嫁和税负归宿问题，分析出税收负担的最后承受者，或最终落脚点，这些内容将在税收原理中具体分析。

9.2.3 税收是政府取得公共收入的最有效形式

在经济学家看来，政府可通过多种形式取得履行其职能所需要的公共收入，但税收是最有效或最佳的形式。

首先，政府可以通过直接增发货币来取得公共收入。政府拥有货币发行权，它完全可以视财政需要而印发相应数量的货币。但是，凭空增发货币的结果会造成无度的通货膨胀，极不利于经济的稳定发展。在物价因此而飞涨的情况下，还可能诱发社会动荡。所以，不是在万不得已的情况下，是不能靠印发货币来取得公共收入的。

其次，政府也可以通过举借公债来取得公共收入。政府可以以债务人的身份，依据有借有还的信用原则，向国内外发行政府债券来取得相应的公共收入。但是，举债取得的收入终究是要偿还的。而且，除偿还本金之外，还要附加利息。所以，以举债形式取得公共收入是以支付一定的代价为条件的。

最后，政府还可以通过收费的形式来取得公共收入。它可以像一个商业性厂商那样，对公共场所或公共设施的使用者或享用者按照特定标准收取相应的费用，以所收费用来满足政府用款的需要。但是，政府收费总要依据“受益原则”，向公共场所或公共设施的使用者或享用者取得，未使用者或不使用者是无须缴费的。这就决定了政府以收费形式取得的资金数额不可能较大，显然是无法抵付公共支出需要的。

相比之下，政府通过课征税收的办法取得的公共收入，实质是人民将自己所实现的收入的一部分无偿地转移给政府支配。这样做的好处有三，第一，不会凭空扩大社会购买力，引起无度的通货膨胀；第二，政府不负任何偿还责任，也不必为此付出任何代价，不会给政府带来额外负担；第三，税收是强制征收，政府一般可制定法律向其管辖范围内的任何人或任何行为课征税款，因此可以为公共支出提供充足的资金来源。正因如此，在各种可以选择的公共收入形式中，经济学家特别推崇税收，视税收为最佳形式。

实际情况也是如此。自19世纪末至今，在主要的经济发达国家中，如英国、美国、法国，其税收收入一直占到公共收入的90%以上。只有在战争或经济衰退严重时期，由于政府往往要依靠大量借债解决公共支出的一部分需要，税收的比重才可能因此暂时有所降低。马克思曾明确指出：赋税是政府机器的经济基础，而不是其他任何东西。美国著名经济学家保罗·萨缪尔森在其《经济学》一书中也做过这样的表述：“国家（即政府）需要钱来偿付它的账单，它偿付支出的钱的主要来源是税赋。”由此可见，税收是国家公共收入的主要支柱。

资料链接：2019年一般公共预算收入情况

2019年，全国一般公共预算收入190382亿元，同比增长3.8%。其中，中央一般公共预算收入89305亿元，同比增长4.5%；地方一般公共预算本级收入101077亿元，同比增长3.2%。全国税收收入157992亿元，同比增长1%；非税收入32390亿元，同比增长20.2%。

主要税收收入项目情况如下：①国内增值税62346亿元，同比增长1.3%。②国内消费税12562亿元，同比增长18.2%。③企业所得税37300亿元，同比增长5.6%。④个人所得税10388亿元，同比下降25.1%。⑤进口货物增值税、消费税15812亿元，同比下降6.3%。关税2889亿元，同比增长1.5%。⑥出口退税16503亿元，同比增长3.7%。⑦城市维护建设税4821

亿元，同比下降0.4%。⑧车辆购置税3498亿元，同比增长1.3%。⑨印花税2463亿元，同比增长12%。其中，证券交易印花税1229亿元，同比增长25.8%。⑩资源税1822亿元，同比增长11.8%。⑪土地和房地产相关税收中，契税6213亿元，同比增长8.4%；土地增值税6465亿元，同比增长14.6%；房产税2988亿元，同比增长3.5%；耕地占用税1390亿元，同比增长5.4%；城镇土地使用税2195亿元，同比下降8%。⑫环境保护税221亿元，同比增长46.1%。⑬车船税、船舶吨税、烟叶税等其他各项税收收入合计1121亿元，同比增长13%。

资料来源：《2019年财政收支情况》，财政部网，2020年2月10日。

9.3 公债收入

公债是一般信用制度的伴生物，是依据信用原则，自愿地、灵活地取得公共收入的一种有偿形式。公债是在现代信用制度基础上存在和发展起来的一种公共信用形式，它的供求双方都以价值规律为自己活动的基础。

9.3.1 公债：有偿性的公共收入形式

公债是政府凭借其信誉按照有借有还的信用原则取得公共收入的一种形式。公债包括中央政府公债和地方政府公债，通常将中央政府发行的公债称为“国债”。由于公债以政府信用为保证，一般情况下，其风险要远远低于私人债务，因此，通常被称作“金边债券”。在成熟的市场经济国家，公债的利率往往被当作无风险的市场基本利率，对确定整个金融市场价格体系具有重要意义。

公债首先是一种公共收入，政府部门举借债务意味着将私人部门占有的一部分资源转移到公共部门，使政府可以支配的资金增加。但公债作为公共收入的形式，与税收是不同的。税收国家凭借政治权力获得的收入，就国家与具体纳税人的关系而言，税收具有强制性和无偿性，而公债具有自愿性和有偿性的特点。在一般情况下，公债的发行必须遵循信用原则，公债到期不仅要还本，还要按事先约定的条件支付利息；公债的认购是自愿的，是否认购，认购多少完全由购买者自行确定。作为政府获得公共收入的形式，税收是连续和相对固定的，课税需要通过法律形式预先确定，税收的变更要遵循严格的法律程序，因此，税负的变动往往需要较长的时间。而公债的发行较为灵活，公债发行与否以及发行多少，一般可以根据政府的公共收支情况灵活确定。

9.3.2 公债的主要功能

1. **弥补财政赤字**

当公共支出大于公共收入时，出现的收支差额称为“财政赤字”。财政赤字的弥补，通常有三种方式：增加税收、增发货币和发行公债。税收的增加在客观上受到经济发展水平和纳税人承受能力的限制，而且税制的变动受到立法程序的制约。政府通过中央银行增发货币或者向中央银行借款或透支，会扩大货币的供应量，容易导致通货膨胀。发行公债弥补财政赤字，实质上是将不属于国家支配的资金在一定时期内转让给国家使用，是社会资金使用权的单方面转移，一般不会导致通货膨胀。而公债的发行通常采取有偿和自愿的原则，政府获取的是社会相对闲置的资金，对经济发展的影响较小，也易于社会接受。利用公债弥补财政赤字是公债产生的主要动因，是公债最基本的功能。

但是，利用公债弥补财政赤字也是有限度的，同样受到一个国家经济发展水平等因素的制约。过度发行公债会对经济发展产生不良影响。

2. **筹集建设资金**

国家通过公债将货币资源予以集中，使闲置的资金由储蓄转化为投资，由消费领域转向生产领域，从而调整积累与消费的比例结构。国家将公债资金投资于国民经济的重点建设领域，像三峡大坝、高铁与港口等大型项目，拉动了经济增长，也带动了私人投资需求，调整产业结构。

把公债作为弥补财政赤字的工具，公债实际上是一种应急性、临时性和依附于财政赤字的被动性收入。而把公债收入作为筹集建设资金的一种手段，则是把公债作为一种长期、稳定和主动的收入来利用。

3. **调节经济运行**

公债的发行改变了资金在公共部门和私人部门之间的分布，而公债收入的使用则会直接影响社会需求的总量与结构，公债持有人的结构和还本付息资金的不同来源会直接影响社会的收入分配结构。另外，公债作为一种金融产品对于货币市场和资本市场都会产生重大影响，是中央银行进行公开市场操作的手段。总之，公债对于资源配置、收入分配以及宏观调控都具有重要作用，利用公债进行经济调控是公债的一项重要功能。

4. **作为一种新的信用工具**

公债以国家信用为基础，有着稳定的效益和较低的风险，丰富了投资品的种类，有助于实现由储蓄向投资的转化，降低了金融体系的风险，其本身也是金融资产的重要组成部分，是一种优质的金融资产。

9.3.3 公债的经济效应

公债的发行是政府对经济的再分配和对社会资源配置的调整，在凯恩斯的基本理论中，发行公债作为政府增加支出的一种重要手段，成为扩张性财政政策的重要工具。在经济萧条和繁荣期，增发公债为主的财政政策的效应差异较大，并不总是积极的作用，是因为公债的收入及其使用给国民经济带来的经济效应是多方面的，不同效应可能会出现互相抵消，导致政府在利用这一工具手段时产生的效应与预期效果间出现较大的差异。这里主要选取三个方面进行分析，即公债的货币效应、投资扩张效应和挤出效应。

1. **公债的货币效应**

公债的货币效应是公债的一种调节效应，一般指公债的货币供给效应。公债货币供给效应主要体现在两个方面，一个是公债的发行引起的信用扩张效应，另一个是公债流通产生的货币扩张效应。

首先是公债的信用扩张效应。由于有国家信用作担保，公债具备几乎与货币一样的信用水平，并且其收益率一般不会低于社会平均水平。公债的债权人在失去原有的货币资金使用权之后，还可以用公债作担保或抵押取得银行贷款或向其他主体拆借资金，这样公债在市场上就变成了一种极为重要的信用工具，并在金融信贷中被广泛地使用，这一过程加速了资金的周转，导致信贷规模扩张。与此同时，公债的发行和增长，因其较高的信用水平和利率水平会吸引投资者，使本来要存入银行的资金流向公债，甚至会引起“存款搬家”，将银行存款取出购买公债，其结果是银行的存款规模相对萎缩，原有的信贷平衡状况受到影响，市场中货币供给量增加。

其次是公债的货币扩张效应。由于国家信用的强制担保赋予了公债类似货币的一般等价物的功能，在市场中作为流通工具和支付手段得到广泛认可和应用，事实上增加了流通中的货币量。

2. **公债的投资扩张效应**

政府通过发行公债所筹集的资金，除了用于弥补一般性支出不足外，一般用于需要重点发展的产业和基础设施的投资支出，弥补私人投资的不足，并通过这种投资对私人投资进行引导，使重点产业得到发展，产业结构得到升级，最终通过投资的乘数效应拉动经济增长。公债在发行和资金的投资过程中，必然通过市场利率带来影响，一个是公债在发行的时候，会通过利率诱导，将一部分社会闲散资金集中到政府手中，引起资金在行业间的转移，另一个是公债在投资过程中诱导私人投资的加入，从而导致投资的扩张。这一过程中，可以推动经济发展，引致产业结构调整，同时也会带来需求的膨胀和供给的扩张。然而公债用于投资存在潜在的副作用，过度的公债投资会使财政支出高速增长，而支出的刚性，为了经济的增长，会迫使财政进一步发行公债，导致公债规模过度膨胀，如此下去，经济的投资依赖下，可能会使国家陷入债务无限膨胀的怪圈，造成国民经济发展的不稳定。

3. **公债的挤出效应**

公债的挤出效应是指政府发行公债会使资金的使用和支配权由私人部门向政府部门转移，引起民间消费或投资降低的作用。经济学家们的基本观点是，在货币供应量不变的情况下，政府增发国债吸引市场借贷资金，引起市场利率上升，将挤掉一部分民间投资，即私人投资减少的情况，同时也会造成储蓄增加，居民消费下降。一旦出现挤出效应，就会使政府的扩张性财政政策的效应减弱甚至全部抵消。但当私人投资不足，市场上有大量闲置资金存在的时候，公债的发行和使用有助于提高资金的使用效率，成为弥补私人投资不足的有效手段。

9.4 公共收入规模分析

9.4.1 公共收入规模的含义与衡量指标

公共收入规模是指公共收入在数量上的总体水平，是衡量一国财力水平的重要指标，它是反映一国政府在社会经济生活中职责范围大小的重要指标。反映公共收入规模的指标，可以用绝对数表示，如公共收入总额；也可以用相对数表示，也就是公共收入总额占GDP的比重，国际上一般用这一指标来衡量。

目前我国还不能简单地用政府财政收入占GDP的比重来反映我国真实的公共收入规模，主要原因在于我国目前的政府收入形式还不很规范，政府收入并未全部包含在财政收入中，还存在大量非税收财政收入的情况。按照市场经济国家的规范做法，通过各种形式集中到政府及其部门手中的用于公共支出的资金都属于政府财政收入，都应纳入政府财政预算管理，列入政府财政收入的范畴，通过政府预算统一安排使用。但是，我国改革开放后以放权让利为主线的财税改革不断推进，到目前实际上形成了我国公共财政收入“三分天下”的格局，也就是说，政府公共收入实际上由三大部分组成。一是政府财政集中掌握的预算内收入，即我们通常所说的财政收入；二是预算外收入，是指不纳入国家财政预算，由地方、部门和企事业单位按照国家规定范围自行筹集和使用的收入。它是在我国统收统支的财政体制下，为调动地方、部门、企事业单位理财的积极性，作为财政预算的补充而设置的，被称为“第二财政”。三是各政府部门掌握的制度外收入，主要指不纳入财政（包括预算内和预算外）的各种基金、集资和各类行政性收费。这类收入不够规范，缺乏财政监管，因此，有学者称它为“非规范性公共收入”。在这里需要从两个口径来考察我国的公共收入规模。

第一，小口径的公共收入规模，即财政收入占GDP的比重。这里的“财政收入”包括税收收入和纳入预算的其他各项收入。

第二，大口径的公共收入规模，即政府收入占GDP 的比重。这里的“政府收入”不仅包括财政收入和不纳入预算管理的预算外收入，还包括既不纳入预算内也不纳入预算外的制度外收入，同时，还包括不在“财政收入”中反映的各种形式的收入退库以及其他各种形式没有纳入预算的收入。

衡量我国整个公共收入的规模，考察政府在整个社会产品分配中的集中程度，比较合适的指标就是大口径的公共收入规模，它全面反映了政府从微观经济主体的企业和个人手中取得的收入、集中资源的状况。也只有考察大口径的公共收入规模，才能解释清楚为什么在我国财政收入占GDP的比重较低、政府财政能力较弱的情况下，庞大的政府部门还能运转。

大口径的公共收入规模真实反映了政府对整个社会财富的集中程度。但是，进一步分析目前的政府收入及其支出的安排使用，可以看到相当一部分预算外收入和制度外收入的取得并不能代表政府的利益取向和收入愿望。预算外收入、制度外收入从表面上看增大了政府财力，但是，由于预算外资金的管理方法不同于预算内资金的管理方法，实际上有大量的资金处于财政控制之外。各项收费分别由不同的政府部门自收自支、自行管理，财政不仅难以进行有效的调剂也难以控制其使用方向和使用效益，实际上处于一种管理失控的状态，而对于预算之外的制度外收入，财政对其更是难以进行控制和管理。所以，预算外收入、制度外收入虽然支持了一些事业的发展，支撑了一些政府部门的运转，但这部分资金对于财政来说是“体外循环”，并没有形成相应的政府可支配财力。因此，大口径公共收入规模只能说明整个国民经济的负担水平，并不能完全代表政府的财力状况或财政能力，只有小口径的公共收入规模才能真正地代表政府可支配财力，表明当前政府能力的强弱。这样，在分析我国公共收入规模时，就需要将小口径公共收入规模与大口径公共收入规模综合起来进行考察。

9.4.2 影响公共收入规模的因素分析

一个国家的公共收入规模受各种因素的影响和制约，其中主要的影响因素有以下几个方面：

1. **经济发展水平**

经济发展水平是影响一个国家公共收入规模的决定性因素。随着经济的发展，公共收入有不断扩大的趋势，但其规模受到当时经济发展水平的制约，一定的社会经济总量是其上限。经济发展水平一般用人均GDP来反映，它表明了一国生产技术水平的高低和经济实力的强弱，是一个国家社会产品丰裕程度和经济效益高低的概括说明。经济发展水平高，人均GDP大，则为扩大公共收入规模奠定了基础。可以说，经济发展水平是制约公共收入规模的一个最综合、最基础的因素。因为，公共收入最终要来自社会总产品，经济发展水平提高了，社会产品充裕了，可供政府支配的部分就会相应地增加。根据世界各国的情况，无论从横向比较还是从纵向比较，都说明了经济发展水平对公共收入规模的影响。从横向比较，经济发展水平高的发达国家，其公共收入规模一般高于经济发展水平较低的发展中国家；从纵向比较，随着经济发展水平的提高，一国的公共收入规模一般会呈现上升的趋势。当然，这是就普遍状况而言的，并不排除一些例外，因为经济发展水平毕竟不是影响公共收入规模的唯一因素。

2. **政府职能范围**

政府取得公共收入是为了履行其职能，满足社会公共需要，显然政府的职能范围越大，政府需要筹集的公共收入规模就越大，所以，政府的职能范围是决定一国公共收入规模大小的直接因素。这一点可以从西方国家公共收入规模的发展变化中得到反映。在资本主义发展的早期，政府的职能范围有限，政府的职责主要是国防以及维护国内公共秩序，因而有“夜警国家”之称。在这种“越小的政府就是越好的政府”的观念下，自然是“花钱越少的政府是越好的政府”。当时，西方国家的财政收入一般都不到GDP的10%。但随着工业化和城市化的发展，社会要求政府提供社会福利和社会保障的呼声日益高涨。到19 世纪后期，西方国家政府担负的社会福利职能越来越大，相应地，各国政府的公共收支规模也不断地扩大。目前，西方国家的财政收入占GDP的比重一般都在30%以上，有的甚至高达50%，其财政收入的40%~50%被用于社会福利和社会保障方面的开支。

3. **分配制度和分配政策**

社会产品生产出来以后要在政府、企业和居民个人之间进行一系列的分配和再分配。在我国，国家制定的国民收入分配制度和分配政策决定了政府、企业和个人在收入分配中所占的份额。在传统的计划经济体制下，国家对国有企业实行统收统支的财务管理体制，对城市职工实施严格的工资管理，对农产品实行“剪刀差”的价格政策，在这种分配制度和分配政策下，国民收入的分配格局中政府公共收入规模较大。在经济体制改革以后，由于国家改革了分配制度，调整了分配政策，国民收入分配开始向企业和个人倾斜，国民收入分配格局也发生了重大变化，对于国有企业而言，通过“放权让利”对国有企业利润分配制度进行改革，从而使企业上缴财政的税利有所下降。在国有企业改革的同时，国家还大力发展非国有经济，并通过税收优惠政策鼓励其发展。另外，在经济体制改革以后，国家为了调动职工的积极性，不断提高城镇职工的工资水平，并且在坚持按劳分配的同时，允许存在一定形式的按要素分配。在农村经济改革方面，国家多次大幅度提高农副产品的收购价格，从而使农民个人收入水平有了一定的提高。经过上述一系列改革政策的出台，原有的国民收入分配格局发生了重大改变。政府财政预算内收入占GDP的比重由改革前1978年的31.1%下降到1995年的10.3%，下降了近20.8个百分点；与此同时，个人收入占GDP的比重则由50%上升到70%，提高了近20个百分点；企业收入所占的比重也由18%上升为22%。到2013年，财政预算内收入又从1995年的低点逐渐上升到22.7%，随后又出现下降趋势，在2018年下降到19.9%，这主要是因为20世纪90年代中后期，中央政府推行了财税制度和社会保障制度等各项改革，推动了公共收入的增加，而进入2013年后，经济进入转型换挡时期，国家在供给侧结构性改革下推动了大范围的减税降费。很明显，改革开放以来我国政府公共收入规模的扩大与缩小与国民收入分配政策的变化是分不开的。

4. **价格变动**

财政收入是政府取得的货币形态的社会产品，它是按照当年的现行价格水平计算出来的。在其他条件一定的情况下，某个财政年度的价格水平上升，该年度的名义财政收入就会增加，这种财政收入的增加完全是由价格水平上升造成的，并不代表财政收入的真正增长，也就是说，虽然这时名义财政收入增加了，但实际财政收入并不一定增加。价格水平对财政收入的影响有三种情况：一是价格水平的增长率超过名义财政收入的增长率，则实际财政收入水平下降；二是价格水平的增长率低于名义财政收入的增长率，则实际财政收入水平提高；三是价格水平的增长率与名义财政收入的增长率相同，则实际财政收入水平不变。如2015年我国财政总收入比2014年增长了8.4%。而2015年的通货膨胀率为1.4%，所以，2015年我国财政收入实际比上年增长了7个百分点。

从上面的分析来看，物价水平上涨对财政取得收入并不一定有利。但如果物价上涨是由于财政出现赤字、中央银行被迫发行货币弥补赤字而引起的，则这时的通货膨胀对财政来说是有利的。因为财政在引发通货膨胀的同时，自己多得了一笔收入（财政赤字部分），企业和居民个人的实际收入则因通货膨胀而有所下降，财政安排这种靠中央银行发行货币弥补赤字的做法实际上是对企业和个人征收了一笔税收，人们通常把它称作“通货膨胀税”。另外，如果一国税制以累进的所得税为主，那么在出现通货膨胀时，企业和个人的名义收入水平就会提高，其适用的最高边际税率就会相应地提高，出现所谓“档次爬升”的局面，一旦出现了“档次爬升”，政府的财政收入水平就会提高。

5. **税收管理水平和税收政策**

由于税收收入是公共收入的主要来源，因此，影响税收收入的因素也就成为影响公共收入规模的重要因素。在税源既定的条件下，税收管理水平和税收政策决定了税收收入的规模。税收管理水平包括税务管理的质量，国家对税务管理组织力量的安排，纳税人的守法程度，税务官员的廉洁程度，对征纳双方违法行为处罚的轻重，公共服务部门的服务质量与税收效率等。税收政策则包括税种的选择，税种的数目与结构，税率的高低与税收优惠的实施情况等。

除上述因素外，一个国家的政治经济制度和经济管理体制，一定时期的经济结构，如所有制结构，产业结构，宏观经济政策以及经济周期等都是影响一国公共收入规模大小的因素。

9.4.3 中国政府的公共收入规模

改革开放以来，我国经济得到了较快的发展，据统计，GDP按当年价格计算由1980年的4517.8亿元增长到2000年的89403.6亿元，增长了近19倍，而同期财政收入则由1159.93亿元增加到13395.23亿元，增长了10.5倍；2019年GDP达到990865亿元，是2000年的近11倍，2019年财政收入达到190382亿元，是2000年的14.2倍。出现了前20年经济增长速度快于财政收入增长速度，后20年财政收入增长速度快于经济增长速度，公共收入规模随经济增长整体上升的现象。

导致这一现象的原因有两方面：一方面，传统体制下的资金流动以财政为中心，改革的任何举措都会直接或间接影响财政收支，由于改革目标就是政府的放权让利，同时还存在财政体制改革滞后和财政管理漏洞带来的财政收入流失。另一方面，2000年之后，随着经济发展和经济货币化进程的推进，政府收入项增加，比如土地出让金大幅增加，更重要的是经过20世纪90年代的财政税收制度改革，加强征管引致的管理性收入增长，加入WTO后含税市场经济行为增多，随着经济增长进一步带来的财政收入扩张性增长，还有随着物价上涨的价格性收入增长，以及一些税种高速增长引起的结构性收入增长，这些因素的共同作用引起2000年之后财政收入整体增长要快于经济增长的速度。

改革开放以来，我国的所有制结构发生了深刻的变化，呈现出多元化发展的趋势。国家为了鼓励外商投资，引导个体、私营经济发展，给予个体、私营和三资企业比国有和集体企业更加优惠的税收政策。在这种情况下，过去集中程度很高的收入政策已无法适应，必须实行低负担率和低税政策。所有制结构的变化，推动了财政政策的变革。而实行低税政策的结果是，虽然在财政收入总量上每年仍然是增长的，但财政收入占GDP的比重明显下降，直到1996年才止住这一下降趋势，这主要是由于90年代改革作用得到初步显现。与此同时，出于税收征管等方面原因，在现实经济生活中存在大量不纳税的地下经济，同时还存在大量的企业法人偷税、漏税和逃税现象，研究表明，我国较多的税种存在着实际税率低于潜在税率或实际税率大大低于名义税率的情况，其结果是大量税收流失，这一层面的影响还会引起对不同个体征税的差异带来的不平等，并且直接影响了企业的竞争力。

从1996年开始，财政收入占GDP的比重慢慢上升。2013年我国GDP达到568845.2亿元，财政收入达到129209.64亿元，占GDP比重为22.7%，达到2000年后的峰值，这主要是应对经济下行和产业结构转型压力，近年来中央在保持税制基本稳定的情况下，先后出台了减征固定资产投资方向调节税、降低关税税率、减免农业税、下调证券交易印花税税率、营改增等减税降费政策，并且继续清理取消了部分不合理、不合法的收费和基金项目。但是，在这种情况下，财政收入仍然保持较快增长，且增长速度高于经济增长速度。主要有以下五个原因：一是国民经济保持了持续稳定增长，企业经济效益改善，进出口规模扩大，经济增长质量提高；二是1994年实行的新财税体制，基本实现了财政收入的规范化和制度化，为财政收入的稳定增长奠定了良好的制度基础；三是通过实施“金税工程”和“金关工程”，依法加大了税收征管和打击走私力度，税收流失减少；四是部分税收优惠政策先后到期恢复征税，其中仅2001年到期恢复征税的就有10项，同时为适应加入WTO的新形势，纠正了一些地方自行出台的、违反统一税法规定的“先征后返”等税收优惠政策；五是不断加大预算资金管理力度，一部分预算外收入或基金收入按规定被纳入预算管理或预算内列收列支。

◎ 关键概念

公共收入；税收；公债；国有资产收益；使用费；规费；受益原则；支付能力原则；公共收入规模

复习思考题

1．公共收入的形式有哪些？它们各自的含义是什么？

2．公共收入的原则包括哪些？

3．税收的必要性与可能性？为什么说税收是政府取得公共收入的最有效或最佳形式？

4．公债主要功能是什么？公债的发行会带来哪些经济效应？

5．考察一个国家公共收入规模的指标是什么？影响公共收入规模的因素有哪些？

推荐阅读

● 要想对税收和公债理论做更深入了解，可阅读哈维·S.罗森所著的《财政学》（第十版）（中国人民大学出版社2015年版），或《公共财政概论》编写组编写的《公共财政概论》（高等教育出版社2019年版）有关内容。

10 税收原理

税收是目前各国政府取得财政收入最可靠、最主要的形式。它是一个古老的经济范畴，在中国历史上，“贡、助、彻、役、银、钱、课、赋、租、捐”等都是税的别称。它是政府运作的物质基础和经济保障，具有强制性、无偿性和固定性的特征。从其性质来看，税收是国家为了实现其职能需要，凭借政治权力强制无偿地取得财政收入的重要手段，是政府运作的物质基础和经济保障。

税收原理的分析和研究涉及很多问题，本章主要阐述：①税收制度要素，如对什么征税、征多少税、向谁征税三个基本要素及其他税制要素；②税收的分类，根据不同标准对复杂的税种进行归类；③税收的公平和效率原则，这是制定税收政策、设计税收制度的指导思想和基本准则；④税收经济效应，包括税收对劳动力供给、储蓄以及投资的影响；⑤税负转嫁与归宿理论，主要分析商品供求关系对税负转嫁的影响，确定各种税收在具体环境条件下谁是真正的税负承担者。

本章重点

- 税制要素
- 税收分类
- 税收原则
- 税收经济效应
- 税负转嫁与归宿

10.1 税制要素

税收是政府为了满足其日常开支和社会公共福利的需要参与国民收入分配的一种手段，是现代国家财政收入的主要形式。与国家的其他收入相比，税收具有如下特征。①强制性。税收的强制性是指国家在取得收入时凭借的是政治权力，而非产权或债权，通过颁布法令实施，任何单位和个人都不得违抗，它是税收作为一种财政范畴的前提条件，也是国家满足社会公共需要的必要保证。②无偿性。由于国家征税依据的是政治权力，所以通过税收取得的收入是不需要偿还的，它是一种无偿的征收，不需要像公债那样需要事后偿还给债券认购人，税收的无偿性具有相对性，税收的无偿性与财政支出的无偿性是并存的。③固定性。税收的固定性是指国家在征税以前要通过立法预先规定征税的数额与课税对象之间的数量比例（税率），不得临时或随意变更征税的税率。一般来说，纳税人只要取得了税法规定的应税收入，发生了应该纳税的行为，拥有了应税财产，就必须按规定标准纳税，不得违反。税收的“三性”体现了税收的权威性。

税收制度，简称“税制”，是国家规定的税收法规、条例和征收办法的总称。尽管各国税收制度的结构和体系存在差异，但其构成要素是大致相同的，其中纳税人、课税对象和税率是税制的基本要素，除此之外还包括纳税环节、纳税期限、减税免税、处罚等其他要素。

10.1.1 基本要素

1. **纳税人**

纳税人也称“课税主体”或“纳税主体”，是指法律规定的直接负有纳税义务的自然人和法人。自然人是指在民事上享有权利并承担义务的个人，一般指公民或居民个人。法人是相对自然人而言的，是指依法成立并独立地行使法定权利和承担法律义务的组织，如企业、机关、社团等。

但是，纳税人不一定就是税负的最终承担者，负税人是实际负担税款的单位和个人。纳税人如果能够通过一定途径把税款转嫁或转移出去，纳税人就不再是负税人，如流转税；否则，纳税人和负税人就是一致的，如所得税。

2. **课税对象**

课税对象也称为“课税客体”或“征税对象”，也就是对什么征税。课税对象规定着征税的范围，每一种税都有自己的课税对象，必须明确对什么征税。课税对象是一种税区别于另一种税的主要标志。在现代社会，政府的征税对象主要包括所得、商品和财产三大类，税制往往是以对应这三类课税对象的所得税、商品税和财产税为主体。

与课税对象相关的一个概念是“税源”。从广义上说，税源是物质生产部门劳动者创造的国民收入，即税收课征的经济源泉。税收来源于经济，离开经济的发展，税收即成为“无源之水，无本之木”。但从狭义上说，税源是指各个税种确定的课税对象。

从理论上讲，税源与课税对象虽有密切联系，但不是同一个概念。课税对象是指对什么征税，而税源是指税收的经济来源或最终出处，能够成为税源的只能是国民收入分配中形成的各种收入。两者是有明显区别的。当某些税种以国民收入分配中形成的各种收入为课税对象时，课税对象和税源是一致的，如所得税的课税对象和税源都是纳税人所得。但很多税种的课税对象与税源并不一致，如营业税、消费税、财产税等。可见只有在少数情况下，课税对象和税源才是一致的，而对于大多数税种来说，课税对象和税源并不一致。总之，税源反映了纳税人的负担能力，因此培育税源是税收工作的一项重要工作。

与课税对象相关的另一个概念是“税目”。从大多数税种来看，一般课税对象都比较复杂，且税种内部不同课税对象之间又需要采取不同的税率档次进行调节。这样就需要对课税对象做进一步的划分，做出具体的界限规定，这个规定的界限范围就是税目。税目就是课税对象的具体项目，它是税法规定的对课税对象的具体划分。明确了具体的征税范围，反映了征税的广度。不是所有的税种都规定税目，有些税种征税对象简单、明确，没有另行规定税目的必要，如增值税；但有些税种的课税对象比较复杂，一个课税对象往往又进一步划分为多个税目，如消费税的课税对象是特定的消费品，包括烟、酒、高档化妆品、成品油、小汽车、高档手表、游艇、木制一次性筷子、实木地板等14个税目。规定税目是贯彻政策的需要：首先，列入税目的就是应税产品或项目，没有列入税目的就不是应税产品或项目，这样征税的界限就十分明确；其次，通过规定各种税目，可以对不同的产品或项目制定高低不同的税率，体现国家的税收政策。

3. **税率**

所谓税率，是课征税额与计税依据之间的比例。计税依据是征税时的具体课税标准。例如，商品税的计税依据为商品流转额；所得税的计税依据为收入总额减除税法规定的成本费用标准后的应税所得额。在计税依据一定的情况下，税率越高，应纳税额就越大。税率的高低直接影响政府的财政收入多少和纳税人的税收负担。因此，税率是税收制度的中心环节，它反映了征税的深度，体现了国家的税收政策。税率通常可分为比例税率、累进税率和定额税率。

（1）比例税率

比例税率是采用比例数形式的税率，是对同一课税对象，不论其数额大小，都按同一比例征税。例如，对高档化妆品征收比例税率为15%的消费税，那么对于企业来说，无论其销售100万元还是1000万元，都按15%的税率缴纳消费税。比例税率一般适用于商品课税。

比例税率的优点：一是同一课税对象的不同纳税人税收负担相同，能够鼓励先进，有利于公平竞争；二是计算简便，有利于税收的征收管理。但是，比例税率的缺点也很明显：不能体现“能力大者多征、能力小者少征”的原则。假定某国对所有消费品征收税率形式为比例税率的一般消费税，甲月收入为1000元，乙月收入为10000元，消费税的税率为10%，甲的边际消费倾向为0.8，乙的边际消费倾向为0.5。这时甲承担的税收=1000×0.8×10%=80（元），乙承担的税收=10000×0.5×10%=500（元）。乙的绝对税额高于甲，但实际税负率却不同。甲的实际税负率=80÷1000=8%，乙的实际税负率=500÷10000=5%。

在实际运用中，比例税率又分为统一比例税率和差别比例税率。

统一比例税率是指一种税只设一个比例税率，所有的纳税人都按同一税率纳税。差别比例税率是指一种税设两个或两个以上的比例税率。税率是根据具体征税项目设计的，不同纳税人要根据特定征税项目分别适用不同的税率。实行差别比例税率有利于更好地贯彻区别对待、公平税负的原则，也有利于贯彻国家对经济的奖限政策，使税收成为国家调节经济的有力杠杆。在现行的税制中，差别比例税率具体有四种类型。

一是产品差别比例税率，即按照产品大类或品种分别设计不同税率。如消费税采用的就是产品差别比例税率，针对不同的消费品按照不同的税率征收。

二是行业差别比例税率，即按照应税产品或经营项目所归属的行业设计税率，盈利水平不同的行业采取不同的比例税率。如营业税就是按照不同行业分别设计比例税率：交通运输业、建筑业、邮电通信业、文化体育业适用3%的比例税率，而金融保险业、服务业适用5%的税率。

三是地区差别比例税率，即对同一课税对象按照其所在地区分别设计不同税率。

四是幅度差别比例税率，即在税法规定的统一比例幅度内，由地方政府根据本地具体情况确定具体的适用税率。如营业税中的娱乐业税率。

（2）累进税率

累进税率是指按照课税对象数额的大小，规定不同等级的税率。课税对象数额越大，税率越高；课税对象数额越小，税率越低。累进税率包括全额累进税率和超额累进税率。

一是全额累进税率，简称“全累税率”，是指按课税对象的绝对额划分若干级距，每个级距规定的税率随课税对象的增大而提高，即课税对象数额越大，税率越高。纳税人按照课税对象适应的最高级次的税率统一征收。

二是超额累进税率，简称“超累税率”，是把征税对象的数额划分为若干等级，对每个等级部分的数额分别规定相应税率，分别计算税额，各级税额之和为应纳税额。“超”字的含义是指当征税对象数额超过某一等级时，仅就超过部分，按高一级税率计算征税。

全额累进税率与超额累进税率都是按照量能纳税原则设计的，但两者又有不同点：其一，全额累进税率的累进程度高，超额累进税率的累进程度低，在税率级次和比例相同时，前者的负担重，后者的负担轻；其二，在所得额级距的临界点处，全额累进会出现税额增长超过所得额增长的不合理情况，超额累进则不存在这种问题；其三，全额累进税率在计算上简便，超额累进税率在计算上复杂。二者比较情况如表10-1所示。

表10-1 全额累进税率与超额累进税率的比较

应税所得额（元）	税率（%）	适用全额累进税率的应税所得（元）	全额累进税额（元）	适用超额累进税率的应税所得（元）	超额累进税额（元）
25000以下	20	25000	25000×20%=5000	25000	25000×20%=5000
25001~50000	30	50000	50000×30%=15000	25000	5000+（50000-25000）×30%=12500
50001~75000	40	75000	75000×40%=30000	25000	5000+（50000-25000）×30%+（75000-50000）×40%=22500
75001~100000	50	100000	100000×50%=50000	25000	5000+（50000-25000）×30%+（75000-50000）×40%+（100000-75000）×50%=35000

从表10-1中可以看出，两种税率形式在累进程度上具有差异，在计算方法上也不相同。全额累进税率下累进急剧，而超额累进税率下累进缓和。假设甲应税所得额是25000元，适用税率25%，乙应税所得额是25001元，适用税率30%。在全额累进税率下，甲应纳税额为25000×20%=5000（元），乙应纳税额为25001×30%=7500.3（元）。而在超额累进税率下，甲应纳税额为5000元，乙应纳税额为（25001-25000）×30%+25000×20%=5000.3（元）。

由此可见，超额累进税率比全额累进税率具有更大的优越性，因此各国普遍采用超额累进税率。

（3）定额税率

定额税率是指按照课税对象一定的实物单位直接规定一个固定税额，因为是用绝对数表示的税率形式，所以又称为“固定税额”，一般适用于从量计征的税种。例如，消费税中的部分税目就采用了定额税率，汽油的税率是每升1.52元，啤酒的税率是每吨220元。

由于定额税率是根据课税对象的实物单位确定的，计算应纳税额十分简单，但因其与价格无关，当物价波动比较大时，其所征税收入并不会随物价上涨而相应增加，税收对生产消费的调节功能就会弱化。

除了以上三种税率形式，还存在累退税率，即按照课税对象的大小，规定不同等级的递减税率，课税对象数额越大，税率越低。实际上，由于这种税率不符合税收“合理负担、量能负担”的原则，一般不被采用。

10.1.2 其他要素

1. 纳税环节

纳税环节是课税对象从生产到消费的流转过程中依照税法规定应该纳税的环节。商品一般要经过生产、批发、零售等环节，按照纳税环节的多少，可以分为一次课征制和多次课征制。一次课征制是指一种税收只在一个环节征税，如消费税，纳税环节一般为产制环节，生产企业销售应税消费品就要缴纳消费税。一次课征制税源集中，可以避免重复征税。多次课征制是指一种税收在各个流通环节中选择多个环节征税，如增值税，纳税环节包括产制、批发、零售和进口。总之，在哪一个环节或哪几个环节征税，是税收制度中要明确的一项重要内容。

2. 纳税期限

纳税期限是指纳税人向国家缴纳税款的法定期限。它是税收强制性、固定性在时间上的体现。《中华人民共和国增值税暂行条例》第二十三条规定，增值税的纳税期限分别为1日、3日、5日、10日、15日、1个月或者1个季度。各种税都明确规定了税款的缴纳期限，所有纳税人必须按法定期限纳税，否则就是违反税法，会受到法律制裁。

3. 课税基础

课税基础又称为“税基”，具体有两种含义。一是指建立某种税或一种税制的经济基础或依据。它不同于课税对象，如商品课税的课税对象是商品，但其税基则是厂家的销售收入或消费的货币支出，也不同于税源，税源总是以收入的形式存在的，但税基可能是支出。二是指计算应纳税额的依据或标准，在规定计税依据时，既可以是实物量，也可以是价值量。

选择税基是税制建设上的一个重要问题，主要涉及两个方面。一是要恰当地选择税基。在商品经济条件下，可供选择的税基的范围虽比较广泛，如商品流转额、企业利润、个人所得、消费支出以及财产和财产转移，都可以作为税基，但选择税基要根据一定的原则和需要，如果要保证财政收入的稳定增长，就要选择国民经济中普遍、经常存在的税基；若要利用税收实现政府对国民经济的调节，则选择税基的范围既要相对广泛，又要有利于实现税收公平与效率原则的最优结合，并在实践上可行。二是税基的宽窄。税基宽、税源多，税款就多；税基窄、税源少，税款就少。

4. **起征点和免征额**

起征点是指税法规定的对课税对象征税的起点，即开始征税的最低收入数额界限，课税对象的数额达不到起征点不对其征税，超过了起征点要对课税对象的全部数额征税。免征额又称“费用扣除额”，是指税法规定的在课税对象的全部数额中预先确定的免于征税的数额，即在确定计税依据时，允许从全部收入中扣除的费用限额。起征点和免征额的区别主要在于：课税对象数额未达到起征点的就不征税，达到或超过起征点的就按照全部征税对象征税；而对有免征额的征税对象，只就其超过免征额的部分征税。假设某人取得劳务报酬收入700元，免征额或起征点为800元，按20%的比例税率征税，这个人应纳税额按免征额为0元，按起征点为0元。假设某人取得劳务报酬收入1000元，免征额起征点为800元，按20%的比例税率征税，这个人应纳税额按免征额为（1000−800）×20%=40（元），按起征点为1000 ×20%=200（元）。

5. **减税免税**

减税是对应征税款减征其中一部分，免税是对应征税款全部予以免征。例如，《中华人民共和国企业所得税法》第二十七条规定，企业从事农、林、牧、渔业项目的所得，可以免征、减征所得税。减税免税体现了国家一定时期的经济和社会政策，具有较强的政策目的性和针对性。

6. **处罚**

处罚是指对纳税人违反税法规定的行为采取的经济处罚和刑事处罚。纳税人违反税法的行为包括偷税、欠税、骗税、抗税等。

偷税是指纳税人有意识地采取一些非法手段不交或少交税款的行为。《中华人民共和国税收征收管理法》第六十三条规定：“纳税人伪造、变造、隐匿、擅自销毁账簿、记账凭证，或者在账簿上多列支出或者不列、少列收入，或者经税务机关通知申报而拒不申报或者进行虚假的纳税申报，不缴或少缴应纳税款的，是偷税。”欠税是指纳税人不按规定的纳税期限缴纳税款的行为。骗税是指纳税人通过假报出口等手段，骗取国家出口退税的行为。抗税是指纳税人公然拒绝履行国家税法规定的纳税义务的违法行为。

针对违反税法的行为，处罚措施主要有限期纳税、加收滞纳金、罚款、扣押或查封财产、通知纳税人开户银行暂停付款等，直至追究刑事责任。处罚实质上是税收强制性的重要体现。

10.2 税收分类

现代国家的税收制度并不是单一税制，通常是由许多不同的税种构成的。税收分类是按一定标准对各种税收进行的分类，这是研究和建设税制的重要前提。每个税种都具有自身的特点和功能，按照某一个特定的标准去衡量，有些税种具有共同的性质、特点和相近的功能，从而区别于其他各种税收而形成一“类”。由于研究的目的不同，对税收分类可以采用各种不同的标准，从而形成不同的分类方法。

10.2.1 根据课税对象性质分类

这种分类方法既是各国常用的主要的分类方法，也是最能反映各国税制结构的分类。根据课税对象的性质可以划分为流转税、所得税、财产税、资源税和行为税等。

流转税也称为“商品税”，是指对商品或劳务交易中的流转额或增值额进行课税。流转税的计税依据是商品销售额、增值额、营业收入额等。古今中外，流转税在各国税收中占有十分重要的地位，并且是许多国家的主要税收来源。其税种主要包括增值税、营业税、消费税和关税等。

所得税是指对纳税人的所得额进行课税。所得税在国外主要包括个人所得税、企业所得税、社会保险税等。

财产税是指对纳税人拥有或可支配的财产进行课税，主要包括遗产税、继承税、赠与税。

由于各个国家的税制有差别，税种设计方式不同。在我国除了包括流转税、财产税、所得税之外，还包括资源税和行为税。所谓资源税，是以各种应税自然资源为课税对象，纳税人主要是在我国境内开采应税矿产品或者生产盐的单位和个人，资源税的设计是为了调节资源级差收入并体现国有资源有偿使用而征收的一种税。所谓行为税，是指对某些特定的行为课税，如固定资产投资方向调节税、印花税、屠宰税都属于行为税。

10.2.2 根据税负能否发生转嫁分类

以税负能否发生转嫁为标志可以将税收分为直接税和间接税。

直接税是指由纳税人直接承担税负，税负不发生转嫁，纳税人就是负税人，如所得税、财产税等。

间接税是指纳税人可以将税负转嫁给他人，纳税人不是真正的负税人，如增值税、营业税、消费税、关税等。

10.2.3 根据税收计税依据分类

根据税收计税依据的不同，可以将税收分为从价税和从量税。

从价税是指以课税对象的价格为计税依据，从价税的应纳税额会受到商品或劳务价格的影响，随着商品或劳务价格的变动而变动，从价税更适应商品经济的要求，也有利于贯彻国家税收政策，因此大部分税种都采用了这种计税方法。如我国现行的增值税、营业税等。

从量税是指以课税对象的重量、数量、容积、面积等为计税依据。从量税的税额随着征税对象数量的变化而变化，虽计算简便，但应纳税额不能随着价格的变动而变动，物价上涨并不能使税收相应增加，税收缺乏保证。只有少数税种采用了这一计税方法，如部分消费品的消费税、资源税等。

10.2.4 根据税收管辖和支配权分类

根据税收管辖和支配权可以将税收划分为中央税、地方税、中央地方共享税。

中央税是指税收立法权、管理权和收入支配权归中央的税收。地方税是指税收立法权或税收管理权、收入支配权归地方的税收。中央地方共享税则是由中央和地方按照一定比例分配后支配使用的税种。

10.2.5 根据税收与价格的关系分类

根据税收与价格的关系可以将税收分为价内税和价外税。

价内税是指税款构成商品价格的组成部分，价外税是指税款不构成商品价格的组成部分，而是作为价格之外附加的。在我国现行的税收体系中，增值税采用的是价外税模式，而消费税采用的是价内税模式。价内税的税款计算公式为税款=含税价×税率，而价外税的税款计算公式为税款=含税价÷（1+税率）×税率。与价内税相比，价外税的特点主要在于商品的价格和税款分开、透明度高，有利于发挥价格和税收的调节作用，也有利于监督和管理。

10.2.6 根据税收的形态分类

根据税收的形态可以将税收分为实物税和货币税。

实物税是指以实物形态缴纳的税收。在自然经济条件下，税收的来源主要以实物形式出现，如田赋等。随着商品货币经济的发展，赋税、地租等由原来的实物交纳转化为货币支付。货币税就是以货币缴纳的税。实行货币税有利于国家财政统一结算，方便纳税人缴纳，避免运输损耗，减少征收费用，还能更好地发挥税收对经济的调节作用。在现代社会中，货币税是一种较为先进的税收形式。

10.3 税收原则

如何课税，是财税学界长期以来十分关注的重要问题。法国政治家科尔波特认为“征税的艺术和拔鹅毛的艺术一样，拔尽可能多的鹅毛，而让鹅的叫声尽可能小”。古典政治经济学家威廉·配第也说过“最令人气愤的是要比自己的邻居多缴税”。中国财政学者也提出过类似的观点，管仲提出了“民予则喜，夺则怒，民情皆然。先王知其然，故见予之形，不见夺之理”等税收的思想。南宋叶适曾说：“财者，今日之大事也，必尽究其本末而后可以措于政事。”这些学者提出的就是税收原则的一些观点。税收原则是政府在设计税制、实施税法过程中所遵循的准则，也是评价税收制度优劣、考核税务行政管理状况的基本准则。税收原则决定了各国税制中的课税对象、课税规模、课税方式方法等基本要素。历史上比较明确提出税收原则的经济学家有托马斯·霍布斯、威廉·配第、詹姆斯·斯图亚特、尤斯蒂等，而把税收原则明确化、系统化的则是亚当·斯密。总的来说，税收的原则包括公平原则、效率原则、适度原则以及法治原则等，但主要可以归结为公平原则与效率原则。

10.3.1 税收原则的演变

1. **古典税收原则**

（1）威廉·配第的税收原则

西方国家早在16—17世纪的重商主义时期就提出了比较明确的税收原则，从税收思想史上考察，最早提出税收原则的代表人物是英国古典政治经济学家威廉·配第，他最著名的经济学著作是《赋税论》《政治算术》。配第通过研究税收问题，提出了“公平、简便、节省”三条税收原则。所谓“公平”，就是税收要对任何人、任何东西“无所偏袒”，税负也不能过重；所谓“简便”，就是征税手续不能过于烦琐，方法要简明，应尽量给纳税人以便利；所谓“节省”，就是征税费用不能过多，应尽量注意节约。[①]

（2）亚当·斯密的税收原则

一般认为，最先明确、系统地阐述税收原则的是英国古典政治经济学家亚当·斯密。斯密在《国富论》第五篇中提出了“公平、确实、便利、经济”四大税收原则。

所谓“公平”，斯密认为，“一国国民，都须在可能范围内，按照各自能力的比例，即各自在国家保护下享有收入的比例，缴纳国赋，维持政

---

① 威廉·配第.政治算术［M］//配第经济著作选集.北京:商务印书馆，1981:72.

府”。[①]斯密的公平原则主要包括了以下三方面的含义：一是所有国民都应纳税；二是征税时应根据纳税人各自纳税能力的不同而区别对待；三是税收要“中立”，尽量不使经济发展受影响。

所谓“确实”，斯密认为，“各公民应当完纳的赋税，必须是确定的，不得随意变更。完纳的日期、完纳的方法、完纳的数额，都应当让一切纳税人及其他人了解得十分清楚明白”。[②]该原则实质上说明的是要通过法律将税收制度确定下，以使纳税人对纳税清楚明白，依法纳税；征税人能依法征税，杜绝税务官员恐吓、勒索等腐败行为。

所谓“便利”，斯密认为，“各种赋税完纳的日期以及完纳的方法，须予纳税人以最大的便利”。[③]总之，该原则就是强调使纳税人在纳税时间、纳税地点以及纳税方法上都能感觉到简便易行。

所谓“经济”，即最少征收费用原则。斯密认为，“一切赋税的征收，须设法使人民所付出的，尽可能等于国家所得的收入”。[④]该原则强调的是税务部门在征税时尽可能节约征收的成本费用，国家的收入额与纳税人所缴纳的数额之间的差额越小越好。如果人民所付出的大于国家所得的收入，就会带来许多问题：一是税吏过多，税吏的薪俸开支必然过大，并且会苛索人民，另征附加税负；二是妨碍生产经营活动，抑制了人们的劳动积极性，阻碍了工商企业的发展；三是不适当的税收可能成为逃税的诱因，严惩逃税，又将引起倾家荡产，违反了一般的正义原则；四是税吏的频繁访问和检查，将会给纳税人带来不必要的烦忧，影响生产活动。因此，斯密认为应当从税制设计上尽可能排除这些方面的问题。

（3）阿道夫·瓦格纳的税收原则

德国柏林大学阿道夫·瓦格纳教授对税收原则进行了较为完备的研究，是前人税收原则理论的集大成者，影响深远。瓦格纳提出了“财政收入、国民经济、社会正义和税务行政”四个方面9项税收原则。

其一，财政收入方面。具体包括财政收入应当充裕原则和财政收入应

① 亚当·斯密.国民财富的性质和原因的研究：下卷［M］.北京:商务印书馆，1981:384.

②③④ 威廉·配第.政治算术［M］//配第经济著作选集.北京:商务印书馆，1981:72.

当富有弹性原则。

财政收入应当充裕原则是指税收能充分满足国家财政的需要。

财政收入应当富有弹性原则是指如果政府的支出需要增加，赋税应能依据法律或自然增加，即要有一定的弹性，以适应政府的收支变化。

其二，国民经济方面。具体包括不可误选税源原则和不可误选税种原则。

不可误选税源原则，就是选择有利于保护税本的税源，以发展经济。一般情况下主张选择所得作为税源，若以资本和财产作为税源，将损害税本。但不能以所得作为唯一的税源，如果是出于国家经济、财政或社会的政策需要，那么可以适当地选择某些资本或财产作为税源。

不可误选税种原则，就是税种的选择要考虑税收的转嫁问题。因为它关系到国民经济的分配和税收负担是否公平。瓦格纳认为，最好选择难以转嫁或转嫁方向明确的税种。

其三，社会正义方面。具体包括负担应该普遍原则和负担应当公平原则。

负担应该普遍原则，是指社会上的人都必须纳税，人人都有纳税义务，不能因为身份不同，地位特殊而例外。

负担应当公平原则，是指税收的负担应力求公平合理，应该按照每个人的能力大小来缴税，可以通过实行累进税制，使高收入者多纳税，低收入者少纳税，对贫困者免税。

其四，税务行政方面。具体包括课税应当明确原则、手续应当简便原则、征收费用应当节约原则。

课税应当明确原则是指纳税的时间、地点和方法要预先规定清楚。

手续应当简便原则是指纳税手续要简便，纳税的时间、地点以及方法要尽量方便纳税人。

征收费用应当节约原则是指尽可能节约征收的成本费用，财政收入与人民缴纳税款之间的差额越小越好。

2. **现代税收原则**

现代税收原则是在古典税收原则的基础上发展起来的，公平和效率是现代财政理论中强调的两大重要税收原则。公平原则强调税收负担要做到公平合理；效率原则主要是指征税不能损害微观经济效率，它要求政府在课税时对经济运行的干预越小越好。

10.3.2 公平原则

税收学界一直认为，税收负担在纳税人之间的公平分配是极其重要的，税收公平原则是税收的基本原则和税收制度的首要原则，税收公平不仅是一个财政问题，而且是一个社会问题和经济问题。英国古典政治经济学家亚当·斯密在讨论税收原则时就将公平原则列为税收四原则之首。

一般认为，税收公平包括普遍征税和平等征税两个方面。普遍征税通常指征税遍及税收管辖权之内的所有法人和自然人。换言之，所有有纳税能力的人都应毫无例外地纳税。

平等征税通常指国家征税的比例或数额与纳税人的负担能力相称，可以从两个角度理解。一是“横向公平”，指经济能力或纳税能力相同的人应该承担相同的税收。也就是说，如果在征税前，两个人具有相同的福利水平，在征税后他们的福利水平也应该是相同的。二是“纵向公平”，指经济能力或纳税能力不同的人应该承担不同的税收。总之，“横向公平”与“纵向公平”都是要求纳税人根据自己的经济状况和福利水平来确定应该承担的纳税额度。

但是，如何判断纳税人具有相同或不同的经济能力和福利水平，财产、收入以及消费水平都可以在一定程度上代表人的经济实力，因此需要一定的衡量标准。在税收理论界，存在着两种主张：一种是主张税收应遵循受益原则，即“谁受益、谁纳税”；另一种是主张税收应遵循能力原则，即按照纳税能力大小纳税。因此，税收公平又进一步通过受益原则和能力原则来衡量。

1. **受益原则**

受益原则是指各社会成员应按各自从政府提供公共物品中享用的利益纳税，或者说政府提供公共物品的成本应按各社会成员享用的份额来承担。

从“横向公平”角度，也就是从公共服务中获得相同利益的纳税人因为得到相同的福利水平，因此要承担相同的税负；从“纵向公平”角度，也就是从公共服务中获得不同利益的纳税人因为得到不同的福利水平，因此要承担不同的税负，获得较多利益的人因具有较高的福利水平，就要缴纳较多税负。

受益原则虽然很好地体现了税收的公平原则，在理论上很具有说服力，但在实践中具有很大的局限性。因为公共产品具有非排他性和非竞争性的特点，公共产品的消费者不会主动地、真实地反映自己得到的好处，同时还会不可避免存在“搭便车”者，因此就无法确定到底谁受益、受益多少，受益原则的运用受到很大的限制。按照受益标准征税（费）只能在一些特殊情况下使用，如一些具有排他性的准公共产品，这类公共产品一般可以通过收费实现“谁受益、谁付费”。

2. **能力原则**

能力原则是指税收征收以各社会成员的支付能力为标准，而不考虑各自对公共物品的享用程度。或者说，提供公共物品的成本按个人的实际支付能力分摊，即量能征税。

从“横向公平”角度，就是纳税能力相同的人要承担相同的税负；从“纵向公平”角度，就是纳税能力不同的人要承担不同的税负，纳税能力强的人要多纳税。能力原则是公认的比较合理而且易于实行的衡量税制公平的标准。个人纳税能力的大小，一般可以用客观标准和主观标准来进行衡量。

（1）客观标准

客观标准是指纳税能力的大小应依据纳税人拥有的财富。由于财富是由收入、支出和财产构成的，故此能力测定标准可分为收入、支出和财产。

其一，收入。收入通常被认为是衡量纳税人纳税能力的最好标准，因为收入的增加使支付能力的提高最显著，而且收入最能决定一个人在特定时期内的消费或增添其财富的能力。总之，个人收入反映了个人的纳税能力，收入多者表示其纳税能力大；反之则小。但这种标准也存在一些问题。①是以货币收入为衡量标准，还是以经济收入为衡量标准？如果仅以货币收入为衡量标准，纳税人可取得货币以外的实物收入就不包括在纳税范围内，显然不够公平。②是否要对不同来源的收入区别征税？纳税人的收入也有多种来源，既包括勤劳收入，也包括不劳而获的意外收入或其他收入，对不同来源的收入不加区分，统统视作一般收入来征税，有失公平。③是以个人收入为标准，还是以家庭平均收入为标准？例如，具有同等收入的两个人因为家庭人口不同，需要赡养的人数不同，那么这两个人的纳税能力也不同，如果按照统一标准征税，也有不妥。

有这样一个极端的例子：一个窖藏黄金的人和一个乞丐，二者都可能是无收入者。很显然，他们不具有相同的纳税能力，因为财产的所有权也是对经济资源的控制。如果仅按收入征税，即使从“横向”的意义上看，也是不公平的。

其二，支出。以支出作为衡量纳税能力的标准是基于这样的观点：支出意味着对社会资源的使用，支出多的人表明他使用了较多的社会资源，得到了更多的利益，自然就应该多纳税。在现实中的操作，如消费税可以抑制消费，有利于将支出转化为储蓄和投资，从而促使资本的形成和生产能力的提高。但以支出作为衡量纳税人纳税能力的标准也存在问题，因为一个人的支出额高，并不一定代表该人的支付能力强。例如，甲和乙两个人的月支出都是1000元，但甲的月收入是2000元，乙的月收入是3000元，若以消费支出作为征税的标准，显然不够公平。如果对支出征税，就会产生累退性，也就是收入越高，纳税额占收入的比例越低。因此，以支出为衡量纳税能力的指标虽然有助于鼓励储蓄和投资，但不利于缩小贫富差距。

其三，财产。个人财产表明了个人收入的积累，包括动产和不动产，有形财产和无形财产等。财产代表着纳税人一种独立的支付能力。如纳税人可以利用财产赚取收入，或者通过获得遗产、赠予等使财富增加，增强其纳税能力。以财产作为衡量纳税人纳税能力的标准也存在不足：一是数额相等的财产并不一定给纳税人带来相等的收益；二是财产税的管理比较困难，有财产的纳税人中，负债者与无债者情况不同；三是财产状况不易掌握，特别是对动产或无形财产难以查核，估值颇难等。

总之，以收入、支出、财产作为衡量纳税能力的标准，各有其不足的地方，以哪一种作为衡量承担税负的标准，直接涉及课税对象和税基的选择。相对比，收入基础广泛，易于掌握，管理上可行，是反映个人纳税能力的最主要的指标，而支出、财产也是反映个人纳税能力的重要指标。因此，只有合理结合收入、支出、财产各项税基，实行复合税制，才能实现量能课税。现实并可行的办法是，以一种尺度为主，同时兼顾其他两种尺度。

（2）主观标准

主观标准认为，个人的支付能力不仅取决于客观上可以衡量的一些标准，如收入、消费和财产，还取决于个人主观上的效用评价或满足程度。政府征税就是从纳税人那里转移部分资源到公共部门，对于纳税人来说，纳税相当于经济资源上的牺牲，其享受与满足程度会因纳税而减小。如果征税能使每个人所感受的牺牲程度相同，税制就是公平的；否则，就是不公平的。因此，主观标准具体分为等量绝对牺牲、等量比例牺牲和等量边际牺牲三种尺度。

其一，等量绝对牺牲。等量绝对牺牲是指每个纳税人因纳税而牺牲的总效用相等。按照边际效用递减原理，人们的收入与其边际效用成反方向变化，收入越多，边际效用越小；收入越少，边际效用越大。如果对高收入者与低收入者征收等额税收必然造成高收入者牺牲的效用小于低收入者牺牲的效用，为了使高收入者和低收入者牺牲的总效用相等，就需要对高收入者多征税，对低收入者少征税。

其二，等量比例牺牲。等量比例牺牲是指每个纳税人因纳税而牺牲的效用与其收入成同一比例。针对高收入者和低收入者，如果按照同一比例税率征税，就会使高收入者牺牲的效用与其收入之比小于低收入者牺牲的效用与其收入之比，为了使各纳税人因纳税而牺牲的效用与其收入成相同比例，那么对高收入者征税的税率就要高于对低收入者征税的税率，也就是可以采用累进税率，以达到税收公平的目的。

其三，等量边际牺牲。等量边际牺牲也称为“最小牺牲”，是指每个纳税人纳税的最后一单位货币的效用应该相等。也就是说，当每一个纳税人的边际牺牲相等时，社会全体因纳税而造成的总效用牺牲最小。由于在边际效用递减的情况下，高收入者的效用牺牲总是小于低收入者的效用牺牲，因此要实现每个纳税人因纳税而牺牲的最后一单位货币的边际效用相等，就要先向最高收入者征收最高税额，并逐步递减，对最低收入者实行免税。等量边际牺牲会导致收入的平均化，有助于消除贫富差距，但从生产角度来看，它会使人们的工作积极性受到影响，有损于效率。

10.3.3 效率原则

效率，也称“帕累托效率”，是指资源分配的一种状态，在不使任何人境况变坏的情况下，而不可能再使某些人的处境变好。所以，在经济活动过程中都应当使“得者的所得多于失者所失”，或者从全社会看，“宏观上的所得要大于宏观上的所失”。如果做到了这一点，资源的配置就是有效率的。

税收效率原则就是通过税收实现效率目标，是指国家征税必须有利于资源的有效配置和经济机制的有效运行，以及提高税务行政效率。它包括税收经济效率原则和税收行政效率原则。

1. **税收经济效率原则**

税收经济效率原则是指税制的设计应不以损害经济效率为前提，税收制度和税收政策在保证筹集财政收入的同时，应有利于经济发展，力图给经济发展带来积极影响。也就是政府通过税收制度将一定数量的资源从纳税人向公共部门转移的过程中，尽量使征税对市场经济运行产生的影响所造成的福利损失最小化。衡量税收经济效率的标准：一是税收给经济带来的额外收益最大，二是税收对经济造成的额外负担最小。

（1）税收的额外收益

税收的额外收益是税收额外负担的对称，是指由于征税影响了纳税人在生产、消费、储蓄和投资等方面的经济选择而使社会经济效率得以提高，或对社会经济产生超过税收负担本身的积极影响。具体包括两个方面。一方面，国家通过征税筹集财政收入，作为提供公共产品和服务的经济保证；另一方面，国家可以通过税收政策和税收制度达到调节经济的目的。国家可以利用税收政策，对各种经济组织和社会成员的经济利益进行调节，使其微观经济行为尽可能符合国家预期的社会经济发展方向，以有助于整个社会经济的稳定发展，从而使税收成为国家调节社会经济活动的重要经济杠杆。

（2）税收的超额负担

税收的超额负担，是指政府在通过征税将社会资源从纳税人转向政府部门的过程中，给纳税人造成了超过纳税税款的负担。主要表现在两个方面：一是国家因征税减少了纳税人支出，即导致纳税人经济利益受损，同时税收增加了政府部门的支出，即增加了社会经济效益，如果纳税人的经济利益损失大于社会经济利益的增加，就产生了超额负担；二是由于征税改变了商品的相对价格，减少了消费需求和劳动力需求，减少了社会消费，增加了失业规模，从而给消费和生产带来不良影响，这是发生在经济运行方面的超额负担。因此，若因政府征税干扰了纳税人的消费、生产等方面的选择，从而使资源配置偏离了最优配置状态，就会对市场经济的运行产生不良影响，扰乱市场配置资源的正常机制，使资源配置和人们的行为选择难以达到最优状况，从而造成社会福利损失。在现实中，对经济运行完全没有不良影响的税收是不存在的。

2003年2月1日，经江苏省政府决定，暂停征收车船使用税的自行车税目（简称“自行车税”，按辆定额征4元/辆）。这一举措引起社会各界强烈反响：一方面，社会公众称政府这一举措“合时宜，得民心”；另一方面，负责征收此税的地方税务局也如释重负。1994年，江苏省地方税务局做过一个统计，当年征收自行车税5000多万元，但为此支付了700多万元的印刷、劳务、宣传、组织等各项费用，直接征收成本就占了收入总额的14%，另外，还有地方政府、公安部门、街道办事处及村组干部的鼎力支持，而上述仅是征收自行车税的行政成本。此外，纳税人因履行税收义务占用其时间、精力等形成的纳税成本。区区4元钱，真可谓得不偿失。

在现实经济生活中，税收的征收在改善资源配置效率的同时，也会导致效率损失。如何降低税收超额负担，以较小的税收成本换取较大的经济效率，便成为税收经济效率原则的重心。要减少税收的额外负担，税收要尽量保持中性。

“税收中性”是针对税收额外负担提出的一个概念。所谓税收中性，是指政府征税不扭曲市场机制的运行，或者说是不影响私人部门原有的资源配置状况。具体包括两个方面。

其一，政府征税使社会所付出的代价应以税款为限，尽量不给纳税人和社会带来其他额外损失。

其二，国家征税应避免对市场经济正常运行的干扰，特别是不能使税收成为超越市场机制而成为资源配置的决定因素。

在现实中，要完全避免税收的超额负担是不可能的，那么税收中性的积极意义就在于充分发挥市场对资源配置的基础作用，尽量减少税收对市场经济正常运行的干扰，有效地发挥税收的调节作用，使市场机制和税收机制达到最优结合。

2. **税收行政效率原则**

税收的行政效率原则是指税收设计要考虑税务行政管理效率，既要便于税收的征收管理，又要方便纳税人纳税。这一原则是为了保证税制在现实中的可操作性。包括税收费用的最小化，在征收既定税收收入的前提下，尽可能将征纳双方的征纳费用减少到最低限度；确实简化原则，“确实”指各税制要素都要在税法和征管法上做出明确而清晰的规定，“简化”指税收的规章制度要简便易行。

税收是通过强制手段将一部分资源从私人部门转移到政府部门，这种转移会不可避免地导致资源的消耗，如人力、物力、财力的耗费，从而形成税收成本。税收成本包括两部分：一部分为征收成本，是政府设置的专门机构和相应的征收规则进行税款征收和管理产生的成本；另一部分为纳税成本，是纳税人在缴纳税款之外付出的额外成本。如果一种税制的设计需要耗费的征收成本和纳税成本过大，那么这种税制在现实中是不可行的。

要提高税收的行政效率，就在于采取有效措施控制影响税收成本的主要因素，就要倡导“节约”和“便利”。“节约”要求运用先进科学的方法管理税务，尽可能减少征管成本；“便利”要求税收制度简化，使纳税人易于掌握理解，能方便纳税人，从而尽可能地减少纳税成本。

10.3.4 最优课税理论

1. **最优课税理论的含义**

最优税收理论研究的是，在政府信息不对称的条件下，如何征税才能保证效率与公平的统一问题。核心在于对税收公平与效率原则的内容进行整合，以便能够在两者的权衡取舍之间选择一个最优的组合。最优税收理论开始于最优所得税的研究，它是从讨论公平开始的。1897年，英国经济学家埃奇沃思（Edgeworth）最早考察了最优税收问题。埃奇沃思的思路是求出在既定约束条件下，社会福利函数最大化的解。在假定收入的边际效用递减条件下，得出了通过累进的所得税使得“劫富济贫”，以实现收入的均等化。

理想的最优税收理论是假设政府在制定税收政策和建立税收制度时，对纳税人的纳税能力、偏好等情况都十分了解，并且政府具有无限的税收征管能力。但是，现实生活中，政府对纳税人和课税对象等方面的了解是有限的，并且政府的征管能力也有限。因此，最优税收理论研究的是在信息不对称的情况下，政府如何征税才能达到公平和效率的统一。

2. **最优课税理论的主要内容**

最优税收理论主要围绕直接税和间接税之间的搭配，税制模式的选择主要取决于政府的政策目标，最优商品课税理论和最优所得课税理论进行了研究。

（1）直接税和间接税之间的搭配

直接税和间接税之间应该是相互补充而不是相互替代的关系。直接税和间接税各有优劣，但一般认为属于直接税的所得税是一种良税，适用于实现分配公平目标；而属于间接税的商品税在资源配置效率方面更具有优势，是所得税不能替代的。因此，最优课税理论认为无论是商品税还是所得税都必不可少。

（2）税制模式的选择主要取决于政府的政策目标

在所得税和商品税都存在的情况下，政府在进行税制设计时到底是以哪种税作为主体税种，会影响到税制的总体功能，税制模式的选择取决于政府的政策目标。一般来说，所得税在实现分配公平目标方面具有优势，而商品税更适用实现经济效率目标。如果政府的政策目标以分配公平为主，就应该选择以所得税为主体税种的税制模式；如果政府的政策目标以经济效率为主，就应该选择以商品税为主体税种的税制模式。所以，一国的税收制度最终实行何种税制模式，取决于在公平和效率目标之间的权衡。

（3）最优商品课税理论和最优所得课税理论

最优商品税作为最优税收理论的一个方面，主要探讨这样一个问题：如果政府只能以商品税作为筹集既定收入的工具，那么一套怎样的商品税才能使超税负担最小化？

最早的解释来自拉姆塞（ Ramsey ）1927年的论文《对税收理论的贡献》。拉姆塞在论文中考虑的只是一人经济，即只考虑效率，不考虑公平，因此他也率先给出了如何按照效率原则设计税制这一问题的答案。文章的思路同样是以政府取得既定的税收收入为约束条件，求在该约束条件下社会福利函数最大化的解，结论即我们熟悉的拉姆塞规则和反弹性法则。拉姆塞规则即税率的设定应使征税前后消费者的消费结构（或生产者的生产结构）保持相对不变。反弹性法则主要分析了商品的需求弹性和税率之间的反比例关系。一种商品的需求弹性越大，征税的潜在扭曲效应就越大。一套有效的税收应该尽可能减少因征税所带来的扭曲效应。因此，最优商品课税理论要求，对于弹性相对小的商品可以课征相对高的税率；对于弹性相对大的商品课以相对低的税率；对于无弹性或低弹性商品可以课征高税率，会使总体超额负担最小化。例如，对于需求弹性较小的生活必需品征收高税率，对于需求弹性较大的奢侈品征收低税率。

但是在现实中，这一规则的应用往往具有较大的局限性：一方面，反弹性法则意味着需要对现实中种类众多、需求价格弹性各不相同的商品设置众多数量的差别税率，这不仅存在技术上的困难，而且会给税收征管带来很大的困难和很高的成本，也会使纳税人更难理解复杂的税制结构；另一方面，即便在技术上可行，反弹性法则也会受到税收公平原则的限制，例如，对食品等生活必需品——其需求价格弹性非常小——征收重税，虽然符合效率的要求，却会使更多的穷人受到伤害，因为对穷人来说，其对生活必需品的依赖程度远远高于富人。

所得税具有一定的收入再分配功能，政府也是通过所得税制的设计来实现税收的公平目标的，同时还要兼顾税收的效率目标。最优所得课税理论就是分析在公平和效率之间的权衡问题。詹姆斯·莫里斯1971 年的《最优所得税理论探讨》和1985年的《最优税收理论》详细明确地阐述了最优税收理论的内容以及意义。莫里斯模型得出的重要结论：一是边际税率应该在0~1；二是最高收入者的边际税率应该是零；三是最低收入者的边际税率也应该是零。从这些结论中可以分析出以下观点。

第一，边际税率不是越高越好。边际税率就是税额在课税对象数额的增量中所占的比率。边际税率越大，税制就越具有累进性，但较高的边际税率在产生较高的累进性的同时，会带来较大的超额负担，边际税率越高所带来的超额负担越大，导致效率的损失越大，而且不利于公平分配目标的实现。莫里斯最优税收理论认为，边际税率是不可能为1的，如果这样，大家都不会去工作。因此，最优的边际税率应该小于1，且介于1和0之间，边际税率也不是越高越好。

第二，最优所得税率应该呈倒“U”形。在兼顾公平和效率原则的前提下，对中等收入者适用较高的税率，而对低收入者和高收入者应适用相对较低的税率，拥有最高所得的个人适用的边际税率甚至应当为零。

对社会中的最低收入者课征的边际税率为零，是为了更好地实现社会公平，然而莫尔斯等认为在最优课税的情形下，对最高收入者课征的边际税率也应该是零，高收入者适用相对较低税率。莫尔斯在研究个人所得税的过程中，提出个人收入的一个临界点假设为*X*点，当个人所得数额在*X*点以下时，个人所得税的边际税率是随着收入的增加不断提高的。但是，当个人所得数额超过这个值时，对超过*X*值的部分适用的税率应该是零。他认为只有这样，才能鼓励高收入者选择更多的投资活动，扩大生产规模，创造更多的社会价值。因此，对于政府而言，财政收入并没有减少，同时其他人的效用并没有降低，而这位最高收入者境遇变得更好，即高收入人群的效用增加了，却没有使社会上其他人的效用因此而减少，可能还会增多，实现了福利经济学上的帕累托改进。

因此，在设计所得税时，不仅要考虑收入分配的公平，同时还要考虑效率。在征税没有给高收入者带来额外负担的情况下，高收入者会进行更多的储蓄、投资等经济活动，从而促进整个社会经济持续增长；相反，如果边际税率过高，不仅会影响高收入者进行经济活动的积极性，还会对整个社会的经济增长产生负影响。莫里斯认为，税率不是越高越好，为了有效发挥个人所得税调节收入分配的功能，对低收入者理应课以低税率；但为了促进经济的增长和效率，对社会中的一部分高收入者也应该课以低税率。

通过以上分析，最优税收理论的基本内容可以归纳为以下几点。

一是直接税和间接税两者不能偏废，同时要依据一国的经济发展阶段和政府的经济政策目标确立税制模式。

二是对商品和劳务征税要实行差别征税制度，对必需品实行低税率，对奢侈品实行高税率。

三是对所得征税最好采用低累进税率制度，而且实行倒“U”形所得课税，即对低收入者和高收入者适用相对较低的税率，而对中等收入者适用较高的税率。

10.4 税收经济效应

税收经济效应是指税收对于人们的经济活动所产生的潜在影响。从另一个角度说，是指政府课税对消费者的选择以至生产者决策的影响，也就是通常所说的税收的调节作用。一般，政府征税会产生两种经济效应：收入效应和替代效应。这两种经济效应共同作用，成为税收超额负担产生的主要原因。

税收的收入效应，是指政府征税通过减少纳税人的税后可支配收入而对经济产生的影响，即税收将纳税人的一部分收入转移到政府手中，使纳税人的收入下降，从而不仅降低商品购买量和消费水平，而且有可能改变人们对劳动、储蓄和投资等生产要素方面的决策，继而影响经济的效率与状况。一般认为，税收的收入效应有利于激励人们提供更多的生产要素。

税收的替代效应，是指税收对纳税人在商品购买方面的影响，表现为当政府对不同的商品实行征税或不征税、重税或轻税的区别对待时，会影响商品的相对价格，使纳税人减少征税或重税商品的购买量，而增加无税或轻税商品的购买量，即以无税或轻税商品替代征税或重税商品。在现实生活中，这种现象十分普遍。

税收的收入效应和替代效应的作用方向可能相同，也可能相交，取决于税收的分类。例如，消费税收入效应和替代效应的作用方向相同，收入减少导致人们消费减少，相对价格提高也会促使人们减少被征税商品与服务的购买；而所得税情形则相反，在不考虑其他因素的影响下，个人税收收入的减少促使人们减少闲暇时间，增加劳动供给时间，相对工资因征税而下降，导致人们减少劳动供给时间，增加闲暇时间。

10.4.1 税收对劳动供给的影响

无论是工薪所得税还是社会保险税，都是对劳动者的工薪收入课税，其结果必然是降低劳动者的实际工资率或净收入。面对政府对工薪所得的课税，劳动者在劳动力供给的决策上会做出一定的反应。税收对劳动供给的影响，是通过税收的收入效应和税收的替代效应来表现的。

税收对劳动供给的收入效应，是指征税后减少了个人可支配收入，促使其为维持既定的收入水平和消费水平，而减少或放弃闲暇，增加工作时间。

税收对劳动供给的替代效应，是指由于征税使劳动和闲暇的相对价格发生变化，劳动收入下降，闲暇的相对价格降低，促使人们选择闲暇替代工作。

收入效用与替代效用呈反方向运动，前者刺激人们更加努力工作，后者促使人们减少劳动供给。政府对劳动者的工薪所得课税，既可能产生减少劳动力供给的替代效应，也可能产生增加劳动力供给的收入效应。当收入效应大于替代效应时，具有激励作用，工作替代闲暇；当收入效应小于替代效应时，产生超额负担，闲暇替代劳动。

而劳动力供给产生的净效应取决于两种效应的大小。由于人们对劳动或闲暇的偏好不同，所以他们在劳动力供给方面对税收做出的反应也不相同。

10.4.2 税收对居民储蓄的影响

影响居民储蓄行为的因素主要是个人收入总水平和储蓄利率水平。个人收入水平越高，储蓄的边际倾向越大，储蓄率越高；储蓄利率水平越高，对人们储蓄的吸引力越大，个人储蓄意愿越强烈。

税收对居民储蓄的影响主要是通过个人所得税、利息税和间接税来影响的。在对储蓄的利息所得不征税的情况下，征收个人所得税对居民储蓄只有收入效应，即征收个人所得税会减少纳税人的可支配收入，迫使纳税人降低当前的消费和储蓄水平。

对储蓄利息（收益）征利息税，会减少储蓄人的收益，从而降低储蓄报酬率，影响个人的储蓄和消费倾向。具体来说，当对储蓄利息征税时，会使当前的消费与未来消费的相对价格发生变化，即未来消费的价格变得昂贵，而当前的消费价格相对下降，个人就会增加当前的消费，于是产生了收入效应和替代效应。

10.4.3 税收对投资的影响

在市场经济条件下，企业生产什么、生产多少的决策是根据利润最大化的目标做出的；由于政府课税，会影响到企业生产的商品或服务的成本和价格，因此会导致企业投资行为发生改变。

税收对投资的影响主要是通过征收企业所得税的税率、税前抵扣和税收优惠等措施影响纳税人的投资收益和投资成本。

税收对投资的替代效应是指课征企业所得税，会压低纳税人的投资收益率，进而降低投资对纳税人的吸引力，将导致投资者减少投资而用消费替代投资。

税收对投资的收入效应是指尽管征税和提高税率减少了投资者的税后净收益，而投资者为了维持过去的收益水平却趋向增加投资。

10.5 税负转嫁与归宿

税制安排还需要关注的一个重要问题就是税负转嫁。由于税负转嫁的存在，使法律规定的纳税人与实际承担税负的负税人发生了分离，这相当于财政成本的承担者发生了变化。

10.5.1 税负转嫁与归宿的含义

税负转嫁是指在商品交换过程中，纳税人通过提高销售价格或压低购进价格的方法，将税负转移给购买者或销售者的一种经济现象。税负转嫁的机制具有三方面特征：首先，税负转嫁是和价格的升降直接联系的，而价格的升降是由税负转移引起的；其次，税负转嫁是各经济主体之间税负的再分配，也就是经济利益的再分配，税负转嫁的结果必然导致纳税人与负税人的不一致；最后，税负转嫁是纳税人的一般行为倾向，是纳税人的主动行为。

税负既可以全部转嫁也可以部分转嫁。全部转嫁是指纳税人将自己应负担的税款全部转嫁给他人负担，而部分转嫁则是纳税人将自己应负担税款的一部分转嫁给他人负担，余下部分则由自己负担。

我们举例说明税负的转嫁。假设一瓶酒的价格是20元，政府对酒征税，每瓶酒课税2元，那么销售商每销售出一瓶酒就要向政府缴纳2元的税。

如果征税后，每瓶酒的价格还是20元，就意味着商家承担了税负。

如果征税后，每瓶酒的价格被提高到22元，显然酒商每瓶酒的收入与纳税前一样，税收并没有使他的境况变坏，这意味着商家通过提高售价将税负全部转嫁给了消费者。

如果征税后，每瓶酒的价格被提高到20~22元，如20.8元，就意味着商家承担了1.2元的税负，消费者承担了0.8元的税负，税收发生了部分转嫁，税负由酒商和消费者共同分担。

税收归宿是与税收转嫁紧密相关的概念，税收归宿一般指处于转嫁中的税负的最终落脚点。每一种税最终总要有一定的人负担。因此要评价税收的调节作用，政府必须清楚每项税的税收归宿。

10.5.2 税负转嫁的类型

依据税负转嫁的不同途径可以将税负转嫁分为以下几种类型。

1. **前转**

前转又称为“顺转”，是指纳税人将其所纳税款沿着商品运动方向，通过提高商品销售价格的方法，向前转嫁给商品购买者的一种税负转嫁形式。

例如，对生产者征税，生产者可以通过提高商品的出厂价格将税负转嫁给批发商，而批发商可以通过进一步提高商品价格，将税负转嫁给零售商，零售商也会通过提高商品价格将税负转嫁给消费者。因此，纳税人虽然是商品的出售者，但真正的负税人是消费者。一般认为，前转是税负转嫁最典型和最普遍的形式。如果加价额度大于税款，则不仅实现了税负转嫁，纳税人还可以得到额外的收入，称为“超额转嫁”；如果加价额度小于税款，则纳税人自身仍要负担部分税收，称为“不完全转嫁”。

2. **后转**

后转又称为“逆转”，是指纳税人将其所纳税款按照商品运动的反方向，通过压低购进商品或要素价格的方式将税负转嫁给商品或要素供给者的一种转嫁形式。

例如，在零售环节对某商品课税，但由于该商品的市场价格因为供求关系难以提高，所以零售商就不能通过提高售价将税负前转给消费者，只能设法通过压低进价将税负转嫁给批发商，批发商再将税负转嫁给生产商，生产商会通过压低原材料价格、劳动力价格（工资）或延长工时等方式，将税负转嫁给原料的供应者和雇佣工人。因此，纳税人虽然是零售商或生产商，但真正的负税人是原料供应者和雇佣工人。

3. **消转**

消转也称为“税收转化”，是指纳税人将其所纳税款，既不向前转嫁，也不向后转嫁，而是通过改善经营管理、改进生产技术、提高劳动生产率等方式，使支付税款后的利润水平不比纳税前少，自行消化税收负担。

因此，消转是一种特殊的转嫁形式，因为消转并没有将税负转嫁给他人负担。

4. **税收资本化**

税收资本化是指在特定商品的交易中，商品的购买者将所购买商品在以后年度所要支付的税额，在商品的购入价格中预先一次性扣除，将税款转嫁给商品出售者的一种形式。也就是说，纳税人虽然是商品的购买者，但真正的负税人是商品的出售者。

税收资本化是后转的一种特殊形式，它与后转的共同点是买方通过压低购买价格将税款转嫁给卖方负担。二者的不同点：第一，转嫁对象不同，后转的交易对象是一般消费品，但税收资本化的对象一般是资本品，主要指土地；第二，转嫁方式不同，后转是在商品交易环节将当时所发生的税款进行一次性转嫁，税收资本化是在商品交易环节将当时发生的税款和商品交易后预计发生的税款总额做一次性转嫁。

10.5.3 税负转嫁与商品供求

在现实生活中，税负能否转嫁、转嫁多少，并不取决于纳税人的主观愿望，税负的转嫁会受到商品供求关系、税种性质、课税范围、课税方法等诸多因素的影响。下文主要分析商品供求对税负转嫁的影响。商品供求变化主要通过供求弹性变化来反映。

1. **税负转嫁与需求弹性**

第一种情形，需求完全无弹性。说明当某种商品或生产要素因政府征税而提高价格时，购买者对价格的提高没有任何反应，其购买量不会因价格的提高而减少。在这种情形下，所征税收会全部向前转嫁，而落在商品或生产要素的购买者身上。第二种情形，需求完全有弹性。说明当某种商品或生产要素因政府征税而价格提高时，购买者对价格的提高反应极为强烈，不论价格提高多少，商品购买量都会减少到零。在这种情况下，所征税收会全部向后转嫁或不能转嫁，而落在生产要素的提供者或生产者自己身上。不同的税种转嫁状况有所不同。以商品为课税对象，与商品价格关系密切的间接税较容易发生税负转嫁，如消费税、营业税、增值税和关税等，税收能够通过提高或降低商品价格将税负转嫁给他人。而与商品及商品价格关系不密切的直接税一般难以发生税负转嫁，如个人所得税是针对个人所得征税，纳税人也是负税人；而公司所得税情况较为复杂，企业可以提高商品售价或降低原材料、劳动力等生产要素的价格，将税负向前或向后转嫁给他人，但企业的这种做法会受到消费者、企业雇员以及股东等方面的强烈反对而使税负转嫁难以实现。第三种情形，需求富有弹性。说明当某种商品或生产要素因政府征税而提高价格时，购买者因价格提高而做出的反应较为强烈，其购买量下降的幅度会大于价格提高的幅度，从而迫使价格不得不回降或阻止价格的提高。在这种情形下，所征税收很难向前转嫁，只能更多地向后转嫁而落在生产要素提供者或生产者的身上。第四种情形，需求缺乏弹性。说明当某种商品或生产要素因政府征税而提高价格时，购买者因价格提高而做出的反应较弱，其购买量下降的幅度会小于价格提高的幅度，因而价格提高的阻力小。在这种情形下，纳税人转嫁税负就相对容易，所征税收会更多地向前转嫁而落在购买者身上。

2. 税负转嫁与供给弹性

第一种情形，供给完全无弹性。说明当政府对某种商品或生产要素征收消费税时，生产者对价格的相对下降没有任何反应，其生产量不会因价格的相对下降而减少。在这种情形下，所征税收会全部向后转嫁或不能转嫁，而落在生产要素的提供者或生产者身上。第二种情形，供给完全有弹性。说明当政府对某种商品或生产要素征收消费税时，生产者对相对价格下降做出的反应极为强烈，其生产量会因价格的任何下降而减少至零。由于生产量剧减，反而驱使价格上涨。在这种情况下，所征税收会全部向前转嫁，而落在购买者身上。第三种情形，供给富有弹性。说明当政府对某种商品或生产要素征收消费税时，生产者因相对价格下降而做出的反应较强烈，其生产量下降的幅度大于价格相对下降的幅度。由于生产量减少，就要驱使价格上涨。在这种情形下，所征税收的大部分会通过价格提高向前转嫁出去，更多地落在购买者身上。第四种情形，供给缺乏弹性。说明当政府对某种商品或生产要素征收消费税时，生产者因生产条件限制，转产困难而对价格相对下降做出的反应较弱，其生产量下降的幅度会小于价格相对下降的幅度。由于产量保持在原来水平上，价格难以提高。在这种情况下，生产者转嫁税收困难，所征税收会更多地向后转嫁或不能转嫁，而落在生产要素的提供者或生产者自己身上。

税负转嫁最终取决于供求弹性的力量对比。如果需求弹性大于供给弹性，则向后转嫁或不能转嫁的部分较大，即税收会更多地落在生产者或生产要素提供者的身上；如果需求弹性小于供给弹性，则向前转嫁的部分较大，即税收会更多地落在购买者身上。

◎ 关键概念

直接税；间接税；从价税；从量税；公平原则；效率原则；行政效率原则；受益原则；能力原则；最优课税理论；税收超额负担；税收中性税收；收入效应；替代效应；转嫁；归宿；前转；后转；消转；需求弹性；供给弹性

复习思考题

1. 税收的分类有哪几种？
2. 税制的要素有哪些？
3. 个人纳税能力的客观衡量标准有哪些？
4. 税收的经济效应有哪些？
5. 税收的转嫁形式有哪几种？
6. 供求关系是如何影响税收转嫁的？

推荐阅读

● 若想对税收的影响、税收的历史有更深的了解，可阅读美国税法专家查尔斯·亚当斯所著的《善与恶：税收在文明进程中的影响》（翟继光译，中国政法大学出版社2013年版）。该书探讨了税收如何强有力地影响（有时是直接导致）了历史上很多著名的事。

11 税制结构与税种间协调

由于各国的国情不同，税收的历史发展也不同，所以不同国家开征的税种也不尽相同，但开征的税种大致可以分为流转税、所得税、财产税和行为税等。各国税制的差异主要体现在主体税种方面，而各个国家为了达到组织收入、调节经济的目的，在按一定标准进行税收分类的基础上，合理设置税种形成了一个相互协调、相互补充的税收体系。

本章主要考察税收制度的结构与各种税种的协调作用，主要包括：税制结构，流转税的特点、分类及其主要税种，所得税的特点、分类及其主要税种，财产税的特点及分类，资源税改革等，并讨论了我国增值税、个人所得税、资源税等的实施情况。

本章重点

- 税收制度概述
- 流转税
- 所得税
- 财产税
- 资源税

11.1 税收制度概述

11.1.1 税收制度的内涵及构成

本章从经济的角度，认为税收制度是一个国家的税收体系主要由哪些税种构成，其核心是主体税种的选择和各税种的搭配问题。税收的历史发展不同，所以各国开征的税种也不尽相同。

针对税收制度的构成这一问题，主要有两种不同的主张。一是单一税制，指一个国家的税收制度应由一个税类或少数几个税种构成。如单一的消费税，单一的土地税，单一的财产税以及单一的所得税等。从世界各国的税收实践看，由于单一税制缺乏弹性，难以充分发挥筹集财政收入和调节经济的功能，所以并没有哪个国家真正实行过单一税制。二是复合税制，指一个国家的税收制度必须由多种税类的多个税种组成，通过多种税的相互配合和相辅相成组成一个完整的税收体系。它往往是以某一个税种或某两个税种作为主体税种，在不影响其他各税种作用效果的前提下，优先或突出主体税种的作用。这种税制有利于政府取得稳定可靠的财政收入，也有利于发挥各种税不同的调节功能。现代国家均实行复合税制，即为了取得既定的税收收入，采取多种税在经济活动多个环节征收的办法，我国现行税制也是复合税制。

11.1.2　税收制度的发展

税收作为一个历史范畴，是各个国家或地区税制中各个税种演变和主体税种交替的历史过程。从古到今，各国开征的税收种类繁多，但可以将它们归纳为直接税和间接税两大类，这两类税种本身以及主体税种的更替经历了一个漫长的演进过程。从征税的历史看，最早开征的是直接税，随着社会的发展，后来产生了间接税。

1. **古老的直接税税制**

税收制度最早实行的是直接税税制，但这个时候的直接税是十分简单的。在人类社会早期，社会生产处于自给自足的状态，社会财富主要表现为房屋、车马等十分简单的形式，并有较强的个人归属性。因此，许多国家的税收主要是对人课征和对物课征。对人课征的税种有人头税、灶税、户税等，如我国的“口赋”“算赋”“更赋”。对物课征的税种有土地税、房屋税、车马税等，如我国的“田赋”“马口钱”“间架税”。“已有学者指出，就田赋来说，在中国五千年的历史长河中，大致经历了六次大的变化，即三代至春秋时期的贡、助、彻制，战国、秦、汉和两晋时期的租税制，北魏至隋唐的租调（租、庸、调）制，唐中期至明中期的两税法，明中期至清雍正年间的一条鞭法，雍正年间至民国初年的地丁银制。”[①]这些税种自然就成为税制的主体，有人将这一时期概括为古老的直接税阶段。

2. **以间接税为主体的税收制度**

早期的间接税也是很简单的，早在封建社会就被许多国家采用。由于当时商品经济很不发达，间接税的课征范围比较窄，一般只在有市场活动的地点或对参与交换的产品课征，如中国古代的“关市之赋”、盐税、茶税、渔税；西方的市场税、入市税等。随着商品经济的发展，到了封建社会末期，尤其是资本主义生产方式确立之后，商品税的规模得到空前发展，如消费税、销售税、增值税、关税等也得到很大的发展，这样就形成了以商品税为主体的税收制度发展阶段，并取代了古老的直接税。

3. **现代直接税税收制度**

到了现代社会，随着生产力的发展和生产方式的变革，商品税与社会生产和消费产生了矛盾。主要表现在干扰了市场的运行并造成了分配不公；各国实行保护关税，阻碍了资金、劳动力和商品的自由流动；商品税所筹集的资金远不能满足不断膨胀的财政支出。因此，实行市场经济的发达国家转而发展现代直接税——所得税和财产税，并逐步取代商品税而构成主体税种。

现代所得税法来源于拿破仑时期的《英国所得税法》，开始于1799年。19世纪初，拿破仑战争爆发，英国组织了反法同盟，并向反法同盟的其他成员提供金钱和物资援助，面对巨大财政支出：“最初，英国决定用传统税收来支持战争，如消费税、进口税、继承税、土地税和关税。但是这些税收并不够，而且它们已经扩展到了极限……消费税并不是答案，因为它们是在错误地方——消费——对商业征税的。英国大部分商业财产控制在生产者手中，而非消费者手中。税收应当落在生产者身上，但不能是他的资本。因此，所得税是唯一的选择。”[②]1802年，所得税随着战争的停止而停征。直到1842年，根据1806年所得税法案，经过立法程序，才确定为英国的永久税种。1911年，

① 陈锋.中国财政经济史论［M］.武汉：武汉大学出版社，2013：29.

② 查尔斯·亚当斯.善与恶：税收在文明进程中的影响［M］.翟继光，译.北京：中国政法大学出版社，2013：357.

英国的所得税占税收收入的比重仅为22%，到了1922年，就达到了45%以上。美国的第一个所得税是在内战期间开征的，战争结束以后就被取消了。美国现行的所得税法是源于1913年10月的所得税法，到1918年，所得税占美国税收收入的比重达到60%以上；1922年高达65.3%；二战后达到76.9%。

另外，值得一提的是社会保险税。二战后，发达资本主义国家为了缓和阶级矛盾，稳定社会秩序，普遍推行社会保险制度，并开征社会保险税。社会保险税来自雇主和雇员，如雇主支付的工资薪金额、雇员取得的工薪收入额及自营业主的事业纯收益额都是社会保险税的课税对象，因此社会保险税属于所得税的一种。目前，在发达国家，这种税在税收总收入中占的比重较高。例如，1991—1995年，美国的社会保险税占中央政府经常收入的比重为34.5%，法国为44.1%。

与发达国家相比，大多数发展中国家实行的还是以间接税为主的税收制度，间接税占税收收入的比重一般在60%以上。

11.1.3　税制结构分类

在大部分国家的税制安排中都设置了多个税种，形成了不同的税制结构。税制结构是指一国税收制度中税类、税种的构成及主体税种的设置。根据税种数量的不同，可将税制结构分为单一税制结构和复合税制结构。现代国家均实行复合税制，即为了取得既定的税收收入，采取多种税在经济活动多个环节征收的办法。但是一国税制结构的形成与发展，受其客观的社会经济条件制约，在主体税种的选择上存在较大差异，税制结构也各不相同。有的国家以所得税（主要是个人所得税）为主体税种，有的国家以流转税（主要是增值税）为主体税种。整体而言，发达国家的税制多以所得税为主体，流转税（商品和劳务税）在税收收入中占的比重不大。流转税在税收收入中占主体地位的主要是发展中国家以及新兴工业化国家。

主体税种，是指在一个国家的税收制度中居于主导地位，起主导作用的税种，也就是在一国税收中所占比重最大、在政府调节经济中发挥着首要作用的税种。选择主体税种时应考虑的因素有：国家经济发展水平，社会政治经济制度，国家对税收职能的侧重面，以及一国的经济管理水平等。

根据主体税种的不同，各国的税制结构大体可归纳为三种模式：以流转税为主体的税制结构模式，以所得税为主体的税制结构模式，以流转税和所得税为双主体的税制结构模式。

1. **以流转税为主体的税制结构模式**

以流转税为主体的税制结构模式，是指在整个税制体系中，流转税是主体税，占最大比重，并起主导作用。发展中国家税制结构以间接税为主，一般在税收总额中占60%~90%。主要原因：一是发展中国家的经济发展水平较低，人均收入水平也低，如果推行以所得税为主的税制体系，则难以保证国家财政收入的稳定可靠和及时，而流转税是以商品、劳务的销售额和营业收入作为计税依据，一般不受生产、经营成本和费用变化的影响，可以保证国家及时、稳定、可靠地取得财政收入；二是流转税在征收管理上简便易行，不会受到企业盈亏状况的影响，更适合发展中国家目前的税务管理水平；三是流转税从价计征，不直接作用于企业所得和个人所得，对私人投资和个人储蓄的影响较小。例如我国自1994年税制改革以来，一直是以流转税为主体的税制结构，以增值税为核心的流转税课税比重超过了税收总额的70%。

2. **以所得税为主体的税制结构模式**

以所得税为主体的税制结构模式是指在整个税制体系中，所得税是主体税，占最大比重，并起到主导作用。绝大多数发达国家实行的是这种模式。主要原因：一是发达国家经济发展水平高，企业和个人的收益额均较高，因此能保证国家财政收入的稳定可靠；二是累进制的所得税具有较大弹性，对经济起到“自动调节器”的作用；三是所得税不改变商品的相对价格，对消费者的选择和资源配置的干扰相对要小。总之，现代所得税具有税源充裕、有弹性、复合税收原则、税收负担合理、对经济没有直接阻碍等优点。因此，一些主要的发达国家在19世纪末20世纪初就相继推行了所得税。

3. **以流转税和所得税为双主体的税制结构模式**

以流转税和所得税为双主体的税制结构模式是指在整个税制体系中，流转税和所得税占有相近的比重，在财政收入和调节经济方面共同起着主导作用。这种模式既能保证国家财政收入的稳定性，又能将税收的刚性和弹性相结合。但一般来说，这种模式只是一种转换时期的过渡模式，就是说当以流转税为主体的模式向以所得税为主体的模式转换时，或者当以所得税为主体的模式向以流转税为主体的模式转换时，就会出现这种双主体的税制结构模式，最终这种双主体模式会被以流转税为主体的税制结构模式或以所得税为主体的税制结构模式所代替。

近年来，由于我国经济的迅速发展，国民收入有了显著提高，所得税尤其是个人所得税的税收收入增长很快，我国正从以流转税为主体的税制结构模式逐步转向双主体的税制结构模式，这也是我国税制结构模式发展的必然进程。

11.1.4　税种间协调

税种间相互协调、相互配合形成不同的税制结构，最优税制结构在遵循税收原则的基础上，还要解决好三个方面的问题：税种的配置、税源的选择和税率的安排。

1. **税种的配置**

最优税制结构，是指一种能使效率与公平取得最佳平衡的税制结构。由于流转税和所得税在效率和公平方面的效应不同，流转税侧重的是效率，而所得税侧重公平，所以最优税制结构问题实际上是在一定的社会经济条件下流转税和所得税的合理搭配问题。按照税收原则的要求来解决税种的配置问题，并不意味着所选择的税种都能完全符合各项税收原则的要求。因此，税种的配置就是要研究各个税种之间的相互配合问题，合理设置各个税种，使其相互协调，相互补充，形成一个能在总体上体现税收原则要求的税收体系。这种税收体系总有一个或几个税种居主导地位，这个居主导地位的税种就构成了税制结构中的主体税种，其他税种就是辅助税。其中，主体税种的选择对于税种的合理配置具有关键意义。

在主体税种的选择上，出于优化资源配置效率的考虑，经济学家一般推崇所得税，得出以下结论。

第一，所得税给纳税人带来的额外负担，也就是对经济运行带来的不良影响比流转税要小，原因是所得税不会影响商品的相对价格，对消费者的选择和资源配置的干扰相对较小。

第二，所得税是一种直接税，一般不像流转税容易发生税负转嫁。

第三，所得税作为宏观经济的一种内在稳定器，在促进经济稳定方面发挥作用。

2. **税源的选择**

在税源的选择上，主要涉及两个关键概念："税本"和"税源"。

税本、税源、税收之间的关系。税本是形成税收收入的经济基础，是税收来源的根本，通常指国民经济的生产力，包括人力、资本、土地三个要素及由此结成的生产经营单位等。税源是由税本产生的收益，税收则来自税源。也就是说税收来源于经济，如果离开经济的发展，税收就会成为"无源之水，无本之木"。西方财政学者常将税本比作"因"，将税源比作"果"；将税本比作树木的"根干"，将税源比作树木的"果实"，从"果实"中取出若干交给国家，就为税收。因此，有了税本才有税源，有税源才有税收。所以，国家的税收征自税源，不能征自税本。如果征自税本，势必损害国民经济的生产力；生产力被损害后，税收收入将没有经济基础。税源的选择就是要研究如何保护税本，尽可能不使税收损害到税本。

可以作为税源的一般是工资、利润和地租，将课税限制在这个范围内，一般不会伤及税本。对于财产，尤其是其中的生产性资本，则属于税本的范畴，尽量不对其收税，以防国民经济萎缩。但对其中的非生产性的私人财产可以适当收税，如可以征收遗产税、赠与税。

3. **税率的安排**

税率的安排主要涉及两方面的问题：税率水平的确定和税率形式的确定。

（1）税率水平的确定

将税率水平控制在怎样的范围，税率水平到底是高还是低，经济学家并不能给出明确的答案。但在税率水平如何确定方面，美国经济学家拉弗（Laffer）提出的"拉弗曲线"原理，能给我们带来很多启发。"拉弗曲线"提出的命题是"总是存在产生同样收益的两种税率"。主张只有政府保持适当的税率，才能保证较好的财政收入。与拉弗同时代也同为供给学派经济学代表人物的裘德·万尼斯基（Jude Wanniski）对此做了扼要解释："当税率为100%时，货币经济（与主要是为了逃税而存在的物物交换不同）中的全部生产都停止了，如果人们的所有劳动成果都被政府所征收，他们就不愿意在货币经济中工作，因此由于生产中断，没有什么可供征收100%税额，政府的收益就等于零。"税率从0至100%，税收总额从零回归到零。"拉弗曲线"必然有一个转折点，在此点之下，即在一定的税率之下，政府的税收随税率的升高而增加，一旦税率的增加越过了这一转折点，政府税收将随税率的进一步提高而减少，如图11–1所示。

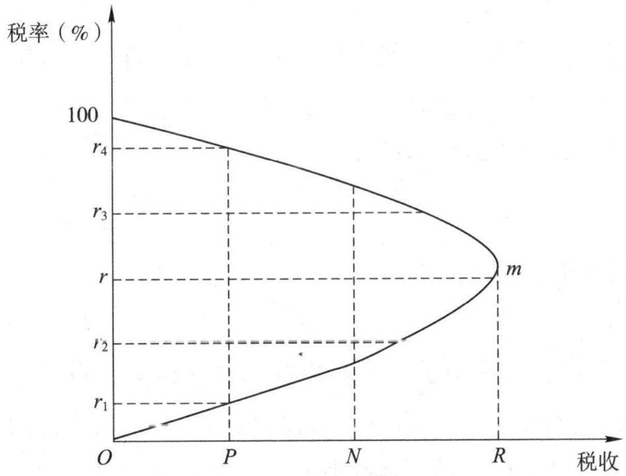

图11–1 "拉弗曲线"原理

由图11–1我们可以发现，在原点O处税率为零时，将没有税收收入；随着税率增加，税收收入达到最高额Om，但当税率超过r时，税收收入会随着税率的增加而减少，rm是税率的临界点。如果税率继续增加，当税率为100%时，就没有人去工作了，所以也就没有税收收入。因此，税率水平应该以r为限，并以r作为最佳税率点。当税率进入禁区后，税率与税收收入呈反比关系，要恢复经济增长势头，扩大税基，就必须降低税率。"拉弗曲线"理论得到了美国前总统罗纳德·里根的支持。在1980年的总统竞选中，里根将拉弗所提出的"拉弗曲线"理论作为"里根经济复兴计划"的重要理论之一，并以此提出一套以减少税收和政府开支为主要内容的经济纲领。

（2）税率形式的确定

税率的形式主要有两种选择：累进税率和比例税率。

就税收公平而言，累进税率是较好的选择。在累进税率下，纳税人适用的税率水平随着其收入的增加而提高，因此所缴纳税款的增加会多于按比例税率的缴纳，但会对纳税人的工作、储蓄和投资的积极性产生阻碍。

就税收效率而言，比例税率是较好的选择。在比例税率下，纳税人适用的税率是同一的，不论收入水平多高，都按其收入的相同比例缴纳税款，一般不会对纳税人的工作、储蓄和投资产生阻碍。

但公平和效率不能兼得，税率的选择总要在公平和效率之间进行权衡。就特定的税种而言，所得税和财产税应当是累进的，而流转税应该是比例的。就税率的总体布局而言，应该根据客观经济形势的需要来确定是多要累进税率，还是多要比例税率。

11.2 流转税

流转税又称为“商品税”，是指以商品和劳务的流转额为课税对象的税收体系，因此流转税是以商品交换并形成销售收入为前提的，一种商品从投入流通到最后消费之前，往往要经过多次转手交易行为，每经过一次交易行为，商品就流转一次，也就产生了流转额，就要对商品流转额课征流转税。如果商品不发生交易行为，就没有商品的流转额，也就没有流转税可征收。在税率已定的前提下，税额大小由商品和劳务价格的高低以及流转额多少所决定，与商品成本、费用无关。目前，国际上通行的流转税主要包括增值税、消费税、营业税和关税等。

11.2.1 流转税的特征

1. **税收负担具有累退性**

流转税除少数税种实行定额税率外，大部分是采用比例税率，不论负税人的收入状况怎样，都承担相同比例的税负，因此，税负会随着个人收入的增加而降低。这是因为从一般意义上说，越是富裕的人，个人消费支出占其收入的比例越小；越是贫穷的人，个人消费支出占其收入的比例越大。因此，如果按照消费支出比例征税，越是富裕的人所交的税款相对其收入就越少，越是贫穷的人所交的税款相对其收入就越多，从而使流转税具有累退性。

2. **税收负担具有间接性和隐蔽性**

流转税能够转嫁，税收负担具有间接性。流转税一般由企业作为纳税人履行纳税义务，但税款可以通过商品价格变动转嫁给消费者，由消费者负担。因此，企业是纳税人，而消费者是负税人，消费者会承担部分或全部税收，消费者所承担的税负是间接的。由于消费者负担的税收并不是由个人直接缴纳，而是在支付商品价格时承担了税收，因而没有直接感受到负税压力，特别是当税负采取价内税的方式，即税负包含于商品价格中时。因此，消费者在不知不觉中承担了税负，税负的隐蔽性使流转税推行的阻力较小。

3. **税收征收管理具有简便性**

流转税主要是针对企业征收，相对于为数众多的个人，企业数量较少，税源比较集中，相对容易征收管理。另外，流转税征收的主要依据是商品销售收入，并且采取从价定率或从量定额计征，与所得税和财产税相比，计算手续简单，并容易征收。因此，在一些税务管理技术不发达的国家就比较注重推行流转税。

4. **具有执行社会经济政策的针对性**

流转税可以选择特定商品征税，即使对全部或大部分商品征税，也采取差别税率。如流转税之一的消费税，针对高尔夫球及球具、高档手表、高档化妆品、游艇和大排量汽车等高档消费品，以及实木地板和一次性筷子等商品，征以重税。对这些商品课以重税的目的不是着眼于取得公共收入，而是执行政府的社会经济政策，如节约资源、保护环境、抑制奢侈浪费等。

因此，流转税税源充裕，课征方便，并可以抑制消费，增加储蓄和投资，有利于经济发展。但是流转税与商品价格相联系，在国内会干扰市场运行并形成分配不公；在国际会阻碍资金、劳动力和商品的自由竞争与流动。

11.2.2 流转税的类型

1. 从课税环节的角度划分

从课税环节的角度，流转税可以划分为单环节课税和多环节课税两种类型。单环节课税是指在商品生产（进口）、批发、零售三个环节任意选择一个环节课税，如加拿大的酒税、烟税选择的是生产环节；美国的汽油税、燃料税和柴油税选择的是零售环节。多环节课税是指在商品流通的两个或两个以上环节课税，如欧盟成员国实行的增值税就是选择在生产（进口）、批发、零售三个环节都征税。

2. 从课税范围的角度划分

从课税范围的角度，流转税可以划分为三种。一是就全部商品和劳务征税。商品可以分为消费品和资本品，因此征税范围既包括消费品，也包括资本品以及交通运输等一些服务。二是就全部消费品征税。征税范围只包括消费品，而资本品或其他服务被排除在征税范围之外。三是就少数消费品征税。征税范围只包括少数消费品，如只对烟、酒、小汽车、矿物油以及一些特定的消费品征税，对资本品和大部分消费品不予征税，这样，流转税的税基缩小，税收减少。

3. 从计税方式的角度划分

从计税方式的角度，流转税可以划分为两种：一是从价税，就是以商品或劳务的价格为计税依据，从价税的应纳税额会受到商品或劳务价格的影响，随着商品或劳务价格的变动而发生变动，如我国现行的增值税、营业税、关税等；二是从量税，就是以商品的重量、数量、容积、面积等为计税依据，如我国对部分消费品开征的消费税。

4. 从税基的角度划分

从税基的角度，流转税可以划分为三种：一是按照商品或劳务的销售收入总额征税，如各国实行的营业税；二是按照商品或劳务流转过程中新增加的价值征税，也就是针对商品的销价和进价之间的差额征税，如增值税；三是按照部分商品或劳务的销售额征税，如消费税、关税。

11.2.3 增值税

增值税发源于丹麦，在1954年创建于法国，随后在西欧和北欧各国迅速推广，现在已经成为许多国家广泛采用的一个国际性税种。

增值税是对商品或劳务在生产和流通过程中实现的增值额课税的一种税。增值额，即新增价值额，是企业生产商品过程中新创造的价值，相当于从商品价值中扣除生产中消耗的生产资料价值之后的余额。从理论上讲，增值额相当于商品价值（$C+V+M$）的（$V+M$）部分。就是商品价值扣除在商品生产过程中消耗掉的生产资料的转移价值（C）后的余额，即由企业劳动者所创造的新价值（$V+M$）。增值额从内容上讲可以称为“净产值”，即工资、利息、租金、利润之和。

1. **增值税的特征**

（1）实行多环节征税

增值税的课税环节一般包括商品的原材料采购、生产、批发、零售以及进口等。仅选择单一环节征收增值税的国家极为少见。

（2）征税范围广泛

从征税范围看，增值税依据的是普遍征税原则，即对从事商品生产经营和劳务提供的所有单位及个人征税。无论工业、商业，还是劳务服务活动，只要有增值收入就要纳税。因此，增值税可以课征于社会经济活动的各个部门、领域和环节，具有普遍性。

（3）能避免重复征税

增值税不是按照商品的流转额全额征税，只就商品价值或劳务在流通各环节中的增值部分征税，因此能够避免重复征税，这也是增值税突出的特点。

2. **增值税的类型**

增值税的计税依据是增值额，计算是以销售收入减去法定扣除项目。在实践中，各国对法定扣除项目的规定有所不同，基于增值税的计税基数不同，可以分为以下三种类型。

（1）生产型增值税

生产型增值税是以纳税人的销售收入额减去用于生产、经营的外购原材料、燃料、动力等生产资料价值后的余额作为法定的增值额，但对购入的固定资产价值及其折扣不予扣除。增值额=工资+利息+租金+利润+折旧，这个增值额相当于国民生产总值，因此称为“生产型增值税”。我国1994—2008年的增值税就属于这种类型。

（2）收入型增值税

收入型增值税是以纳税人的销售收入总额扣除购买的生产资料价值以及固定资产的折旧费后的余额作为课税对象计算增值税。增值额=工资+利息+租金+利润，这个增值额相当于国民收入，因此称为“收入型增值税”。

（3）消费型增值税

消费型增值税是指在生产型增值税的基础上，在计算增值税额时允许纳税人从商品和劳务销售额中一次性全部扣除当期购进的固定资产总额，其余额作为增值税的计税依据。也就是说，厂商的资本投入品不算入产品增加值，这样增值税相当于只对消费品征税，其税基总值与全部消费品总值一致，故称为“消费型增值税”。我国自2009年1月1日起采用消费型增值税。

对固定资产价值扣除的不同处理方法，使三种不同类型增值税税基所包括的范围也不相同，生产型增值税税基最大，收入型增值税税基次之，消费型增值税税基最小。因此，从财政收入的角度来看，生产型增值税的财政收入最多，收入型增值税的财政收入次之，消费型增值税的财政收入最少。从鼓励投资角度来看，生产型增值税的激励程度最小，收入型增值税的激励程度次之，消费型增值税的激励程度最大。国际上实行增值税的国家大多采用的是消费型增值税。

例如，2003年某企业购进固定资产1000万元，进项税款170万元，固定资产使用期为5年。该企业销项税款每年为250万元，购买原材料进项税款每年为30万元。若采用收入型增值税，则2003年企业应纳税额为250-34-30=186（万元）。若采用消费型增值税，则2003年企业应纳税额为250-170-30=50（万元）。但消费型增值税对企业和投资更有利，按上例中企业得到的额外好处是享受了财政提供的1年期、2年期、3年期和4年期的无息贷款各34万元。

3. **增值税的税率**

关于增值税的税率，各国实行的情况有所不同，最多的如比利时有五种税率，最少的如英国只有一种税率，目前增值税的税率大致可以分为以下几类。

一是基本税率，也称“标准税率”。它体现了增值税的基本课征水平，适用于一般商品和服务。每个国家之间的基本税率也各不相同，基本税率的高低与各国的经济发展水平、税收政策、收入水平以及历史形成的税负水平有关。

二是轻税率。它体现了增值税的优惠照顾政策，一般适用于生活必需品范围的商品和劳务。

三是重税率。它体现了增值税的限制消费政策，主要适用于特定的奢侈品和有害于社会公益的商品和服务。如法国对天然宝石、黄金、白银等商品实行高达33.3%的重税率。

四是零税率。它一般是针对出口商品和服务，目的是鼓励出口，扩大对外贸易。零税率不等于免税，因为实行零税率不仅不必缴税，而且可以退还以前纳税环节所缴纳的税款。按照增值税的计税公式：销项税-进项税=应纳税款，如果销项税采用的是零税率（如在出口环节），那么销项税与进项税的差额就是负数，即溢缴税额，那么就需要退税。

4. **增值税的计税方法**

（1）加法

加法即把企业在纳税期内新创造出的价值，如工资、薪金、租金、利息、利润等项目直接相加，作为增值额，然后将增值额乘以适用税率，计算出应纳税额。计算公式：

增值额=本期发生的工资+薪金+利息+租金+其他增值项目+利润

增值税实际应纳税额=增值额×适用税率

（2）减法

减法即从企业纳税期内的销售收入额减去非增值项目金额，如原材料、燃料、动力等，所得余额作为增值额，然后将增值额乘以适用税率，计算出应纳税额。计算公式：

增值额=本期应税销售收入额-规定扣除的非增值项目额

增值税实际应纳税额=增值额×适用税率

（3）税额相减法

扣税法即在计算应纳税额时，不是先计算出增值额，而是以企业一定时期内的商品和劳务销售收入额乘以适用税率，计算出销项税额，然后再从中减去同期各项外购项目已纳税额，最终得出应纳税额。计算公式：

增值税实际应纳税额=应税销售收入额×适用税率-当期外购项目已纳税额

例如，某公司为增值税一般纳税人，2006年8月有关经营如下：销售A商品给某大商场，开具防伪税控系统的增值税专用发票，取得不含税销售额80万元；购进B货物，取得防伪税控系统的增值税专用发票，注明支付的货款60万元，进项税额10.2万元；销售C产品，开具普通发票，取得含税销售额29.25万元。那么，该企业当月销项税额为80×17%+29.25×17%/（1+17%）=17.85（万元），当月进项税额为10.2万元，该企业当月应缴增值税额为17.85- 10.2=7.65（万元）。

以上三种计算方法，国际上实行增值税的国家大多采用的是税额相减法。一方面，这种方法体现了“环环课税，税不重征”的特点；另一方面，这种方法在实践上具有可行性，不必计算出增值额，计算方法简便，而且增值税主要依据购、销发票，每笔交易的销售额和税款分别列出，因此计算结果更准确可靠。

5. **增值税的课征方法**

增值税的课征方法一般是根据企业规模大小和财务管理水平来确定的。

对于规模较大、账目健全的企业，采取企业自行填送纳税申报表并由税务机关加以审核的课征方法。企业必须按照每个月的销售收入额分别列出各月及全年的应纳税额，然后将纳税申报表送交税务机关，经税务机关审核后，即由企业按时纳税。若出现拖欠税款的情况，则视拖欠时间的长短而规定不同比例的罚款或予以经济和法律方面的制裁。

对于规模较小、账目不全的企业，则实行定额课征的方法。由税务机关和企业双方协商计算纳税定额。这种定额通常是以前一年的销售收入额作为当年的计税基数来计算的。若企业的经营状况发生变化，可经税务机关核实后，对定额进行相应调整。

6. **我国现行增值税的主要内容**

我国是1979年引进增值税并作试点的。1984年9月18日，国务院发布了《中华人民共和国增值税条例（草案）》，标志着我国正式建立增值税。随着社会经济的发展，原增值税已经不能适应新经济形势的要求。1993年12月13日，国务院发布了《中华人民共和国增值税暂行条例》；12月25日，财政部下发了《中华人民共和国增值税暂行条例实施细则》，二者同时于1994年1月1日起实施。2017年10月30日，国务院第191次常务会议通过《修改〈中华人民共和国增值税暂行条例〉的决定》，2009年1月1日起施行。2017年11月19日，国务院发布关于废止《中华人民共和国营业税暂行条例》和修改《中华人民共和国增值税暂行条例》的决定。

（1）征税对象

《中华人民共和国增值税暂行条例》（国令第691号）（以下简称《条例》）第一条规定，在中华人民共和国境内销售货物或者加工、修理修配劳务（以下简称“劳务”），销售服务、无形资产、不动产以及进口货物的单位和个人为增值税的纳税人。

（2）增值税类型

在1994年税制改革时，我国实施的是生产型增值税，这主要受当时经济发展环境的影响：当时中国经济投资过热，通货膨胀，而生产型增值税有利于消除投资恶性膨胀，抑制非理性投资；而且生产型增值税有利于保证政府财政收入，增强中央的宏观调控能力。

随着中国市场经济的建立和逐步发展，生产型增值税所产生的问题渐渐凸显。由于生产型增值税对固定资产所含的增值税不予扣除，因而企业投资的税负较重，不利于企业扩大投资、促进设备更新和技术进步。

经国务院批准，自2004年7月1日起，东北、中部等部分地区先后进行增值税转型改革试点，取得预期成效。为扩大国内需求，降低企业设备投资的税收负担，促进企业技术进步、产业结构调整和转变经济增长方式，自2009年1月1日起，全国所有地区、所有行业推行增值税转型改革，即实行消费型增值税。

增值税全面转型，至少产生以下三个方面的积极效应。

第一，从经济的角度来看，实行消费型增值税有利于鼓励投资，促进企业技术进步、产业结构调整和经济增长方式的转变，提高我国企业的竞争力。

第二，从财政的角度来看，实行消费型增值税虽然在短期内将导致税基的减少，对财政收入造成一定的影响，但是有利于消除重复征税，促进内外资企业平等纳税，减轻国内外产品的税收负担，从而优化税制结构；从长远来看，由于实行消费型增值税将刺激投资，促进产业结构的调整，对经济的增长将起到重要的拉动作用，财政收入总量也会随之增长。

第三，从管理的角度来看，实行消费型增值税将使非抵扣项目大为减少，征收和缴纳将变得相对简便易行，从而有助于减少偷逃税行为的发生，有利于降低税收管理成本，提高征收管理的效率。

（3）增值税税率

我国增值税的基本税率为17%,《条例》第二条规定：

（一）纳税人销售货物、劳务、有形动产租赁服务或者进口货物，除本条第二项、第四项、第五项另有规定外，税率为17%。

（二）纳税人销售交通运输、邮政、基础电信、建筑、不动产租赁服务，销售不动产，转让土地使用权，销售或者进口下列货物，税率为11%：粮食等农产品、食用植物油、食用盐；自来水、暖气、冷气、热水、煤气、石油液化气、天然气、二甲醚、沼气、居民用煤炭制品；图书、报纸、杂志、音像制品、电子出版物；饲料、化肥、农药、农机、农膜；国务院规定的其他货物。

（三）纳税人销售服务、无形资产，除本条第一项、第二项、第五项另有规定外，税率为6%。

（四）纳税人出口货物，税率为零；但是，国务院另有规定的除外。

（五）境内单位和个人跨境销售国务院规定范围内的服务、无形资产，税率为零。

（4）计税方法

纳税人兼营不同税率的项目，应当分别核算不同税率项目的销售额；未分别核算销售额的，从高适用税率。《条例》第四条规定：除本条例第十一条规定外，纳税人销售货物、劳务、服务、无形资产、不动产（以下统称“应税销售行为”），应纳税额为当期销项税额抵扣当期进项税额后的余额。应纳税额计算公式：

应纳税额=当期销项税额-当期进项税额

当当期销项税额小于当期进项税额不足抵扣时，其不足部分可以结转下期继续抵扣。

《条例》第五条规定：纳税人发生应税销售行为，按照销售额和本条例第二条规定的税率计算收取的增值税额，为销项税额。销项税额计算公式：

销项税额=销售额×税率

第六条规定：销售额为纳税人发生应税销售行为收取的全部价款和价外费用，但是不包括收取的销项税额。销售额以人民币计算。纳税人以人民币以外的货币结算销售额的，应当折合成人民币计算。

纳税人购进货物、劳务、服务、无形资产、不动产支付或者负担的增值税额，为进项税额。《条例》第八条规定：

下列进项税额准予从销项税额中抵扣：

（一）从销售方取得的增值税专用发票上注明的增值税额；

（二）从海关取得的海关进口增值税专用缴款书上注明的增值税额；

（三）购进农产品，除取得增值税专用发票或者海关进口增值税专用缴款书外，按照农产品收购发票或者销售发票上注明的农产品买价和11%的扣除率计算的进项税额，国务院另有规定的除外。

进项税额计算公式：

进项税额=买价×扣除率

11.2.4 消费税

消费税是在对货物普遍征收增值税的基础上，选择少数非生活必需品性质的消费品再征收的一个税种，主要是为了调节产品结构，引导消费方向，保证国家财政收入，它是流转税的一种主要类型。消费税是一个古老的税种，最早产生于古罗马帝国时期，当时由于农业、手工业的发展，城市的兴起与商业的繁荣，于是相继开征了诸如盐税、酒税等产品税，这就是消费税的雏形。消费税发展至今，已经成为世界各国普遍征收的一种税。我国的消费税是在1994年税制改革中新设置的税种。

1. **消费税的特征**

（1）课税范围具有选择性

从消费税的课税范围来看，消费税并不是对所有的商品课税，也不涉及所有的消费品和消费行为，消费税的课税对象是根据国家政策的需要，针对部分消费品和部分消费行为课税。在各国税制中，凡是税法中规定的消费品和消费行为就要对其征税，税法中未规定的不征税。因此，这里所指的消费税实质上是一种特别消费税。

（2）税负具有转嫁性

消费税是一种间接税，消费税主要是向消费品生产商和销售商征收，而不是对购买者征收，这样纳税人就会通过提高销售价格的办法将税额转嫁给购买者。

（3）课税环节具有单一性

消费税通常是单环节征税，一般来说，各国会将消费税的征税环节选择在生产、批发、零售的某一个环节，而不是每个环节都征税。例如，在我国14类征税商品中，除金银、铂金、钻石饰品在零售环节征收外，大多数在生产环节征收。

（4）课征方法具有灵活性

课征方法具有灵活性主要表现在：一是消费税可以根据国家政策的需要，有针对性而又灵活地选择部分消费品征税；二是可以针对不同的消费品和消费行为制定高低不同的税率；三是计税依据也有灵活性，可以根据消费品的消费数量实行从量计税方法，也可以根据消费品或消费行为的价格实行从价计税方法。

2. **消费税的课税范围**

前面已经提到，消费税的课税范围具有选择性，并不是针对所有的商品课税，也不涉及所有的消费品和消费行为，只选择部分消费品和消费行为课税。因此，各国征收消费税的主要目的并不在于取得财政收入，而是调节消费和收入。具体来看，根据消费税课税范围的大小，一般可以将消费税的征税范围分为三种类型。

（1）有限型

有限型的征税范围较小，主要限制于一些传统消费品，一般不会超过10~15个应税品目，主要包括烟草制品、酒精饮料（啤酒、果酒、烈酒、红酒等）、石油制品、机动车辆以及各种娱乐活动等。

（2）中间型

中间型的征税范围包括的消费品较多，一般在15~30个应税品目。除了有限型所包括的消费品外，还包括食物制品（如粮食制品、乳制品等），广泛消费品（如纺织品、鞋类、火柴、肥皂、清洁剂、刀叉餐具、玻璃制品、家具、药品等），奢侈品以及保险、金融、运输、公共设施等服务。

（3）延伸型

延伸型的征税范围最广泛，一般超过30个应税品目。除了前面两类所包括的应税品目外，还包括更多的消费品和生产资料，如电器设备、收音机、电视机、音响和摄影器材、钢材、铝制品、塑料、树脂、橡胶制品、木材制品以及机器设备等。

3. **消费税税率及计税方法**

消费税税率形式包括比例税率和定额税率两种，并且是针对不同的消费品分别规定差别税率。消费税税率形式的选择主要根据课税对象的具体情况而定，对于一些价格差异不大，供求基本平衡、计量单位规范的消费品，选择定额税率，如啤酒、汽油、柴油等；对于一些价格差异较大、供求差异较大、计量单位不规范的消费品，选择比例税率，如白酒、烟、化妆品、贵重首饰及珠宝玉石、鞭炮、烟火、汽车轮胎、摩托车、小汽车、高尔夫球等。

消费税的计税方法包括从价计税和从量计税两种。

从价计税是指以每单位应税商品的价格为计税依据，并按照应税商品的单位价格规定一定百分比的税率。公式：

应纳税额=销售额×比例税率

从量计税是指以每单位应税商品的重量、数量、长度或容积等为计税依据，并按每单位应税商品规定固定数额的税款。这种固定税额就是定额税率。例如，黄酒、啤酒、汽油、柴油适用从量计税。公式：

应纳税额=销售数量×定额税率

总之，无论是从价计税还是从量计税，都反映了政府的政策意图，某种商品税率高，反映了政策的导向是要节制消费。

4. **我国的消费税**

1950年，我国开征了特种消费税。根据社会经济发展的需要，1993年12月13日，国务院发布了《中华人民共和国消费税暂行条例》；12月25日，财政部下发了《中华人民共和国消费税暂行条例实施细则》，二者同时于1994年1月1日起实施。2008年11月5日，《中华人民共和国消费税暂行条例》经国务院第34次常务会议修订通过，自2009年1月1日起施行。

（1）课税主体

《条例》第一条规定：中华人民共和国境内生产、委托加工和进口本条例规定的消费品的单位和个人，以及国务院确定的销售本条例规定的消费品的其他单位和个人，为消费税的纳税人。

（2）课税范围

目前，我国消费税的课税范围还属于有限型消费税。

2006年3月21日，财政部、国家税务总局联合发出通知，对消费税的税目进行调整。这是自1994年税制改革后12年以来，我国对消费税所做的最大规模的调整，这一次调整进一步优化了消费税制，强化了消费税的调节作用。2006年的消费税改革中对部分税目的税率也进行了调整，其中涉及税率变动的有小汽车、摩托车、白酒、汽车轮胎4个税目，2008年消费税条例修订也将之前有效的消费税政策吸收到条例中。

通过调整，我国消费税税目由原来的11个调为14个。

一是新增了高尔夫球及球具、高档手表、游艇、木制一次性筷子、实木地板等税目。

二是取消汽油、柴油税目，增加成品油税目，汽油、柴油改为成品油下的子目，另外还增加了航空煤油、燃料油、石脑油、溶剂油、润滑油5个子目。

三是取消护肤护发品税目，将原来属于护肤护发品征税范围的高档护肤类化妆品列入化妆品税目。

四是在贵重首饰及珠宝玉石税目下增列金银首饰、铂金首饰和钻石及钻石首饰和其他贵重首饰和珠宝玉石两个子目。

五是取消小汽车税目下的小轿车、越野车、小客车子目。在小汽车税目下分设乘用车、中轻型商用客车子目。

总之，目前我国消费税税目选择主要涉及以下五个方面：第一类是一些过度消费会对人类健康、社会秩序、生态环境等方面造成危害的特殊消费品，如烟、酒、鞭炮、焰火、木制一次性筷子等；第二类是奢侈品、非生活必需品，如高档手表、贵重首饰及珠宝玉石等；第三类是高能耗消费品，如小汽车、摩托车等；第四类是资源类消费品，如成品油；第五类是具有一定财政意义的产品，如汽车轮胎、化妆品。这些税目的选择能进一步促进环境保护和节约资源，合理引导消费和间接调节收入分配，体现了国家的产业导向。

（3）税率

我国消费税实行从价定率、从量定额，或者从价定率和从量定额复合计税（以下简称“复合计税”）的办法计算应纳税额（见表11-1）。应纳税额计算公式：

实行从价定率办法计算的应纳税额=销售额×比例税率

实行从量定额办法计算的应纳税额=销售数量×定额税率

实行复合计税办法计算的应纳税额=销售额×比例税率+

销售数量×定额税率

例如，化妆品生产企业出售化妆品要缴纳从价税，税率为30%，而白酒生产企业出售白酒先要缴纳从量额税，税率为0.5元/500克，然后按照出售价格缴纳从价税，税率为20%。

表11-1　我国消费税税目税率

税　目	税　率
一、烟	
1. 卷烟	
（1）甲类卷烟	45%加0.003元/支
（2）乙类卷烟	30%加0.003元/支
2. 雪茄烟	25%
3. 烟丝	30%
二、酒及酒精	
1. 白酒	20%加0.5元/500克（或者500毫升）
2. 黄酒	240元/吨
3. 啤酒	
（1）甲类啤酒	250元/吨
（2）乙类啤酒	220元/吨
4. 其他酒	10%
5. 酒精	5%
三、化妆品	30%
四、贵重首饰及珠宝玉石	
1. 金银首饰、铂金首饰和钻石及钻石饰品	5%
2. 其他贵重首饰和珠宝玉石	10%
五、鞭炮、焰火	15%
六、成品油	
1. 汽油	
（1）含铅汽油	0.28元/升
（2）无铅汽油	0.20元/升
2. 柴油	0.10元/升
3. 航空煤油	0.10元/升
4. 石脑油	0.20元/升
5. 溶剂油	0.20元/升
6. 润滑油	0.20元/升
7. 燃料油	0.10元/升
七、汽车轮胎	3%

续表

税　　目	税　　率
八、摩托车	
1. 气缸容量（排气量，下同）在250毫升（含250毫升）以下的	3%
2. 气缸容量在250毫升以上的	10%
九、小汽车	
1. 乘用车	
（1）气缸容量（排气量，下同）在1.0升（含1.0升）以	1%
下的	3%
（2）气缸容量在1.0升以上至1.5升（含1.5升）的	5%
（3）气缸容量在1.5升以上至2.0升（含2.0升）的	9%
（4）气缸容量在2.0升以上至2.5升（含2.5升）的	12%
（5）气缸容量在2.5升以上至3.0升（含3.0升）的	25%
（6）气缸容量在3.0升以上至4.0升（含4.0升）的	40%
（7）气缸容量在4.0升以上的	5%
2. 中轻型商用客车	
十、高尔夫球及球具	10%
十一、高档手表	20%
十二、游艇	10%
十三、木制一次性筷子	5%
十四、实木地板	5%

资料来源：《中华人民共和国消费者税暂行条例》，2008年。

11.2.5　营业税

营业税是以纳税人从事的经营活动的营业额（或销售收入额）作为课税对象的税种，它是流转税的传统形式。由于营业税存在重复征税的问题，因此在实行增值税的国家，营业税课征对象中的大部分已经被增值税所取代，保留下的营业税征税范围大大缩小，仅限于第三产业的某些部门。

1. **营业税的特点**

（1）营业税课税范围广泛，税源普遍

除了少数免税项目外，一般的商品和劳务流转额都要征税，包括在我国境内提供应税劳务、转让无形资产和销售不动产的经营行为，涉及国民经济中第三产业这一广泛的领域，因而营业税的征税范围具有广泛性和普遍性。

（2）以营业额为征税对象

营业税计税依据为营业额，税额的计算不受成本、费用高低的影响，从而有利于保证国家财政收入的稳定增长。

（3）营业税平均税率较低

营业税平均税率较低，大部分行业的税率是3%或5%，易为纳税人所接受，征收方法简便。

（4）按行业设计税目、税率

由于各行业的盈利水平不同，实行行业差别比例税率。例如，对一些有利于社会稳定、发展的福利单位给予免税；对一些关系国计民生的行业采用低税率，如交通运输业、邮电通信业、文化体育业和建筑业适用3%的税率；对一些收入较高的歌厅、舞厅、高尔夫球俱乐部等娱乐行业适用5%~20%的高税率等。这种税目、税率的确定均体现了国家的政策，具有很强的行业调节作用。

2. **营业税的课税环节**

营业税是以商品或服务的销售收入额为课税对象，因此从理论上讲，在商品的整个流通过程中，只要有商品交易，就有销售行为（营业行为），就要对其销售收入额征收营业税，每有一次交易，就有一次课税，但这样会导致重复课税问题，而多次课税会影响商品的价格，增加消费者的负担。

正因为如此，在实践中，许多国家都是选择一个环节征税。通常商品从生产企业产制完成后，要经过工厂出售、批发、零售等环节，营业税可以选定产制、批发、零售中的任何一个或几个环节课税，同时在三个环节分别征税的情况极少见。

3. **营业税的税率**

营业税是从价计税，实行的是比例税率，而且在营业税税负设计中，采取按不同行业、不同经营业务设立税目、税率的方法，实行同一行业同一税率，不同行业不同税率，即行业差别比例税。

4. **营业税的计税方法**

营业税的计算较为简单，计税依据就是商品或服务的销售收入额，销售收入额乘以适用税率，即可得出应纳税额，计算公式为：

应纳税额=销售收入额×适用税率

5. **我国的营业税**

从我国营业税的发展历史看，营业税最早是在1928年国民政府召开第一次全国财政会议上确立开征的税种；1931年国民政府制定营业税法，开征此税。新中国成立后，人民政府废除旧的营业税法，并在1950年公布了《工商业税暂行条例》；1958年工商税制改革时将营业税并入工商统一税，营业税不作为独立税种。为了适应经济发展的需要，1984年9月18日，国务院发布了《中华人民共和国营业税条例（草案）》，并自1984年10月1日起实施，从此将营业税从工商税中划分出来而成为一个独立税种。1993年12月13日，国务院发布《中华人民共和国营业税暂行条例》（国令第540号），并自1994年1月1日起施行，这次税制改革对营业税进行了适当的调整和改革。2017年10月30日，国务院第191次常务会议通过《国务院关于废止〈中华人民共和国营业税暂行条例〉和修改〈中华人民共和国增值税暂行条例〉的决定》，营业税退出了我国历史舞台。

（1）课税主体

《中华人民共和国营业税暂行条例》中规定：凡是在我国境内提供应税劳务、转让无形资产或销售不动产的单位和个人，均为营业税的纳税义务人。

（2）课税范围

第一，提供应税劳务。所谓应税劳务是指建筑业、交通运输业、邮电通信业、文化体育业、金融保险业、娱乐业、服务业。第二，转让无形资产和销售不动产，即有偿转让无形资产和有偿转让不动产所有权的行为。

（3）税率

我国营业税税率实行的是比例税率，而且是根据不同的行业，按照这些行业在国民经济中的作用程度、基本保持原总体税负水平、简便的原则进行设计的。具体税率分为三档（见表11-2）：第一，交通运输业、建筑业、邮电通信业、文化体育业4个税目的税率为3%；第二，金融保险业、服务业、转让无形资产、销售不动产4个税目的税率为5%；第三，娱乐业税目的税率为5%~20%，具体适用的税率，由省、自治区、直辖市人民政府在本条例规定的幅度内决定。

表11–2 我国营业税税目税率

税目	税率
一、交通运输业	3%
二、建筑业	3%
三、金融保险业	5%
四、邮电通信业	3%
五、文化体育业	3%
六、娱乐业	5%~20%
七、服务业	5%
八、转让无形资产	5%
九、销售不动产	5%

（4）计税方法

我国营业税的计税依据是纳税人提供应税劳务、转让无形资产和销售不动产的营业额。纳税人的营业额包括向对方收取的全部价款和价外费用（如收取的手续费、补贴、基金、集资费、返还利润、奖励费、违约金、滞纳金等）。

营业税应纳税款的计算公式：

应纳税额=销售收入额×适用税率

■ 资料链接：营业税"剧终"，增值税改革提速

实施60多年的营业税正式废止

2017年10月30日，国务院常务会议通过《国务院关于废止〈中华人民共和国营业税暂行条例〉和修改〈中华人民共和国增值税暂行条例〉的决定（草案）》。这标志着在中国实行了60多年的营业税告别演出"剧终"，也意味着增值税改革进程的全面加速。

李克强总理指出，经法律程序批准全面推开营改增试点后，原来实行

营业税的服务业领域已统一征收增值税，实质上全面取消了实施60多年的营业税，营业税暂行条例实际已停止执行。为巩固和扩大营改增大幅减税成果，必须修改相应法规，并重新以法规形式确定下来。

60多年，营业税“让贤”增值税

虽然这次营业税退出是历史性的，但多数人并不感觉意外。因为从2016年5月1日开始，房地产业、建筑业、金融业和生活服务业全面推开营改增，我国在实施营业税的最后四大行业被全部“攻克”。

“这次国务院废止营业税相关条例，相当于从法律层面正式宣告营业税的终结，把营改增的成果以行政法规的形式固定下来，为下一步深化增值税改革和推进增值税立法奠定基础。”上海财经大学教授胡怡建说。

从营业税彻底过渡到增值税，是我国税制改革迈出的坚实一步。历史上，有关营业税和增值税的争论在世界各国普遍存在。1954年，法国正式实行增值税制度，此后，增值税迅速在世界上不同区位、不同经济发展阶段的许多国家和地区推广开来。目前，全世界已有超过160个国家和地区开征了增值税。

同属于流转税的这两个税种，到底有什么不同呢？从基本特征来看，营业税为价内税，计入企业收入和成本，以提供服务的营业额为税基，应纳税额为营业额×适用税率，采取环环征收、不得抵扣的征收方式。增值税则为价外税，不计入企业收入和成本，以货物或服务的增值额为税基，应纳税额为销项税额抵减进项税额的余额，采取环环抵扣、增值征税的征收方式。

增值税之所以受到广泛欢迎并逐步取代营业税，是因为其具有独特的优越性：增值税只对增值额征税，有效避免了重复征税，对同一货物服务而言，无论生产、流转环节存在何种差异，只要增值额相同，增值税就相同；同时，由于具有环环抵扣的征抵机制，可使纳税人为了维护自身利益尽量索取发票，从而有效控制偷漏税行为。

“相比较而言，营业税适用于社会分工较为简单、产业形态单一的经济结构，而当经济结构日益复杂、社会分工逐步细化后，很多企业都是既有货物又有服务的状态，增值税就更有利于促进税负合理、经济发展。”胡怡建解释说。

我国从1979年开始试点引入增值税制度，最初在3个城市的5类货物中试点。1984年，国务院发布《增值税条例（草案）》，增值税有了法定身份，成为我国的一个独立税种。1993年，国务院发布《增值税暂行条例》，并于次年实施，规定对所有货物和加工修理修配劳务统一征收增值税，而对其他劳务、不动产和无形资产征收营业税。自此，我国营业税和增值税并存的格局稳定运行了10多年。

然而，这种并存的格局在运行中暴露出了一系列问题，最重要的就是增值税抵扣链条不完整。一家制造业企业，其采购的原材料等工业品可以取得增值税发票，抵扣税款，而对外购买服务、不动产等不能取得增值税发票，无法抵扣税款，存在重复征税问题，制造业企业税负加重。

为消除重复征税、促进经济结构优化，国务院决定自2012年起，率先在上海的交通运输业和部分现代服务业实施营改增试点。此后，试点范围和区域逐步扩大，到2015年底，营改增已覆盖交通运输、邮政、电信三个大类行业和研发技术、信息技术、文化创意、物流辅助、有形动产租赁、鉴证咨询、广播影视7个现代服务业，区域覆盖全国。2016年5月1日，营改增收官之战打响，营业税仅剩的建筑、房地产、金融和生活服务四大行业一次性完成营改增改革，涉及试点纳税人1100多万，营业税占原营业税总收入的比例约80%，特别是作为很多企业重要成本的不动产支出纳入抵扣范围，减税作用十分明显。

数据显示，营改增作为近年来我国实施的最大规模减税举措，实施5年多来已累计减轻企业税负1.7万亿元。这一改革有效降低了实体经济成本，激发了市场活力，引导企业脱虚向实，有力催生了经济新动能。

税收法定，体现税收权威性、稳定性

此次对相关税收条例的废止和修改，不仅是推进税制改革的必要步骤，也是切实落实税收法定原则的具体体现。

"税收法定，有利于体现税收的统一性、权威性和法定性，是依法治国的重要组成部分。"胡怡建表示，现阶段基本实现税收法定，重要原则就是所有税收都要经过立法机关立法确定征收，这一方面要求对目前由国务院法规确定征收的税种，逐步改由全国人大立法征收；另一方面新开征的税种必须由全国人大以立法程序审议通过并确定下来。

在营改增试点过程中，为了改革的及时推进和适应各种情况，保证行业税负只减不增的目标顺利实现，大部分具体试点方案是由财政部、国家税务总局以部门规章形式进行规定的。据统计，仅2016年全面推开营改增试点，财税部门就出台了40多份政策性文件，这些文件大部分具有临时性和过渡性质，还需要上升为相关法律、法规，保证税收制度的统一权威。

而此次国务院废止和修改相关条例，正是把营改增政策规范化、法治化的具体体现，也将为未来增值税立法奠定坚实的基础。"增值税改革需要经历一个改革、改制、立法的过程，目前完成的是改制这一步，相信距离增值税立法不远了。"胡怡建说。

简并税率，增值税改革再起航

营业税"谢幕"，营改增收官，并不意味着增值税改革就功德圆满了。相反，随着增值税成为我国第一大税种，未来的改革任务将更加艰巨。

"快马加鞭未下鞍。"2017年4月19日，距离全面推开营改增试点还不到一年，国务院常务会议决定继续推进营改增，简化增值税税率结构。自2017年7月1日起，将增值税税率由四档减至17%、11%和6%三档，取消13%这一档税率；将农产品、天然气等增值税税率从13%降至11%。

"财税改革是牵一发而动全身的改革，要充分考虑经济发展需要和国家财政的负担能力。"胡怡建介绍，增值税作为我国第一大税种，税率调整对财政收入影响十分明显，未来要在考虑不同行业实际情况的基础上，重点解决制造业与服务业税率差距大的问题，减轻实体经济的税收负担，通过有减有增的结构性调整，逐步减少增值税税率档次，最终建立两档甚至一档的税率机制。

与此同时，营改增过程中所出台的一系列税收优惠政策和过渡性措施，也应该逐步通过改制和立法的过程加以完善。属于全国性、统一的税收优惠政策，应该通过立法的形式加以固定，更好地发挥税收优惠政策在扶持小微企业等方面的作用。

资料来源：营业税"剧终"，增值税改革提速［EB/OL］.（2017-11-06）.国家税务总局，http://www.chinatax.gov.cn/chinatax/n810219/n810780/c2894996/content.html。

11.2.6 关税

关税是国家授权海关对进出本国国境的货物和物品征收的一种流转税，例如《中华人民共和国进出口关税条例》（国令第392号）中规定：中华人民共和国准许进出口的货物、进境物品，除法律、行政法规另有规定外，海关依照本条例规定征收进出口关税。自2020年4月15日起，《财政部　海关总署　国家税务总局关于扩大内销选择性征收关税政策试点的通知》（财关税〔2016〕40号）规定的内销选择性征收关税政策试点，扩大到所有综合保税区。关税性质属于消费税，是对特定的进出口货物或物品征收的选择性税种，因此关税与消费税类似，其课税范围限于部分商品。

1. **关税的分类**

（1）以商品的流向为标准，可以分为进口税、出口税和过境税

进口税是进口国家的海关在外国商品输入时，对本国进口商所征收的关税。出口税是对本国出口的货物在运出国境时征收的一种关税。征收出口关税会增加出口货物的成本，不利于本国货物在国际市场的竞争。过境税是一国对于通过其关境的外国商品征收的关税。其中进口税是使用最广泛的关税，现在各国很少征收出口税，过境税已基本不再使用。

（2）以课征目的为标准，可以分为财政关税和保护关税

财政关税以增加政府财政收入为主要目的，通常向在国外生产、国内消费需求大的产品征收，税率适中，目前多为发展中国家采用。保护关税是以保护本国的经济发展为主要目的，通过征收高额进口税，使进口商品成本增加，从而削弱其在本国市场上的竞争力，保护本国经济的发展。

（3）以计税依据为标准，可以分为从价关税、从量关税、混合关税、选择关税和滑动关税

从价关税指依照进出口货物的价格作为标准征收关税。

从量关税指依照进出口货物的计量单位（如重量、体积、数量、长度等）征收定量关税。

混合关税指依照各种需要对进出口货物进行从价、从量的混合征税。

选择关税指对同一种货物在税则中规定有从量、从价两种关税税率，

在征税时既可以选择其中税额较多的一种关税，也可以选择其中税额较少的一种为计税标准计征。

滑动关税指关税税率随着进口商品价格由高到低而由低到高设置的税，可以起到稳定进口商品价格的作用。

《中华人民共和国进出口关税条例》（国令第392号）第三十六条规定：进出口货物关税，以从价计征、从量计征或者国家规定的其他方式征收。

从价计征的计算公式为：

$$应纳税额=完税价格\times关税税率$$

从量计征的计算公式为：

$$应纳税额=货物数量\times单位税额$$

2. **关税的作用**

关税的作用是由关税的基本属性决定的，征收关税的目的就是维护国家主权，推动国家经济建设。一般认为关税具有财政、保护、调节、涉外等作用。

（1）财政作用

税收最基本的职能是筹集财政收入，因此关税的财政作用就是为国家组织财政收入，把对进出口货物征收的关税转变为国家的财政收入。

（2）保护作用

一个国家的经济保护措施有很多种，利用对进口商品征收关税来保护民族工业，是世界上古老而又普遍采用的贸易保护手段，也是WTO承认的合法经济保护手段。一国对进口商品征收关税可以提高该商品的成本，削弱其与进口国同类商品的竞争力，从而实现关税的保护作用。关税的保护作用是利用国家政权采取措施抵制外国商品的进口，鼓励本国商品出口，以达到扶植或促进本国产业发展的目的。

（3）调节作用

关税的调节作用主要表现在：一是调节生产，就是利用税率的高低影响企业的利润，国家有意识地引导各类商品的生产、改变产业结构；二是调节市场供求，以关税税率控制进出口商品的数量，保证市场供求平衡；

三是调节物价，利用关税税率的高低影响物价，维持各类商品之间的价格结构；四是调节财政和外汇收支，当一国贸易逆差过大时，可以通过提高进口关税税率和加征进口附加税的方法，减少进口数量，减少贸易逆差。

（4）涉外作用

关税具有涉外作用，不仅影响对外贸易发展，还是对外经济斗争和改善经济、政治、外交的手段。它经常是国际签订友好贸易条约中的一项重要内容，在经济贸易集团中，互免关税是各成员国经济联盟的纽带之一。

3. **我国的关税**

新中国成立后，1951年5月《中华人民共和国暂行海关法》《中华人民共和国海关进出口税则》《中华人民共和国海关进出口税则暂行实施条例》出台，统一了国家关税政策。我国加入WTO后，对关税政策做了进一步调整，主要体现在对进口关税税率的调整上。按照加入WTO承诺，截至2005年，我国关税总水平要由2001年的15.3%下降至9.7%。加入WTO后，我国政府认真履行有关承诺，积极调整我国关税政策。2002年我国的进口平均关税由15.3%下调到12%。2003年下调到11.3%。进入2004年，我国有2399个税目税率有不同程度的下调，占税目总数的32.2%；关税总水平已由上年的11.3%下降到10.4%；加权平均税率由6.14%下降到5.59%，下降了0.55个百分点。到2018年11月，我国进口关税的算术平均税率已由2001年的15.3%下降至7.5%。自2020年1月1日起，我国调整部分商品进口关税，本次关税调整方案的税率调整方式体现出多样性，既包括调整最惠国税率、协定税率、特惠税率，也包括调整进口暂定税率等方式。

11.3　所得税

所得税是以所得额为课税对象而征收的一类税，这里的所得额是扣除了各项成本、费用开支之后的净所得额，这一课税体系主要包括企业所得税、个人所得税、社会保险税等。

所得税在1799年创始于英国。由于这种税以所得的多少为负担能力的标准，比较符合公平、普遍的原则，并具有经济调节功能，所以被大多数西方经济学家视为良税，得以在世界各国迅速推广。进入19世纪以后，美国、法国、德国等发达国家相继开征了所得税，并逐渐成为大多数发达国家的主体税种。

11.3.1　所得税的特征

1. **税负具有直接性**

所得税一般是以企业以及个人为纳税人，并且企业和个人也是税负的最终承担者。纳税人就是负税人，税负难以转嫁，因此所得税是直接税。

2. **税负比较公平**

所得税一般遵循的原则是“多得多征，少得少征”，根据纳税人的实际纳税能力确定税负，而且一般规定了起征点或免征额。例如，个人所得税实行的累进税率，税率随着纳税人收入的增加而增加，低收入者适用低税率，高收入者适用高税率。因此，所得税税负比较公平。

3. **税收征收的公开性**

所得税不能转嫁，并且一般是由企业或个人申报缴纳，有从源征收和申报缴纳两种方法。所得税在收入分配环节上征收，是针对企业利润或个人所得征收，所得税具有很强的透明性和公开性。

4. **税收管理的复杂性**

所得课税要比流转课税复杂得多。一是应税所得额要经过一系列复杂的计算过程，对于企业，要计算成本、费用、收入、利润等；对于个人，要计算个人收入、免征额、扣除额、应税所得。二是纳税人数众多，尤其是个人所得税，税额小、税源分散，征收管理成本高、难度大。

11.3.2　所得税的类型

所得税的课税对象多种多样，通常我们将所得税的类型分为分类所得税、综合所得税和分类综合所得税。

1. **分类所得税**

分类所得税是将各种所得分成若干类型，针对不同来源和不同性质的所得分别课征所得税。如把应税所得可分为工资薪金所得、服务报酬所得、利息所得、租金所得、营业利润所得等，根据这些所得类别，分别规定高低不等的税率，分别计征。分类所得税的优点：征管简便，可以通过源泉扣缴的办法，减少征纳成本；可按照不同性质的所得分别课征，实行区别对待，贯彻特定的政策意图。但目前实行纯粹分类所得税的国家已不多见。

2. **综合所得税**

综合所得税是将纳税人一定期间内的各种所得综合起来，减去法定免税和扣除项目，就其余额按照累进税率的形式征税。因此，综合所得税课税范围广泛，能体现“量能课税”原则，充分考虑到纳税人的综合收入水平和家庭负担等情况。综合所得相同的纳税人，纳税能力相同，缴纳的税收相同，符合“横向公平”原则。综合所得越高，表明纳税人的纳税能力越强，因此要缴纳的税收越多，符合“纵向公平”原则。但综合所得税征管要求高，不易管控，稽征复杂，手续烦琐，税收成本高。

3. **分类综合所得税**

分类综合所得税又称“混合所得税”，它是将分类所得税和综合所得税的优点综合在一起，实行分项课征和综合计税相结合的一种所得税制度。对同一纳税人在一定时期内的不同种类的所得先分类课征所得税；当纳税年度终了时，再将本年度的各种所得加起来，并减去法定免税和扣除项目，得出本年度的综合应税所得，按照累进税率计征所得税。对于分类课征阶段已缴纳的税款，可以冲抵综合课征的税款。分类综合所得税既坚持了“量能课税”的原则，主张对个人不同来源的所得实行综合计算征收，又坚持了对不同的所得实行区别对待的原则，主张特定收入项目按特定的办法和税率征税。分类综合所得税是当今世界上广泛实行的一种所得税类型。

11.3.3 个人所得税

个人所得税是以个人所得为课税对象的一种税。自1799年英国首先开征个人所得税以来，经过200多年的迅速发展和不断完善，它已经成为世界各国普遍开征的一个税种，并且是许多国家尤其是发达国家税制体系中最重要的主体税之一，个人所得税不仅在增加国家财政收入方面发挥着重要作用，在调节收入分配方面也具有显著效应。

1. **个人所得税的课征范围**

税收的课征范围是一国税收管辖权涉及课税主体和课税对象的范围。税收管辖权是指主权国家根据其法律所拥有和行使的征税权力，也就是国家在处理税收事务方面的管理权。一个主权国家在行使税收管辖权时，可以遵循属地和属人两种不同的指导原则。

一是属地原则。这种原则要求收入来源国只对纳税人来源于本国境内所得征税，不管纳税人是本国居民还是外国居民。按照属地原则确定的管辖权，称为“收入来源地域管辖权”。

二是属人原则。这种原则要求居住国或国籍国有权对居住在其境内的所有居民和具有本国国籍的公民取得的来源于全世界范围的所得征税。按照属人原则确定的管辖权，称为“居民税收管辖权”。

在具体实践中，绝大多数国家都同时行使收入来源地管辖权和居民管辖权两种征税权力。因此，对于个人所得税的课税范围，各国通行的做法是对本国居民或公民取得的来源于全世界范围的所得，对外国居民或公民取得的来源于本国境内的所得。

在确定个人所得税课税范围时，必须先对公民或居民身份进行认定。

公民身份的认定，主要看是否拥有本国国籍。

居民身份认定稍加复杂，在国际上不同社会形态的国家，由于政治、经济、法律、文化等背景的不同，对居民的称谓及法律界定各异。在各国税法实践中，关于自然人居民身份的确认，采用的标准主要有以下几种。

一是住所标准。所谓住所标准，就是以自然人在征税国境内是否拥有住所这一法律事实，决定其居民或非居民纳税人身份。但住所有永久性住所和习惯性住所之分。永久性住所一般是指配偶、家庭及财产的所在地。所以，凡是住所在本国境内的，均为本国居民，从而要承担本国的无限纳税义务。如法国、瑞士等国家采用的是这种标准，我国也是这种标准。习惯性住所，一般是指一人在某国境内持续停留一段时间而又不打算永久居住的处所，即为了一定的目的，如经商、留学等作为非长期居住的处所，它既可以是纳税人的自有房屋也可以是租用的公寓、旅馆等。由于习惯性住所的概念比较抽象，在判定时比较困难，所以许多国家以居住时间标准加以补充。

二是时间标准。所谓时间标准，是指自然人在本国居住或停留的时间长短作为判定其是否是本国居民的标准。如果一个人在本国境内居住或停留的时间超过了本国税法规定的期限，那么该个人就被认定为纳税人。采用时间标准的国家较多，有中国、英国、德国、加拿大、瑞典、美国、日本等。但关于居住的时间要求各国规定不尽一致，如英国、德国、加拿大、瑞典规定，在本国居住满半年（183天），就为该国居民；而中国、美国、日本、法国规定，在本国居住满一年者为该国居民。

三是意愿标准。所谓意愿标准，是指纳税人有长期居住的主观意愿，被视为本国居民。凡在一国有长期居住意愿，并依法取得入境护照、移居签证和各种居留证明的外国侨民，都属于该国居民，该政府有权对其来源于世界各地的全部所得进行征税。如美国、希腊、荷兰等国家都有这样的规定。但意愿标准因其属于主观范畴而难以准确判定，所以各国一般不单独采用这一标准，而是与其他标准结合使用，正因为如此，各国都是兼用两种或两种以上的标准来确定自然人的身份。

2. 个人所得税的课税对象

个人所得税的课税对象就是个人净所得，即个人总所得扣除了各项成本、费用开支之后的余额。

3. 个人所得税的税率

目前，各国个人所得税的税率大都采用累进税率的形式，即税负随着收入的增加而相应递增。

4. 个人所得税的课征方法

个人所得税的课征方法有从源扣税和自行申报缴纳两种。一些国家往往根据不同的收入项目，同时采用这两种课征方法。

从源扣税法，是指在支付工资、薪金所得时，依据税法支付单位作为扣缴义务人对所支付的收入扣缴税款，然后汇总缴纳。这种方法有利于节约税务部门的行政成本，简化征收管理手续；有利于保证税款及时、稳定地流入国库；有利于减轻纳税人的心理负担，这是由于纳税人实际所得是税后收入，税款由工作单位代缴付，不直接纳税。

自行申报缴纳是纳税人根据估算的纳税年度内总收入额向税务部门申报，并按照估算的收入额分期缴纳税款。到年终时，再根据实际收入额填报申报表，根据已纳税税款的额度，对税款多退少补。

5. **我国的个人所得税**

我国开征个人所得税始于1980年。改革开放初期，为维护国家权益和遵循国际惯例原则，1980年9月10日，第五届全国人民代表大会第三次会议审议通过了《中华人民共和国个人所得税法》，并公布实施。自2019年1月1日起，我国实行综合与分类相结合的个人所得税制度。

（1）课税主体及课税范围

我国现行个人所得税法明确规定：在我国境内有住所，或者无住所而在境内居住满一年的个人，从我国境内和境外取得的所得，要缴纳个人所得税。在中国境内无住所又不居住或者无住所而在境内居住不满一年的个人，从中国境内取得的所得，也要缴纳个人所得税。

（2）课税对象

《中华人民共和国个人所得税法实施条例》（国令第707号）中规定的所得，主要包括：①工资、薪金所得；②劳务报酬所得；③稿酬所得；④特许权使用费所得；⑤经营所得；⑥利息、股息、红利所得；⑦财产租赁所得；⑧财产转让所得（我国境内上市公司的股票转让所得暂免征收个人所得税）；⑨偶然所得。自2019年1月1日起，居民个人取得的综合所得即上述第①项至第④项所得，要按纳税年度合并计算个人所得税；非居民个人取得的上述第①项至第④项所得，按月或按次分项计算个人所得税；纳税人取得上述第⑤项至第⑨项所得，依法分别计算个人所得税。

个人所得税的计税依据为个人的应纳税所得额，应纳税所得额等于纳税人应税项目的收入额减去税法规定的费用扣除标准的余额。不同收入项目的费用扣除标准不同。例如，居民个人的综合所得，每一纳税年度可以减除费用六万元以及专项扣除（按国家规定交纳的“三险一金”）、专项附加扣除和依法规定的其他扣除。我国《个人所得税专项附加扣除暂行办法》（以下简称《办法》）中规定：个人所得税专项附加扣除，是指个人所得税法规定的子女教育、继续教育、大病医疗、住房贷款利息或者住房租金、赡养老人等6项专项附加扣除。例如，《办法》中规定：纳税人子女在全日制学历教育阶段（包括义务教育、高中阶段教育、高等教育）的支出，以及子女年满3岁至小学入学前处于学前教育阶段的支出，纳税人可选择由夫妻一方按每孩每月1000元扣除，也可选择夫妻双方分别按每孩每月500元扣除；纳税人在中国境内接受继续教育发生的支出，其中属于学历（学位）继续教育的支出，按每月400元扣除，扣除期限不能超过48个月（4年）；属于技能人员职业资格继续教育和专业技术人员职业资格继续教育的支出，在取得相关证书的当年扣除3600元；一个纳税年度内，由纳税人负担的医药费用支出超过1.5万元的部分，在每年8万元的限额内据实扣除。可扣除的医药费用支出包括纳税人本人或其配偶、未成年子女发生的医药费用支出；纳税人本人或其配偶购买中国境内住房发生的首套住房贷款利息支出，可以选择由夫妻一方按每月1000元扣除，扣除期限最长不超过240个月（20年）；纳税人在主要工作城市没有自有住房而发生的住房租金支出，在直辖市、省会（首府）城市、计划单列市及国务院确定的其他城市，按每月1500元扣除；除上述城市外，市辖区户籍人口超过100万的城市，按每月1100元扣除；市辖区户籍人口不超过100万的城市，按每月800元扣除。夫妻双方主要工作城市相同的，只能由一方扣除；纳税人赡养年满60岁父母的支出，或者祖父母、外祖父母的子女已经去世，纳税人赡养年满60岁的祖父母或外祖父母的支出可以扣除。纳税人属于独生子女的，按每月2000元扣除；属于非独生子女的，与其兄弟姐妹分摊每月2000元的扣除额度，其中每人分摊的扣除额度不得超过1000元。

（3）税率

个人所得税的税率按所得项目不同而分别规定。例如，综合所得用7级超额累进税率，最低为3%，最高为45%。经营所得使用5%~35%的5级超额累进税率；利息、红利所得，财产租赁所得，财产转让所得，偶然所得，适用20%的比例税率。

资料链接：个人所得税改革迈出坚实一步

个人所得税在调节收入分配和促进经济社会发展中具有重要作用，与广大人民群众的基本权益息息相关。2018年8月31日，全国人大常委会通过了关于修改个人所得税法的决定。我国个人所得税法自1980年出台至今，已进行过七次修改。此前六次修改多是围绕工资、薪金所得的费用扣除标准和税率等问题的小幅修改，此次修改则旨在推动个人所得税从分类税制向综合与分类相结合的税制转变，调整优化税率结构，合理提高基本减除费用标准，着力解决个人所得税法实施以来长期想解决而没有解决的难题，是我国健全现代税制体系和加强税收法治建设的重要成果。

党的十八届三中全会提出“落实税收法定原则”，这是全面推进依法治国、推进国家治理体系和治理能力现代化的题中应有之义。从学理上看，税收法定原则包括形式层面的法定和实质层面的法定两个方面。前者要求以法律的形式规定税收的基本事项，包括税收要素法定、税收要素明确和稽征合法三项具体原则；后者从规范征税权的角度要求在税收立法中贯彻量能课税、生存权保障等原则，以实现税收公平。

就形式层面的税收法定原则而言，修改前的个人所得税法以法律形式对纳税人、征税对象、税率、税收优惠等税收要素做出规定，符合税收要素法定的基础要求，但条文规定较为简单笼统。新法则结合我国税收制度和征管方式的新发展，对与个人所得税征收相关的实体和程序制度进行了细化和补充，更充分地体现了税收要素明确和稽征合法原则。比如，在实体制度中，明确界定居民个人与非居民个人的分类，完善了有关纳税人身份确认的规定；在程序制度上，引入反避税、纳税人识别号、涉税信息协助确认等制度，有利于堵塞税收漏洞，保证法律的权威和严格执行。

就实质层面的税收法定原则而言，新法推动实行综合与分类相结合的个人所得税制，并对税率级距、基本费用扣除、专项扣除等做出调整，强化了合理调节收入、促进收入再分配的功能，体现了税收公平和对人权的尊重。

党的十八届三中全会提出，逐步建立综合与分类相结合的个人所得税制。此次个人所得税法修改就是对这一改革部署的落实。新法将工资薪金所得、劳务报酬所得、稿酬所得、特许权使用费所得等劳动性所得归并为“综合所得”，适用统一的超额累进税率，而其他各项所得仍采用分类征税方式。此举意味着向综合与分类相结合的个人所得税制迈进的工作已经启动，有利于实现收入来源单一与收入来源多元的纳税人之间、拥有不同种类劳动所得的纳税人之间的课税公平，使具有相同支付能力的纳税人承担大体相同的税负。

新法统筹考虑城镇居民人均基本消费支出、居民消费价格指数等因素，将综合所得基本费用扣除标准提高至每年6万元，降低了中低收入群体税负，能够增强纳税人的获得感。同时，优化调整综合所得的税率结构，扩大3%、10%、20%三档低税率的级距，缩小25%税率的级距。这可以让新法的减税红利覆盖更广泛的人群，尤其是为中低收入群体减税，使税法的收入调节效果得以强化。

新法贯彻以人民为中心的发展思想，注重保障纳税人的教育权、健康权、居住权等基本人权。在规定原有的个人基本养老保险、基本医疗保险、失业保险、住房公积金等专项扣除项目的同时，还规定了子女教育、继续教育、大病医疗、住房贷款利息或者住房租金、赡养老人支出等专项附加扣除。设立专项附加扣除不仅有助于进一步减轻纳税人税负，而且考虑了个人负担的差异性，彰显新法对公平原则的贯彻。这一做法有利于推动经济社会更加平衡充分发展，增强人民群众获得感、幸福感、安全感，并将对其他税种税法的制定和修改起到示范作用。

资料来源：个人所得税改革迈出坚实一步［EB/OL］.（2018-12-05）. 国家税务总局，http://www.chinatax.gov.cn/n810744/n3752930/n3752998/c3933371/content.html。

11.3.4 企业所得税

企业所得税，就是对企业在一定期间的所得额课征的一种税收，而且所得额是扣除掉成本、费用的净所得。

根据我国税法规定：企业所得税是对我国境内的企业和其他取得收入的组织的生产经营所得和其他所得征收的所得税。

1. **企业所得税的课征范围**

与个人所得税相同，一国所行使的税收管辖权会决定企业所得税的课征范围。

企业所得税中规定的企业包括居民企业和非居民企业。居民企业是指依法在本国成立或者依照外国（地区）法律成立但实际管理机构在本国境内的企业，这类企业就其来源于全世界范围的所得都要在本国缴纳企业所得税，因此居民企业负有无限纳税义务；非居民企业是指依照外国（地区）法律成立且实际管理机构不在本国境内，但在本国境内设立机构、场所的，或者在本国境内未设立机构、场所，但有来源于本国境内所得的企业，这类企业就其来源于本国的所得缴纳企业所得税，非居民企业负有有限纳税义务。

2. **企业所得税的课税对象**

企业所得税的课税对象是企业净所得，即企业总所得减去可作为费用扣除项目的余额，就是应纳税所得额。

3. **企业所得税的税率**

在企业所得税上，各国多采用比例税率的形式，即使是实行累进税率的国家，其累进程度也较为缓和。也有一部分国家根据企业的不同性质分类制定几个税率。单就一个特定公司来说，不会因为所得额的大小而区别适用不同的税率，从这个方面来看，也属于单一税率结构。

4. **企业所得税的课税方法**

企业所得税一般采用自行申报纳税的方法。一般情况下，纳税年度由企业根据其营业年度确定，但一经确定就不能随意修改，一般在年初填送预计申报表，年终填送实际申报表，税款实行分季预缴，年终清算，多退少补。

5. **我国的企业所得税**

我国于1950年发布的《全国税收实施要则》，决定在全国征收工商业税，其实质就是对企业所得开征，这是我国企业所得税税制初步形成的标志。其征税对象为私营企业、个体工商户和集体企业的所得额，而国营企业是向政府上缴利润，以利润上缴的形式参与了财政收入。直到1958年，我国在实行工商税制改革时，企业所得税从工商税中分离，更名为“工商所得税”，企业所得税才实现了独立。1991年，我国将分别适用于外商投资企业和外国企业的两种企业所得税制合并为《中华人民共和国外商投资和外国企业所得税法》；1994年，又将适用于内资的国有、集团和私营企业所得税条例合并为《中华人民共和国企业所得税暂行条例》，由此形成了内资、外资两套企业所得税制度。2007年，我国重新制定了《中华人民共和国企业所得税法》，自2008年1月1日起施行。

（1）课税主体

根据我国现行税法规定：企业和其他取得收入的组织（以下统称“企业”）为企业所得税的纳税人，依照本法的规定缴纳企业所得税。企业包括居民企业和非居民企业。

（2）课税对象

我国税法中规定：企业每一纳税年度的收入总额，减除不征税收入、免税收入、各项扣除以及允许弥补的以前年度亏损后的余额，为应纳税所得额。

收入总额（企业总所得）是指企业以货币形式和非货币形式从各种来源取得的收入，包括：销售货物收入，提供劳务收入，转让财产收入，股息、红利等权益性投资收益，利息收入，租金收入，特许权使用费收入，接受捐赠收入，其他收入。

允许扣除项目是指在计算应税所得时，税法中允许扣除的企业实际发生的与取得收入有关的成本、费用、税金、损失和其他支出。成本是纳税人在生产、经营商品和提供劳务等过程中所发生的各项直接耗费和各项间接费用。费用是指纳税人为生产经营商品和提供劳务等所发生的销售费用、管理费用和财务费用。损失是指纳税人生产经营过程中的各项营业外支出、经营亏损和投资损失等。

企业所得税法定扣除项目除成本、费用和损失外，税收有关规定中还明确了一些需按税收规定进行纳税调整的扣除项目，包括：企业发生的公益性捐赠支出，在年度利润总额12%以内的部分；固定资产折旧；无形资产摊销费用；存货成本；企业转让资产净值以及其他费用；等等。

在计算应税所得额时，以下项目不得扣除，包括：资本性支出；企业所得税税款；税收滞纳金；罚金、罚款和被没收财物的损失；超过国家规定以外的捐赠支出；赞助支出；未经核定的准备金支出；与取得收入无关的其他支出。

（3）税率

我国企业所得税实行的是比例税率。现行《中华人民共和国企业所得税法》规定：企业所得税的税率为25%；符合条件的小型微利企业，减按20%的税率征收企业所得税；非居民企业取得本法第三条第三款规定的所得，适用税率为20%；国家需要重点扶持的高新技术企业，减按15%的税率征收企业所得税。

（4）改革进程

改革开放后，由于国外资本的流入，相应地带来了公司法人制的企业制度，参照国际做法，我国也建立了真正意义上的企业所得税，可以划分为四个阶段。

第一阶段：1978—1982年。在这一阶段我国开征的企业所得税主要针对外国资本，所以其征税对象为外国企业、中外合资企业。

第二阶段：1983—1990年。1983年，国务院决定在全国试行国营企业“利改税”，即将新中国成立后实行了30多年的国营企业向国家上缴利润的制度改为缴纳企业所得税制度。这一时期我国的企业所得税也开始不断地扩大覆盖范围。对国营企业分类设置税率，其中大中型企业为55%的比例税率，小型企业则是10%~55%的8级超额累进税率；对于集体企业所得税为10%~55%的超额累进税率；私营企业所得税税率为35%。

第三阶段：1991—2006年。这一时期主要是按照资本归属，对内资、外资企业分别立法，从而形成了“双轨制”。1991年4月，国家发布《中华人民共和国外商投资企业和外国企业所得税法》，统一了外资所得税法。1993年12月，国家将之前执行的对国营企业、集体企业、私营企业的三部所得税条例统一为《中华人民共和国企业所得税暂行条例》，该条例自1994年1月1日起执行。

在这个阶段中，我国的企业所得税税制完全建立，内外分设的企业所得税制度对于扩大开放、引进外资、促进经济发展发挥了重要作用。但这种制度使内资企业处于不平等竞争地位，既不利于统一、规范、公平竞争的市场环境的建立，也不利于企业所得税调节经济功能的发挥，无论是从理论界还是国内企业界，都呼吁取消外资企业的超国民待遇，为各类企业创造平等竞争的税收环境。

第四阶段：2007年至今。这一阶段实现了“两税合并”。

2007年3月，新的《中华人民共和国企业所得税法》由十届全国人大五次会议表决通过，该法自2008年1月1日起生效施行，这意味着施行了十几年的内外资企业两套企业所得税制的历史结束，解决了自1994年以来我国对内资企业和外资企业分别立法、税收待遇不公平的问题。

■ 资料链接：降低企业所得税是减轻企业负担的最有效途径

近年来，我国经济增长率下降，许多企业经营状况欠佳，利润率下降。企业投资积极性降低，资金不愿进入实体经济，而是大量流入房地产业。降低企业税收负担，增强企业活力，已经迫在眉睫。

当前，向企业征收的税名目众多，降低哪一种税最能有效降低企业负担呢？答案是企业所得税。企业所得税是对经济增长负面影响最大的税种，我国企业所得税占总税收的比重远远高于发达国家。然而，降低企业所得税尚未引起重视。

企业所得税是对经济负面影响最大的税种

企业所得税是对公司的资本所得和利润征收的税。关于企业所得税归宿，著名的哈伯格定理认为，政府向企业征收所得税使公司资本回报率下降，促使资本向非公司部门转移；而由于资本回报递减规律，非公司部门的资本回报率也下降。因此，企业所得税完全由所有资本共同承担。

一些建立在各种动态模型之上的经济分析认为，企业所得税对经济的负面影响大。第一，企业所得税会增加企业负担，降低实际投资回报率，从而降低企业的投资意愿，导致资本积累放缓，经济增长率下降。第二，资本积累的下降会降低劳动生产率，影响工资，也导致了居民幸福指数的下降。

也有研究认为，最优的企业所得税应该是零。当然，如果企业所得税的收入使用得当，如用于人力资本积累以及急需的基础设施，征收企业所得税也未尝不可，但不可过度。

经合组织（OECD）2010年的一份研究报告发现，对经济增长危害最大的税种依次是：企业所得税、个人所得税、消费税、财产税。

我国企业所得税过高

2007年3月，全国人大通过《中华人民共和国企业所得税法》。11月，国务院通过《中华人民共和国企业所得税法实施条例》，规定自2008年起，内外资企业所得税合并，税率为25%；符合条件的小型微利企业，减按20%的税率征收；国家重点扶持的高新技术企业，减按15%的税率征收；民族自治地方的自治机关对本地企业应缴税中属于地方的部分，可以决定减征或者免征。

近20多年来，我国企业所得税规模不断扩大。企业所得税占总税收的比重也从1995年的14.6%上升到2015年的21.7%。以2014年的该项占比数据20.7%为例，当年OECD国家的平均值仅为7.8%。据OECD统计，企业所得税占总税收的比重，德国为4.2%、法国为4.5%、英国为7.5%、美国为10%、西班牙为5.9%、芬兰为4.4%、匈牙利为3.9%，都大幅低于中国。

从企业所得税占GDP的比重，也能看出中国企业所得税负担的沉重。中国2014年企业所得税占GDP比重为3.8%，比OECD国家的平均值2.8%高出1个百分点。据OECD统计，企业所得税占GDP的比重，德国为1.5%、法国为2.0%、英国为2.5%、美国为2.6%、西班牙为2.0%、芬兰为1.9%、匈牙利为1.5%，均低于中国。

中国的企业所得税率与亚洲其他国家和地区相比也较高。德勤会计师事务所资料显示，2016年中国企业所得税率为25%，相较之下，日本为23.9%、韩国为22%、泰国为20%、越南为20%、新加坡为17%、中国香港为16.5%、中国台湾为17%，均低于中国内地。

降低企业所得税是减轻企业负担的最有效途径

当前，减轻企业负担的必要性和紧迫性得到人们普遍认可，但是在降低哪些税种方面还认识不清。有观点认为，应降低企业的增值税；也有观点认为，应降低企业的养老金等社会保障负担。然而，增值税和社会保障贡献并不是减轻企业负担的核心。

和欧盟许多国家一样，我国的增值税是消费型的。企业能够通过提高物价，将增值税负担转嫁给消费者，由消费者承担。这就是人们把增值税称为“消费税”的原因。降低增值税会降低物价，增加消费需求量，而对企业负担的影响较小。

社会保障缴费以雇员工资为基数，企业可以通过工资的变化将社会保障缴费的负担转嫁给雇员。社会保障缴费的降低，会提高工人的工资，对企业的影响也较小。并且值得注意的是，伴随着人口老龄化，目前我国养老保障社会统筹账户已有巨额赤字，个人账户空账规模不断扩大。如果降低社保缴费，而不减少养老金发放，势必造成社会统筹账户更大的赤字和债务，危及社会保障的可持续性。

前面提到，企业所得税是完全由资本负担的税种，是真正能够对企业产生重要影响的税种，因此降低企业所得税才是减轻企业负担最有效的途径。而且，企业所得税对经济负面影响最大，降低企业所得税对整个经济发展有好处。

缩小税基，降低税率，降低企业所得税

降低企业所得税可以从缩小税基和降低税率两个方面来考虑。

目前，我国企业所得税税基偏大。我国企业所得税法规定，在计算企业的应纳税所得额时，成本、费用、损失、按照规定计算的固定资产折旧、年度利润总额12%以内的公益性捐款、存货成本等可以扣除，而股息、红利、特许权使用费、部分固定资产折旧等项目不能扣除。实际上，可以通过扩大企业成本中允许税前扣除的项目范围，缩小税基，降低企业税负。

同时，可以通过降低企业所得税税率来减轻企业负担。中国的企业所得税税率为25%，还有降低的空间。在世界范围内降低企业所得税税率的趋势下，中国也应该适当降低企业所得税税率，从而给企业更大的发展空间和投资动力。

此外，也可以像美国一样，采用更加完善的累进企业所得税税率，给予不同规模企业不同的税收优惠，减轻中小企业负担。

资料来源：林双林. 降低企业所得税是减轻企业负担的最有效途径［EB/OL］.（2016-12-06）.人民网，http://m.people.cn/n4/2016/1206/c125-8034802.html。

11.3.5 社会保险税

社会保险税也称“社会保障税”，主要以企业的工资支付额为课征对象，由雇员和雇主分别缴纳，税款主要用于各种社会福利开支。

19世纪末，德国首创社会保障（险）税，现在已经成为西方国家的主要税种之一。1935年，在罗斯福总统的领导和主持下，美国通过了历史上第一部社会保障法典——《社会保障法》。该法规定，美国自1935年起征收工薪税。二战后，伴随着经济的高度发达和政治民主化趋势的加强，西方发达国家如英国、法国、加拿大都实行了“普通福利”政策，纷纷征收社会保障税。据国际货币基金组织（IMF）统计，到2010年，全世界170多个国家里至少有132个国家实行了社会保障税制度。

1. **社会保险税的课征范围**

社会保险税的课征范围通常是参加本国社会保险并存在雇佣关系的雇主和雇员，对于不存在雇佣关系的自营业主，也要按规定缴纳社会保险税。因此，社会保险税的课征范围是全体工薪者和自营人员。

2. **社会保险税的课税对象**

与社会保险税的课税范围相适应，其课税对象主要是雇主支付的工资薪金额、雇员取得的工薪收入额及自营业主的事业纯收益额。

在具体实施中，针对课税对象，尽管西方各国的规定有所差异，但其基本内容是相同的。一是课税对象不包括纳税人工资薪金以外的其他收入，即不包括由雇主和雇员工资薪金以外的投资所得、资本利得等所得项目，但作为税基的工资薪金既包括由雇主支付的现金，还包括具有工资薪金性质的实物性及其他等价物的收入。二是应税工资薪金通常规定最高限额，超过部分不缴纳社会保险税。三是一般不规定个人宽免额和扣除额。因为社会保险税实行专税专用原则，筹集的保险基金将全部返还给纳税人。

3. **社会保险税的税率**

大多数发达国家的社会保险税实行比例税率的形式，而且是差别比例税率，如针对退休、失业、伤残、医疗等具体项目需要的社会保险支出量，规定高低不等的差别比例税率。

4. **社会保险税的课征方法**

社会保险税多采用从源课征的方法，即由雇员所在公司负责扣缴，雇主应纳的税款由公司直接缴纳；而对于自营业主及其社会成员应纳的社会保险税，则采用纳税人自行申报缴纳的方法。

5. **社会保险税的特征**

社会保险税作为一种特殊形式的所得税，其税收收入专门用于社会福利、保障等支出。与一般税相比，社会保险税具有三个主要特点。

第一，累退性。社会保险税采用比例税率，一般没有扣除额和免征额，同时规定有课税上限，也不考虑纳税家庭人口的多寡和其他特殊情况，具有强烈的累退性。

第二，有偿性。社会保险税一般由政府成立的专门基金会管理，指定用途，专款专用，因而带有有偿性。

第三，内在灵活性。社会保险税的支出与一定时期的经济形势紧密相关，当经济繁荣时，失业率下降，社会保障支出，特别是失业救济支出减少，有利于抑制社会总需求；反之，当经济衰退时，失业率上升，社会保障支出，特别是失业救济支出增加，有利于刺激社会总需求。所以说社会保险税及其社会保障制度具有内在灵活性特点，它与所得税相配合，可以对经济起到自动稳定的作用。

■ 资料链接：社保“费改税”能解决养老金可持续难题吗

近日，全国社会保障基金理事会原副理事长王忠民在某论坛上提出，应加快推进社保“费改税”的步伐，以解决目前社保基金保值增值的问题。即个人账户的8%可以不再按交费的形式，而是以税收的形式放在个人所得的栏目中，从而回归个人账户的本来功能。与此同时，采取税收优惠的方式，鼓励把“个人养老账户”里面的钱拿去投资，以达到跑赢通货膨胀率、实现效益最大化的目的。

社保“费改税”有现实需求

社会上关于社保“费改税”的动议由来已久。之所以久议不决，主要还是因为对社会保障性质有不同认知。

比如，反对者认为，作为社会保险的“五险一金”并不完全符合税收的固定性、无偿性和强制性原则，尤其是无偿性属性，因而判定作为有偿性的社会保险属于缴费性质。

但不少赞成者认为，社会保险带有强烈的共济性质，并且是保障人身安全的必要措施，因而具备了无偿性的属性。况且从世界各国的情况来看，许多国家，尤其是发达国家普遍采取的是社会保障税的做法。比如，目前发达国家社保缴款占总税收的平均比例大都超过了25%，并且呈现缓慢上升的趋势，只有美国等少数国家出现了一定幅度的下降。

对于我国而言，实行社保“费改税”，也有较为强烈的现实要求，同时也具备了比较扎实的实践基础。

随着我国老龄化程度的不断加深，社会保障的负担将会持续加重，而社保基金的可持续性就成为其中的关键。虽然从目前来看，我国的社保基金总体上仍然收大于支，并且还有不小的结余。但从未来的发展来看，社保基金的结余极有可能逐渐缩小并最终枯竭，进而产生支大于出的风险。

人力资源和社会保障部发布的《2018年度人力资源和社会保障事业发展统计公报》显示，截至2018年末，城镇职工基本养老保险基金累计结存50901亿元，基金结余平均可以满足17个月的支付，能够保证按时足额发放。

但从未来的发展趋势来看，养老金的“收支差”持续收窄的问题将更为严峻。中国社科院不久前发布的《中国养老金精算报告2019—2050》的测算结果显示，在企业缴费率为16%的基准情境下，全国城镇企业职工基本养老保险基金当期结余在勉强维持几年的正数后将开始加速跳水，赤字规模越来越大。到2028年，当期结余将首次出现−1181.3亿元，最终到2050年，当期结余跌落到−11.28万亿元。

社保“费改税”有经验可鉴

实行社保“费改税”，将对维持社保基金的保值增值，确保其可持续发展发挥积极作用。

首先，税收的强制性将有利于扩大征缴覆盖面。《中国企业社保白皮书2018》披露的数据显示，2018年中国超过七成的企业没有按照国家规定为职工缴纳社保，其中32%都是按照国家规定的下限缴纳。也就是说，大多数职工都没有享受到应有的社保待遇。很显然，通过税收的强制征缴，社保的覆盖面将大大提高。

其次，有利于充分发挥社保基金的共济性和共享性。在原有的缴费模式下，我国社保基金存在着较为严重的地区不平衡问题。但由于受到统筹层次不高和地区保护问题，社保基金的不均衡现象无法突破。如果实行“费改税”，那么政府就可以真正做到统一管理、统一调配，其共济性和共享性困难将迎刃而解。

最后，有利于社保基金的保值增值。在社保“费改税”后，如果能够按照设想的那样坐实个人账户，并采取税收优惠的办法，采用委托专业机构投资的方式，将大大拓展社保基金的投资渠道，扩大投资规模。

从国内外的资本市场来看，社保基金是一支重要的机构投资力量，并通过资本市场投资获取一定的收益。这是避免社保基金躺在银行“睡大觉”，甚至跑不赢通货膨胀率的重要途径。

但是，社保“费改税”后会不会导致中小企业的负担加重？这确实是一个问题。但实际上能够避免。比如，降低各地中小企业社保缴费基数下限；又如，降低社保费率。2019年5月1日起，国务院办公厅印发的《降低社会保险费率综合方案》开始正式实施，降低城镇职工基本养老保险单位缴费比例至16%。同时，延长阶段性降低失业保险费率的期限至2020年4月30日。此外，多省份也降低了社保缴费基数。

有关研究机构通过测算发现，如果社会保障“由费改税”，社会保障的税率将会随着社保覆盖面由2018年的35%提高到2027年的96%，而社保税率将由39.2%降低到18.27%。这其实符合当前中央降低宏观税负、降成本的基本要求。

事实上，我国已经基本具备了社保“费改税”的实践条件，在“费改税”方面积累了较为丰富的经验。比如，从2019年1月1日开始，各项社会保险费已经正式交由税务部门统一征收。

此外，我国已在成品油、环保两个领域正式进行了“费改税”的实践，还有一项水资源“费改税”正在试点阶段。从具体实施情况来看，之前的几次“费改税”都基本实现了预期目标。因而，社保领域的“费改税”未来效果可期。

资料来源：李长安.社保“费改税”能解决养老金可持续难题吗［EB/OL］.（2019-07-09）.中国财经网，http://finance.china.com.cn/news/20190709/5025221.shtml。

11.4　财产税

财产税是以纳税人拥有或支配的财产为课税对象的一类税收。作为古老的税种，财产税曾经是奴隶社会和封建社会时期国家财政收入的最主要来源。例如，我国古代的土地税与“人头税”，古代财产税以土地和房屋这样的不动产为主，但也包括了几乎所有的个人财产。古代财产税的征收，主要是出于对征税成本的考虑。因为财产容易被发现，而拥有财产的数量也大致与个人的收入水平成正比。它是一种成本较低的、可靠的税收。它的设立比流转税和所得税要早得多。现代意义上的财产税于1892年创行于荷兰，之后德国、丹麦、瑞典、挪威等国相继依法开征了财产税。财产税不是单一税种的名称，而是一个税收体系，与流转税、所得税共同构成现代税制中的三大课税体系。

19世纪末以来，随着流转税和所得税的兴起，财产税已从各国税法体系中主体地位退居到从属地位。如今，各国的财产税主要是房产税、遗产税、赠与税、土地税或地产税等。

11.4.1　财产税的特点

1. **财产税是对财富的存量课税**

流转税、所得税都是对某一时段的财富流量课税，即都是对货币资金流征税，课税对象具有流动性，而财产税是对某一时点的财富存量课税，也就是对货币资金的积累征税，课税对象具有非流动性。

2. **税负不易转嫁，符合纳税能力原则**

财产税属于直接税，税负难以转嫁，直接由纳税人负担。而且，财产税是根据纳税人拥有或可支配的财产状况加以课税，个人拥有的财产多少可以反映其纳税能力，因此符合纳税能力原则。

3. **财产税收入稳定**

财产税是以财产为课税对象，税源稳定。财产的价格不像一般商品价格波动大，所以是政府稳定的税收来源。

4. **财产税主要以不动产为课税对象**

财产按物质形态可分为不动产和动产。不动产是指土地和土地上的改良物，如附着于土地上的工矿企业、商店、住宅等。动产包括有形资产和无形资产。前者如耐用消费品以及有收藏价值的财产等，后者如股票、公债、借据、现金和银行存款等。鉴于动产难以衡量和操作，从财产税开征范围看，当前世界各国普遍以不动产为主要课征对象。

5. **财产税征管比较复杂**

由于征收财产税时需要对财产的价值进行确定，而在衡量财产价值时，会存在隐匿虚报、计税基数难以确定等问题，因此要做出准确估价相当困难。这使财产税征收管理复杂，成本较高。

6. **财产税一般作为地方税收**

从现代各国财产税制来看，财产税多作为地方税，是地方政府财政收入的主要来源。

11.4.2 财产税的类型

财产税可以分为两类。

第一，对财产所有者或者占有者课税，包括一般财产税和特别财产税。

一般财产税是对纳税人的所有财产普遍征收的一种税。但实际上并非以全部财产额为计税依据，而是要减去一定的宽免额或扣除额。目前，世界各国的一般财产税大致有两种类型。

一是名为一般财产税，实为有选择的财产税，如美国现今的财产税就属于这种类型。

二是以应税财产总价值额减去负债后的净额为计税依据，规定免税项目，设置免税扣除及给予生活费豁免，如德国、荷兰等国家就实行这种财产税。

一般而言，一般财产税的课征对象主要包括不动产、动产及其他有关财产权利，不动产主要是土地、房屋；动产主要是机器设备、运输工具等；其他财产权利主要为股权、债券等少数无形资产。

特别财产税也称为“特种财产税”，是对纳税人拥有或支配的某类或某几类特定财产单独课征的一种财产税。如对土地征收的土地税、对房屋征收的房产税、对土地和房屋合并征收的房地产税等都属于特别财产税。特别财产税是财产税最早存在的形式，在课征时一般不需要考虑免税和扣除。

第二，对财产的转移课税，主要有遗产税、继承税、赠与税。

遗产税是指以财产所有人死亡时遗留的财产为课税对象的一种税。

继承税是指对被继承人死亡时所遗留的遗产额课税。继承税是就继承人在被继承人死亡后所继承或分得的遗产额课税。

赠与税是指对财产所有人或被继承人所赠与他人的财产额课征，它是遗产税的辅助税种。赠与税分为总赠与税制和分赠与税制。

11.4.3　我国的财产税

中国现行财产税体系由房产税、城镇土地使用税、耕地占用税、车船税、契税、土地增值税等构成。

房产税是以城市、县城、建制镇和工矿区范围内的房产为课税对象，按照房屋的计税余值或出租房产租金收入向房产所有人征收的一种税。2008年12月31日，国务院总理温家宝签署第546号国务院令，宣布1951年8月8日由原政务院公布的《中华人民共和国城市房地产税暂行条例》自2009年1月1日起废止。自2009年1月1日起，外商投资企业、外国企业和组织以及外籍个人，依照《中华人民共和国房产税暂行条例》缴纳房产税。

城镇土地使用税是对城市、县城、建制镇和工矿区范围内使用土地的单位和个人，按实际占用的土地面积按照规定的税额征收的一种税。

耕地占用税是对占用耕地建房或者从事其他非农业生产建设的单位和个人，按其占用耕地面积一次性定额征收的一种税。

车船税是对我国境内车辆、船舶的所有人或者管理人按照车船种类、吨位和规定的税额计算征收的一种税。

契税是对土地、房屋权属转移时，按照订立的契约，向承受人征收的一种税。

土地增值税是对有偿转让国有土地使用权、地上建筑物及其附着物的单位和个人，就其取得的增值额征收的一种税。

11.5 资源税

11.5.1 资源税概述

资源税是以应税自然资源产品为课税对象的税类。资源一般是指自然界存在的天然物质财富，范围比较广泛，如矿产资源、土地资源、动物资源、植物资源、海洋资源、太阳能资源、空气、阳光等。作为课税对象的资源是指具有商品属性的自然资源，也就是具有交换价值和使用价值的自然资源。资源税的作用在于促进资源的合理开发和利用，调节资源极差收入。因此，各国征收资源税都是选择部分资源征税，而不是对所有的资源征税。

资源税可以根据征收目的的不同，分为一般资源税和级差资源税两类。

一般资源税是指国家对国有资源，如土地、矿藏、水流、森林、草原、山岭、荒地、滩涂等，根据国家需要对占有、开发某种自然资源者普遍征收的一种税，它的特点是对占用、开发自然资源的单位或个人，不考虑其所使用资源的贫富状况和开采条件，也不考虑其所取得收入的多寡，一律平等对待，无差别地普遍征收，这种税体现了普遍征收和有偿开采的原则，其实质是对绝对地租的征收。

级差资源税是国家对开发和利用自然资源的单位及个人，由于资源条件的差别（如贫富、储存现状、开采条件、地理位置等差异）所取得的级差收入课征的一种税，纳税人应纳税额的多少同其所使用资源的贫富状况和开采利用等自然条件有关。级差资源税主要调节资源使用者因资源的客观自然条件不同所取得的级差收益，其实质是对级差地租的征收。

11.5.2 我国的资源税

为了逐步建立和健全我国的资源税体系，1984年我国针对原油、天然气和煤炭企业开征资源税。我国首部资源税法《中华人民共和国资源税法》（以下简称“资源税法”）于2019年8月26日在第十三届全国人民代表大会常务委员会第十二次会议通过，自2020年9月1日起施行。

1. **纳税人**

在我国领域及管辖海域开采规定的矿产品或者生产盐的单位和个人，为资源税的纳税人，应当缴纳资源税。单位包括国有企业、集体企业、私有企业、股份制企业、外商投资企业和外国企业、其他企业，行政单位、事业单位、军事单位、社会团体及其他单位。个人指个体经营者及其他个人。纳税人的这一规定充分体现了资源税的“普遍征收”原则。

2. **课征对象**

资源税法授权地方在规定幅度范围内，制定全部164个税目中155个税目。包括原油、天然气、煤炭、其他非金属矿原矿、黑色金属矿原矿、有色金属矿原矿、盐7类。

3. **我国资源税改革**

继1991年将铁矿石纳入资源税征税范围后，《资源税暂行条例》（1993）遵循“普遍征收、级差调节”原则，将资源税征税范围进一步扩大到煤炭、天然气、石油、其他非金属矿原矿、黑色金属矿原矿、有色金属矿原矿和盐七类，根据资源开采条件和资源优劣设置不同的从量定额税率。

我国资源税由1994年以前的主要解决政府与企业间的资源收益分配关系转变为1994年之后的主要处理中央政府与地方政府间的资源收益分配问题。一方面，除海洋石油资源税外，其他资源税收入都划归地方政府。另一方面，各项资源费，如矿产资源补偿费、矿区使用费、探（采）矿权使用费、探（采）矿权价款等，均系中央与地方比例分成收入或按中央与地方隶属关系进行分配，并且，资源收费中很大一部分由地方政府支配。因而，无论扩大资源税征收范围且主要资源税收入归地方所有，还是中央与地方资源收费分享，都达到了补偿分税制后地方政府财力相对下降的效果。

经国务院批准，我国从2010年6月1日起在新疆进行原油、天然气资源税改革试点；从2010年12月1日起又在其他西部省份进行了这项改革试点，将原油、天然气资源税由“从量定额”计征改为“从价定率”计征。

党的十八届三中全会以来，我国的资源税费改革主要体现在两个方面。其一，扩大资源税征税范围、改革资源税计征方式和调整资源税应税产品税额标准。在2012 年“两广”地区进行的天然气价格形成机制改革试点以及2013 年部分地区部分金属和非金属矿资源税从价计征改革试点的基础上，继煤炭资源以及稀土、钨、钼资源分别在2014 年和2015 年资源税从价计征后，2016 年资源税从价计征扩展到《资源税税目税率幅度表》列举名称的21 种资源品目和未列举名称的其他金属矿，未列举的矿产资源则从价计征为主、从量计征为辅。基于全面推行营改增后地方政府主体税种缺失局面，省级人民政府被赋予提出资源税税目、税率和税收优惠建议等方面的税政管理权。其二，加速资源“清费立税”工作。将原油、天然气、煤炭和矿产资源补偿费费率降为零，相应地，资源税适用税率由5%提高至6%。着力解决税费重叠、功能交叉问题，着手清理涉及煤炭、原油、天然气收费基金项目，停止征收煤炭、原油、天然气价格调节基金等。2014年调整中外合作油气田及海上自营油气田资源税费征收管理方式：以2011年11月1日前后是否签订合同为依据，继续缴纳矿区使用费的不需要缴纳资源税，反之则反；对于开采海洋油气资源的自营油气田，自2011年11月1 日起缴纳资源税，不再缴纳矿区使用费。

2020年资源税法吸收了近年来在资源税征管与服务上的有效做法，与原资源税条例相比，有许多重要调整。其中包括：规范了税目，取消了换算比、折算率规定，对部分事项授权地方决定，规范了减免税政策，调整了纳税期等。

（1）规范统一了税目

资源税法授权地方在规定幅度范围内，制定全部164个税目中155个税目的具体适用税率（原油、天然气、页岩气、天然气水合物、铀、钍、钨、钼、中重稀土等9个税目国家直接确定了具体适用税率，无需地方制定），对其中141个税目分别按原矿和选矿确定具体适用税率（其余14个税目只需按规定的征税对象确定1个税率）。

（2）取消了换算比、折算率规定

将各税目的征税对象调整为原矿或选矿（海盐的征税对象不区分原矿、选矿）。将折算率、换算比融入税率中，改为对原矿和选矿分别设定税率。

（3）对部分事项授权地方决定

一是在国家规定税率幅度范围内，确定四川省86个税目及税率；二是对6个税目（地热、矿泉水、石灰岩、天然卤水、砂石、其他粘土）确定计征方式，四川具体规定为：石灰岩、砂石、矿泉水、天然卤水实行从价计征，地热、其他粘土实行从量计征；三是对纳税人开采或者生产应税产品过程中，因意外事故或者自然灾害等原因遭受重大损失和纳税人开采共伴生矿、低品位矿、尾矿两种情形决定免征或者减征资源税。四川具体规定为：①纳税人开采或者生产应税产品过程中，因意外事故或者自然灾害等原因遭受重大损失的，免征资源税。具体免征额度不得超过纳税人受灾前一年度资源税应纳税额。②对纳税人开采钒、钛、硫化氢气共伴生矿，减征50%资源税。对纳税人开采其他共伴生矿，共伴生矿与主矿产品销售额分开核算的，对共伴生矿免征资源税；没有分开核算的，共伴生矿按主矿的税目和适用税率征收资源税。③对纳税人开采低品位矿、尾矿不予免征和减征资源税。

（4）规范了减免税政策

规范了减免税政策，将资源税条例及部分单行文列举的优惠政策规范统一到资源税法中。明确了六项减免事项，包括两项免征和四项减征资源税情形，同时授权地方对两种情形决定免征或者减征资源税，即纳税人开采或者生产应税产品过程中，因意外事故或者自然灾害等原因遭受重大损失和纳税人开采共伴生矿、低品位矿、尾矿。

（5）调整了纳税期限

纳税人可以按月或者按季申报缴纳，并自月度或者季度终了之日起十五日内，向税务机关办理纳税申报并缴纳税款；纳税人不能按固定期限计算缴纳的，可以按次申报缴纳，自纳税义务发生之日起十五日内，向税务机关办理纳税申报并缴纳税款。

◎ **关键概念**

税收制度；税制结构；拉弗曲线；增值税；消费税；营业税；所得税；财产税；资源税

复习思考题

1. 什么是税制结构？
2. 税收制度经历了怎样的演进过程？
3. 税种协调考虑的问题有哪些？
4. 增值税的特征有哪些？增值税有哪些种类？
5. 所得税的特征有哪些？所得税的主要税种有哪些？
6. 财产税的分类有哪些？
7. 资源税的特征有哪些？

推荐阅读

• 若想对相关税种有所了解，可以阅读迈克·兰、伊内·勒琼主编的《全球数字经济的增值税研究》（国家税务总局税收科学研究所译，经济科学出版社2017年版）。该书介绍了在数字经济不断发展的背景下，增值税（货物和劳务税）给全球税收征管带来的挑战，各国税务当局和企业在实践中吸取的经验教训，以及探索如何改进和完善当前增值税（货物和劳务税）制度，提高其在数字经济环境下的征收效率。

12 公债理论

公债是公共经济学中的一个重要内容，它是指中央政府在国内外发行债券或者向外国政府和银行借款所形成的国家债务。不仅具有弥补财政赤字、筹集建设资金、调节经济等功能，是财政政策与货币政策的结合点以及政府应对危机的重要工具，还具有支持经济高速增长、支持财政金融体系体制改革的重要作用。公债的运行包括公债发行的管理、流通与偿还。公债的发行是公债运行的起点。公债的流通是指公债发行后，在证券市场上买卖、转让的过程，它是公债运行的中间环节。公债的偿还是公债资金运动的终点。公债运行对社会经济生产产生巨大影响。本章主要阐述了公债的内涵、特点、分类以及功能，介绍了公债的运行程序以及管理要求，并对公债对社会经济的影响进行了分析。

本章重点

- 公债的内涵
- 公债的分类
- 公债的发行、偿还与管理
- 公债的影响与负担

12.1 公债概述

12.1.1 公债概念

公债（Public Debt）的定义，中外众多学者存在不同的界定，其中有几种值得我们深思和参考。马克思站在阶级的角度认为，“公债不过是资产阶级增加税收和满足资产阶级掌握政权所造成新需要的一种新方式”。恩格斯的说法：随着文明时代的向前发展，甚至捐税也不够用了，国家就发行期票借债，即发行公债。布坎南认为，对于政府来说，公债是代替税收的一种筹措公共支出所需资金的方法，在有限的程度内几乎总是可以利用的。值得注意的是，在美国经典经济学中，公债被定义为政府未清偿的债务净存量。

在我国，清代的梁启超认为，“公债者，民以财贷诸国库而取其息也”，可以说这是对公债较早的深刻认识。改革开放后，学术界对“公债”概念的理论性认识大体思路：国家财政在组织收入和安排支出过程中，一般是采取无偿方式进行，但在一定条件下，也可以采取有借有还的信用原则，这就是国家信用，也称为“国家财政信用”；公债是国家信用的重要形式，是国家为实现自己职能对资金的需要，按照有借有还的信用原则，从国内外吸收和偿还资金的一种方式，在我国又称为“国债”。

从公共财政理论的角度理解，通常广义上的公债是公共部门举借的债务。一般来说，相对于私人部门，公共部门包括政府、公共企业和公共事业等三大组成部分。而狭义上的公债仅指政府部门（包括中央政府和地方政府）对内外所借的债务，是弥补财政赤字的手段，同时也起着筹集建设资金和调控社会资金需求的作用。由于政府部门是公共部门的核心，因此政府债务是公共债务的重要组成部分，同时集中体现了公债的特征与功能。

对于公债的一般概念，我们可以从三个方面来理解。

第一，公债是国家信用的主要形式。国家财政参与国民收入（或GDP）的分配，一般采取无偿的方式，但不排除在一定情况下采取有借有还的信用方式，即政府以债务人或债权人的身份运用信用方式筹集财政收入和运用财政支出，这就是国家信用。公债是国家信用的主要形式和典型形式。

第二，公债是财政收入的一种特殊形式。相对于财政收入的“一般形式”——税收而言，国家通过发行公债所取得的债务收入是财政收入的特殊形式。国家参与国民收入的分配，主要是通过税收取得，而税收具有强制性和无偿性的特征，国家一旦征税，就不再偿还给纳税人。而公债采用的是信用形式，是以还本付息为前提的，具有自愿、有偿的特征。

第三，公债是一个重要的经济杠杆。从表面上看，公债只是各国取得财政收入的一种手段，但实际上它已经不仅仅局限于平衡预算，弥补财政赤字，它还是政府调控经济、实现宏观控制、促进经济稳定与发展的一个重要经济杠杆。

12.1.2 公债的产生与发展

1. **西方国家公债的产生与发展**

（1）早期公债的产生与发展

根据苏联大百科全书《国家公债》记载，公元前4世纪，古希腊和古罗马就出现了国家向商人、高利贷者和寺院借债的情况。不过，这个时候的公债是少量的、偶然的，并非经常性的现象。现代意义上的公债制度是在封建社会末期，随着资本主义生产关系的产生和发展而建立起来的。此后，公债的使用席卷整个欧洲，如西班牙、法国和荷兰都开始发行公债。因此，马克思指出：在中世纪的热那亚和威尼斯就已经产生公共信用制度，到工场手工业时期公共信用制度已流行于整个欧洲。12世纪末期，在当时经济最发达的意大利城市佛罗伦萨，政府曾向金融业募集公债，其后热那亚和威尼斯等城市相继效仿。在14—15世纪，意大利各城市几乎都发行了公债。15世纪末16世纪初，随着美洲新大陆的被发现和欧洲去往印度航线的开通，资本主义获得很大发展，公债也发展起来。16世纪至17世纪上半叶，欧洲各国都面临严重的金融问题和财政困难，政府举债遂成为一种经常现象。

（2）近代公债的发展与变化

自18世纪以来，随着工业化和市场经济的发展，公债成为最重要的财政举措之一。总的来看，从18世纪以来的300多年，西方国家公债的发展大体经历了以下三个阶段。

① 18世纪初至20世纪初的稳定发展阶段。

这一时期是西方各国资本主义生产关系发展和上升的阶段，受代表新兴资产阶级的古典经济学理论影响，西方各国都尽力控制公债的发行，公债的增长速度和规模都受到限制。

② 20世纪30—70年代的快速发展阶段。

1929—1933年的世界经济危机大爆发之后，凯恩斯的国家干预思想开始大行其道。美国总统罗斯福的“新政”从实践上证明政府积极干预经济、实施反危机政策的必要性。西方各国开始把公债的发行和扩展性财政政策作为解决经济和社会问题的重要手段。尤其是二战后，西方各国国债发行的规模普遍扩大，速度不断加快。

③ 20世纪70年代至今的适度发展阶段。

20世纪70年代中期，西方社会中普遍出现了经济停滞与通货膨胀并存的现象，由此导致各国对公债政策和赤字财政政策的反思。基于理论界新的经济主张的提出，80年代以后，西方各国相继实施保持合理债务规模的政策。到了90年代，美国大力削减政府开支、控制财政赤字和国债发行。在欧洲，1991年欧盟签署的《马斯特里赫特条约》，明确规定成员国的国债负担率不能超过60%。

2008年由美国次贷危机而引起的国际金融危机，导致众多国家推出刺激经济的积极财政政策，由此引发了新一轮的大规模公债发行和借款。引起了世界范围的普遍关注与重视。

2. 我国公债的产生与发展

我国的公债始于清朝末年。当时为了应付甲午战争的军费需要，清政府于光绪二十年（1894年）发行了第一次内债——息借商款。此后，北洋军阀政府和国民党政府也曾多次发行内债和举借外债。据统计，国民政府统治时期，1927—1949年先后发行公债86次，公债名目之繁，数额之巨，在中国财政史上几乎达到“登峰造极”的地步。

新中国成立后，我国的公债发行可以分为以下两个阶段。

（1）20世纪50年代的公债

1950年发行的“人民胜利折实公债”。当时发行公债的目的主要是弥补财政赤字，制止通货膨胀，稳定市场物价。为了使公债购买者不致因货币贬值而遭受损失，公债面额按实物计算，单位定名为“分”，每“分”公债值按当时上海、天津、汉口、西安、广州、重庆六大城市的大米6斤（天津为小米）、面粉1.5斤、白布4尺和煤炭16斤的批发价格加权平均计算。

发行公债总额为2亿分，实际上只发行了1亿分，折合当时的人民币币值约3亿元，这次发行的折实公债自1951年起，分5年做5次偿还，于1956年11月30日全部偿还完毕。

1954—1958年，我国连续5年发行了“国家经济建设公债”。当时发行公债的目的是适应国家大规模经济建设的需要。由于当时物价已稳定，所以开始发行货币公债。国家计划每年发行经济建设公债6亿元，以人民币为计量单位实际每年都超额完成发行计划，实际发行额为35.69亿元。鉴于公债的发行主要是用于经济建设，但建设周期长，因而公债的偿还期除1954年的公债分8年做8次偿还外，其余4次均为10年期偿还。这种公债于1959年停止发行，至1968年，所发行公债的本息全部还清。

（2）20世纪80年代以来的公债

① 1981—1993年。

改革开放以后，随着国家“减税让利”政策的实施，国民收入分配格局发生改变。1981年，国务院决定采取发行国库券和借助地方财力来弥补预算赤字，发债的对象主要确定为国有企事业单位。随后，由于弥补财政赤字采用了向银行透支和发行国债（即中央政府发行的公债）两种办法，所以起初几年国债发行额并不大，年度发行额通常不超过100亿元。1987年以后，为有效控制向银行透支而引起的通货膨胀，政府尽可能地扩大国债发行量，使国债发行额的增长速度开始大大超过了以往年份。

② 1994—1997年。

从1994年开始，我国政府决定禁止财政向银行透支或借款，全部财政赤字必须以发行国债的方式弥补。在这种背景下，1994年我国国债发行规模出现了跳跃性增长，当年国债发行额一举突破千亿元大关。另外，在这个阶段国债发行规模之所以出现大幅度增长，是因为以前年度发行的国债进入还本付息的高峰期，加之通货膨胀时期发行的国债增加了保值贴补的条件，使得这个阶段国债还本付息的支出大幅度增加。1997年，我国国债发行量达到2240亿元。

③ 1998—2004年。

1998年，亚洲金融危机爆发，为了扩大有效需求，我国政府实施了以增发国债为主要内容的积极财政政策，当年共发行2700亿元特别国债和1000亿元十年期长期国债。随后几年，我国国债发行规模大幅度增加，其中1998—2004年国债发行额分别为3310亿元、3715亿元、4180亿元、4604亿元、5679亿元、6153亿元、6879亿元。其间，共发行了9100亿元长期建设国债。

④ 2005年至今。

2005年，我国在连续实施了7年的积极财政政策后，开始由扩展性财政政策向松紧适度财政政策转变，以确保中国经济的持续稳步发展，由此减少了财政赤字，调整了长期国债的发行规模，使国债发行规模有所下降。2005年，长期建设国债由2004年的1100亿元调减为800亿元，2006年调减为600亿元。2007年，针对当时的流动性过剩问题，发行15500亿元特别国债用于购买2000亿美元外汇，减少了外汇占款。

从公债的产生和发展过程可以看出，其发展需要具备一定的经济和社会条件。第一，从经济发展的角度来看，较高的经济发展水平是公债发展的前提条件。第二，从金融体制的角度来看，公债发行要有较为稳定的货币机制，才能有助于防止通货膨胀，避免公债的高消费倾向。同时，要有较为完善的金融市场，以保证公债可以自由买卖、流动和变现。第三，从政府信用的角度来看，由于公债是政府的借债，因此对政府有一定的要求。除了政策要有健康完善的行政组织，能够保证社会安定和法律体系健全外，还需要有较高的按期偿还债务的信誉度。第四，从公债管理的角度来看，公债的发行要有严格的预算和公开监督制约。随着政府经济管理水平的提高，公债不仅是筹资手段，还能作为宏观经济调节工具，从而扩大了公债活动的领域，促进了公债的发展。

12.1.3 公债的特征

从理论上讲，公债的特征是与税收或私债等收入分配形式对比所显现的本质区别。与税收的强制性、无偿性和固定性相比，公债具有鲜明的自愿性、有偿性和灵活性。

公债特征的具体内容如下。

自愿性是指公债的发行或认购建立在认购者自愿承购的基础上。认购者买与不买，购买多少，完全由认购者自己根据个人或单位情况自主决定，国家不能指派具体的承购人。

有偿性是指通过发行公债筹集的财政资金，政府必须作为债务如期偿还，并且要按事先规定的条件向认购者支付一定数额的利息。

灵活性是指公债发行与否以及发行多少，一般完全由政府根据国家财政资金的丰裕程度灵活加以确定，不必通过法律形式预先加以规定。

公债的三个特征既相互区别，又相互影响，相辅相成；公债的自愿性是前提，有偿性是核心，灵活性是补充。

公债与税收除了具有显著区别外，也存在一定的关联性。例如，二者都是以政府为主体而进行的收入分配活动，都不同程度地构成财政收入的来源，满足公共支出的需要；另外，二者在满足政府筹资需要时存在一定的相互替代性等。事实上，当公债的发行具有强制性时，公债就具有了税收的特征或已经是隐性的税收。

公债与私债的不同点主要表现在：

①举借主体不同，私债的举借主体是企业、居民等非政府部门；

②信誉度和安全性不同，相对于私债，公债的信誉度和安全性较高，往往只需要信用担保，而私债则需要财产抵押或再担保；

③利息率或收益率不同，公债的利息率或收益率相对较低；

④法律约束不同，相对于私债，公债需要的法律约束较为繁杂与严格。

同时，公债与私债又存在很多共性，比如二者本质上都属于“债”，都需要“借债还钱”；出现不良的拖欠或“赖账”，都会损害举债主体的信誉。

12.1.4　公债的种类

依据不同的标准，公债可以做以下分类。

1. **按公债的发行地域分类**

按公债的发行地域不同，可将公债分为内债和外债。

凡属在国内发行的公债称为“国内公债”，简称“内债”，国内公债的债权人多为本国企业、居民或其他非政府部门，其还本付息均按照本币计算。由于内债的负担人和受益人都限于国内，因此内债只意味着本国资源支配在国内的结构性变化，而国内可支配的资源总量并未增加。通常内债是一国公债的重要组成部分。

凡属在国外发行的公债称为“国外公债”，简称“外债”，国外公债的债权人既有外国政府也有外国银行、企业、各种团体和个人。外债通常以外币为货币单位，且在偿还时也需要以外币为单位进行偿还。与内债相比，举借外债对一国或地区可支配的资源总量是增加的，但在偿还时则意味着一国或地区可支配资源总量的减少。

2. **按债务主体分类**

中央政府公债，通常称为“国债”，是指中央政府以债务人身份对内、对外举借的债务，根据“谁受益、谁负担”的原则，中央政府公债的发行收入往往由中央政府支配，但还本付息也由中央政府负担。

地方政府公债是指地方政府以债务人身份对内、对外举借的债务。在西方国家，市政债券都属于地方政府公债的范畴。通常，地方政府公债的规模、期限、用途、发行方式等由地方政府来决定，相应地，偿还责任也要由地方政府承担。

3. **按偿债期限分类**

一般而言，短期公债（Short-Term Debt）是指偿还期限在1年以内的公债；中期公债（Middle-Term Debt）是指偿还期限在1年以上10年以下的公债；长期公债（Long-Term Debt）是指偿还期限在10年以上的公债。

短期公债通常是政府预算在年度执行过程中发生收不抵支时而举借的公债，其形式是由政府发行短期公债或向银行暂时借款。这种公债在世界各国公债的总额中比重较大，且有日益增长的趋势。此外，在金融市场上，由于短期公债的流动相对较强，其市场交易往往较为活跃，并成为中央银行开展公开市场操作业务的重要对象。在西方国家，一般短期公债可分为3个月、6个月、9个月、1年期四种，其面额起点各国均不相同。基于此，短期公债也往往被称为“国库券”（Treasury Bills）。在我国，习惯上将3~5年期的中期公债也称为“国库券”。

中期公债一般用于弥补财政资金的不足，或增强财政调控能力，其主要是满足政府在较长时期内支配和使用债务收入的需要。2006年10月，我国财政部招标发行了300亿元5年期中期国债。对投资者来说，中期国债也是一种优良的投资品种。

长期公债主要是满足政府在长期内的财政支出、资金融通需要（如建设周期在10年以上的重大公共工程投资）。有时，国家遇到突然变故或重大危机，需要巨额资金支付，而政府在数年内无力偿还时，也需要发行长期公债。长期公债有两种形式：一种是有期债券，发行时规定具体偿还时间，到期必须进行本息偿付，债券持有人有收回本金的权利；另一种是无期债券，发行时不规定还本期限，平时仅按期支付利息，债券持有人有权按期取息。

4. **按照利率的确定方式进行分类**

按照利率的确定方式不同，可将公债划分为固定利率公债和浮动利率公债两种。

固定利率公债的利息率在发行时就确定下来不再变动，无论今后物价如何变化也不做调整，以后公债的利息支付均按既定利率计算。浮动利率公债的利息率则可以随时根据物价指数或市场利息率的变动而进行调整。在一般情况下，公债大多采用固定利率，仅在通货膨胀较为严重或通货膨胀预期较高时，才采用浮动利率公债，以利于公债的发行。

5. **按照是否可以转让或流通进行分类**

按照是否可以转让或流通，公债可分为可转让（流通）公债和不可转让（流通）公债。简单地说，可以在金融市场上自由流通转让的公债称作“可转让公债”，也称为“流通公债”，又称为“上市公债”，即认购者在购入这种公债后，可随时视本身的资金需要状况和金融市场行情而将债券拿到市场上出售。也就是说，这种公债的认购者不一定是债券的唯一或最终持有者。在实践中，公债流通的前提是具备较完整的债券市场。债券市场分为发行市场（一级市场）和流通市场（二级市场）。政府通过一级市场完成公债的发行后，公债的持有者便可以通过二级市场进行流通转让。一般情况下，短期公债和中期公债多为可流通公债，而长期公债和特种公债则不允许流通。目前，各国发行的大多是可转让公债。

不能在金融市场上自由流通的公债称为“不可转让公债”，也称为

"不可流通公债"，又称为"非上市公债"，即使持有者在急需资金时也不能将债券拿到市场上脱手转让。但是，通常情况下可以在一定时间后向政府要求贴现。鉴于其不具有流通性，在各国公债中所占比重不大。

6. **按发行性质分类**

按发行性质，公债可以分为自由公债和强制公债。

自由公债是指由政府发行公债，由公众根据公债的条件自由决定购买与否，不加任何限制。现代世界各国的公债，多为这种形式。

强制公债是指当政府状况异常困难时，凭借政府权力向人民强行推销的公债。其推销方法有根据公民的财产或所得按比例分摊，以公债的形式支付薪金等。现在很少使用这种方法。

12.2 公债管理概述

12.2.1 公债管理的含义

早在20世纪40年代，美国著名财政学家阿伯特在综合考察公债管理有关内容的基础上，就提出了一个较为综合的定义，即"公债管理的含义就是选择公债形式和确定不同公债类型所占的比例数量，作出到期公债的偿还和公债以旧换新的决策，确定公债发行的条件和价格，对不同公债持有者的待遇，有关到期公债和新发行公债的政策及其在政府一般财政政策中的地位等"。概括来说，公债管理是指一国政府通过公债的发行、偿还和市场交易活动，对公债总额的增减、公债结构的变化、公债利率的升降等采取有效措施，以达到筹措资金和稳定经济的双重目的。作为债务者的政府，它的责任不仅包括现存公债的付息和到期公债的还本，还要统筹考虑公债的发行、付息、还本全部过程的决策和经营。而这些又包括了对公债总额、公债结构、公债利率、公债期限、公债流动性的管理。

12.2.2 公债管理的目标

公债管理，就是政府通过公债的发行、转换、偿还和市场买卖等活动，在公债总额和构成、结构变化和利率升降方面，采取有效措施，以满足政府筹措资金、供应开支的需要，同时与财政政策、货币政策相协调，起到经济杠杆的作用，达到稳定经济的目的。公债的管理目标有以下四个方面。

第一，促进经济的稳定与增长。公债管理是服从于整个宏观经济政策的，宏观经济政策的目标也就是公债管理的最终目标。因此，公债管理的最终目标是充分就业、稳定价格和经济平稳增长。这既是公债管理的最终目标，也是公债管理的首要目标，当它与其他目标发生矛盾时，应把这一目标放在第一位。

第二，满足投资者的需要。所谓满足投资者需要，就是在公债品种类型的选择方面和在政府与投资者之间就公债发行条件的确定方面，更好地满足投资者的需要。这一目标可以保证债券顺利发行和财政支出的需要得到满足。因为公债不能强制发行，所以必须双方互利，这样交易才能进行。

第三，利息成本最小化。由于公债利息是由税收筹措的，所以最低的公债利息就是课征最低的税收，这样做有利于减轻私人经济部门的负担，所以争取利息成本最小化是公债管理的另一个直接目标。

第四，减少公债流动性，也就是尽可能发行长期公债。这样一方面可以使政府不致经常筹措还债资金，另一方面可减弱对通货膨胀的影响。

对于公债的管理，有的国家设专门的公债管理机构，负责公债发行政策的制定和交易机构的论证及审批业务。如美国设有专门证券管理委员会，委员会独立行使职权，具有监督执行美国证券交易法的职能。有的是兼管的公债市场管理机构，如英国的贸易部兼管公债券发行的登记，英格兰银行只是根据金融政策的需要，对一定金额以上的公债行使审批权；德国的证券交易则接受所在地政府的监督。

在我国，目前专门的证券管理机构是国务院证券管理委员会，会同中央银行、财政部共同负责对公债市场的全面监督和管理，其管理手段有四种：一是对公债发行数量、期限、种类的管理；二是调整公债利率和再贴现率对市场施加影响；三是审批开办公债市场业务的中介机构；四是参与公开市场活动，管理公债价格。

12.2.3 公债管理的原则

充分考虑公债管理的有关内容，在公债管理中一般应遵守以下几个原则。

1. **债务风险最小化**

所谓债务风险最小化就是指政府应尽可能地降低举借债务的风险，确保政府债务活动安全。通常，政府所面临的债务风险主要包括规模风险、利率风险和筹资风险。公债的规模风险是指公债规模无限膨胀，不仅造成巨大的利息负担，而且危害整个财政体制，造成严重的财政危机和货币危机，影响经济增长目标的实现。公债的利率风险是指因未来市场利率的变化而导致债务成本提高的可能性。筹资风险是指因市场行情变化而导致政府公债债券不能足额销售的可能性，它主要指发行风险，即政府因债券推销困难所导致的财政资金筹集不足的可能性。

2. **债务成本最小化**

所谓债务成本最小化是指政府应在合理条件下尽可能地提高债务管理效率，降低举债的成本。实现这一目标要求政府在遵循市场机制的原则下，能够制定最优的公债发行时机、发行对象、发行方式、调换整理和偿还方式等成本要素方案，最大限度地减少公债利息的风险补贴。

3. **效率最大化**

公债的发行必须以现实经济资源的有效配置和利用为目的。所以，从资源的有限性来看，要求在公债的发行、购买、偿还和使用过程中，既要考虑个体经济效率，又要考虑总体社会效率，公债管理作为政府主动调节经济的一项政策和市场化的管理模式，需要注重协调社会效率和个体效率，使二者达到高度统一。

4. **确保偿还**

公债发行是建立在政府信用的基础上的，这就要求政府要对其发行的公债如期支付利息并保证到期偿还本金。因此，确保偿还既是公债资金流动特性决定的，也是维护公债信誉的必要条件。因为政府以发行公债方式筹集财政资金，仅仅是取得了资金的使用权，并未改变资金的所有权，所以在公债到期时，政府财政必须按照信用原则如数偿还本息，否则以后再举借公债就无人愿意购买了。因此，发行公债必须确保能如期偿还。

12.2.4 公债管理的环节

一般来说，公债管理的环节包括公债发行管理、公债流通管理和公债偿还管理。

1. **公债发行管理**

公债发行管理是指公债如何发行、用什么方式发行和通过什么渠道发行等管理问题，或者解决的是一级市场的问题。在公债的发行环节上，公债管理主要侧重于公债规模的确定、公债结构的形成、公债发行程序的规定三方面的内容。

2. **公债流通管理**

公债流通管理是指公债发行后的流通、转让等管理问题，或者是关于公债二级市场管理的问题。发行市场和流通市场，或者是一级市场和二级市场，是相互促进、相互补充的关系。一个具有较高流动性和安全性的二级市场既能够为新发公债发行条件的确定提供参照，采用市场化的方式发行公债，又有利于提高二级市场的流动性。在二级市场上，公债管理应着眼于对公债流通市场的管理和对上市公债交易的管理。

3. **公债偿还管理**

公债偿还管理是指公债用什么资金偿还、用什么方式偿还等管理问题。公债偿还是公债管理的最后一个环节，同时也是很重要的一个环节。因为公债能否按时足额地予以偿还，对于新发公债能否顺利销售出去至关重要，所以在公债本息的清偿过程中，要着重考虑偿还资金来源的确定和公债调换政策的制定。

12.2.5 公债管理的手段

开展公债管理必须同时兼用法律手段、经济手段、行政手段和技术手段。

1. **法律手段管理**

运用法律手段管理公债是指国家通过立法程序对公债活动制定出具有普遍约束力的行为规范和准则。政府之所以要采取法律手段管理公债，是因为从构成债的法律关系来看，政府与法人或自然人之间产生了公债法律关系。所以，一国公债往往受到该国法律的保护，国外公债也受有关国际法律的制约。公债管理采用法律手段应包括建立健全公债法律、法规和严格贯彻执行公债法律、法规两个方面。

2. **经济手段管理**

运用经济手段管理公债是指政府按照客观经济规律的要求，利用税收、价格、利率等经济杠杆，通过对各种经济活动的引导和调整，处理好债权和债务的关系。由于公债信用关系是建立在债权人和债务人双方自愿的基础上，而社会公众认购公债的直接驱动力是一定时期之后在保本的基础上还能获得一笔收益，因此，运用经济手段管理公债就成为公债管理的主要方法。

3. **行政手段管理**

运用行政手段管理公债是指政府按照行政系统、行政层次，直接发布和下达命令、指示，以制约和规范公债的借、用、还等活动。之所以利用行政手段来管理公债，是因为公债发行的主体是国家，举债的成败关系到国家的根本利益，所以政府在必要的时候可以凭借政治权力和行政权威对公债进行强制性的管理。

4. **技术手段管理**

运用技术手段管理公债是指政府在公债市场上通过建立一套发达的记账、结算、交易和托管系统，促进公债发行市场和流通市场的高效运行。

虽然在不同程度上利用法律手段、经济手段、行政手段和技术手段来管理公债，是国内外公债管理的共同点，但使用的手段在主次上有所不同。目前，我国公债管理基本上以行政手段为主，法律手段和经济手段运用不够，技术手段还有待进一步改进。

12.3 公债发行的管理

12.3.1 公债的发行原则

公债的发行是指由政府售出或投资者认购的过程，是公债运行的起点和基础环节。公债的发行应遵循以下原则。

1. **经济原则**

一是公债的发行要受一定时期国民经济的负担能力制约，要将公债的发行规模建立在国家经济能力可以承受的基础上。二是公债发行结构，包括公债时间、种类结构、利率结构、债权主体结构等都要以一定时期国家的宏观经济形势和国家宏观经济政策的需要为依据，充分利用公债的调节功能，促进总供给和总需求的平衡。三是在发行公债时，要尽可能降低发行成本，提高公债发行的经济效益。

2. **适度原则**

公债的有偿性决定了其发行量并非越多越好，而是保持在一个适度的规模上才行。一般而言，人均公债发行额应小于居民货币收入减去居民正常消费支出额，经济实体平均认购额应小于经济实体货币收入总额减去其生产和事业发展必需的支出额。政府的负担能力体现为公债依存度，即当年公债收入占当年财政支出的比率，这一比率应保持在15%~20%为宜。

3. **便利原则**

便利原则是指公债发行时在种类、时间、方式以及认购手续等方面都必须既方便认购者认购，又方便代销者销售。在债种结构上发行不同种类的公债以满足投资人的不同需求；发行网点要合理设置，为认购者提供便利的认购条件；交易手续要尽量简便，提高工作效率。

12.3.2 公债的发行条件

所谓公债的发行条件是指国家在发行公债之前，以法律形式明文规定的有关公债种类、发行总额、公债票面额、利率、偿还期限、发行价格等事项。公债发行条件涉及的问题较多，直接影响到政府的偿债能力和投资者收益的大小，关系到公债能否顺利推销、政府能否如期筹集到所需的资金等一系列问题。公债的发行条件主要有以下几个方面组成。

1. **公债的发行数额**

公债作为弥补财政赤字、筹措建设资金、调控经济运行的重要手段，在社会经济生活中起着重要的作用。但公债的发行并不是无限量，公债规模也存在着一个适度的问题。如果公债规模失控，就会难以发挥其应有的正效应，给国家财力和社会经济的正常运转带来消极影响。在现实生活中，公债的发行数额受很多因素的影响，主要有以下三个方面。

（1）认购者的承受能力

公债的发行量首先受认购者承受能力的制约。认购者的承受能力是指居民和各经济实体的承受能力。居民的承受能力受制于居民的收入水平和社会平均消费水平。具体而言，居民对公债的认购能力与其收入水平成正比，而与社会平均消费水平成反比。各经济实体的承受能力受制于各经济实体自有资金的数量和维持正常积累的正常需要量。具体而言，各经济实体对公债的认购能力与前者成正比，与后者成反比。

（2）政府的偿债能力

政府的偿债能力是指政府作为债务主体对其所借债务还本付息的能力。政府的偿债能力通常由财政收入增长速度和国内生产总值增长速度两个因素决定。财政增长速度越快，公债的偿还能力越强；反之则越弱。如果一定时期的国内生产总值增长速度快，则在满足了正常的积累和消费后，会有较大的余地为政府所调度。

（3）公债的使用效率

公债的规模在一定程度上受公债使用效益的制约。如果公债是用于投资收益率较高的项目，则公债投资的收益可以满足还本付息的需要，不会形成国家的债务负担。在这种情况下，公债的规模可以大一些。

2. **公债的发行价格**

公债的发行价格有三种形式：平价发行、溢价发行和折价发行。

（1）平价发行

平价发行也称“等价发行”，是指公债的发行价格与公债票面额相同。在这种情况下，公债券按票面额出售，认购者按票面额购入，公债到期时政府也按票面额还本。例如，政府发行票面额为100元的公债券，以100元出售给认购者，到期按100元偿还本金，即为平价发行。采用平价发行，政府的公债发行收入就与将来偿还本金支出相等，公债认购者的收益率也等于公债票面利率。

平价发行的前提条件：市场利率与公债发行利率差异不大；政府信誉良好，值得投资者信赖，相信未来偿还期一定能取得本金和利息。

在市场条件下，由于市场利率经常处于波动中，因此平价发行在发达的金融市场是不多见的。

（2）溢价发行

溢价发行也称“超价发行”，是指公债的发行价格高于公债票面额。在这种情况下，公债券按高于票面额的价格出售，认购者按高于票面额的价格购入，公债到期时政府按票面额还本。例如，政府发行票面为100元的国库券，以102元的价格出售给认购者，到期按100元偿还本金，此为溢价发行。采用溢价发行，政府的公债发行收入将超过将来偿还本金支出，但公债认购者的实际收益率将小于公债票面利率。

公债之所以能够溢价发行，是因为公债券票面利率定得较高，超过了市场利率。于是，公债就成为供不应求的投资品，这样其发行价格可望提高，直至其收益率与市场利率基本一致为止。有的时候制定的公债票面利率虽然与市场利率相仿，但是公债的发行需要经过一段时间，此后在销售阶段市场利率已经回落，政府也可以提高发行价格以减少实际筹资成本。

可见，溢价发行比较有利于政府财政收入。但是溢价发行偿还期长，利息支出有可能与收入相抵，不利于未来财政收入的计划管理和财政预算的顺利执行。另外，也有损政府信用，不利于公债的今后发行。

（3）折价发行

折价发行也称“减价发行”，是指公债的发行价格低于公债票面额。在这种情况下，公债券按低于票面额的价格出售，认购者按低于票面额的价格购入，在公债到期时政府按票面额还本。例如，政府发行票面额为100元的国库券，以97元出售给认购者，到期按100元偿还本金，就是折价发行。采用折价发行，政府的公债发行收入将少于将来偿还本金支出，但对于公债认购者来说，除了得到规定的利息外，还得到票面额与发行价格之差的额外收益。

之所以采用折价发行，是因为公债票面利率低于市场利率，为弥补认购者因此遭受的损失，以折价形式作为补偿；或者因为发行任务较重，为了吸引、鼓励认购公债，以折价形式作为认购的额外收益，以保证公债的顺利发行。

3. **利率和利息偿付**

关于公债的发行利息，大体上可由利率高低的决定和利息偿还的次数与时期来规定。决定公债利率高低的主要因素有三个。

一是市场利率的高低。公民在购买公债前，必须权衡是将货币用于储蓄或投资还是用于购买公债，其权衡的主要依据是收益率，若公债利率低于市场利率，社会借贷资金就会转向银行储蓄，造成公债推销困难。因此，确定公债利率要将市场利率作为参考利率。

二是政府的信用。公民的投资通常要兼顾收益和风险，投资者总要回避风险，在相同的利率条件下，公债因其风险较低而优于其他种类的投资。因此，如果政府信用度高，那么即使公债利率在一定程度上低于市场利率也不难推销。如果政府的信用度较差，那么公债利率必须较高才能顺利出售。

三是社会资金的供给量。公债利率将随社会资金供给量的增多而下降。上述三个因素在确定公债利率时都需兼顾到。公债利息的偿付次数与时期规定取决于公债的管理成本和金融市场的状况，公债的偿还费用会因为付息的次数太多、手续过于繁杂而增加，金融状况也会因为一次付息过于集中而产生波动。

4. **公债的还本期限**

公债的还本期限要考虑举债者的资金需求、社会资金的构成和当时的市场情况。如果资金需求具有长期性，如生产性投资需要，公债的期限就应该长一些。如果资金需求具有短期性，如弥补收支的季节性差异，公债的期限就可以短些。举债者的上述资金需求只有在社会资金可能满足其需要的基础上才有意义。因此，在确定公债的还本期限时还需要考虑社会的资金构成情况。

除此之外，公债的发行条件还有发行与交款期限、发行对象和公债经销单位等。公债发行在确定了以上条件后，就进入了实际操作阶段，即通过怎样的方式将债券售出。

12.3.3 公债发行方式的选择

公债的发行方式是指作为公债发行主体的中央财政代表国家与广大公债投资者之间推销和购买公债的方式。在合适的公债发行方式下，政府将比较顺利或者及时地获取其所需要的债务资金，而投资者也将比较方便地购得其所需公债品种。从目前来看，各国的公债市场采取的公债发行方式主要有公募法、包销法、出售法、交付法等。

1. **公募法**

公募法是指国家向社会公众募集公债的方法，虽然它既可以用于上市公债，也可以用于不上市公债，但一般均为自由公债。通常有以下三种方法。

其一，直接公募法，即由财政部或其他政府部门直接推销。这里有两个可能：一是由财政部门或其他政府部门（如邮政机关等）零额销售，由单位和个人自由认购；二是采用强制派购的形式，即在发行公债时，按地区、部门、企业单位和个人分配发行数，并要求保证完成。这两种可能采用的方法都比较直接，能利用政府部门原有力量，免去与银行等金融机构的交涉协调工作，但是这两种形式过于依赖政府信用，可能会降低公债声誉，造成后期债券推销困难，所以这种方法不宜多用。我国“1989年特种公债”就是采用此种方法发行的。

其二，间接公募法，即由政府委托银行或其他金融机构代为经营。虽然由银行代售要收取一定的手续费，但至少有四个好处：一是简化了发行手续，减少财政部门的公债推销费用，并使财政部门的工作人员从烦琐的公债推销事务中解脱出来；二是能用经济手段迅速顺利地推销公债，使公债收入及时入库和运用；三是由金融机构经营政府公债，能较好地适应社会资金结构，较灵活地调节市场货币数量和流向；四是金融机构本身并不认购政府债券，不会引起中央银行的非经济发行。正因为如此，我国1981—1988年国库券均采用这种方法发行。

其三，公募招标法，即在金融市场上公开招标发行公债。公募招标法是基于投资者自己的判断参加投标，通过竞争依次排列中标者名单，让其认购公债，故又称“公募投标法”。这种方法具体包括以下几种形式。

竞争投标与非竞争投标。竞争投标是政府按投资者自报的价格和利率，从高价或从低利率开始，依次决定中标者名单，一直到完成预定的发行额为止。非竞争投标是政府决定公债的发行价格和票面利率，使投资者就认购数额进行投标，当投标额超过预定发行额时，则按投标额决定投标者的认购比例。

价格投标与利率投标。价格投标是政府事先规定公债的票面利率，由投资者以不同的价格投标结束后，从最高的投标价格开始，依次决定中标者名单，以达到预定发行额时的价格为止。利率投标则是事先规定认购价格，使投资者以各种利率投标，结束后即由发行人从最低的投标利率开始，依次决定投标者名单，以达到预定发行额时的利率为止。

对公债实行多种认购条件和单一认购条件。多种认购条件是指中标者按投标时自报的价格（利率）认购公债，单一认购条件是指中标者按投标后所形成的同一价格（利率）认购公债。

2. **包销法**

包销法又称“承受法”，是指银行或国家特别基金利用余资承担全部公债的方法。只需政府与银行之间签订协议即可，手续简便，收款整齐。

包销法有以下三种具体方法。

其一，由中央银行承受，是指中央银行对政府发行公债，按一定的条件全部承购。这种方法虽手续简单、费用少，甚至无须推销费用，公债收入可以提早入库使用，但是容易引起货币的非经济发行，引发或加剧通货膨胀。所以中央银行承受公债往往有一定的限制条件，如限额承受等。有的国家干脆不允许中央银行承受。

其二，商业银行承受，是指商业银行对政府发行的公债，按照一定的条件全部或部分承受。这种方法在西方一些国家较为盛行。商业银行承受的公债构成其自身的资产。在商业银行资金短缺的情况下，它既可以将债券抛售出去，也可以在政府允许条件下向中央银行贴现或再贷款。商业银行承受和中央银行承受有许多相似之处，不同之处主要是对市场货币流通量的影响程度不一样。

其三，金融集团包销，即由一个承包公司牵头，若干承销公司参与包销活动，以竞争的形式确定各自的包销数额，并按其包销额承担发行风险，收取手续费。金融集团包销是目前国际市场上最常见的包销方式，采用这种方式可以保证大规模公债发行任务的完成，有利于广泛地吸收社会资金，满足国家需要。从20世纪90年代开始，我国部分公债的发行采用这种方法，获得了较好的效益。

3. **出售法**

出售法又称“公卖法”，是指政府委托经纪人在证券市场出售公债的方法。其优点虽然是可以吸收大量的社会游资，调节社会资金运转，但是由于证券市场上资本有一定限量，当公债的发行规模较大时，这种方法不一定能筹集到足够的资金。

4. **交付法**

交付法是指在政府需要支付经费时，对于债权人不是以现金支付，而是以公债券形式支付的方式。这种方式最大的优点是发行极为容易，政府只需付出一些印刷费用。

在上述发行方法中，公募法和包销法是常见的发行方法，出售法和交付法只有在特殊情况下才能使用。

12.4 公债流通市场

12.4.1 流通市场和发行市场的概念

公债流通市场是证券市场的组成部分，按公债交易阶段可以分为一级市场和二级市场。

1. **政府债券的一级市场**

政府债券的一级市场，即政府债券的发行市场，是以发行债券的方式筹集资金的场所。在这个市场上，具体决定公债的发行时间、发行金额和发行条件，并引导投资者认购及办理认购手续、缴纳款项等。政府债券的发行市场没有集中的场所，是无形的观念性市场。政府债券市场由公债筹资人——政府、投资人和中介人构成。政府债券不仅可以直接发行，即由政府自行办理债券的发行手续；也可以间接发行，即由政府委托中介机构办理债券的发行手续。政府债券发行市场的中介人主要有投资银行、承购公司和受托公司等证券承销机构，它们分别代表政府的投资人处理一切与债券发行有关的实际业务和事务性工作。

2. **政府债券的二级市场**

政府债券的二级市场，即政府债券的交易市场，也可称为“流通市场”或“转让市场”，它是买卖已发行的政府债券的场所。它为政府债券所有权的转移创造了条件，提供了方便。交易市场一般是有形市场，具有明确的交易场所。在这个市场上，投资人可以根据对政府债券行情的判断，随时买进或卖出债券。债券的买卖方式包括交易所交易或柜台交易。债券交易市场的中介人有交易商和经纪商。

12.4.2 流通市场和发行市场的关系

公债流通市场和公债发行市场是整个公债市场的两个组成部分，二者存在密不可分的关系。

1. **公债发行市场是公债流通市场的前提**

首先，公债发行市场是中央政府利用公债进行筹资活动的第一步。没有公债发行市场，就谈不上进行公债流通的第二步，在某种意义上，公债流通是公债发行的延伸。其次，公债发行市场为公债流通市场提供了交易对象。尽管并不是所有发行的公债都可以进入流通，但是只有已发行的公债才有可能在流通市场上交易，所以发行的可流通公债越多，流通市场规模才越大。最后，公债发行市场的效率影响公债流通市场交易的顺利开展。如果公债发行方式先进、发行期短，那么公债进入流通就可能比较迅速，人们的投资需求就能比较快地得到满足；相反，如果公债发行方式落后、发行期长，那么公债进入流通就可能比较迟缓，人们的投资需求就难以得到充分的满足。

2. **公债流通市场促进公债发行市场的扩大与完善**

（1）促进公债发行市场的扩大

由于公债流通市场为已发行公债提供了再行出售转让的机会，这就保证了已发行公债具有一定的流动性，而流动性是债券生命力的基点。如果没有公债流通市场，在认购者投资公债后变现机会就会丧失，公债作为投资工具对人们的吸引力就会受到很大影响，公债发行市场也不可能扩大。

（2）为新发行公债条件的确定提供依据

投资人在公债流通市场上买卖公债的收益率及其投资额，直接反映出政府所发行公债的被认可和接受程度。公债流通市场的行情提供了金融市场资金供求信息，是确定新发行公债条件的重要参照，从而有可能制定出更科学合理的公债发行条件。

12.4.3 公债流通市场的功能

公债流通市场不仅能够满足财政合理筹资的要求，而且是货币政策发挥作用的场所和媒介，也为投资者提供了获取投资收益的渠道。

1. **调节社会资金的有效运行**

公债对社会资金的调节是随着公债流通市场与经济社会环境的发展逐渐发展、完善的，并且其调节功能也随之增强。公债的调节功能作用机制是通过中央银行进行公开市场操作，调节货币流通，进而调节整个社会中的货币供给量实现的。

在公债流通市场上，不论是公债承销机构和公债认购者以及公债持有者从事的直接交易，还是公债持有者和公债认购者从事的间接交易，都是社会资金的再分配过程，最终使资金需要者和公债需要者都得到满足，使社会资金的配置趋向合理。若政府通过中央银行直接参与公债交易活动，以一定的价格售出或收回公债，就能够发挥诱导资金流向和活跃证券交易市场的作用。

公债是中央银行在公开市场上最重要的操作工具。中央银行根据对宏观经济形势的判断，逆经济风向行事，通过公债的买进或卖出，来达到增加或减少货币供应量的目的。如果中央银行为了执行紧缩性货币政策，压缩社会需求，就会在公债流通市场上卖出一定数量的公债，回笼一部分社会货币，减少商业银行准备金，达到紧缩货币流通量的目的。相反地，如果中央银行为了执行扩张性货币政策，刺激社会需求，就会从市场买入一定数量的公债，增加商业银行准备金，通过货币乘数效应，成倍扩张社会货币供给，从而达到放松银根的目的。

2. **促使机构投资者加强资金融通与资产管理**

对于广大机构投资者来说，公债流通市场可以促使其提高对资金的融通和资产的管理。具体来说主要包括以下三个方面。

（1）商业银行方面

对于商业银行来说，公债流通市场是其调剂资金头寸余缺的一条有效渠道。由于具有高度的流动性和利息收入的稳定性，公债便成为商业银行重要的储备资产和调剂头寸余缺进行资产管理的筹码。一般来说，公债作为储备资产要比现金和中央银行存款等储备资产合算许多。另外，当商业银行在资金运营过程中出现资金存差和资金贷差时，通过公债回购交易方式，商业银行可以便利地调剂资金余缺，保证银行资金的正常运营，这比拆借方式更安全可靠。

（2）证券金融机构方面

第一，资金融通功能。作为专业从事证券经营业务的经济组织，证券金融机构的自有资金较少，主要靠不断进行资金融通来经营有价证券业务。通过公债流通市场进行融资业务，可以较为有效地满足证券金融机构的短期资金需求，公债流通市场本来就是连接证券市场和资金市场的中间环节。通过公债市场，特别是现货和回购市场，证券金融机构可以方便地变现和融资。

第二，证券资产管理功能。公债自营业务是证券金融机构的一个重要利润增长点，通过公债现货交易，证券商可以灵活地调整其持有的包括公债、股票和基金在内的证券投资组合结构，以实现证券资产保值增值的目的。同时，由于公债现货市场价格变动频繁，通过低买高卖，券商可以套利，获得收益。

（3）保险经营机构方面

对于保险经营机构来说，公债市场是保费收入保值增值的重要渠道。保险业的业务特点决定了保险经营机构现金流量的特点，即一方面有大量稳定的现金收入，另一方面有大量不稳定的保费赔偿支出。因为公债现货市场具有高度流动性和利息收入稳定性的特点，所以在公债现货市场投资和交易中，为保险经营机构提供了一条理想的资产管理渠道。

3. **为投资者提供投资渠道**

公债的财政金融双重职能通过政府与企业的投资渠道，使公债发行可以吸收资金市场上剩余的储蓄资金。这是由于在一个活跃的公债流通市场中，社会资金可以方便地流入或流出，企业与居民的富余资金能够投入债市获取收益，在需要兑现时又能及时地在市场上卖出债券，这既增加了投资渠道，又丰富了居民的金融资产替代选择。在金融市场发达的条件下，包括公债市场在内的债券市场和股票市场相互配合产生了不同类型的投资工具，为投资者提供了可供选择的收益-风险组合，投资者能根据外部环境的变化适时调整自己的投资策略。公债市场还是连接货币市场和资本市场的渠道，使一些本来不易进行长期产权投资的短期资金，也有可能参与到资本市场的投资中来，尽管有时这些短期资金只能在这个市场上停留两三个月，但新的短期投资者的不断加入，会形成新的接替关系，由此实现全社会投资规模的扩大。这样不仅为投资者提供了投资渠道，使其获得了收益，也起到了扩大投资的作用。

12.4.4 公债的交易组织形式

公债的交易组织形式通常有两种类型，一种是交易所交易，另一种是柜台交易。

1. **交易所交易**

（1）交易所交易的特点

在证券交易所进行的债券买卖，称为“交易所交易”。政府债券与其他债券、股票一样，可以通过证券交易所进行交易。证券交易所的组织形式为会员制或公司制。会员制证券交易所是以自然人或法人为会员的不以营利为目的的股份有限公司。交易所交易有如下几个特点：有集中的、固定的交易场所和交易时间；有较为严密的组织和管理规则；交易所采用公开竞价的方式进行交易，是持续性的双向拍卖市场。

（2）交易所交易的基本做法

在交易所中从事证券交易的主要有证券经纪商和证券交易商。证券经纪商代理客户买卖证券，从中赚取佣金（手续费），不承担交易风险；证券交易商为自己买卖证券，赚取买进价与卖出价之间的差价，承担交易风险。交易所交易以代理买卖为主。由于买卖证券的双方均不能进入交易所直接进行交易，因此投资人若要利用证券交易所买卖政府债券，只能委托交易所成员的经纪人公司或证券公司代为办理，并按规定支付一定的佣金。委托的方式是向经纪人公司或证券公司开出指令（称“买单”或“卖单”），指令上注明是买进还是卖出、买卖政府债券的种类、要买卖的数额、以什么样的价格买卖以及在多长时间内有效等内容。接受委托的经纪人公司或证券公司，根据委托人的要求，在交易所寻找买主或卖主，促成买卖交易，交易所交易中的转让价格是由经纪人公司或证券公司根据委托人限定的价格范围通过激烈的竞争形成的。经纪人在交易中遵循“价格优先”和“时间优先”的原则，即标价相对较高的买者可以优先于标价相对较低的买者买到证券，报价相对较低的卖者可以优先于报价相对较高的卖者卖出证券。在标价或报价相同的情况下，则按指令发出时间的先后顺序成交。

2. **柜台交易**

（1）柜台交易的特点

柜台交易即在证券交易所以外的场所进行的债券交易，称为“店头交易”或“场外交易”。这种交易是在证券公司之间或证券公司与客户之间直接进行的。柜台交易的证券大多为未在交易所挂牌上市的证券，但也包括一部分上市证券。20世纪70年代后，世界范围的柜台交易得到迅速发展。目前，美国和日本的债券交易绝大部分是以柜台交易方式进行的，我国也是如此。柜台交易具有以下特点：不固定交易场地和交易时间的无形市场；交易规则较为灵活，手续较为简便；采用协商议价的方式进行交易。

（2）柜台交易的基本做法

柜台交易分为自营买卖和代理买卖两种业务，其中自营买卖所占的比重较大，代理买卖所占的比重较小。也就是说，柜台交易是以自营买卖为主的。

自营买卖，指证券公司作为交易商为自己买卖证券，赚取差价。基本做法是：证券公司以批发价格从其他证券公司买进证券，然后再以零售价格将证券出售给客户；或者证券公司以零售价格向客户买进证券，然后再以较低的价格批发给其他证券公司。证券公司通常以报价的方式表明其买或卖的意愿。由证券公司报出的愿意买入的价格称为“出价”，报出的愿意卖出的价格称为“要价”，两者的差额即为价差。价差是证券公司经营自营业务的利润。要想了解某种债券的交易是否活跃，只要注意证券公司所报出的买卖价差就可略知大概。一般债券的买卖价差为0.5%，而流动性较差的债券，价差则在1%以上。

代理买卖，指证券公司作为经纪人，根据客户的委托，代理客户买卖证券，赚取佣金（手续费）。在从事代理业务时，经纪人须为客户的利益打算，但在交易中不承担任何风险，其所得的报酬即为佣金。基本做法是：证券公司依照想买入证券的客户委托的买价或依照想卖出证券的客户的卖价，尽可能地以对客户最有利的价格成交，然后向客户收取佣金。例如，当某客户需要卖出债券时，即与他的代理商行（某证券公司）接洽，该代理商行立刻向三四家证券公司了解行情，然后将其了解到的各家证券公司的报价告知客户，如果客户认为满意，就可以委托该代理商行代为卖出。

自营买卖所赚价差的多少和代理买卖所收取佣金的多少均由各国证券公司行业协会统一规定。

12.5 公债偿还的管理

政府发行公债，总是要偿还的。公债反映政府与持有人之间的信用关系，尽管各国公债偿还的方式各有不同，但公债的偿还是需要政府财力的有效支撑的。

12.5.1 公债资金偿还的形式

公债作为公共部门以信用方式举借的债务，最终是要偿还的。公债通常依照公债发行时的契约或法律规定的条件进行偿还。公债的偿还是指国家依照信用契约，对到期的公债支付本金和利息的过程，它是公债运行的终点。常见的偿还形式有以下几种。

1. **买销偿还法**

买销偿还法是指政府按照公债的市场价格，在公债偿还期内，通过定期或不定期地从证券市场上赎回一定比例的债券，购回后不再卖出，以至于在这种债券期满时，已全部或绝大部分被政府所持有，从而债券的偿还在实际上已变成一个政府内部账目处理问题。其赎回价格一般高于票面额，债券持有人可视资金松紧情况自由决定是否出售债券。由于各国普遍进行所谓的公开市场业务活动，通过中央银行大量买卖政府债券（主要是短期公债），上述购销形式就成为短期公债还本的主要形式。这种方式的优点是给投资者提供了中途兑现的可能性，并对政府债券的价格起支持作用，有助于增强对公债的信任感和稳定感。同时，政府还能够达到调节社会资金的目的。这种偿还形式只适用于可转让债券。在公债市价低于票面价格的情形下运用买销法，对财政较为有利。在西方发达国家，买销偿还法的优点是偿还成本较低，操作简单，并可体现政府的经济政策；缺点是有提前或拖后偿还债务的可能，背离了公债偿还的信用契约。

2. **抽签偿还法**

抽签偿还法有两种形式：一种是定期抽签法，即国家根据公债的偿还年限及比例规定，按债券的号码定期分次抽签以确定每年所偿还的公债的方法；另一种是一次抽签法，是国家在公债第一次偿还之前，把归还期内所有公债券号码一次抽签以确定每年所偿还的公债的方法。抽签偿还法的优点是有利于国家安排偿债计划；缺点是偿还期限固定，政府机动性较小，不利于公债的流通。

3. **一次偿还法**

一次偿还法是对发行的公债实行在债券到期日一次还本付息。这种偿还方式简单易行，但可能造成财政支出急剧上升，给国库带来较大压力。

4. **调换偿还法**

调换偿还法是国家通过发行新债替换到期旧债以偿还公债的方法，即到期债券的持有者可用到期债券直接兑换相应数额的新发行债券，从而使到期债务后延。这种偿还方式的优点是增加了筹措还债基金的灵活性，在新债券需求量较大的情况下对原持有人有利；缺点是若经常使用这种偿还方式，实际上等于无期限推迟偿还，终究会损坏政府债信。

5. **分期逐步偿还法**

分期逐步偿还法是对一种债券规定几个还期，每期还本一定比例，直至债券到期时，本金全部偿清。这种偿还方式可以分散公债还本对国库的压力，避免集中偿还给财政带来的困难。但在这种偿还方式下，须频繁地进行本金兑付，公债利息率也往往有差别的规定。还本越迟利息率越高，以求鼓励债券持有人推迟还本期。因而政府公债偿还的工作量和复杂程度势必会因此加大。

12.5.2 公债偿债资金来源

无论采取什么方式偿还公债，国家都必须有稳定充足的资金来源。偿债资金的来源主要有以下几个。

1. **预算直接拨款**

预算直接拨款，也叫“经常性预算收入偿还”，是指在经常性预算中用经常性预算收入安排当年应偿还的债务支出。由于税收是经常性预算收入的主要来源，所以这种偿还方式实质上是用现期税收来偿还前期公债，在实践中会遇到种种问题。如果政府财政有能力每年拨出专款用作公债偿还支出，也就没有必要发行公债，或者没必要每年发行那么多公债。举债国通常的状况是，政府财政资金紧张，不敷支出需要，有余力偿还公债的情况比较少见。除非在财政状况较为充裕时期，政府一般不可能通过预算列支并靠正常财政收入偿还公债。否则，即使在预算中列支，也常常会被作为支出的“软项”，在正常的财政收入紧张时被挤掉而使“偿债支出”有名无实。而为了保证公债到期偿还，政府必须寻求正常财政收入之外的财源，即再发行公债以筹措资金，进而形成“预算列支，举债筹资”的局面。

2. **预算收支盈余**

预算收支盈余就是政府在预算年度结束时，以当年财政收支的结余作为偿还公债的资金。若盈余多，则偿还数额也多；若盈余少，则偿还数额也少；若无盈余，则无款可用于偿债。就各国的情况来看，这种靠结余作为偿债来源的办法实属理论上的假定。这是因为，一方面，当今各国公债的规模大都呈现日益增加之势，每年都有大量的到期债务需要偿还；另一方面，各国财政收支的平衡也愈来愈困难，收支不能相抵的年份愈来愈多，赤字数额越来越大，即使偶有盈余，也远不济当年偿还公债之需。况且，为了能长期不断地发行债券，也必须按期及时偿还公债以维持政府信誉，根本不可能视财政结余的多寡来决定偿还公债的数额。

3. **设立偿债基金**

设立偿债基金就是政府预算设置专项基金用以偿还公债，即每年从财政收入中拨出一笔专款设立基金，由特定机关管理，以备偿付公债之用。而且，在公债未还清之前，每年的预算拨款不能减少，以期逐年减少债务，故又称作“减债基金”。从实践来看，设立偿债基金是弊多利少。其利处在于：设有偿债基金的公债，较为投资者欢迎，因而其发行的价格能高于条件相同或类似的同值证券。其弊端在于，偿债基金常被挪作他用，当国家有某种特别开支需要时，政府开征新税不如挪用减债基金方便且阻力小。此外，政府因设置基金而被迫定期定额拨款，也会使预算的安排失掉一定的灵活性，而当预算平衡出现严重困难时，又势必忽略按年拨付基金，或者为拨付偿债基金，势必发行新的债券。这样一来，政府负担可能会因此加重，且会引起不必要的管理混乱。也正因为如此，建立偿债基金的办法，虽然在一些西方国家试行过，但最后大多以失败告终。

4. **举借新债偿还**

举借新债偿还是指政府发行新债券为到期债务筹措偿还资金，也就是以借新债的收入作为还旧债的来源。这既有实践上的必然性，也有理论上的合理性。从各国的财政实践来看，各国政府的公债积累额十分庞大，每年的到期债务已远非正常的财政收入所能担负，偿还到期债务的资金来源依赖于不断地举借新债。从理论上来说，可以将公债看作储蓄的延长形式，在正常情况下，任何储蓄，从个别讲，有存有取，但从总体讲，则是只存不取。公债同样如此，从单项债务来看，它有偿还期，但从总体来看，它实际上并不存在偿还期，而是可以用借新债还旧债的办法，无限期地延续下去。或许正因为如此，通过发行新公债的办法为到期债务筹措还本资金，便成为各国政府偿还公债的基本手段。1994年以前，我国偿还债务的资金来源主要是预算列支；1994年以后，我国开始采用举借新债偿还的方法。

5. **发行货币**

货币只能由国家统一发行，因此政府可以靠发行货币来增加自己的收入，并用它来偿还债务。从形式上看，政府履行了偿债义务，但实际上是一种推卸偿还责任的行为。虽然随着国民经济的增长，流通中需要的货币量会增加，但货币的增加不能超过一定限度，一旦超过一定限度就会引起货币贬值。当通货膨胀较轻微时，公债的实际利率就会低于债务契约所规定的利率。当通货膨胀率高于名义利率时，实际利率就会被一笔勾销，债权人等于无偿贷款给政府，在通货膨胀十分严重的情况下甚至连本金也不能全部收回，在这种情况下政府信誉将受到很大影响。

12.5.3 公债的付息方式

公债发行之后，除短期者外（已通过折价发行预扣利息），在其存在的期间内必须付息。由于公债在发行时已经规定了利息率，每年应付的利息支出是固定的，政府在公债付息方面的主要任务是对付息方式包括付息次数、时间及方法等做出相应的安排。

公债的付息方式大体可以分为两类。一是按期分次支付法，即将债券应付利息，在债券存在期限内分作几次（如每一年或半年）支付。一般附有息票，债券持有者可按期剪下息票，兑付息款。二是到期一次支付法，即将债券应付利息同偿还本金结合起来，在债券到期时一次支付，而不是分作几次支付。

12.5.4 公债的偿付制度

公债的偿付制度以政府是否具有选择还本付息方法的权力为标准，一般可分为强制偿付制度和自由偿付制度两类。

1. **公债的强制偿付制度**

公债的强制偿付制度，是指关于公债的偿付日期、金额、场所、方法及其他各种偿付条件，都必须按照法律或契约规定执行，政府不得自由变更。

优点：① 定期偿付公债，可以维持国家的信誉；②因为有强制偿付的规定，可以使政府在发行公债时，在发行条件上做出更有利于政府的规定，并且可以使公众对公债认购持更积极的态度；③政府因为有强制偿付制度的规定，也可以避免公债的过多累积，避免财政陷入困境。

缺点：①公债的偿付缺少灵活性，公债的偿付应当权衡国民经济的状况，选择最恰当的时机进行，在强制偿付制度下，国家失去偿付的自由选择权，而规定的偿付期却可能并不适合国民经济运行状况的需要；②严格遵守公债偿付的有关法规，有时会导致国家发行高息公债以偿付低息到期公债。

2. **公债的自由偿付制度**

公债的自由偿付制度，是指政府对公债的偿付不受法规或契约的约束，政府可以自由决定偿付日期、方法等。

优点：①政府有行动的自由，可以选择在财政有结余时进行公债偿付，这样对政府有利，对经济也有利；②政府可以选择适合国民经济运行状况的时机进行偿付，这样既有利于国家宏观经济政策发挥效用，也有利于增加国家信用。

缺点：由于公债的偿付是自由的，可凭政府意志进行，就很容易拖延偿付以致国家债务累积起来，使以后的公债更难偿付；财政还本付息的负担不断加重，还会对政府未来的举借公债造成不良影响，使以后的公债发行条件对政府不利。在公债自由偿付制度下，政府可以凭其权力自由废改，从而失去了一定的偿还政策，还不如强制偿还制度有一定的偿还方针政策可循，使政府的财政行为受到一定的限制，这对建立正常的财政经济秩序可能有利。

12.6 公债的影响与负担

12.6.1 公债对经济的影响

1. **公债对经济的积极影响**

第一，发行公债可以调节社会总供给和总需求，充分运用社会资金，从而减轻经济周期波动。当一些社会资本处于闲置状态，特别是经济衰退时期闲置资本较多时，通过发行公债可以吸收社会闲置资金扩大政府的公共支出，从而扩大社会有效需求，有助于克服经济衰退，促进经济发展。在经济过度繁荣阶段，通过增加税收建立偿债基金能够抑制经济发展的过旺势头，有利于经济的稳定发展，减轻经济周期的波动。

第二，政府通过公债可以广泛吸收、有效集中社会上的小额游资用于政府投资，从而有助于整个社会经济的发展。这些资金分散在广大公众手中，由于每人所持数额太少，难以达到有效投资量，因而无法用于投资，造成了社会资金的浪费。发行公债有利于充分有效地利用社会闲置资金，加快经济发展速度。

第三，公债是调节金融市场运行状况的有效手段。当物价上涨迅猛时，政府通过发行公债，吸收社会资金以减少货币流通量，从而起到平抑物价的作用。当银行贷款利率上升时，公债价格会下跌，这时政府可以通过偿还公债或收买公债的方式，增加社会货币资金的供给量，从而保证国民经济的正常运转。

2. **公债对经济的消极影响**

公债对经济的影响是双重的。积极方面的影响是它能够弥补财政赤字。与此同时，由于利用公债政策有一定的限度，所以一旦超过了这一限度，公债就带来了消极的副作用。特别是，长期推行赤字财政政策，成为财政的沉重负担，会对经济发展产生消极影响。

首先，在金融市场上资金一定的情况下，通过挤出效应排挤了一部分私人投资。如果政府以优惠条件同私人投资者竞争，将影响主要是由货币供求关系决定的市场利率，成为利率波动的因素之一。

其次，公债除了一部分由企业、公司和个人购买外，如果还通过中央银行承购一部分，则中央银行购买公债的过程，就是向流通中投入货币的过程，且通过货币乘数进一步扩大货币流通量，会引起通货膨胀。

最后，公债在累积过程中使政府支出中的利息费用迅速增加，从而成为财政的沉重负担，限制了财政政策功能的发挥。

3. **公债政策的利弊权衡**

第一，从公债发行环境的角度分析，公债发行首先看其对经济发展有无稳定作用。在经济衰退和繁荣阶段，公债政策如果运用得当，就能发挥出良好的调节作用。经济繁荣时期社会资金投向利润率高的行业，容易形成过度繁荣。这时政府发行公债可以吸收部门社会资金，防止通货膨胀局面的出现。当经济衰退时，消费与投资都不足，政府可以运用公债政策扩大公共支出，以免资本冻结而阻碍经济发展。另外，当国民纳税负担能力低、增加税收较困难时，运用公债为政府的公共支出筹资不失为较好的选择。

第二，从公债收入使用的角度分析，公债使用方向不同将对经济产生不同的影响。如果公债收入用于政府投资，就可以增加资本累积，使公共设施和基础设施得到改善，加速经济发展的进程。特别是，在经济衰退时期，政府将公债用于各种公共设施，可以提高就业率，增加有效需求，刺激私人投资，通过财政乘数扩大生产，促进经济的复苏和繁荣。

4. **公债政策与通货膨胀的控制**

公债政策指政府在公债总额的增减、公债结构的变动和利率的升降等方面所规定的方针和采取的措施，这些具体措施涉及通货膨胀问题。

（1）公债发行方式和通货膨胀

不同的公债发行方式对经济的影响是不同的。公债采取公开发行方式向私人部门推销，是政府通过公债将私人购买力归为自己支配。从整个社会来讲，发生的变化仅仅是购买力的转移，一般不会引起通货膨胀。

公债由商业银行以吸取存款或创造信用的方式承购。假如商业银行以其吸取的存款购买公债，那么同公开发行一样不会引起通货膨胀。假如商业银行以创造信用方法购买公债，再变成流通手段和支付手段的增加，使流通中的货币量超过其客观需要量，就会引起通货膨胀。

中央银行通常用创造信用的方式购买公债。它把所认购的公债金额列入政府往来账户，政府根据账户上的虚假存款开具支票或支取现金以安排各种政府支出，这就直接增加了流通中的货币量，会引起通货膨胀。

（2）公债的结构和通货膨胀

公债是否会引起通货膨胀与公债结构有密切关系。不同种类、不同期限和不同持有者结构的公债，对通货膨胀的影响是不同的。

从公债种类结构方面说，由于可交易公债能在证券市场上买卖，能影响流通中的货币量，所以它可能引起通货膨胀；同理，由于不可交易的公债不能在证券市场上买卖，所以它对通货膨胀的影响较小。

从公债期限结构方面说，长期公债流动性较小，对通货膨胀的影响也较小；中短期公债的流通性较大，容易引起通货膨胀。这是因为商业银行购买中短期公债虽然可以增强其资产的流动性，但是可能引起通货膨胀。中央银行在执行公开市场业务时，大量购进或抛出中短期公债，有时与其调节经济的目标不一致，也会引起通货膨胀。

从持有者结构方面看，不同的持有者结构对通货膨胀的作用也是不同的。中央银行持有公债是为了调节经济，需要不断地抛出和购进，如果操作不当就会引起通货膨胀。在私人投资者持有的公债中，商业银行主要持有中短期公债，保险公司和储蓄银行等持有长期公债，个人投资者也主要持有长期公债，因此通货膨胀的风险主要在商业银行。商业银行和中央银行在证券市场上买卖公债的行为可能引起通货膨胀，如中央银行购进公债，商业银行抛出公债，会加强商业银行的贷款能力，出现通货膨胀的倾向。

12.6.2 公债负担

公债不是一个孤立的经济范畴，它与一个国家的国民经济和财政收支状况密不可分。因此，判断与确定一国的公债是否适度不能仅仅看公债本身的绝对值，其不能准确地反映一个国家的应债能力与财务负担状况，必须用被国际上公认并经常使用的指标和经验数据来对各国的公债规模进行考察，并依此对中国的公债发行规模做出理性的分析判断。

1. **公债负担概念**

纳税人不仅要进行债务的还本付息、支付税收，而且要承担公债的实际成本。尽管债务发行要增加政府可支配的资源，在资源使用期间却不会把实际成本加在任何人身上。在存在公债的情况下，为了给债务利息提供资金，纳税人被强制纳税。这些由债务筹资的公共支出的实际成本，是对以前发生的公共支出的支付。

公债的负担由直接负担和间接负担两部分组成。借债总要还的，因此直接负担是指还债收入来自税收，增加税收必然会减少纳税人的福利，即马克思所说的“公债是延期的税收”。间接负担是指公债会给经济带来损失，间接影响公众的利益。公债负担可以从以下三个方面考虑。首先，公债作为认购者收入使用权的让渡，虽然让渡是暂时的，但对其经济行为会产生一定影响，所以发行时要考虑认购人的实际负担能力。其次，政府即债务人负担，尽管政府借债时获得了经济利益，但偿债也体现为一种支出，借债过程同时也是公债负担的形成过程，所以政府发行债务时要考虑偿债能力，量力而行。最后，纳税人的负担，不论公债的资金使用方向如何，效益高低，公债是对将来税收的预支。

2. **公债负担的衡量**

由于各种制约因素的存在，公债规模是否合理不能单纯地从公债规模的绝对数来考虑，相对指标在衡量国债负担时更具普遍意义，目前国际上通用的衡量公债规模的指标主要有：公债依存度、公债偿债率、公债余额、外债偿债率、外债负债率、公债负担率等。

公债依存度，是指在一个财政年度内，一国政府当年国内公债收入占财政支出的比重。它反映一个国家的财政支出中有多少是依赖发行公债收入来筹集资金的。公债依存度越高，表明财政支出对公债收入的依赖性越强，国家财政运行处于较为脆弱的状态，并对今后财政的运营构成隐患。国际上通常认为这一指标控制在15%~20%为宜。

公债偿债率，是指在一个财政年度内，国内公债还本付息额占财政收入的比重。它反映一个国家的财政收入中有多少是用于安排偿还内债的。公债偿债率越高，表明偿债负担越重，偿债能力越弱。

公债余额，是指一国历史累积下来的待偿公债的总额。根据国际经验，发达国家一般认为公债累积余额不应超过GNP的45%。

外债偿债率，即当年还本付息额占出口及劳务性外汇收入的比率。它反映外债的偿还与国家外汇收入的关系。目前国际上一般认为，外债偿债率保持在20%~25%，这个国家的债务规模是比较合适的。

外债负债率，即外债余额占出口及劳务性外汇收入的比率。这也表明了外债与外汇收入的关系。国际上认为，只有这一指标保持在100%~120%，债务状况才是安全的。

公债负担率，又称“国民经济承受能力”，是指一定时期内公债余额占GNP的比率，该指标可以揭示一国公债的负担情况，同时也反映了公债规模增长与国民生产总值增长的相互关系。公债负担率越高，表明一国国民经济承受的经济负担越重，偿债能力越差。目前，国际上尚未有普遍认同的控制线标准。一般而言，该指标控制在45%以内比较理想。

在我国，要通过不断采取调整公债政策，规范公债市场，优化公债结构等措施，使国民经济应债能力得到较好的释放。既要充分发挥公债对国民经济增长的拉动作用以及对经济运行的反周期调节作用，又要防止公债规模过大对财政收支造成难以承受的压力，避免像某些发展中国家那样因政府债务问题而陷入信用危机和财政危机。

■ 资料链接：中国政府债务规模究竟几何？

2018年以来，地方政府债务隐忧再次浮上水面。数个平台公司出现违约，诸多地方债务融资项目难产，风险逐步暴露。云南、天津的省级融资平台以及西安等市级平台相继出现违约。2018年1月11日，因云南省国有资本运营有限公司未准时还款，中融国际信托旗下的中融-嘉润31号集合资金信托计划无法向委托人分配信托利益，这一事件被市场人士解读为省级城投债的违约事件的开端。

融资能力和评级较高的省级融资平台相继出现违约兑付风险，而相对来说信用评级较差、财政状况堪忧的三四线城市及县市级政府所发行的城投债更受到严重质疑。2018年以来，这一类型的城投债发行难度陡升，甚至出现取消发行的情况。地方政府债务背后隐含的巨大风险受到了中央高层的持续关注。地方政府债务可能存在的风险无疑为未来中国的宏观经济增长与金融市场稳定蒙上了阴影，而要正确评估地方政府债务所隐藏的风险，必须首先回答地方政府债务规模究竟几何的问题。

本文基于一定的统计方法对省级层面的地方政府债务规模进行合理估算，从而回答了这一问题。从整体上来看，2017年，中央财政债务余额约为13.47万亿元，地方显性债务规模约为18.58万亿元，两者之和为32.06万亿元，占当年名义GDP的比重约为38.76%，负债率低于国际通行的60%警戒线，但如果计入地方政府的隐性债务23.57万亿元，负债率就上升至67.26%，债务风险较高。从省级层面来看，江苏、浙江等东部省份负债绝对规模较高，但相对负债率较低，总体风险可控，而贵州、青海等西部省份债务风险较高。测算表明，共有11个西部省市、2个东部省市、2个东北省份的总负债率水平超过了60%，值得进一步关注。

吴盼文等（2013年）使用各个部门的公开资料，对我国宽口径的隐性债务规模进行了估算，作者的测算表明，截至2012年底，中国政府性债务规模约为82.7万亿元，隐性债务（作者计算的隐性债务口径包括了政策性金融债、政府支持机构债、养老金缺口、国有企业债务、金融机构不良贷款、事业单位债务、地方政府隐性债务，规模较大）约占89.8%，地方政府债务约为10.77万亿元（隐性债务部分为10.24万亿元）。作者发现，国企债务是中国政府性债务的主要组成部分，未来养老金缺口、政府支持的机构的债务（例如原铁道部债务、国开行等政策性金融机构债务）将是中国政府隐性债务的主要问题。

资料来源：张明，朱子阳.中国政府债务规模究竟几何？[N].腾讯网-财经杂志，2018-07-23。

◎ **关键概念**

公债；公债的发行；公债的发行价格；公债的流通；公债交易价格；公债的偿还；公债影响；公债负担

复习思考题

1. 什么是公债？公债有哪些种类？
2. 公债管理的目标和原则是什么？
3. 简述公债发行的条件。
4. 简述公债流通市场的功能。
5. 试述公债资金偿还的形式。

推荐阅读

- 要想对公债的内容做更深入的了解，可阅读孙玨、陶志梅主编的《公共经济学》（经济科学出版社2008年版，第284～310页）中关丁“公债的概述、发行与管理、影响与负担”的论述。

13 公共预算

公共预算是公共经济的重要内容。它是指一国政府在一个预算年度内的财政收支计划，是经国家权力机构批准的法律文件，反映了政府活动的预定范围和方向。同时，反映出政府的宏观经济政策倾向。公共预算的工作程序大体可分为预算的编制和审批阶段、预算的执行阶段、决算的编制和审批阶段。公共预算的编制是公共预算计划管理的起点，是公共预算能否顺利实现的前提。审批是预算的第二阶段，需经国家立法机构审查通过。公共预算的执行是整个预算工作过程的重要环节。为了保证预算执行的顺利进行，改革了传统的支付体制为现行的国库单一支付制度。政府决算实际上是经法定程序批准的年度公共预算执行结果的会计报告。预算管理体制，又称“财政管理体制”，是在中央与地方政府，以及地方各级政府之间规定预算收支范围和预算管理职权的一项根本制度。我国现行的预算管理体制为分税制。本章主要阐述公共预算的概念、特点，概述了公共预算的程序，提出了创建中国预算管理体制改革的设想。

本章重点

- 公共预算的概念和特点
- 公共预算的执行
- 国库单一支付制度
- 我国预算管理体制

13.1 公共预算概述

13.1.1 公共预算的概念和特点

1. **公共预算的概念**

公共预算是公共经济学的主要组成部分。在现代社会条件下，几乎全部政府收支活动都在公共预算的框架下进行。公共预算由政府提出，经过立法机关审议批准，是立法机关控制公共管理的重要工具。它是政府对年度财政收支的计划安排，是政府以法律文件的形式有计划地集中和分配财政资金、调节社会经济生活的主要财政杠杆，它反映政府的方针、政策，规定政府活动的范围和方向。

公共预算制度萌芽于13世纪，发祥地在英国，是在立法权力与行政权力相互斗争中产生、发展的。1215年，英国政府颁布的《大宪章》，使议会获得了赋税的立法权。资产阶级革命后，议会进而控制了政府的支出，旋即又获得审计监督权。1787年，在首相威廉·皮特任职期间，议会通过总基金法案，将所有基金合并为一项联合王国总汇基金。规定此基金的原则是除特殊情况外，所有公共收入皆纳入此基金，而所有公共支出都出自这一基金。19世纪中叶，立法部门对财政的控制权确立，议会具有经费核准、拨款、审查的权力。至此，预算制度不仅对财政拥有严密的控制权，而且成为指导、监督、批评、调控行政活动的最有效工具。

从形式上看，公共预算的编制是政府对公共财政收支的计划安排，预算的执行是公共财政收支的筹措和使用过程，决算则是公共预算执行的总结，所以公共预算就是按一定标准将公共收入和公共支出分门别类地列入特定的计划账目表，可以使人们清楚地了解政府的财政活动。从实际经济内容上看，公共预算反映政府活动的范围、方向和政策。由于公共预算要经过国家权力机关的审批才能生效，因而它又是政府的重要立法文件，体现政府权力机构和全体公民对政府活动的制约和监督。具体可以从以下三个方面来理解。

第一，公共预算是政府具有法律效力的基本财政收支计划。这是从公共预算在整个国民经济计划管理的关系中所占的地位来说的。在整个国民经济计划管理中，公共预算处于主导地位，对其他收支计划有着重大的影响和制约作用。

第二，公共预算是政府参与国民收入分配和调节社会经济活动的主要财政杠杆。公共预算的收入和支出体现中央与地方、国家与企业、国家与个人的分配关系，是政府实现其职能的重要工具。

第三，公共预算反映整个国家的方针、政策，规定政府活动的范围和方向。体现了一定时期内政府的施政方针和要达到的政治、经济及社会发展目标。

综合上述，我们把公共预算定义为公共预算就是政府在一定时期内（通常在一年内），为了保证政府职能的有效运转，以法律形式表现出的政府年度财政收支计划。

2. **公共预算的特点**

公共预算具有五个特点。

第一，计划性。公共预算是政府的公共收支计划，在财政年度内，政府必须按照公共预算的安排来执行收支，不得随意超越和违背。

第二，透明性。除少数特殊情况外，公共预算的主要内容应通过多种渠道向所有社会公众公布，以便全社会监督政府的活动。

第三，全面性。除少数特殊项目外，政府所有的财政收支都要纳入公共预算，确保立法机关和社会公众对政府行为的全面约束和监督。

第四，法律权威程序性。预算经立法程序批准后就有了法律权威性，任何违反公共预算的行为都是违法行为，都将受到法律的制裁。

第五，政治程序性。公共预算的整个过程是通过一系列政治程序完成的。

13.1.2 公共预算的分类

公共预算主要有以下五种分类。

1. **按照不同的政府级别，公共预算可分为中央公共预算和地方公共预算**

中央公共预算是反映中央政府活动的财政收支计划，在公共预算体系中占主导地位；地方公共预算是反映地方政府活动的财政收支计划，是组织、管理公共预算的基础环节。我国的中央预算由中央各部门的单位预算和中央所属国有企业财务收支计划组成，即由中央各部门的预算及地方向中央的上交收入、中央对地方的返还或补助数额组成，它在公共预算中占有主导地位。地方政府的预算就是地方政府的财政收支计划。地方预算由省（自治区、直辖市）本级和所属市和县（市、自治县）预算组成。包括本级各部门的预算及下级政府向上级政府上交的收入、上级政府对下级政府的返还或补助数额。地方预算在公共预算中占有重要地位。

2. **按照不同的编制形式，公共预算可分为单式预算和复式预算**

单式预算是传统的公共预算编制形式，将政府的全部财政收支汇集编入一个总预算内，形成一个收支项目安排对照表；复式预算是将政府的全部公共收支按经济性质归类，分别汇编入两个或两个以上的预算，从而形成两个或两个以上的收支对照表。

3. **按照不同的预算作用时间，公共预算可分为年度预算和中长期预算**

年度预算是指预算有效期为1年的财政收支计划；中长期预算是指预算有效期在1年以上的财政收支计划，其中1年以上10年以下的预算是中期预算，10年以上的预算是长期预算。

4. **按照不同的收支管理范围，公共预算可分为总预算和单位预算**

总预算是各级政府的基本收支计划，由各级政府的本级预算和下级政府的预算组成；单位预算是各级政府的直属机关就其本身及所属行政事业单位的年度经费收支所汇编的预算，是各级总预算的基本构成单位。

5. **按照预算的编制方法，公共预算可分为增量预算和零基预算**

增量预算是指预算年度的财政收支计划指标的确定，以上年财政收支执行数为基础，再考虑新的年度国家经济发展情况加以调整确定；零基预算是指新的预算年度财政收支计划指标的确定，不考虑以前年度的收支执行情况，而以“零”为基础，结合经济发展情况及财力可能，从根本上重新评估各项收支的必要性及其所需金额的一种预算形式。

13.1.3 公共预算的原则

公共预算的原则是指政府选择预算形式和编制预算的指导方针及遵循

原则。按照国际惯例和我国的预算法，其主要原则如下。

1. **公开性**

公共预算反映政府的活动范围、方向和政策，与全体公民的切身利益息息相关，因此公共预算及其执行情况必须采取一定的形式公之于众；让人民了解财政收支情况，并置于人民的监督之下。

2. **可靠性**

可靠性是指每一个收支项目的数字指标必须运用科学的方法，依据充分确实的资料，并总结出规律性，进行计算，不得假定、估算，更不能任意编造。

3. **完整性**

完整性是指公共预算必须包括政府的全部公共收支项目，反映以政府为主体的全部财政收支活动，不允许把一部分政府收支排除在公共预算之外而形成“小金库”，或者把一部分公共财政活动排除在公共预算之外而不予确认、报告和披露的原则。公共预算的完整性原则是建立在现代民主政治制度基础上的。预算的完整性原则有利于政府控制、调节各类财政资金的流向和流量，完善财政的分配、调节和监督职能。预算的完整性也便于立法机关对预算的审议批准和社会公众对预算的了解监督，客观上发挥控制公共预算收支的作用。

4. **统一性**

统一性是指各级政府预算的计算和编制应该采用统一的方法和程序，以便于对全国的预算收支状况进行统计分析；同时，各级政府都只能有一个预算，而不能以各种名义另立预算。预算是政府宏观调控的重要杠杆，保证预算的统一性是增强政府宏观调控能力的必要条件。

5. **年度性**

年度性是指政府必须按照法定预算年度编制公共预算。这一预算要反映全年的财政收支活动，同时不允许将不属于本年度财政收支的内容列入本年度的公共预算中。我国实行历年制预算，自每年1月1日起至同年12月31日止；有些国家实行跨年制预算，即从本年某月某日开始到次年某月某日止，中间历经12个月，但跨越了两个年度，如美国的预算年度是从每年的10月1日开始，到次年的9月30日止。

需要说明的是，上述公共预算的原则并非一成不变。公共预算原则的确立，不仅取决于公共预算自身的属性，也取决于预算编制当时的经济社会状况。事实上，各国政府所遵从的公共预算原则并不完全相同，并且都会随着具体情况的变化进行相应的调整。

13.1.4 公共预算的模式

公共预算是一个多要素、多层次组合的复杂系统，具有多种不同分类。根据收支管理范围可以分为总预算和单位预算；根据预算主体的性质可以分为中央预算和地方预算；根据预算计划的时效性可以分为年度预算和中长期预算等。但从管理的角度来看，公共预算管理主要有以下几种基本模式。

1. **分项排列预算模式**

分项排列预算是一种产生时间较早、管理方式较简单的模式。它以预算支出的若干特定目标为核心，采用分项排列的方法依次列出特定目标的预算资金，由拨款机构加以拨付。

分项排列预算在会计上具有清晰、简便的优势，可以按照总科目、科目、二级科目、明晰科日等分类清晰地看出预算资金在不同科日中的分配情况。故而，一些地方仍在采用这种分项排列预算模式。但是分项排列预算管理的效率取决于拨款机构能够不折不扣地执行拨款计划，因而，要求其必须具有特殊制度基础。在财政大权集中于立法机关的制度下，分项排列预算能较好地服务于立法机关对预算的控制与监督。随着公共管理复杂性、多变性的不断增强，特别是行政机关预算裁量权的膨胀，分项排列预算越来越显示出不科学性，越来越不适应当代公共管理预算的需要。

2. **设计计划预算模式**

设计计划预算（PPBS）是20世纪60年代在美国发展起来的一种新型预算管理模式。公共管理理论的日益成熟和信息技术的迅猛发展为设计计划预算模式的问世提供了理论基础和技术条件。与此同时，美国政府谋求预算控制权的强烈愿望也促成了设计计划预算模式的迅速运用。1961年，美国前国防部部长罗伯特·麦克纳马拉在五角大楼首先使用了这一模式。

设计计划预算模式是指审视一国长期的政策目标与机会，以及国家当前所达成的目标预计可运用的资源，利用一切分析工具，评估各种公共计划书的成本与效益，协助国家最高当局拟定最佳决策，以利于国家资源的合理分配的预算制度。该预算模式包括目标的设计、计划的拟订与预算的筹编等，其基本思路是“要将年度预算程序同长期计划相挂钩，而不是要与随意性要求相联系”。

设计计划预算模式的基本内容包括：①确定预算项目目标；②从众多目标中选择最紧迫的目标；③运用成本收益分析设计实现各自目标的备选方案；④说明实施这些方案的以后各年度成本；⑤对这些方案的实施效果做出长期评价衡量。

与分项排列预算模式不同，设计计划预算模式不再按支出科目而是按方案进行预算，融设计、计划、预算三者为一体，预先设计数年间的政策成本与效益，便于政府资源做最佳运用，注重资源配置的效率，体现了公共管理公开负责的精神。

3. 目标管理预算模式

目标管理预算模式是美国政府于1971年在尼克松总统当政期间倡导实行的。该预算的基本点包括以下方面：①说明单位的基本任务；②确定预算主次目标；③设定可供考核的指标，管理者与下级交换意见，以确保可行性；④列出具体时间进度供监督。

目标管理预算模式注重的是预算项目执行效率，而不是主项目与各备选项目间的选择，因而也有人认为其不具有预算的性质，只是一种管理方法。

4. 零基预算模式

20世纪70年代后期，零基预算模式在美国风靡一时。1969年，得州仪器公司正式采用此制；1973年佐治亚州州长卡特率先引进此制用于筹编州政府预算；1977年，在卡特当选美国总统后，又将此制推行于联邦各行政单位。零基预算模式不是按上年度的“渐进增量”进行预算，而是对原有项目进行重新审核。从理论上说，每种政府计划和活动应在新的会计年度归整于零，重新开始。零基预算意味着各机关应致力于追求现行计划的效率和效能，同时也应提升计划削减或裁并的可能性。

零基预算模式编制基本程序包括以下几个方面：由高层管理者提出基本目标和总原则；责成下级部门将赋予它们的目标具体化并形成“一揽子”决策；对备选方案分别进行排序，确定优先项目，排列的顺序依次为终止、保持最低限度、缩减、维持、扩充；由高层管理者选定方案。

零基预算模式以零为预算编制的基础，不受往年预算金额的拘束，对新旧计划均须考虑，可避免传统预算累积加成与持续膨胀的弊端。但从西方国家的实践来看，零基预算模式主要适用于规模较小的预算，对于大规模预算，相应的繁重文案工作往往令人不胜其烦。故而，在20世纪80年代末，西方国家纷纷放弃了这一模式。

5. **绩效预算模式**

绩效预算模式是一种以绩效或结果为导向的预算管理方式。早在20世纪40年代末，美国胡佛政府就开始实施绩效预算。1949年，美国胡佛委员会（亦即行政机关组织委员会）在对国会的报告中指出，“绩效预算系基于政府的职能、业务与计划所编制的预算……绩效预算将注重一般重要工作之执行，或服务之提供，而不着眼于人员劳务、用品、设备等事务之取得”，“预算最重要之事，系工作或服务之完成以及该项工作或服务付出的若干成本”。

绩效预算模式的做法，各国自有特色，不尽一致。但从总体上看，大体上包括以下几个步骤：公布绩效报告，系统地向公众发布有关政府服务的信息；明确绩效目标，目的是影响政府活动；将绩效报告提交审计师审核；预算机构与支出管理机构或某个机构与其管理者之间订立绩效合同，详细规定机构在可使用资源的条件下应取得的绩效；编制绩效预算，一方面列出支出，另一方面列出与此投入相应的预期绩效，绩效预算体现了绩效合同的内容。

绩效预算模式把企业成本观念引入公共管理，有利于公共组织进行成本–效益分析。既能考核公共资金使用的最终效果，又能考核为取得预期效果所开展的工作活动，从而把预算支出和结果有机地联系在一起。目前，西方主要国家运用绩效预算模式进一步深化了预算理论。一项对22个OECD成员国的比较研究认为，“预算除了控制和分配资源的功能外，越来越被作为改善管理和提高项目有效性的一种手段”。绩效预算模式具有较广阔的应用前景。

13.2 公共预算的编制、执行与决算

公共预算的编制、执行与决算是一个完整的预算程序。预算程序是指预算的周期过程，它起于一个财政年度开始以前，而讫止于一个财政年度结束之后。世界各国的预算程序分为公共预算编制、公共预算的执行与调整、公共决算等阶段。

13.2.1 公共预算编制

公共预算编制是对未来一段时间内公共部门收支进行预算和计划的活动，它是整个预算工作程序的开始。编制公共预算的程序大体分为准备、正式编制和审批三个阶段。整个流程实行“自上而下”与“自下而上”相结合的方式。

第一，编制公共预算的准备阶段。国务院每年在第三季度，向各省、自治区、直辖市人民政府和国务院各部门发出编制下年度预算的指示，提出编制预算的原则要求，财政部根据国务院的指示，拟定编制预算的具体规定和预算的控制指标——国家概算，向中央各部门和各省、自治区、直辖市财政部门下达。

第二，公共预算的正式编制阶段。公共预算的正式编制采取“自下而上”“自上而下”“上下结合”，逐级审查汇总的方式，大体经过以下步骤：①制定公共预算收支指标；②中央各部门和地区各省、自治区、直辖市，根据国家下达的预算收支控制指标，结合本地部门、本地区的经济状况，参照所属单位和地区的预算收支建设数，经过认真测算分析，拟定预算收支指标和财务指标，逐级下达；③中央各部门所属的企事业单位，根据上级下达的指标，“自下而上”地编制单位经费预算草案和财务收支计划草

案，经主管部门审查后，报送财政部；④各省、自治区、直辖市所属各单位和各市县根据省、自治区、直辖市下达的指标，“自下而上”地逐级汇编单位预算草案和总预算草案，经省、自治区、直辖市审查汇编，再报送财政部；⑤由财政部对中央各部门报送的单位预算草案和各省、自治区、直辖市报送的总预算草案进行审查汇编，再报国务院审定通过，就成为公共预算草案。

第三，国家预算的审批阶段。公共预算草案经国务院审定同意后，提交国家权力机关，即全国人民代表大会审议批准。经过全国人民代表大会审议批准后，该草案便成为具有法律效力的公共预算。

目前，世界各国通行的公共预算编制方法主要有两种，即单式预算和复式预算。二者的区别表现在三个方面。首先，从编制方法来看，单式预算将全部财政收入和支出汇集编入同一个总预算表，结构比较简单，可以明了地反映财政收支全貌，但缺点在于不能明确地反映出各项财政收支的性质、财政赤字形成的原因以及解决赤字的资金来源。而复式预算则把全部财政收入和支出按其经济性质分别编入两个或两个以上的预算表中，各项收支之间建立起明确的对应关系，能够促进公共组织更加科学合理地使用资金，准确地反映财政收支平衡状况和财政赤字的形成原因，有利于国家对经济活动进行深入分析和控制调节。其次，从反映财政赤字的口径来看，采用单式预算，大多把债务收入列为正常收入项目，使债务收入掩盖了一部分赤字数额。采用复式预算则一般把债务收入作为建设性预算的收入项目，或把债务收支单独编入融资预算，从而比较清楚地反映国家财政的实际情况，便于合理安排财政收支规模。最后，从预算的编制要求看，单式预算结构简单，编制比较省时省力；而复式预算结构复杂，要求编制者具有较高的技术水平。

新中国成立以来，我国的公共预算一直采取单式预算编制方法，即把全部财政收支汇编在一个统一的预算表中。1978年以来，随着经济体制改革的深入发展，我国国民收入的分配格局发生了很大的变化，投资体制呈现出多元化的局面。在此情况下，单式预算已经不能全面反映国家用于生产建设性的投入及其资金来源，不能如实地反映赤字形成的原因和债务收入用途，也不便对财政收支进行科学的分析和管理。为此，国务院决定自1992年起，采用复式预算编制方法。

我国的复式预算按其不同的收支来源和资金性质，可划分为经常性预算和建设性预算两部分。其中，国家以管理者和资产所有者的身份取得的一般收入和用于维持政府活动的经济费用、保障国家安全稳定、发展教育科学卫生等各项事业以及用于人民生活方面的支出，列为经常性预算；国家特定用于建设方面的某些收入和直接用于国家建设方面的支出，列为建设性预算。

13.2.2 公共预算的执行与调整

公共预算的执行是指预算计划付诸实施的过程，公共预算的执行既是预算程序的第三个阶段，也是其工作程序中最重要的环节。预算调整指由各级政府在执行过程中通过改变预算收入来源、支出用途以及规模等方法组织新的预算平衡，以适应经济形势变化的需要。各级政府预算的调整均需要得到本级人民代表大会的批准。

1. **公共预算的执行**

预算执行是整个预算工作程序的重要环节。收入入库、支出拨付以及预算调整都必须按照法律和有关规定的程序进行。各级预算由本级政府组织执行，具体工作由本级财政部门负责。预算收入征收部门，必须依法及时、足额地征收应收的预算收入。有预算收入上缴任务的部门和单位，必须依照法规的规定，将应上缴的收入及时、足额地上缴国库。各级财政部门必须依照法律和规定及时、足额地拨付预算资金，并加强管理和监督。

（1）预算执行机构及职责

《中华人民共和国预算法》（以下简称《预算法》）规定，各级预算由本级政府组织执行。即国务院和地方各级人民政府是政府预算的组织领导机构，国务院作为国家最高行政机关，负责组织全国预算和中央预算的执行；地方各级人民政府负责组织本级政府预算的执行，并负责对本级各部门和所属下级政府预算执行情况进行检查和监督。

国务院领导执行政府预算，具体职责有：执行政府预算的法律、法规；核定政府预算、决算草案；组织领导政府预算；颁发全国性重要财政预算规章制度；审查批准中央预算预备费的动支。

各级地方政府领导执行地方预算，具体职责有：颁发本级预算执行的规定和办法；批准本级预备费和机动财力的动支；按规定执行预算调剂权；按规定安排使用本级预算结余；审查本级预算执行情况和决算。

（2）政府预算执行的具体负责机构及其职责

我国《预算法》规定，政府预算执行的具体负责机构是本级政府财政部门。具体来说，财政部对国务院负责，在国务院的领导下，具体负责中央预算的执行和指导地方预算的执行，并定期向国务院报告预算执行情况；地方各级财政部门对地方各级人民政府负责，在其领导下，具体负责组织本级预算的执行，并监督和领导所属下一级预算的执行，定期向同级人民政府和上一级财政部门报告预算执行情况。

财政部门是政府预算的具体执行机关。它在预算执行中的具体职责有：研究落实财政税收政策的措施；制定组织预算收入和管理预算支出的制度和办法；监督各预算收入征收部门和各预算缴款单位按时完成预算收入缴纳任务；根据年度支出预算和季度用款计划，合理调度拨付预算资金，监督检查各单位、各部门管好用好资金；指导和监督各单位、各部门建立健全财务制度和会计核算体系，按照规定和使用预算资金；编报、汇总分期的预算收支执行数字，分析预算收支执行情况，定期向本级政府和上一级政府财政部门报告预算执行情况，并提出增收节支的建议；协调预算收入征收部门、国库和其他部门的业务工作。

（3）政府预算执行的专门负责机构及职责

政府预算执行工作由财政部门统一负责组织，但针对预算收支性质和具体管理的需要还设立了专门的管理机构，负责参与预算执行的工作。

组织预算收入执行的机关主要有税务机关、海关及财政机关；参与组织预算支出的机关主要有中国开发银行、中国农业发展银行和有关国有商业银行等，中国人民银行（代理国家金库）担负着政府预算执行的重要任务。

税务机关，主要负责工商税收的管理，还负责国家交办的其他预算收入的征收管理工作等。

海关及财政机关，主要负责关税的征收管理，并代理税务机关征收进出口货物的增值税、消费税和其他有关税收等。

各类银行，中国建设银行主要负责办理基本建设的拨款、贷款、结算业务和监督工作、办理企业挖潜改造资金和地质勘探费的拨付业务等；中国农业银行主要负责政府预算中支援农业生产等的拨款、贷款、结算业务和监督等；国家开发银行主要负责办理国家政策性重点建设拨贷款及贴息业务；中国农业发展银行主要负责国家粮棉油储备和农副产品合同收购、农业开发等业务中的政策性贷款等；中国人民银行主要负责代理国家金库业务、办理中央级行政事业经费的限额拨款等。

各预算部门、单位，主要负责按政策执行预算，缴纳预算收入、按支出预算和规章制度规定办理预算支出、对单位的各项经济业务进行会计核算，并编制会计报表、定期向上级部门和财政部门报告预算执行情况。

（4）政府预算执行组织机构的共同任务

在政府预算执行中，各级财政部门与其他一切参与政府预算执行的机关组成了一个完整的体系。虽然各机关在预算执行中各司其职，但是为了全面完成预算执行工作，实现政府职能服务，它们在政府预算执行中仍有着共同任务。

① 按照政府预算确定的收入任务，积极组织预算收入。

一方面，根据国家的法律、法规、方针政策和财税制度规定，把应缴款项及时、足额地收缴国库，各预算收入征收部门不得擅自减免、缓征应征预算收入，也不得截留、占用、挪用应上缴的预算收入。另一方面，通过监督检查，努力促进企业加强经济核算，改善经营管理，提高经济效益，为组织预算收入创造条件。

② 按照政府预算支出计划，及时合理拨付预算资金。

在预算执行中，严格按预算核定的支出指标和支出用款计划，及时合理拨付预算资金，保证经济和社会发展的各项需要。同时，预算资金拨付后，还要监督各用款单位管好用好资金，并通过支出绩效评价，以提高资金的使用效益。

③ 根据预算收支发展变化情况，不断组织预算执行中的平衡。

由于政治经济形势等影响预算收支因素的变化，政府预算在执行过程中通常会面临预算收入超收或短收，预算支出增加或减少等问题。这就要求政府预算的执行机关及时分析掌握预算收支执行情况，并提出相应的措施，不断组织预算中的平衡，顺利完成预算收支的任务。

④ 加强政府预算执行中的监督。

在预算执行中，按照国家的法律、法规方针政策和财税制度规定，对预算收支及活动进行监督检查，防止和纠正各种偏差，维护财经纪律，保证政府预算的顺利执行。

预算执行与预算编制相比，涉及的利益相关者和参与者更多、更复杂，面临风云变幻的宏观经济形势，因而保证执行与预算目标的一致性具有极端重要的意义。为此，亚洲开发银行专家认为，预算执行管理应遵循以下基本原则：确保按照法律授权权限实施预算，这种授权既包括财务授权，也包括政策授权；根据宏观经济环境发生的重大变化对预算进行调整；解决预算实施过程中出现的各种问题；有效管理资源的购置和使用。

按照新公共行政理论，公共财政管理的主要原则是“将购买者和提供者分开，并建立内部市场”。这样做的理由不仅在于加强政府财政管理的清廉，而且要明晰财政预算的目标。可以说，公共部门改革的重点在于公共财政管理改革，而公共财政管理改革的难点在于财政预算改革。任何政府的公共支出都是有限的，这样就必须强调公共财政的预算规模和资金的使用效率。必须指出，在中国现阶段，不仅政府财力有限，而且政府财政的支出也有特殊性。这一特殊性产生于在计划经济向市场经济转型时期，由于社会保障、社会福利等制度建设的相对滞后所带来的社会成本，同时政府规模膨胀所带来的财政支出增加，再加上中国长期党政不分、政企不分的格局更加重了政府财政支出的压力，造成了公共财政预算编制与执行的矛盾和问题。克服这一矛盾和问题的出路：一方面，政府必须积极借鉴发达国家的实践经验，借助其他主体（包括公共部门、私人部门）的资金，实行部分公共服务的市场化；另一方面，更要加快政治体制改革，真正改变党政不分、政企不分的格局，以减轻公共财政预算的压力。

2. **公共预算的调整**

公共预算在执行过程中，由于客观情况的变化，常常会使预算某些部分的收支与实际脱离。为了使年度预算符合客观实际，保证政府预算在执行过程中的平衡，除编制季度收支计划外，还有必要根据实际情况的变化对预算进行调整，以更好地完成预算任务。

（1）公共预算调整的概念

公共预算调整是指经全国人民代表大会批准的中央预算和经地方各级人民代表大会批准的本级预算，在执行中因特殊情况需要增加支出或者减少收入，使原批准的收支平衡预算总支出超过总收入，或者使原批准的预算中举借债务的数额增加的部分发生变更。在预算执行中，只要各级预算总收入和总支出发生变化，打破原有预算平衡，扩大预算收支逆差或原批准的债务增加，都属于预算调整；因上级政府返还或补助而引起的预算收支变化，不属于预算调整。

我国《预算法》规定，各级政府必须调整的预算，应当由各级政府财政部门编制预算调整方案。中央预算的调整方案必须提请全国人民代表大会常务委员会审查和批准。县级以上地方各级政府预算的调整方案必须提请本级人民代表大会常务委员会审查和批准；乡、民族乡、镇政府预算的调整方案必须提请本级人民代表大会审查和批准。地方各级政府预算的调整方案经批准后，由本级政府报上一级政府备案。未经批准，不得调整预算，各级政府不得做出任何使原批准的收支平衡预算总支出超过总收入或者使原批准的预算中举借债务的数额增加的决定。

（2）公共预算调整的方法

在预算执行过程中，公共预算调整的方法因调整幅度不同而有所不同。

第一，全面调整。在某些特殊情况下，如遭遇特大自然灾害、战争等，或者国民经济发展过“热”、过“冷”时，国家需要对原定国民经济和社会发展计划做出较大调整时，政府预算也相应进行全面调整。这种调整并不是经常发生的，其特点是涉及面广、工作量大，实际上等于重新编制一次政府预算，因此在预算执行中要慎重考虑。公共预算进行全面调整一般都是在第三季度或第四季度初进行。首先由财政部提出调整预算计划，经国务院审核，上报全国人民代表大会常务委员会批准后，下达各地区、各部门执行。各级财政部门要根据国民经济和社会发展计划的变动以及国家人力、物力、财力的可能和国家各项生产建设、人民物质文化生活的需要，测算政府预算各项收入和支出的增减数额。各主管部门也要根据各自的具体情况进行某些收支项目的调整。财政部门和主管部门经过上下协商，反复平衡，最后确定政府预算收支的新规模，以适应经济发展的需要。

第二，局部调整。在公共预算执行过程中，为了适应客观情况的变化，这种变动是经常发生的。局部调整的方法主要有四个。

① 动用预备费。各级总预算的预备费一般是为了解决预算执行中某些临时急需和事先难以预料的重大开支而设置的备用资金。当发生重大自然灾害和重大经济变革时就可动用预备费应急。动用各级预备费必须从严掌握，一般控制在下半年使用，并要经过一定的批准程序。中央预备费的动用应经过国务院批准，地方预备费的动用要经过同级人民政府批准。

② 经费流用，是指预算科目之间经费的调入、调出，即在保证完成各项建设事业计划，又不超过原定预算支出总额的情况下，由于预算科目之间调入、调出和改变资金使用用途而形成的预算资金再分配。在预算执行中，各预算科目的执行结果不同会产生不同的资金余缺情况，在一些科目之间进行调整可以达到预算资金以多补少的、调节余缺的目的。由于不同预算科目的资金各有用途，因此在相互调剂时要遵循一定原则，包括不影响国家预算总规模和收支平衡以及各项建设事业的完成；严格遵守国家规定的流用范围，做到基本建设资金不与流动资金相互流用、人员经费不与公用经费相互流用、各项专款不与一般经费相互流用等。

③ 预算的追加、追减。在原核定的预算总额以外增加预算收入或支出数额称为“追加预算”：减少预算收入或支出数额称为“追减预算”。各部门、各单位由于国家政策、计划、制度发生重大变化以及事先难以预料的特殊原因需要追加、追减收支预算时，均应按照规定要求编制追加、追减预算，并经各级人大常委会审查批准。

④ 预算划转，是指由于行政区划或企事业单位隶属关系发生改变而使其预算的隶属关系发生改变，从而将全部资金划归新的领导部门或接管单位的调整方法。预算划转一律按照预算年度划转全年预算，已经缴入国库的收入和已经实现的支出也要同时划转，由划出和划入的双方进行结算。一般来说，预算划转在中央预算与地方预算之间、地方预算与地方预算之间以及部门预算与部门预算之间进行。

严格意义上讲，预算的追加、追减和预算划转打破了原有的预算平衡，而动用预备费和经费留用并没有改变原预算总额。

（3）公共预算调整的审查监督

公共预算是经法定程序批准的具有法律效力的文件，非经法定程序不得改变。但长期以来，由于有些部门、地方法制观念淡薄，加之又缺乏严格的责任制，预算约束软化，调整过于频繁，出现政府预算"乱批条子、乱开口子"的现象；完不成预算收入任务，或者支出超过预算，有关单位和主管部门也不承担任何责任；加上预算法对预算调整的概念界定不科学和有关规定不合理，造成政府可以多收、多支，实际上使预算调整脱离人大监督范围，这也给预算审查监督增加了难度。

为了规范政府的预算调整行为，加强人大常委会对政府预算调整的审查监督，在我国预算法中应进一步明确预算调整的具体幅度、范围和程序等。如在执行中因特殊情况需要增加支出或减少收入，使原批准的预算总收入调减超过3%或总支出调增超过3%的需求进行预算调整；各级人民代表大会批准预算决议中强调确保的预算重点支出项目和法定必保的支出项目需要调减指标的列入预算调整范围；当因特殊情况必须调整预算时，政府应当编制预算调整方案，并于当年第三季度提交同级人大常委会审查批准，并在人大常委会举行会议审批前的一个月，将预算调整的初步方案提交财经委和预算工委进行初步审查。

13.2.3 公共决算

公共决算是国家决算的一个重要组成部分。所谓公共决算，是指经过法定程序批准的会计报告，是对年度预算执行结果的总结，是国家经济与社会事业活动在财政上的集中反映。所有参加组织预算执行的机构，都要编制年报或决算报告。参加预算执行的有关机关、部门、单位的各种年报或决算，是各级决算和国家决算的组成部分。公共决算的编制，将有利于国家掌握预算执行的结果，便于总结国家预算管理经验，也有利于积累国家预算统计资料，为国家宏观调控提供极为重要的参考依据。

公共决算是对公共预算执行情况的总结和评价，它与公共预算首尾呼应，既可反映预算活动的实施程度和管理绩效，又可为新的预算方案的编制提供参考依据和经验教训。我国的公共决算过程大体包括四个阶段。

一是准备阶段。每年第四季度，各级财政部门分别下达编制本级政府决算草案的原则、要求、方法和保送期限，并组织年终清理结算。

二是编制阶段。各支出部门按照有关要求编制本部门决算草案，并逐级上报汇总。

三是审查阶段。各级财政部门对同级政府收支总决算进行审查。

四是审批阶段。经各级财政部门审查后的总决算草案，报经本级人民政府审核通过，并提请同级人民代表大会批准。

值得注意的是，在我国，一般情况下，公共决算的审查、批准和下一年公共预算的编制、审批往往是同时进行。经过预算，公共预算过程终告一段落，新一轮公共预算过程随即展开。

13.3 国库集中支付制度

13.3.1 国库集中支付制度的概念

国库集中支付制度是发达国家普遍采用的一种财政资金支出管理模式，国库集中支付制度是相对于现行的财政国库资金分散支付而言的。现行的财政资金拨付，是由单位按照预算级次层层上报用款计划，再由财政按下达的预算将资金从国库拨付到一级单位，一级单位按照预算级次层层下拨到基层单位，基层单位再根据有关规定及业务需要，购买商品或支付劳务款项，形成财政资金实际支出。国库集中支付方式就是改变现行的财政资金层层拨付程序，由国库集中支付机构在指定银行开设国库集中支付专户，单位在需要购买商品或支付劳务款项时提出申请，经国库集中支付机构审核后，将资金直接从集中支付专户支付给收款人。

国库集中支付制度是以计算机技术的发展和广泛应用为基础的，是历史发展和社会进步的必然产物。实行国库集中支付制度的主要控制目标和依据是财政预算指标，没有功能强大、快速的财政预算管理和信息反馈系统是无法实现的。另外，还要求有一个准确、及时的银行结算系统作保障。随着计算机技术的发展和应用的普及，现在已经完全能够满足这一改革的需要。

综上所述，国库集中支付制度是国库集中收付制度的重要组成部分，它是改变现行的财政资金层层拨付程序，以计算机网络技术为依托，以提高财政资金使用效益为目的，由国库集中支付机构在指定银行开设国库集中支付专户，将所有财政资金存入国库集中支付专户，单位在需要购买商品或支付劳务款项时提出申请，经国库集中支付机构审核后，将资金直接从集中支付专户支付给收款人的国库资金管理制度。

我国从21世纪初开始实施国库集中收付制度改革，目标是建立以国库单一账户体系为基础、资金缴拨以国库集中收付为主要形式的现代国库管理制度，此举被视为对我国传统国库管理制度的根本性变革。目前，我国已有超过44万个基层预算单位实施了国库集中支付制度改革。数据显示，截至2012年6月底，中央170个部门及所属1.4万多个基层预算单位，地方36个省（自治区、直辖市、计划单列市）本级、330多个地（市）、2800多个县（区），超过44万个基层预算单位实施了国库集中支付制度改革；中央99个部门，地方36个省（自治区、直辖市和计划单列市）本级、320多个地（市）、2500多个县（区）、超过34万个执收单位实施了非税收入收缴管理改革。

13.3.2 国库集中支付制度的意义

1. 从根本上解决了财政资金多环节拨付、多头管理、多户头存放的弊端，提高了财政资金使用效益

过去单位用款计划被批准后，国库要一次性将资金拨入单位银行账户，虽然形成财政资金结余多户头分散存放，却造成国库资金不足，调度困难。实行国库集中支付制度后，实现了单位用款计划与资金拨付相分离，使单位形成的结余体现为用款计划指标结余，而实际资金结余却在国库或国库集中支付专户，有利于国库资金统一调度。

2. **有利于提高依法理财水平，强化预算执行过程监督**

实行国库集中收付制度后，预算执行实现了以支列支，保证了政府预算支出与单位财务支出的一致性，对单位财务管理从资金管理转移到指标控制，实现了指标、资金分离运行的管理模式，对收缴入库和支出拨付实施全程监控，为预算编制、执行分析提供了准确依据。通过整理、对比和分析各单位的会计信息资料，使上级财政主管部门有条件对预算执行情况进行评价，确保预算编制准确有效，财政管理、财务管理信息通畅、透明，有利于加强财政内部监督，提高办事效率。

3. **强化了财政预算的执行，推进了部门预算改革步伐**

过去是将资金直接拨入预算单位银行账户，而单位是否按既定的预算执行，执行进度如何，只能在事后检查监督，容易形成预算和执行“两张皮”。现在每笔支出都处在相应预算指标控制下，财政可随时掌握各项预算的实际支出进度，为制定更加合理的部门预算提供准确资料。

4. **真实反映了财政资金的实际支出数，使财政部门对财经形势做出及时、准确的判断**

按照现行总预算会计制度的规定，财政资金的支出数以财政拨款数列报支出。由于财政资金是层层下拨，而单位往往是先把资金要到自己账户上后才开展业务，造成大量资金分散于各部门、各单位在商业银行的账户上，各项支出的实际形成有一定的滞后期，财政总预算列报的支出并不反映财政资金的实际支出数，而且两者差距很大。财政部门和中央银行无法全面了解整个财政资金的运转状况，给财政预算编制等工作带来一定困难，甚至造成资金的浪费。实行国库集中支付制度后，财政总预算支出和单位支出实际上是同时形成的，财政总预算支出能真实反映财政资金的实际支出数，有利于财政部门对财经形势做出及时、准确的判断。

5. **有效防止了预算单位对财政资金的挤占、挪用和截留，从源头上预防和遏制了腐败**

实行国库集中支付后，所有财政资金不再预拨到预算单位账户，在预算执行前就对其进行审核，结余都以指标体现，所以挤占、挪用和截留财政资金的可能性大大降低，特别是截留财政资金更是不可能。由于预算单位每笔支出都要通过财政的审核，随着部门预算改革的实施，预算更加细化，从而起到预防和遏制腐败的作用。

6. **提高了资金到位速度**

实行国库集中支付制度后，对各预算单位来说，省去了国库向单位拨款的程序。国库在批准单位用款计划后，直接将用款计划通过电子网络传送到资金支付中心，资金支付中心在收到用款计划后，单位即可使用资金，资金到位时间可提前3~5天。

13.3.3 国库集中支付制度的基本内容

1. **管理体制和机构设置**

实行国库集中支付制度，首先要改革财政部门现行的机构设置和财政核算体系，建立国库支付中心、会计核算中心、政府采购部门有机结合的支付体系，确立集预算审核、资金支付、监督管理于一体的预算机构设置和管理体制。具体安排如下。

财政部国库资金管理机构负责财政资金的整体调度，审核预算单位的资金使用安排，并下达资金支付指令，对资金拨付和使用的全过程进行监督和调控。

人民银行国库部门负责财政资金的出纳、结算业务和国库单一账户管理，并对国库资金的运行情况进行监督。

资金支付中心为财政部国库资金管理机构的直属部门，负责为各预算单位建立支出总账和分类账，根据财政部国库的支付指令通知银行付款，并提供相应的财务信息。

代理支付业务的商业银行接受财政部的委托，根据资金支付中心的指令具体承办财政资金的支付和结算业务。

2. **国库集中支付制度中各账户的使用和管理**

（1）国库单一账户的使用和管理

国库单一账户用于记录、核算、反映财政预算资金和纳入预算管理的政府性基金的收入和支出。代理银行应当按日将支付的财政预算内资金和纳入预算管理的政府性基金与国库单一账户进行清算。国库单一账户在财政总预算会计中使用，单位预算会计（包括行政单位会计和事业单位会计）不设置国库单一账户。

（2）零余额账户的使用和管理

财政部零余额账户用于财政直接支付。该账户每日发生的支付，于当日营业终了前与国库单一账户清算；营业中单笔支付额5000万元（含5000万元）人民币以上的，应当及时与国库单一账户清算。财政部零余额账户在国库会计中使用。

预算单位零余额账户用于财政授权支付。该账户每日发生的支付，于当日营业终了前由代理银行在财政部批准的用款额度内与国库单一账户清算；营业中单笔支付额5000万元（含5000万元）人民币以上的，应及时与国库单一账户清算。预算单位零余额账户只能用于财政部授权预算单位支付额度内的支付和国库单一账户的资金清算。不得违反规定从该账户向预算单位其他账户划拨资金。财政授权的转账业务一律通过预算单位零余额账户办理。预算单位零余额账户在行政单位会计和事业单位会计中使用。

（3）小额现金账户的使用和管理

小额现金账户用于预算单位的零星现金支付。预算单位小额现金账户的月度资金使用额度，由财政部一级预算单位按均衡使用的原则确定，分月下达，累计使用。小额现金账户只能用于财政部授权预算单位支付额度内的支付和与国库单一账户的资金清算。不得违反规定从该账户向预算单位其他账户划拨资金。各基层预算单位应严格按照财政预算用款计划确定的使用范围及额度支用现金。不得违反规定用于单位职工福利、奖金等方面的开支。小额现金账户在行政单位会计和事业单位会计中使用。

（4）预算外资金专户的使用和管理

预算外资金专户用于记录、核算和反映预算外资金的收入和支出。预算外资金专户收入按预算单位或资金性质设置分类账户，用于记录、核算、反映预算外资金的支出活动。财政部负责管理预算外资金专户。代理银行根据财政部的要求和支付指令，办理预算外资金专户的收入和支付业务。预算外资金专户只能用于核算预算外资金的收支活动。预算内资金不得进入预算外资金专户。预算外资金专户在财政部门设立和使用。

（5）特设专户的使用和管理

特设专户用于核算经国务院或国务院授权财政部批准的特殊专项支出。预算单位不得将特设专户的资金转入本单位的其他银行账户，也不得将本单位其他银行账户的资金转入特设专户。特设专户在按规定申请设置了特设专户的预算单位使用。

13.3.4 国库集中支付划分支出类型，设定相应支付程序

1. **划分支出类型**

财政支出总体上划分为购买性支出和转移性支出。根据支付管理需要，具体分为：工资支出，即预算单位的工资性支出；购买支出，即预算单位除工资支出、零星支出之外购买服务、货物、工程项目等的支出；零星支出，即预算单位购买支出中的日常小额部分，除《政府采购品目分类表》所列品目以外的支出，或列入《政府采购品目分类表》所列品目，但未达到规定数额的支出；转移支出，即拨付给预算单位或下级财政部门，未指明具体用途的支出，包括拨付企业补贴和未指明具体用途的资金、中央对地方的一般性转移支付等。

2. **确定支付方式**

按照不同的支付主体，对不同类型的支出，分别实行财政直接支付和财政授权支付。

（1）财政直接支付

由财政部门开具支付令，通过国库单一账户体系，直接将财政资金支付到收款人（商品和劳务供应者，下同）或用款单位账户。实行财政直接支付的支出包括：工资支出、购买支出以及中央对地方的专项转移支付，拨付企业大型工程项目或大型设备采购的资金等，直接支付到收款人；转移支出（中央对地方专项转移支出除外），包括中央对地方的一般性转移支付中的税收返还、原体制补助、过渡期转移支付、结算补助等支出，对

企业的补贴和未指明购买内容的某些专项支出等，支付到用款单位（包括下级财政部门和预算单位）。

（2）财政授权支付

预算单位根据财政授权，自行开具支付令，通过国库单一账户体系将资金支付到收款人账户。实行财政授权支付的支出包括未实行财政直接支付的购买支出和零星支出。财政直接支付和财政授权支付的具体支出项目，由财政部门在确定部门预算时列出。

3. **设定支付程序**

（1）财政直接支付程序

预算单位按照批复的部门预算和资金的使用计划，向财政国库支付执行机构提出支付申请，财政国库支付执行机构根据批复和资金使用计划及相关要求对支付申请审核无误后，向代理银行发出支付令，并通知中国人民银行国库部门，通过代理银行进入中国人民银行支付清算系统，财政资金从国库单一账户划拨到收款人的银行账户。财政直接支付主要通过转账方式进行，也可以采取“国库支票”支付。财政国库支付执行机构根据预算单位的要求签发支票，并将签发给收款人的支票交给预算单位，由预算单位转给收款人。收款人持支票到其开户银行入账，收款人开户银行再与代理银行进行清算。每日营业终了前由国库单一账户与代理银行进行清算。

工资性的支付，各预算单位人员编制、工资标准、开支数额等，分别由编制部门、人事部门和财政部门核定。支付对象为预算单位和下级财政部门的支出，财政部门按照预算执行进度，将资金从国库单一账户直接拨付到预算单位或下级财政部门账户。

（2）财政授权支付程序

预算单位按照批复的部门预算和资金使用计划，向财政国库支付执行机构申请授权支付的月度用款限额，财政国库支付执行机构将批准后的限额通知代理银行和预算单位，并通知中国人民银行国库部门。预算单位在月度用款限额内，自行开具支付令，通过国库支付执行机构转由银行向收款人付款，并与国库单一账户清算。

上述财政直接支付程序和财政授权支付程序，以现代化银行支付系统和财政信息管理系统的国库管理操作系统为基础。在这些系统尚未建立和完善前，财政国库支付执行机构或预算单位的支付令通过人工操作转到代理银行，代理银行通过现行银行清算系统向收款人付款，并在每天轧账前，与国库单一账户进行清算。预算外资金的支付，比照上述程序实施。

4. **监督约束机制**

健全的监督约束机制可以保证国库集中收付的顺利进行，我国国库集中收付制度的有效实施，还需要建立多层的监督体系。

财政部门对国库资金运行的全过程进行监控，包括审核预算单位的年度预算安排用款计划，制定财政资金管理的相关制度规定，对资金拨付的各个环节进行实时监控，对各种信息进行综合分析，及时发现问题并提出解决方案。

中国人民银行国库部门对于国库单一账户的收付具有监督责任。除了本身要严格依照财政部门的拨付指令行事外，对其委托的商业银行有关财政资金拨付过程也要加强管理和监督，每日要核对国库单一账户余额。

审计署对国库资金的运行情况进行审计，称为“外部监督”。审计署的外部监督应客观公正。审计署每年定期组织专业人员对国库资金进行审计是对财政内部监督的必要补充。

政府支出部门和供应商要对银行资金结算速度和效率进行监督，检查商业银行是否有故意压票、延期付款或占用客户资金的违法行为，款项计算是否正确。政府部门还要监督有关机构是否及时、合法地审批预算单位的预算安排和用款计划，是否及时下达拨付指令并付款。

13.3.5 国库集中支付制度的完善

我国自2001年实施国库集中支付制度以来，明显提高了财政资金运作的效率，使分散在各预算单位的闲散和沉淀资金集中了起来，增强了政府宏观调控能力。同时，初步建立了预算执行过程的动态监控机制，增加了财政资金运作的安全性，有效杜绝了资金的不合理使用。但是，由于改革在一定程度上势必打破地方、部门原有既得利益，不可避免地影响了各方执行制度的积极性。因此，为了保证预算执行的顺利进行，不断完善并实施国库集中支付制度的一些办法仍是今后一段时期的重要内容。

1. **细化预算编制**

建立科学的预算编制制度，保证单位的合理性支出。编制预算时要考虑单位实际情况，特别是要保证维持单位正常运转的基本支出预算，尽量减少追加预算，避免预算执行过程中挪用项目经费的情况发生。研究探索建立项目支出的标准和支出范围，与基本支出区分开来。加强对年终预算结余资金的管理，将结余资金的使用与部门下年预算编制结合起来，统筹安排。

2. **加强对财政部门的监督制约**

一是强化预算约束，研究制定规范预算执行的方法，加大预算的监督力度。二是建立财政部门、国库银行、预算单位、代理银行财政资金支付清算的内控管理制度，防止资金支付清算风险。三是建立有效的激励机制。在财政部门与代理银行之间实行绩效考核制度，把代理银行的考评奖惩与国库集中支付运行的好坏紧密联系起来。

3. **建立财政管理信息系统和现代化银行资金清算支付系统**

财政部门在中国人民银行开设国库单一账户，在商业银行开设零余额账户，建立完善的账户体系，构建财政部、预算单位、中国人民银行、代理银行之间的联合信息网络；同时，整合工资统发、政府采购、非税收入信息系统，运用系统测试对编制好的国库收付程序进行各项可行性测试，防范风险，堵塞漏洞，为国库集中支付系统奠定基础。

4. **全面推行政府采购制度**

政府采购制度与国库集中支付制度是相辅相成的，政府采购实际上是国库集中支付的具体表现形式，两个都是公共支出管理的主要内容。国库集中支付容易引起支出单位与商品、劳务供应商的合谋，只有实行政府采购制度，才能提高支出过程的公开性和透明度，从而实现对国库资金的严格控制和监督。完善政府采购，应采取先易后难的步骤，先将大型设备、计算机、小汽车、复印机等纳入政府采购目录，然后将修缮费等提供劳务的项目纳入政府采购目录，再将预算单位日常消耗品纳入政府采购目录。这样，有计划地不断完善和扩大范围，直至将政府采购的物品和劳务全部纳入政府采购目录。

5. **进一步加大宣传力度，为推进改革创造良好氛围**

国库集中支付制度作为完善社会主义市场经济体制的一项重要内容，改革是大势所趋，势在必行。实践证明，国库集中支付改革有利于规范财政支出行为；有利于加强财政支出管理监督；有利于提高财政资金的使用效率；有利于从制度上防范腐败现象的发生，是建设服务型政府的要求。因此，财政部门应大力宣传国库集中支付制度，使国库集中支付制度广为人知，深入人心，为国库集中支付制度的全面推行创造良好的舆论条件。

13.4 我国公共预算管理体制概述

13.4.1 政府公共预算管理体制的内涵

预算管理体制，又称“财政管理体制”，是在中央与地方政府，以及地方各级政府之间规定预算收支范围和预算管理职权的一项根本制度。预算收支范围是国家财力在中央与地方以及地方各级之间进行分配的具体形式。预算管理的职权，是各级政权在中央统一领导下，支配国家财力的权力和责任。政府公共预算管理体制实际上就是要明确各级预算管理机构所担负的责任，以及未来实现其职责必须划给相应的财权和财力，最终目的是使各级财政的责权利密切结合，充分调动各方的积极性，完成预算的收支任务，确保预算收支平衡。

政府公共预算管理体制的实质是处理预算资金分配和管理上的集权与分权，集中与分散的关系问题。核心是中央政府和地方政府之间的集权与分权问题，主要是通过中央政府与地方政府之间的收支划分来解决。一般而言，各级政府的事权应与财权相适应。在各个时期，哪些财力应当集中，集中多少；哪些财力应当分散，分散多少，都要从实际出发进行具体分析。在财力分配上总的原则是：保障大部分预算资金集中在中央，使中央有足够的财力，实现国家的总体目标；在保障大部分预算集中在中央的基础上，保障地方的局部利益，使地方拥有一定的财权、财力，充分调动地方发展经济和各项事业的积极性及主动性。

现代国家中，对那些需要采取全面性的行动去实现的项目或政府职能，可以由中央集中办理。具体如下：

① 全国性公共产品，这是对全国所有个人共同提供的，应由中央政府集中提供，如国防和对外政策。

② 有些公共产品或服务在一定程度上涉及国家利益，应由中央政府集中提供，如基础科学研究、救助失学儿童。

③ 不同的行政或经济地区的收入再分配。这种调节、调控作用只能由中央政府来完成。

④ 中央政府应掌握主要税收的课征权，以避免地域间税负不一造成的高税区纳税人向低税区躲避的行为，同时还可以减少地方政府之间用减免或补助来吸引投资的税收竞争。

⑤ 进出口调节。

⑥ 其他属于稳定和发展经济方面的举措以及重要财政政策的实施。

⑦ 那些需要发挥地方主动性、符合各地特点，从而提高政府财政活动效率的项目或职能，应由地方政府来操作或行使。

13.4.2 我国预算管理体制的演变

1. 新中国成立初期的统收统支管理体制

1950年，新中国刚刚成立，整个国民经济处于极度困难时期，公共财政需要集中财力为国民经济建设提供支持。但是由于在长期的战争中形成的分散管理，财政收入不统一，国家财力十分薄弱。为了平衡财政收支，稳定市场物价，安定人民生活，政府做出了公共财政统一管理的重大决策。在预算管理上，1950年实行高度集中的“统收统支”预算管理体制。这是在特殊的历史背景下实行的暂时体制，它的主要特征是：全国各地的主要收入统一上交中央金库，没有中央的拨付命令不得动用；地方一切开支均须经中央核准，统一按月拨付；预算管理权限集中于中央，包括税收制度、人员编制、工资和供给标准、预决算和审计会计制度，统一由中央制定、编制和执行；留给地方少许财力，用以解决农村、文教卫生事业和城镇市政建设以及其他临时性需要。

这种高度集中的管理体制适应了当时的政治经济形势发展的要求，在很短的时间内就平衡了预算收支，稳定了物价，保证了经济上重点恢复的需要。

2.20世纪50年代末期至70年代末期实行的统一领导，分级管理体制

1951年，全国经济状况开始好转，财政工作中各项重要规章制度已经初步建立，并取得了一定的经验。但地方的机动财力太少，不能很好地发挥作用，而且中央政府管辖事务过多，不利于集中精力考虑国家财政的重大问题和方针政策。新形势要求预算管理工作不仅要加强中央的统一领导和统一计划，而且要发挥地方的积极性。因此，中国政府决定自1951年起实行划分收支、分级管理的预算管理制度。其主要内容包括：公共预算实行分级管理，分为中央、大行政区级和省市级三级预算；在预算支出方面，按照企业事业和行政单位的隶属关系和业务范围，划分中央预算支出；在预算收入方面，划分为中央预算收入、地方预算收入以及中央和地方按比例留存的收入；地方的预算支出，每年由中央核定一次，首先用地方预算收入抵补，不足部分用地方的比例留存收入抵补。

1951—1957年，中央和地方的预算收支划分虽然每年都有一些变化，但是大体上相差不大。预算收入划分为中央和地方的固定收入、固定比例分成收入以及调剂收入。预算支出基本上按企业、事业、行政单位的隶属关系来划分，属于哪一级管理的单位，其支出即列入哪一级的财政预算。

1958年，中国开始执行第二个五年计划，中央决定把一批中央企业下放交由地方管理，与此相适应，也对预算管理体制进行了改革，改革的总体精神是，明确划分地方预算的收支范围，进一步扩大地方财政的管理权限。

20世纪60年代初期，中国的国民经济进入调整时期，中央又恢复实行集中统一的预算管理制度。

“文化大革命”前期，中国的预算管理制度基本上实行“收支挂钩、总额分成”的办法。随着形势的恶化，预算管理制度也多次发生变动。1978年以前，中国的公共预算始终缺乏有力的法律保障，公共预算制度一直处于不科学、不稳定、不规范的状态。

3. 1980 **年公共预算管理体制的重大改革**

1980年，政府对公共预算管理体制进行了重大改革。国务院于1980年2月1日颁发了《关于实行“划分收支、分级包干”财政管理体制的暂行规定》，决定从1980年起实行。这次改革的特点是：由过去的“一灶吃饭”改为“分灶吃饭”，由以“条条”分配为主改为以“块块”分配为主，由“一年一定”改为“一定五年不变”，由“总额分成”改为“分类分成”。改革的基本原则是：在巩固中央统一领导和统一计划、确保中央必不可少的开支的前提下，明确各级财政的权力和责任，做到权责结合，各行其权，各负其责，充分发挥中央和地方的积极性。

原有的分级包干制与过去高度集中的管理体制相比，扩大了地方的财权，调动了地方的积极性，适应了当时的经济体制改革以及社会经济形势发展的要求，在一定时期内，发挥了地方政府增收节支、当家理财的积极性，促进了地方经济的发展。但是随着社会主义市场经济体制的确立，财政包干体制固有的弊端日趋明显，越来越不适应经济体制改革的要求。

财政包干体制按企业隶属关系划分中央财政与地方财政的收入范围，并在一定范围内固定中央财政与地方财政的收支基数和分成比例，助长了地方保护主义，不利于全国统一市场的形成。因此，要建立完善的市场经济体系，合理地配置社会资源，保证中央财政收支平衡，加强中央财政的宏观调控能力，建立规范、合理、公平的预算管理体制，应对财政包干体制进行改革。

13.4.3 中国的分税制财政体制改革

分税制财政体制作为预算管理体制的一种形式，是一国政府在中央与地方各级政府之间，划分税收管理权限和税收收入以及确定转移支付的一种财政管理制度，其实质是通过划分中央和地方税收收入来源、税收管理权限以及确定转移支付制度，理顺中央和地方的财政分配关系，构建集权与分权规范化的体制。国务院决定自1994年1月1日起改革当时的地方财政包干体制，实行分税制财政管理体制。由于旧的财政包干制弊端明显，诸如税收调节功能弱化，影响统一市场的形成和产业结构优化；国家财力偏于分散、制约财政收入合理增长，特别是中央财政收入比重不断下降，影响到中央政府的宏观调控能力，可见对财政体制的改革已刻不容缓，分税制改革正是在这个背景下出台的。

1. **分税制财政体制的概念**

分税制财政体制是指在国家各级政府之间明确划分事权及支出范围的基础上，按照事权和财权相统一的原则，结合税种的特性，划分中央与地方的税收管理权限和税收收入，并辅以补助制的预算管理体制模式。

2. **分税制财政体制的内容**

分税制的内容包括：分税、分权、分征、分管。

分税，即税收收入在中央与地方之间的划分，一般是按税种或税源将全部税收划分为中央和地方两套税收体系，它是分税制的核心问题。

分权，即税收的管理权限在中央与地方之间的划分，包括税收的立法权，税法的解释权、征管权、调整权及减免权等。

分征，即分别建立中央税与地方税各自独立的征收系统，中央政府设置国家税务局，负责征收中央税和共享税；地方政府设置地方税务局，负责地方税的征收。

分管，即中央政府与地方政府之间建立分级预算，分别管理各自的收入。

3. **分税制财政体制的改革目标**

提高中央财政收入占全国财政收入的比重成为分税制财政体制的首要改革目标。

实现政府间财政分配关系的规范化是分税制财政体制的另一个重要改革目标。

通过调节地区间分配格局，促进地区经济和社会均衡发展，实现基本公共服务水平均等化，实现横向财政公平是政府的重要施政目标，也是分税制财政体制的预想目标之一，但这一目标未能实现。

4. **分税制财政体制的成效**

1994年以来的实践证明，分税制财政体制改革在实现财政职能等方面取得了显著成效。主要表现如下。

从资源配置角度（效率目标）来看，实行分税制财政体制打破了财政包干体制形成的“诸侯经济”壁垒，使资源流动顺畅，加速了统一市场的形成，有利于提高资源的市场配置效率。同时，在分税制财政体制下，地方财政拥有了一定规模的税收，有利于实现公共品的受益与提供成本内在化，从而为提高资源配置效率奠定了基础。

从收入分配角度（公平目标）来看，实行分税制财政体制遏制了财政收入占GDP比重下降的态势，而且中央财政收入的增加是在保证地方既得利益不受损失的情况下进行的增量调节，有利于实现收入分配上的“纵向公平”。同时，中央财政又采取了税收返回等转移支出，从而在一定程度上解决了地区及居民间的“横向公平”。

从宏观调控角度（稳定目标）来看，实行分税制财政体制增强了中央财政与地方财政的独立性，强化了预算约束，有利于各级财政自求平衡，尤其是增强了地方财政自求平衡的责任感。同时，也提高了中央财政收入在全国财政收入中的比重，增强了宏观调控能力。

从资本积累角度（发展目标）来看，实行分税制财政体制极大地调动了中央和地方组织收入、防止收入流失的积极性，并且明确了支出责任，促使各级财政努力节约支出，增强了财政的资本积累功能。进而使财政的经济投入增加，强化了财政对经济发展的调控、促进能力。

5. **分税制财政体制存在的问题**

（1）中央、地方政府间事权和支出范围划分不清

分税制财政体制改革是在当时中央与地方政府事权划分的基础上进行的，基本维持了原来的支出范围。这样的划分格局与市场经济体制的要求还存在差距，既有中央事务要求地方政府负担支出或部分负担支出的现象，又有地方事务由中央安排支出的情况。前者如义务教育的部分支出，后者如民航、邮电、铁路等部门的部分支出。现行分税制只是确定了中央和地方的收支基数及收入分成比例等数量关系，而对各级政府事权的划分做得不够。彻底的分税制财政体制必须建立在明确界定各级政府事权的基础上，各级政府需要做些什么，这些职责的履行需要多少开支，而后在此

基础上划分收入来源。

（2）中央、地方政府间税收管理权限划分不合理，地方财政还不是独立的财政

这突出表现在地方财政收入在很大程度上受制于中央，地方税的征收要根据中央统一税法征收，地方没有税收立法权。同时，地方财政没有发行公债的权力。这种规定，既不符合客观实际的要求，也不能适应分税制财政体制下地方财政作为独立一级财政的需要。此外，地方政府没有主体税种，地方所开征的税种多为难以征收的小税种。

此次分税制财政体制改革的一个重要特征是“放钱大于放权”，不仅中央税、共享税，而且大部分地方税的税收立法权、税种的开征停征权、税目税率的调整权和最基本的税收减免权均集中于中央，地方政府只能制定一些具体的实施细则、征税办法、补充规定和说明等。这种高度集中的税收管理权限划分模式削弱了地方税特有作用的发挥，不利于地方政府因地制宜地处理当地的税收经济问题，还在一定程度上助长了地方上的“费挤税”“费代税”“费多于税”的现象。

（3）中央、地方政府间税种在划分上存在问题

现行分税制财政体制在税种划分上存在诸多混乱之处。首先，以共享税源作为分税的主要形式，使真正的地方税体系无法尽早建立。其次，企业所得税按隶属关系划分收入，违反了规范的分税制财政体制按税种划分中央、地方收入的要求；而个人所得税划归地方，虽符合现有国情，但是从长期来看具有很大的不合理性。再次，将证券交易税划分为共享税，偏离了公平原则，会招致其他地区的不满；资源税按品种分享收入会加剧地区间的财力差距，不利于国家对资源开发的宏观调控。最后，现行分税制将个人所得税划分为地方税种也不合理。在许多发达国家，个人所得税是中央财政（联邦财政）的主体税种。

（4）中央、地方政府间转移支付制度仍欠规范

现行的转移支付制度仍在很大程度上沿袭1994年前“包干制”的不规范特点，仍旧依靠中央和地方双方的“讨价还价”来实施，靠体制补贴、专项拨款等弥补地方税收的不足，严重偏离了财政收入再分配的效率优先

原则。而且，目前的转移支付形式繁多，管理分散，还带有很大的随意性，尚未建立起一套科学、完善的计算公式和测算办法。

（5）税收征管乏力、税款流失严重

从某种程度说，强大的征管能力、有效的管理技术和手段，是决定分税制可行性和有效性的关键因素。管理滞后使先进的分税制财政体制得不到充分有效的运行，或者管理成本太大，得不偿失。自我国分税制财政体制改革以来，由于征管乏力，各类经济组织和个人非法截留、偷逃税现象十分普遍。税款的大量流失，严重影响了国家的财政收入和企业、公民间的税负公平。

（6）预算外资金的存在仍是新体制的巨大漏洞

如果不把预算外资金并入严格的预算管理体系，不合理调整税费关系，则地方政府仍将有权随意处置巨额资金，各种经济浪费和腐败现象也将日趋严重，这些都将严重影响新财税体制的发展。

13.4.4 我国政府预算管理体制的建设与完善

1. **实行部门预算**

部门预算改革按照“坚定目标、积极稳妥、充分试点、分步实施”的指导思想正在逐步推进。部门预算的编制在编制时间上进一步提前，在内容上也进一步细化，并选择部分单位进行试点。部门预算不仅在形式上实现了“一个部门一本预算”，而且在编制内容和方法上初步打破了基数的概念，在行政管理费、公检法支出等科目和实施公务员管理的事业单位，全面推行基本支出按定额核定，项目支出在进行评估的基础上，按轻重缓急排序，经过择优遴选后，根据财力统筹安排，进一步细化预算编制工作。

2. **实行国库集中支付制度**

改革财政资金拨付方式，实行国库集中支付制度的目的是使每笔财政资金的使用都处于有效的监督管理下，实行这一办法既要使库款集中到国库，又不能影响预算单位用款。实行国库集中支付制度改革，基本上解决了过去财政资金层层拨付、流转环节多等问题，防止了资金挤占、转移、挪用，提高了预算单位加强财务管理的意识和水平，有利于库款统一调度，降低了财政资金运行成本，提高了资金使用效率，有助于强化财政预算执行，有效地防止了单位挤占、挪用和截留财政资金，减轻了财务人员的劳动强度，规范了预算资金的管理，强化了预算执行和监督。

3. 进一步深化预算外收支两条线制度

为切实减轻人民负担，从制度上和源头上治理腐败，加强党风、政风建设，中央决定将"收支两条线"管理改革作为预算管理制度改革的重点，并成立专门机构，对纳入"收支两条线"管理改革试点的部门，进行了分类组织实施。一部分单位实行预算外收入全部上缴国库，并实行综合预算管理；另一部分单位执行预算外资金收支脱钩的管理办法，做到收支透明，并选择其中的一部分单位作为试点，实行预算外收缴分离办法。通过分类实施，探索了综合预算管理的思路，进一步深化了"收支两条线"改革，收到了很好的成效。

4. 进一步推进政府采购工作

自1996年我国政府采购初露端倪至今，政府采购制度框架在不断推进的改革中初步形成。随后，地方各级人民政府也相继在财政部门设立或明确了政府采购管理机构，负责制定政府采购政策，监督管理政府采购活动。到目前为止，各地政府采购机构建设已基本完成，绝大多数地方政府设立了政府采购管理机构和执行机构。这就为我国政府采购工作提供了组织保证。我国政府采购工作虽然开展时间不长，但成绩显著，其优越性也在实践中充分显示出来：一是节约了财政资金，节约率显著；二是促进了廉政建设，有效地抑制了暗箱操作等不规范行为；三是支持了国内优势企业，扩大了国内优势企业的市场。

总之，实行公共财政导向下的预算管理改革，对于发展社会主义市场经济具有重要意义。第一，规范了政府行为，将有力地推进依法治国在理财系统中的贯彻落实；第二，提高了政府资金的管理使用效率；第三，在反腐倡廉方面，依靠制度的建立，能减少腐败的滋生，使政府和财税工作人员真正归位到为人民服务的宗旨上，从而缩小权钱交易、舞弊等违法乱纪行为的空间；第四，可以促进民主化进程，以理财的民主化推动整个社会的民主化；第五，是一个显著促进社会经济发展和现代化进程配套改革的组成部分。

◎ **关键概念**

公共预算；公共预算的编制；公共预算的审批；公共预算的执行；国库单一支付制度；预算管理体制；分税制

复习思考题

1. 什么是公共预算？它有哪些特点？
2. 简述预算的分类。
3. 公共预算的基本原则是什么？
4. 公共预算的编制程序主要有哪些？
5. 什么是国库集中支付制度？它有什么意义？
6. 简述公共预算管理体制的内涵。
7. 什么是分税制？分税制的主要内容是什么？

推荐阅读

- 要想对公共预算的内容做更深入的了解，可阅读黄恒学主编的《公共经济学》（北京大学出版社2011年版，第306～316页）中关于“公共预算概述、中国公共预算管理体制”的论述。

14 公共经济政策

公共经济政策是一国政府为了增进社会经济福利，实现其经济和社会发展目标而制定的宏观经济政策。政府调控经济的目标是多重的，主要包括充分就业、物价稳定、经济持续均衡增长、国际收支平衡、公平收入分配、控制人口、保护和改善生态环境、合理配置资源和实现区域经济协调发展，其中前四个目标是最直接和最重要的目标。从理论上看，公共经济政策主要指财政政策，但在实际中经济调控的过程还要有货币、收入分配等政策的协调配合。财政政策和货币政策是政府为实现宏观经济目标对经济进行调控的重要手段。鉴于财政政策和货币政策在经济调控中侧重点、作用时机、时效和强度及功能等方面的互补性，可将财政政策与货币政策搭配使用，使宏观经济的调控效果更好。财政政策和货币政策对于增进经济效率具有重要意义，但公平和效率是一个问题的两面，只注重效率而不注重公平，必然使社会经济发展失去平衡，引致更大的效率损失。因此，需要收入分配政策以及其他政策来平衡各种社会经济关系，实现经济的稳定发展。

本章重点

- 财政政策目标及运行机制
- 货币政策工具及货币政策与财政政策的协调配合
- 收入分配政策

14.1 宏观经济政策的目标

市场经济条件下，政府宏观调控的目标是效率、公平和稳定，所以宏观经济政策的目标集中体现在五个方面：资源合理配置、收入分配公平、经济稳定增长、物价相对稳定及劳动力充分就业。

1. **资源合理配置**

资源配置有优化配置与合理配置之分，优化配置更关注资源配置的效率，主要靠市场途径实现。资源的合理配置更关注整个社会的公平和稳定，主要靠政府的宏观调控来实现。它能够调控整个社会的供求总量平衡；缩小收入分配差距，实现收入分配公平；保证经济社会的稳定和可持续发展。资源的优化配置是以合理配置为前提的，如果没有政府在全社会范围内对社会资源配置的合理调控，那么在微观层面上资源配置必定出现盲目症状。

2. **收入分配公平**

收入分配公平主要表现为收入分配的相对平等，即要求社会成员之间的收入差距不能悬殊，要求保证人们的基本生活需要。收入分配公平是社会主义分配原则的体现，有助于协调人们之间的经济利益关系，实现经济发展、社会和谐。

3. **经济稳定增长**

经济增长是一个国家产品和劳务数量的增加，其源泉在于劳动供给和资本存量的增长率和生产率。它始终是经济学研究的永恒主题，因为经济增长是诸多经济问题的基础。一国宏观经济政策若不能实现社会总产出的增加，不能让人们更加富裕和健康地生活，经济政策就是没有意义的政策。

4. **物价相对稳定**

物价稳定是指物价总水平的稳定，把物价水平的波动约束在经济稳定发展可容纳的空间是财政政策的基本目标。但应注意，价格稳定不是指每种商品的价格都稳定，而是指价格指数的相对稳定，不出现严重的通胀或通缩。价格指数有消费者价格指数、批发物价指数和GDP平减指数三种，通过这三种指数可以衡量一个国家的通货膨胀水平。

5. **劳动力充分就业**

劳动力充分就业（Full Employment）是指在某一工资水平下，所有愿意接受工作的人，都获得了就业机会。劳动力充分就业并不等于劳动力全部就业或者完全就业，而是仍然存在一定的失业。劳动力充分就业无论是在理论上还是在事实上都被认为是存在自然失业率的就业状态，自然失业率是长期均衡的失业率或充分就业的失业率。在劳动力充分就业时，自愿失业和摩擦失业仍然存在。劳动力充分就业状态既满足了公众的需要，又满足了宏观层面的政府需要，是政府和公众理性预期目标的最佳耦合状态，因此劳动力充分就业是当今世界各国普遍追求的最优发展状态。

14.2 财政政策

财政政策是国家干预经济的重要政策之一，也是实现财政理论与财政实践相结合的重要环节。财政政策指一国政府为实现一定的宏观经济目标，而调整财政收支规模和收支平衡的指导原则及其相应的措施，是由政府支出政策、税收政策、预算平衡政策、公债政策等构成的一个完整政策体系。

14.2.1 财政政策功能

财政政策作为政府宏观经济调控的重要工具，主要有导向功能、协调功能、稳定功能和控制功能。

1. 导向功能

财政政策的导向功能是指财政政策通过调整物质利益关系，对个人和企业的经济行为以及国民经济的发展方向具有引导作用。其作用方式有两种：直接导向和间接导向。直接导向是财政政策对其调控对象直接发生作用，比如个人所得税起征点的确定，对于人们的消费需求有直接影响；加速折旧税收政策可以大大提高私人对设备的投资，加速固定资产的更新改造。间接导向是指财政政策对非直接调节对象的影响。比如政府投资增加不仅可以增加就业岗位，解决就业问题，还可以带动私人投资增加，影响其他企业的投资选择。

2. 协调功能

财政政策的协调功能是指它对社会经济发展中某些失衡状态的调节或矫正能力。它可以协调地区间、行业间、部门间、阶层间的利益关系。首先，它通过财政收支调整收入分配关系，调整资源配置方向。比如转移支付政策可以协调个人之间的收入水平，调节不同社会阶层之间的收入状况，实现公平分配。其次，财政政策协调功能之所以能够有效发挥作用，是因为财政政策的政策手段多样，包括支出政策、税收政策、预算政策与补助政策等，这些政策手段可以从不同层次不同方向协调人们之间的物质利益关系。只有各项政策互相配合、互相补充，才能最大程度地发挥政策的整体效应，实现协调社会经济发展的功能。

3. **稳定功能**

财政政策的稳定功能是指政府通过财政政策，调整总支出水平和支出结构，使社会总供求处于均衡状态，实现国民经济稳定发展。稳定功能主要表现在两个方面：反周期性和补偿性。反周期性即逆经济风向而动，降低经济的周期性波动幅度，实现经济稳定发展。补偿性则表现在财政政策作为政府经济调控的手段可以弥补市场在经济调节中的不足，与市场手段互为补充。

4. **控制功能**

财政政策的控制功能是指政府通过财政政策对社会经济主体的经济行为和宏观经济运行进行限制或促进，以实现对整个国民经济发展的调控。财政政策具有一定的规范性，可以规定人们应该做什么、不应该做什么，并通过利益机制的引导去规范人们的经济行为。比如，排污权交易就是以市场机制为基础的经济控制行为。

14.2.2 财政政策类型

财政政策类型多种多样，根据财政政策在调节宏观经济活动中所起的作用，按照不同的标准有不同的分类结果。

1. **自动稳定的财政政策和相机抉择的财政政策**

按照财政政策在调节社会总需求或经济周期的过程中发挥作用的方式可分为自动稳定的财政政策和相机抉择的财政政策。

（1）自动稳定的财政政策

自动稳定的财政政策是一种能够根据经济波动情况逆经济风向而动的财政活动。在经济繁荣时自动抑制通货膨胀，在经济衰退时自动减轻萧条，无须政府采取任何行动。税收政策、转移支付政策和农产品价格维持制度都属于具有自动稳定功能的财政政策。

第一，税收的自动稳定功能。个人所得税（累进税率）在经济上升时将以比个人收入更快的速度增长，从而抑制个人消费和投资需求过快增长，并且减缓价格和工资的螺旋式上升速度，自动地抑制经济发展速度；反之亦然。纳税人收入越多，累进所得税的边际税率越高。当收入增加时，税率会自动进入高一级纳税档次，人们可支配收入的增加量就会少一点，消费需求的增加量也会少一些，在一定程度上起到抑制经济过热的作用。当经济萧条时，失业率上升，收入减少，累进税率条件下，税率会根据人们收入的减少自动进入更低一级纳税档次，税收自动减少，可支配收入的减少量会少一些，可防止经济进一步萧条。

第二，公共支出的自动稳定功能。政府转移支付一般与社会成员的收入呈逆相关。当经济繁荣时，人们收入增加，失业率下降，符合转移支付条件的人减少，失业救济和其他社会福利支出也会自动减少，抑制可支配收入和消费的过快增长。当经济萧条时，人们收入减少，失业率上升，符合转移支付条件的人增多，失业救济和其他社会福利支出自动增加，从而防止可支配收入和消费的继续下降。公共支出会随着经济发展的波动，自动增加或减少社会保障支出和财政补贴数额等相关公共支出，起到调节总需求和熨平经济波动的作用。因此，可以说公共支出的自动稳定功能是保证宏观经济正常运行的第一道防线。

第三，农产品价格维持制度的自动稳定功能。当经济萧条时，国民收入下降，农产品价格下降，政府依据农产品价格维持制度按支持价格收购农产品，防止农产品价格继续下降，将农民收入和消费维持在一定水平之上，防止其下降过大带来的通缩破坏，维持社会总需求。当经济繁荣时，国民收入上升，农产品价格上升，政府通过减少农产品收购量，甚至抛售储备的农产品，抑制农产品价格继续上升，放缓农民收入增长的速度，减少社会总需求的增加量。

（2）相机抉择的财政政策

相机抉择的财政政策是指政府审时度势，根据总需求和总供给的变化，灵活改变税收和财政支出，以消除通货膨胀缺口或通货紧缩缺口，以实现总供求平衡，是政府利用国家财力有意识干预经济运行的行为。如当经济萧条时，政府主动增加公共支出，建造港口、公路、机场等公共工程，增加政府投资，降低税率减少税收，增加投资豁免税额的数量等，有意识地刺激社会总需求增加，保持经济稳定。当经济繁荣时，政府主动减少公共支出，减少政府投资，增加税收，发行公债等，有意识地抑制社会总需求，防止经济过度繁荣，保持经济稳定。按照早期财政政策理论，相机抉择的财政政策包括汲水政策（Pomp Priming Policy）和补偿性政策（Compensatory Policy）。

汲水政策是指在经济萧条时增加一定数额的公共投资使经济自动恢复其活力的政策。汲水政策有以下四个特点：第一，它是一种诱导经济景气复苏的政策，以市场机制和经济本身的自发恢复能力为前提治理萧条的政策；第二，它的载体是公共投资，以扩大公共投资规模为手段，刺激社会投资；第三，财政投资规模具有有限性，只要社会投资恢复活力、经济实现自主增长，政府投资就不再增加，不进行超额的支出；第四，它是一种针对经济萧条状况的短期财政政策，萧条经济状况消失，这一政策就需要退出。

补偿性政策是指政府有意识地从当时经济状态的反方向出发，调节经济变动的财政政策，以达到经济稳定发展的目的。比如，在经济繁荣时期，政府通过增收减支等政策，抑制和减少经济过剩需求，防止经济过热；而在经济萧条时期，通过增支减收等政策来增加投资和消费，刺激社会需求，推动经济增长。

无论是汲水政策还是补偿性政策，都是政府对经济干预的政策，基本操作都是反经济周期性波动的。但是，二者也有明显区别。第一，汲水政策只是借助公共投资医治经济萧条的处方；而补偿性政策是一种全面的干预政策，无论是经济繁荣时期还是经济萧条时期都可以使用。第二，汲水政策的实现工具只有公共投资；而补偿性政策的载体性不仅包括公共投资，还有税收、转移支付、财政补贴等。第三，汲水政策的公共投资是有限的，而补偿性政策的财政收支可以超额增长。第四，汲水政策的调节对象是民间消费和投资，而补偿性政策的调节对象是经济的有效需求。

2. **扩张性财政政策、紧缩性财政政策和中性财政政策**

根据财政政策在调节国民经济总量或者对宏观经济运行时产生的不同影响进行划分，可划分为扩张性财政政策、紧缩性财政政策和中性财政政策。

（1）扩张性财政政策

扩张性财政政策，又称为“膨胀性财政政策”或“积极的财政政策”，是指通过财政分配活动来增加和刺激社会总需求的财政政策。主要通过减少税收、增加开支或扩大赤字的方式实现。尤其是在经济衰退时期，通过扩张性财政政策，刺激社会总需求增长，减轻经济下行冲击，降低失业率，使经济尽快复苏。

（2）紧缩性财政政策

紧缩性财政政策，是指通过财政分配活动来减少或抑制社会总需求的财政政策，主要是通过增税、降低政府购买支出和转移支付抑制过盛的社会总需求增长。由于增收减支的结果集中表现为财政结余，因此紧缩性财政政策通常称为“盈余性财政政策”。

（3）中性财政政策

中性财政政策，也称为“稳健的财政政策”，是指财政的分配活动对社会总需求的影响保持中性，既不产生扩张效应，也不产生紧缩效应；一般情况下，中性财政政策要求财政收支保持平衡，但中性财政政策并不等于预算收支平衡。中性财政政策在理论上成立，但在实际经济运行中往往具有扩张效果，因为平衡预算本身具有乘数效应。

14.2.3 财政政策传导机制

财政政策对宏观经济的调控是依靠政策传导机制实现的，正如多米诺骨牌的传导过程一样，财政政策工具只是政策效应的启动工具，政策效果如何还要看传导过程和时机。财政政策的传导机制是在财政政策发生作用的过程中，各政策要素通过中间经济变量相互作用形成的一个有机联系的过程。这一过程是将政策意图传导给被调节者，使政策目标得以实现的方式和途径。可简单地描述为“财政政策工具—中间经济变量—财政政策目标”。在财政政策目标的实现过程中，财政政策工具调控的中间变量主要包括收入分配、货币供应与价格。

1. **财政政策工具对收入分配的影响**

收入分配的范围很广，就财政政策传导机制而言，主要表现为对企业利润分配和个人收入分配的影响。首先，财政政策工具对企业利润分配的影响，体现在企业税后利润的分配上，利润作为企业追求的主要目标，税后利润的变化直接影响企业的生产行为、投资行为、后续的竞争力和雇员的利益，而税率的调整可直接影响企业的税后利润水平。其次，公共支出对企业收入的影响，如消耗性支出和公共工程的支出，为企业提供了业务和收入来源，从而影响企业的利润。财政政策工具对个人收入分配的影响，主要体现在改变个人实际支配收入的变化上，通过对税率的调整来减少或增加个人实际支配收入，通过调整补贴来增加或减少个人实际支配收入。居民个人实际收入的变化会影响其储蓄和消费行为，以及劳动的积极性，比如消费税影响消费支出、利息税会影响储蓄行为、累进制个人所得税达到一定高度时会打击劳动者工作积极性。收入的变动是分配的结果，或者说是利益格局调整的结果，财政政策工具正是通过对利益格局的调整而实现政策的目标。这样，财政政策通过收入分配这个媒介就会影响总产出。

2. **财政政策工具对货币流通的影响**

财政分配与货币流通存在密切的联系，所有财政收支的增减都需要货币供应量这一媒介作用于总需求，货币供给是社会需求的载体；同时，财政政策的实施往往需要货币政策的配合。从这点来看，货币供应是财政政策最核心的传导媒介。政府通过对财政政策工具的运用，有效调节货币流通，稳定币值和物价，达到国家宏观经济政策目标。财政部门可以根据货币流通的实际状况、市场物价和社会总需求的变化，决定公债发行规模、时间与结构，以及公共支出与税收政策的调整，这一过程必然影响市场货币供应量，在利率市场化背景下，货币供应量的增加或减少会引起市场利率的下降或上升。当利率上升时，会对民间投资产生“排挤”效应。这一传导过程是通过财政政策工具调整货币流通中货币供应量的变化，直接或间接地影响总需求这一政策目标实现的。

3. **财政政策工具对价格的影响**

价格是引导市场资源配置最灵敏的杠杆，是财政政策传导的重要媒介。财政政策工具可以通过价格作用体现出来，或与价格相互作用共同发挥调节作用。比如，财政的支出政策会引起某些商品和劳务价格的变动而影响生产和消费；通过低价、低税影响相关产业与企业的利润率，甚至会因行业利润率的变化而影响整个产业结构的变化；通过扩张性财政政策产生的货币扩张效应而影响市场资金的价格即利率变动，从而对经济产生影响。这样，政府通过财政政策工具调控价格，从而实现财政政策的目标。

依据财政政策传导媒介可以将财政政策传导机制分为三类：收入传导机制、货币传导机制和价格传导机制。财政传导机制是一个综合体系，其有效性不仅取决于政策设计的合理性（是否符合经济理论等），更取决于经济运行机制、财政运行机制、微观经济主体的行为以及相应的制度安排等因素，这些因素对传导渠道的畅通，政策设计的有效传递等起着关键的影响作用。

一般来说，财政政策传导机制对政策的传导效应是通过四个环节完成的，第一个环节就是所谓的初始效应传导，如财政税收减少或财政支出的增加直接导致经济产出的增加，一般也称为“直接的传导效应”。第二个环节为引致效应，即无论是税收还是支出，都是在对总收入影响的条件下，进一步在整个实物市场体系内，引起的一系列内生性变化。第三个环节则是政策效应从实物市场向货币市场的传递，形成由实物市场经济总量变化而引起的货币市场利率变化。第四个环节是在一定的货币政策条件下，由于利率的影响而形成的价格水平的变化（利率本身就是金融产品的价格）并进而对实物市场的影响。因此，财政政策的有效性实质上是指在财政政策工具变量向目标变量转化过程中，各转化环节是否畅通以及是否强化或弱化了财政政策的政策设计和政策的最终效果。

14.2.4　财政政策的时滞

财政政策的时滞是指从认识经济问题到政府分析研究问题并展开政策调研，再到形成议案提交审核，并执行决策看到实施效果的整个过程中所产生的时间差。时间差越大，说明政策的时滞越大；反之亦然。具体而言，财政政策的时滞可分为三种情况。

第一，认识时滞，是指从经济现象发生变化到决策者对这种变化有所认识所需要的时间。这段时间的长短，取决于政府部门信息搜集、分析、挖掘和预测的能力。

第二，决策时滞或称“行动的时滞”，是指政府财政政策的调整需要经过调研、协商、立案、方案优化、审批等决策过程，政策制定者必须在这一过程中决定准备实施的适当方案，这段过程所需耗费的时间称为“决策时滞”。

第三，效果时滞，是指在财政政策实施以后，不可能马上对经济运行产生实际影响，而是从政策正式实施到对经济产生实际效果之前所耗费的时间。

时滞的存在使财政政策的执行效果与最初的预期会发生一定程度的偏离，甚至导致时过境迁，对经济发展起反作用。如在经济衰退时，政府采取扩张性财政政策，但政策的影响有一定的时间间隔，如果在这段时间内经济因自身的作用而恢复了，那么这项政策将使经济发生通货膨胀。比如，美国“次贷危机”从2006年逐步显现，到2007年席卷欧、美、日，再到2008年下半年全面爆发引发国际金融危机，中国才从成功举办奥运的喜悦中回过神来，开始认真看待这次危机。随着中国经济快速回落，出口出现负增长，股市暴跌，以及2008年底至2009年初出现的大量农民工返乡，为防止经济出现硬着陆，中国政府于2008年11月推出刺激计划，并且逐步加码，到2010年底初步匡算投资约为4万亿元，学术界和媒体界一些人士将这一揽子投资计划，称为“四万亿计划”。现在回过头看，当时从中央的4万亿元到地方配套投资的强烈刺激，虽抵挡住了经济的下降，但也带来了后续的产能过剩和大量债务，可以说供给侧结构性改革的其中一个重要任务就是化解财政扩张刺激政策所带来的负面后遗症。在这一过程中出现了明显的认识时滞、决策时滞和效果时滞，严重影响了政策的效果，使政策的执行效果与最初预期出现了严重偏离。

14.2.5 财政乘数

政府税收和支出对国民收入有重要影响，但是其影响程度到底有多大，需了解宏观经济学中的乘数原理在其中的作用。乘数指国民收入变动量与引起国民收入变动的初始要素变动量之间的比值。这里的初始要素包括：税收、政府支出等。因此，财政乘数包括：政府税收乘数、政府支出乘数和平衡预算乘数等。

1. **政府税收乘数**

政府税收乘数是指政府增加或减少税收而引起国民收入减少或增加的倍数，体现为税收作用的力度。由于税收是对纳税人收入的一种扣除，税收高低会影响投资，进而影响国民收入。税收变动与国民收入呈反方向变化，即税收减少，国民收入增加；税收增加，国民收入减少。因此，税收乘数是负值。税收乘数又指收入变动对税收变动的比率。

三部门国民收入核算中假设初始投资 i 不变，税收 t 为定量税，政府购买支出为g，国民收入为y，消费函数为$c=a+by$（b为边际消费倾向，$0<b<1$）。

依据$y=c+i+g$得

$$c=a+by_d\ (y_d=y-t)\ (y_d\text{为税后可支配收入})$$

联立方程得

$$y=\frac{a+i+g-bt}{1-b}=\frac{a}{1-b}+\frac{1}{1-b}i+\frac{1}{1-b}g-\frac{b}{1-b}t$$

通过这一方程可以求出税收乘数和政府购买支出乘数。

税收乘数$k_t=-\frac{b}{1-b}$，税收乘数反映了政府税收变动对国民收入变动的影响程度。它表示每增加1元的税收，就会引致国民收入（或总需求）减少$b/(1-b)$元 。税收乘数为负，表明税收与国民收入是反向变动关系，并不反映税收乘数的大小。税收乘数的大小由边际消费倾向 b 决定，从税收乘数公式看，边际消费倾向越大，则税收乘数的绝对值越大，对国民收入的倍数影响也越大。假设k_t=5，说明国民收入变动量是税收变动量的5倍。如果初始税收增加量为100亿元，那么它能带来的国民收入减少量为500亿元（$\triangle y=5\times\triangle i$）。

政府税收的乘数效应也可以这样理解（见表14-1）：假设消费者的边际消费倾向为0.8，那么政府每增加1亿元税收就会使消费者甲的可支配收入减少1亿元，消费者甲可支配收入减少1亿元又会使其消费支出减少0.8亿元，假如消费者甲的消费品全部购买于生产者乙，相应地，生产消费品的生产者乙的收入会减少0.8亿元；假如生产者乙的收入全部用于发放该厂职工的工资，而该厂职工所需的消费品全部购买于生产职工消费品的生产者丙，那么生产者乙收入减少0.8亿元就会导致该厂职工的可支配收入减少0.8×0.8=0.64（亿元），相应地，生产职工消费品的生产者丙的收入减少0.64亿元；同理，生产者丙收入减少0.64亿元会导致该厂职工的可支配收入减少0.64×0.8=0.512（亿元），相应地，为生产者丙企业职工提供消费品的生产者丁的收入减少0.512亿元。如此循环下去，国民收入减少额为

$$\begin{aligned}\Delta y &= 0.8+0.64+0.512+\cdots \\ &= 1\times0.8+1\times0.8^2+1\times0.8^3+\cdots \\ &= 1\times\frac{0.8}{1-0.8} \\ &= 1\times4 \\ &= 4\text{（亿元）}\end{aligned}$$

表14-1　政府税收的乘数效应（边际消费倾向为0.8）　单位：亿元

国民收入	支出减少	收入减少
第一轮	甲0.8	乙0.8
第二轮	乙0.64	丙0.64
第三轮	丙0.521	丁0.521
……	……	……

支出减少总额=收入减少总额=GDP变动量=国民收入变动量=$\triangle y$

由此可知，政府税收对国民收入是一种收缩力量，增加税收必然导致国民收入减少，国民收入减少额的多少取决于税收乘数的大小。

2. **政府支出乘数**

政府支出乘数指政府支出引起的收入增量与政府支出增量的比值。依据上述内容可知，政府支出乘数为$k_g=-\frac{1}{1-b}$，它反映了国民收入变动对政府支出变动的敏感程度，表示每增减1元政府支出，会引致国民收入（或总需求）增减1/（1–b）元 。乘数值越大，国民收入变动对政府支出变动越敏感。政府支出乘数通常为正值，表明政府支出与国民收入之间呈同向变动关系。政府支出增加，国民收入也增加，并且国民收入增加量数倍于政府支出的增加量；反之亦然。政府支出乘数的大小同样取决于边际消费倾向b，边际消费倾向b越大，政府支出乘数越大；边际消费倾向b越小，政府支出乘数越小。

政府支出的乘数效应也可以这样理解（见表14–2）：假设消费者的边际消费倾向为0.8，某地方政府甲的支出每增加1亿元，则向政府甲提供消费品的生产者乙的收入增加1亿元，生产者乙企业职工可支配收入也增加1亿元，由于消费者的边际消费倾向为0.8，该企业职工的消费支出相应地增加0.8亿元；假如乙企业职工的消费品全部购买于生产者丙，相应地，生产者丙的收入会增加0.8亿元，该厂职工的可支配收入增加0.8 × 0.8=0.64（亿元）。如此循环下去，国民收入增加额为

$$\begin{aligned}\Delta y &= 1+0.8+0.64+0.512+\cdots \\ &= 1+1\times0.8+1\times0.8^2+1\times0.8^3+\cdots \\ &= 1+1\times\frac{0.8}{1-0.8} \\ &= 1+4 \\ &= 5\ (\text{亿元})\end{aligned}$$

表14–2　政府支出的乘数效应（边际消费倾向为0.8）　单位：亿元

国民收入	支出增加	收入增加
第一轮	甲1	乙1
第二轮	乙0.8	丙0.8
第三轮	丙0.64	丁0.64
……	……	……

支出增加总额=收入增加总额=GDP变动量=国民收入变动量=Δy

由此可知，政府支出对国民收入是一种扩张力量，增加政府支出必然导致国民收入增加，国民收入增加多少取决于政府支出乘数的大小。

政府税收乘数小于政府支出乘数，说明税收政策对经济增长和经济稳定作用小于政府支出政策。政府支出和税收同时增加1亿元，但政府支出乘数比政府税收乘数大1。原因是政府最初支付的1亿元直接转化为人们的家庭收入，发挥了其扩大社会需求的作用。而政府税收的1亿元是先转移到政府手里，在人们的可支配收入减少1亿元后，再从税后的可支配收入中发挥其减少社会总需求的作用。

3. **平衡预算乘数**

平衡预算乘数是指政府收入和支出同时以相等数量增加或减少时国民收入变动对政府收支变动的比率。它描述的是当同时增加或者减少政府的收入和支出，政府的预算保持不变时，国民收入的变化情况。从前文内容可知，政府支出和政府税收是两种相反的力量，增加政府税收会带来国民收入的减少，增加政府支出会带来国民收入的增加。无论是政府支出乘数，还是政府税收乘数，都是假定另一方处于不变状态下的政策效应。但现实经济中往往是政府支出和政府税收都在变动，甚至可能出现两者同时等量变动的情况。这时的政府预算对国民收入又有怎样的影响呢？此时，需借助平衡预算乘数来解释国民收入的变动。

预算平衡时，收支相抵，税收变动量（Δt）=支出变动量（Δg）

三部门经济中

$$\Delta y=\Delta c+\Delta i+\Delta g$$

假设投资量不变，即

$$\Delta i=0$$

因Δc为消费支出的变化量，它是可支配收入变动量Δy_d与边际消费倾向b的乘积，所以

$$\Delta c=\Delta y_d\times b$$

又因：可支配收入变动量Δy_d等于国民收入变动量减去税收变动量，即

$$\Delta y_d=\Delta y-\Delta t$$

综合以上各式可得

$$\Delta y=\Delta c+\Delta i+\Delta g$$
$$=\Delta y_d\times b+0+\Delta g$$
$$=(\Delta y-\Delta t)\times b+\Delta g$$

移项可得

$$\Delta y-\Delta g=(\Delta y-\Delta t)\times b$$

因：预算平衡时$\Delta t=\Delta g$，则

$$\Delta y-\Delta g=\Delta y-\Delta t$$

因此，平衡预算乘数$k_b=1$。

平衡预算乘数还可以用以下方法推算

$$k_{\mathrm{b}}=k_{\mathrm{t}}+k_{\mathrm{g}}=-\frac{b}{1-b}+\frac{b}{1-b}=1$$

平衡预算乘数为1，表示在税收为定量税的条件下，国民收入变动量与政府税收和政府支出的变动量完全相等。当政府税收和政府支出同时等量增加1亿元时，国民收入增加1亿元，当政府税收和政府支出同时等量减少1亿元时，国民收入减少1亿元。可见税收和支出同时等量增加或减少对国民收入仍然有扩张或收缩作用。

4. **乘数分析的局限性**

首先，乘数分析是以需求约束型经济为基本环境，没有考虑供给方面的约束。比如，当政府支出增加引起消费增加和国民收入增加的时候，还会受到劳动力、原材料、设备和运输等供给方面的约束，从而乘数效应的发挥将是不充分的，乘数的倍增效应低于理论值。

其次，乘数的计算假定效应反应轮次可以无穷大，时间维度是无穷的，而相互作用的过程又是瞬间完成的，这与真实世界是有差别的。而且财政政策时滞的存在，以及政策的上下调整使乘数交替发挥刺激与收缩性作用，使每一个方向的乘数效应影响都是不充分的。

最后，乘数的计算没有考虑物价和利率因素及乘数效应反应的过程中变动所带来的影响。

从乘数分析的局限性来看，乘数效应的充分发挥需要严格的经济环境，

在经济下行有大量闲置资源时，效果要好于经济上行资源紧缺的时候。当然，在纯理论的分析中，采取高度抽象的方法分析，有助于理解乘数效应的作用发挥过程。

■ 资料链接：财政政策：特殊时期　特殊举措

提高赤字率、发行特别国债，是我国应对当前经济形势的重要政策工具，是特殊时期的特殊举措。积极的财政政策更加积极有为，政策措施力度空前，引起高度关注。

财政赤字率创新高

财政赤字是财政支出总量超过财政收入总量的部分，而一定时期内财政赤字与同期国内生产总值之间的比例关系就是赤字率。

根据2020年《政府工作报告》，2020年赤字率按3.6%以上安排，较2019年提高0.8个百分点以上，这是我国赤字率首次突破3%。“提高赤字率、发行特别国债等一系列政策安排，符合我国当前实际情况，体现了政策的针对性和精准性。通过更大力度的政策来对冲疫情影响，给经济注入更大确定性，体现了积极的财政政策更加积极有为。”全国政协委员、中国财政科学研究院院长刘尚希说。

财政赤字率提高，目的是要有效对冲疫情对减收增支的影响。当前，受新冠肺炎疫情冲击，世界经济严重衰退，国内消费、投资、出口下滑，就业压力显著加大，企业特别是中小微企业困难凸显，财政收支矛盾加剧，财政运行压力增加。受疫情冲击、减税降费等因素影响，2020年1月至4月财政收入下降14.5%。预算报告显示，2020年全国一般公共预算收入180270亿元，下降5.3%；支出247850亿元，增长3.8%。面对收支矛盾，安排赤字37600亿元，比2019年增加1万亿元。

对于债务风险问题，刘怡表示，3%的赤字率并不是硬性约束，高于3%并不等同于过度举债，需要根据经济发展状况、债务支出使用效果等情况加以评判。从各国实践看，美国、日本等全球主要经济体赤字率常年在3%以上。“我国债务风险总体可控。在前所未有的疫情影响下，综合考虑当前经济形势，阶段性地适度提高赤字率，有利于有效进行逆周期调控，更好地发挥积极财政政策的作用。”刘怡说。

特别国债备受关注

自2020年3月27日中央政治局会议明确发行特别国债以来，这项措施一直受到广泛关注。2020年《政府工作报告》提出，在提高赤字率的同时，发行1万亿元抗疫特别国债。“发行抗疫特别国债意义重大，尤其是在补齐当前公共卫生等基础设施建设方面的短板、防止疫情反弹和境外输入等方面必将发挥重大作用。”中国财政科学研究院研究员李成威说。

资金直接惠企利民

提高资金使用效率，切实把钱花在紧要处、花在刀刃上，是积极财政政策的重要要求。2020年《政府工作报告》明确，新增的1万亿元赤字与同时发行的1万亿元抗疫特别国债全部转给地方，建立特殊转移支付机制，资金直达市县基层、直接惠企利民。“这2万亿元直接下到基层，可以减少中间环节可能存在的跑冒滴漏，这对于提高政策效果是很有必要的，在技术上也是可行的。”全国政协经济委员会副主任、中国发展研究基金会副理事长刘世锦表示。

刘怡认为，资金通过特殊转移支付机制进行拨付，体现积极财政政策的执行效率；同时，在资金的使用上将更加注重逆周期调节，进一步发挥乘数效应和杠杆效应。

“资金通过特殊转移支付的手段直达基层，这种资金安排方式充分体现了特殊时期的特殊做法，资金能够迅速抵达一线，对于缓解基层财政矛盾、纾解企业经营困难、提高消费者信心等能够实现立竿见影的效果。”李成威说。

做好“六稳”工作、落实“六保”任务至关重要。根据安排，上述2万亿元资金主要用于保就业、保基本民生、保市场主体，包括支持减税降费、减租降息、扩大消费和投资等，强化公共财政属性，决不允许截留挪用。

刘怡认为，一系列积极的财政政策，不仅为促进经济社会秩序全面恢复、助力市场主体纾困发展提供了切实保障，也是激发市场主体活力、推动经济发展方式加快转变、推进更高水平对外开放的有力支撑。

资料来源：财政政策：特殊时期　特殊举措［N］. 经济日报，2020-06-03。

14.3　货币政策

货币政策是指中央银行通过控制货币供应量来调节利率，进而影响投资和整个经济以达到一定经济目标的经济政策。财政政策虽然能够调控经济运行，但能否更好地实现宏观经济目标，提高财政政策实施效果，还要看财政政策与货币政策的协调配合情况。货币政策一般有三大构成要素：货币政策目标、货币政策中介指标、货币政策工具。货币政策的传导过程，首先是货币政策工具作用到中介指标，其次是由中介指标去实现货币的政策目标。

14.3.1　货币政策目标及其相互关系

货币政策目标是一国宏观经济目标，其最终目标是物价稳定、充分就业、经济增长和国际收支平衡，这四个最终目标要同时实现是非常困难的。在具体实施中，为了实现某一货币政策目标而采用的措施很可能与实现另一宏观经济政策目标所应采取的措施相矛盾。但长期来看，这些目标是统一的，相辅相成的。具体表现为以下四个方面。

1. **物价稳定与经济增长的矛盾**

从长期来看，物价稳定与经济增长之间具有一致性。稳定的物价，可以减少市场的不确定性，充分发挥市场功能，维持经济长期增长；而经济的持续增长又有利于生产充足的商品，保持物价稳定。从短期来看，对物价稳定与经济增长的关系，理论界有不同的看法。从政府行为来看，由于政府越来越关注经济的短期增长，所以不时地出现利用适度的通货膨胀来刺激经济增长的情况。因此，对于什么是合适的通货膨胀，如何控制通货膨胀“惯性”，仍是政府利用通货膨胀刺激经济增长的一道难题。

2. **物价稳定与国际收支平衡之间的矛盾**

由于影响国内经济因素与影响国际经济关系的因素各不相同，因此中央银行同时实现国内物价稳定和国际收支平衡很困难。内部均衡表明物价处于稳定状态。如果存在国际收支顺差，为了解决顺差采取紧缩政策，就会造成经济的紧缩和物价下跌；如果此时存在国际收支逆差，平衡国际收支的政策就会造成外汇储备的增加，起到扩张基础货币和货币供应量的作用，从而影响物价的稳定。另外，从物价对国际收支状况的影响来看，当本国出现通货膨胀时，本币对内贬值，与外币相比外国的商品价格显得更加低廉，出现汇率高估现象，有利于外国商品的进口而不利于本国商品的出口，结果是出现贸易逆差，导致国际收支失衡。

3. 经济增长与国际收支平衡的矛盾

正常情况下，一国经济增长，将有利于提高本国商品在世界市场上的竞争力，有利于提高本国商品的出口能力。但是经济的增长也会提高本国人民的国民收入，导致进口的增加。另外，为了促进经济增长，必须增加投资，不仅要动员国内的储蓄，而且要利用一切手段吸引外资，加强对外资的利用。其结果可能带来资本项目的逆差。

4. 经济增长与充分就业的矛盾

根据奥肯法则，失业意味着生产要素的非充分利用，失业率的上升会伴随实际GDP的下降，即失业率每增加1%，则实际GDP会减少2%左右。奥肯法则说明了充分就业与经济增长之间的矛盾，要达到充分就业就不可能实现经济的稳定增长，其原因可能是，以内涵型扩大再生产所实现的高经济增长，不可能实现高就业。或者片面强调高就业，硬性分配劳动力到企业单位就业，造成人浮于事，效益下降，产出减少，以致经济增长速度放慢等。正因为货币政策目标之间的矛盾性，所以要求在选择和实施货币政策时应权衡利弊得失，充分考虑它们之间的相互关系。

14.3.2 货币政策中介指标

由于货币政策的实现过程比较长，为了了解政策工具使用情况、把握政策目标实现程度，需要借助一些可以被量化和操作的经济指标。这些经济指标就是具有经济传导性的金融变量，人们称为“货币政策中介指标”。

1. 货币政策中介指标内涵

货币政策中介指标是指中央银行为实现货币政策最终目标而设置的可供观察和调整的中间性或传导性指标。它是货币政策工具和货币政策最终目标之间的桥梁。通常有市场利率、货币供应量、基础货币等中介指标。

货币政策中介指标有远期和近期之分，远期中介指标主要有货币供应量、长期利率，近期中介指标有基础货币、短期利率、超额准备金。

2. **货币政策中介指标特点与重要性原因**

作为中介指标应具备三个特点：第一，“控制启动器”，即能够通过自身的变化启动最终目标，并促成最终目标的实现；第二，“传导指示器”，即能够向社会及整个金融体系传导中央银行的货币政策意向，使各经济主体的经济决策符合中央银行货币政策的要求；第三，“反馈显示器”，即通过中介指标，中央银行能够判断货币政策的作用方向、作用强度和持续时间，以便及时进行反馈调节。货币政策中介指标非常重要的原因有两个：一是人们长久以来认识到货币政策作用机制具有滞后性和动态性，因而有必要借助一些能够迅速反映经济状况变化的金融或非金融指标，作为观察货币政策实施效果的信号；二是为避免货币政策制定者的机会主义行为，需要为货币当局设定一个名义锚，以便社会公众观察和判断货币当局的言行是否一致。

3. **货币政策中介指标的选择标准**

货币政策中介指标的选择应符合以下三个标准。第一，可测性。中央银行能够对货币政策中介指标变量进行准确的跟踪统计和分析研究。第二，可控性。中央银行可以有把握地将选定的中介指标控制在确定的或预期的范围内。第三，相关性。货币政策中介指标变量与货币政策的最终目标有着紧密的关联性和互动性，能够促进最终目标的实现。

14.3.3 货币政策工具

货币政策工具是为实现货币政策目标采取的政策措施。常用的货币政策工具有：法定存款准备金率、再贴现率、公开市场业务。

1. **法定存款准备金率**

准备金是商业银行库存的现金和按比例存放在中央银行的存款。准备金本来是为了保证支付的，但它带来了一个意想不到的“副产品”，赋予了商业银行创造货币的职能，可以影响金融机构的信贷扩张能力，从而间接调控货币供应量，现已成为中央银行货币政策的重要工具。

存款准备金是指金融机构为保证客户提取存款和资金清算需要而准备的资金，金融机构向中央银行缴纳的存款准备金占其存款总额的比例就是存款准备金率（Deposit-reserve Ratio）。存款准备金制度是在中央银行体制下建立起来的，美国最早以法律形式规定商业银行向中央银行缴存存款准备金。存款准备金制度的初始作用是保证存款的支付和清算，之后才逐渐演变成货币政策工具，中央银行通过调整存款准备金率，影响金融机构的信贷资金供应能力，从而间接调控货币供应量。

存款准备金分为“法定存款准备金”和“超额存款准备金”两部分。中央银行规定的存款准备金率被称为“法定存款准备金率”，与法定存款准备金率对应的准备金就是法定准备金。这部分是风险准备金，是不能用于发放贷款的。其比例越高，执行的紧缩政策力度越大。当中央银行提高法定准备金率时，商业银行可提供放款及创造信用的能力就会下降。因为，如果法定存款准备金率提高，货币乘数①就变小，从而降低整个商业银行体系创造信用、扩大信用规模的能力，其结果是社会的银根偏紧，货币供应量减少，利息率提高，投资及社会支出都相应缩减；反之，亦然。金融机构在央行存款超过存款准备金存款的部分为超额准备金存款，超额准备金存款与金融机构自身保有的库存现金，构成超额准备金，即超过法定存款准备金的准备金，也称为“超额存款准备金”（习惯上称为“备付金”）。超额存款准备金与存款总额的比例是超额存款准备金率（备付率）。金融机构缴存的“法定存款准备金”，一般情况下是不准动用的；而超额存款准备金，金融机构可以自主动用，其保有金额也由金融机构自主决定。通常情况下，可以通过研究存款准备金率的提高或降低对商业银行和其他金融机构的资产业务规模变化带来的影响，进而分析对货币供给产生的影响。

法定存款准备金率政策存在三个缺陷：一是当中央银行调整法定存款准备金率时，存款货币银行可以变动其在中央银行的超额存款准备金，从

① 所谓货币乘数也称为“货币扩张系数”或“货币扩张乘数”，是指在基础货币（高能货币）基础上，货币供给量通过商业银行的创造存款货币功能产生派生存款的作用而产生的信用扩张倍数，是货币供给扩张的倍数。

反方向抵消法定存款准备金率政策的作用；二是法定存款准备金率对货币乘数的影响很大，作用力度很强，往往被当作一剂“猛药”；三是调整法定存款准备金率对货币供应量和信贷量的影响要通过存款货币银行的辗转存、贷，逐级递推而实现，成效较慢、时滞较长。因此，法定存款准备金率政策往往是作为货币政策的一种自动稳定机制，而不将其当作适时调整的经常性政策工具来使用。

2. **再贴现率**

再贴现是相对于贴现而言的，商业银行在票据未到期以前将票据卖给中央银行，得到中央银行的贷款，称为“再贴现”。中央银行在对商业银行办理贴现贷款中所收取的利息率，称为“再贴现率”。再贴现意味着商业银行向中央银行贷款，从而增加货币投放，直接增加货币供应量。

再贴现率的高低不仅直接决定再贴现额的高低，而且间接影响商业银行的再贴现需求，进而整体影响再贴现规模。这是因为，一方面，再贴现率的高低直接决定了再贴现成本。再贴现率提高，再贴现成本增加，影响再贴现需求；反之亦然。另一方面，再贴现率变动，在一定程度上反映了中央银行的政策意向，提高再贴现率，呈现紧缩意向；反之，呈现扩张意向，这对短期市场利率具有较强的导向作用。再贴现率虽具有调节灵活的优点，但也不宜频繁变动，否则会给人以政策意向不明确的印象，使商业银行无所适从。此外，再贴现率的调节空间有限，且贴现行为的主动权掌握在商业银行手中，商业银行如果出于其他原因对再贴现率缺乏敏感性，则再贴现率的调节作用将大打折扣，甚至失效。因此，中央银行的再贴现政策能否获得预期效果，还取决于商业银行是否采取主动配合的态度。

作为中央银行调控货币供应量的三大传统政策手段之一，再贴现率较法定存款准备金率、公开市场业务在调控货币供应量方面更易于操作。再贴现率引起的波动程度又远比法定准备金率小，因而各国中央银行经常调整再贴现率来控制货币供应量。作为一国基准利率，再贴现率制约和影响着全国的利率水平，其变动决定或影响着其他利率的变动，是其他利率赖以调整或变动的基础。商业银行之所以要进行再贴现，是因为其资金发生短缺。再贴现率低，商业银行取得资金成本较低，市场利率就会降低；反之，表示中央银行的资金供给趋紧，市场利率可能上升。在商业银行业务中，票据贴现的比例很大，越是发达国家越是如此。

3. **公开市场业务**

公开市场业务是指中央银行通过买进或卖出有价证券（如国库券、公债等），吞吐基础货币，调节货币供应量的活动。与一般金融机构所从事的证券买卖不同，中央银行买卖证券的目的不是营利，而是调节货币供应量。根据经济形势的发展，当中央银行认为需要收缩银根时，便卖出证券，收回一部分基础货币，减少金融机构可用资金的数量；相反，当中央银行认为需要放松银根时，便买进证券，扩大基础货币供应，直接增加金融机构可用资金的数量。

公开市场业务的作用主要有：第一，调节商业银行的准备金，影响其信用扩张的能力和信用紧缩的规模；第二，通过影响准备金的数量控制利率；第三，为政府债券买卖提供一个有组织的方便场所；第四，通过影响利率来控制汇率和国际黄金流动。因此，公开市场业务的操作主要是通过购入或出售证券，放松或收缩银根，而使银行储备直接增加或减少，以实现相应的经济目标。

公开市场业务是三大货币政策工具中唯一能够直接使银行储备发生变化的工具，具有主动性、灵活性和时效性等特点。中央银行在公开市场业务中有相当大的主动权，可以充分控制其规模；公开市场业务灵活，对货币供应既可以进行“微调”，也可以进行较大幅度的调整，具有较大的弹性；公开市场业务操作时效性强，当中央银行发出购买或出售的意向时，交易立即可以执行，参加交易的金融机构的超额储备金相应发生变化；公开市场业务可以经常、连续地操作，必要时还可以逆向操作，由买入有价证券转为卖出有价证券，使该项政策工具不会对整个金融市场产生过大冲击。但公开市场业务也有局限性，即中央银行只能在商业银行储备变化的方向上调整，而不能在数量上准确地实现自己的目标。第一，通过公开市场业务影响银行储备需要时间，不能立即生效，而要通过银行体系共同的一系列买卖活动才能实现。第二，公开市场业务发挥作用的先决条件是证券市场必须高度发达，并具有相当的深度、广度和弹性等特征。第三，中央银行必须拥有相当的库存证券。

■ 资料链接：公开市场业务——适时适度调节货币供应量

中国人民银行开展的公开市场业务，当经济过热、货币供给过多时，央行通过发行央票或正回购等公开市场操作，卖出债券，收回市场中的资金；当货币供应量过少时，央行则在公开市场中买入国债、央票等，又将资金投入市场。

在当前许多国家，公开市场操作是其中央银行吞吐基础货币、调节市场流动性的主要货币政策工具。从交易品种看，公开市场业务主要包括发行央行票据、回购交易和现券交易。中央银行通过同指定交易商进行有价证券和外汇交易，达到调控社会货币供应量的目标。

央行数据显示，2011年累计发行央行票据约1.4万亿元，开展正回购操作约2.5万亿元；截至2011年末，央行票据余额约为1.9万亿元。而且，通过优化公开市场操作工具组合，央行公开市场操作预调微调的功能得到了更充分的发挥。

操作方式：回购交易

回购交易分为正回购和逆回购两种。正回购，是指央行向一级交易商卖出有价证券，并约定在未来特定日期买回有价证券的交易行为。正回购意味着央行从市场收回流动性，而正回购到期则为央行向市场投放流动性。也就是说，央行利用正回购操作可以达到从市场回笼资金的效果。但同央行票据相比，正回购运作成本较少，锁定资金效果较强。而逆回购操作在对资金流向的影响上与正回购刚好相反。

操作方式：发行央行票据

央行票据即中央银行票据，是央行向商业银行发行的短期债券。央行通过发行央行票据可以回笼基础货币，央行票据到期则体现为投放基础货币。央行票据与金融市场其他债券具有本质区别：企业发行债券，目的是筹集资金，即增加可用资金；而央行票据是央行调节基础货币的一项货币政策工具，目的是减少商业银行可贷资金量。商业银行在支付认购央行票据的款项后，其直接结果就是可贷资金量的减少。

实践证明，在流动性持续较多的情况下，央行票据这一操作工具的推出为货币调控赢得了一定的主动权。

资料来源：王信川. 公开市场业务：适时适度调节货币供应量［N］. 经济日报，2012-03-31。

14.3.4 货币政策类型

货币政策有三种基本类型：一是紧缩性货币政策，指在通货膨胀情况下，中央银行采取提高存款准备金率、提高利率、减少信贷规模等方式减少货币供应量的政策；二是扩张性货币政策，是指在经济萧条时中央银行采取降低存款准备金率、降低利率、扩大信贷规模等手段来增加货币供应量的政策；三是稳健（中性）货币政策，是指在社会供给和总需求基本平衡、经济运行较为稳定的情况下中央银行采取货币供给与经济发展相协调的一种政策，其主要目标是在保持经济稳定增长的前提下抑制通货膨胀，避免经济的大起大落，保持物价稳定。

■ 资料链接：易纲：把好货币供应总闸门　平滑宏观杠杆率波动

中国人民银行行长易纲于2020年10月21日在2020金融街论坛年会上指出，货币政策要把握好稳增长和防风险的平衡，既不让市场缺钱，也不让市场的钱溢出来，保持货币供应与反映潜在产出的名义国内生产总值增速基本匹配。

稳健货币政策取得积极成效

易纲介绍，2020年以来新冠肺炎疫情给全球经济带来严重冲击。中国货币政策响应及时有力，总量合理适度，为保市场主体稳就业营造了适宜的货币金融环境。“2020年以来人民银行3次降准，加权平均存款准备金率下降约1个百分点，降准释放流动性1.75万亿元。2018年以来，人民银行10次降准，加权平均存款准备金率下降约5.5个百分点，累计释放流动性8.1万亿元。”易纲说道。

易纲表示，总体来看，稳健的货币政策取得积极成效，货币信贷和社会融资规模合理增长，有力支持了经济稳步恢复。2020年9月末，广义货币供应量（M2）与社会融资规模同比增速分别为10.9%与13.5%，前9个月人民币贷款新增16万亿元，都明显高于上年同期。普惠小微企业、民营企业、制造业等贷款利率均降至历史新低。信贷结构明显优化，支持小微经营主体3100多万户。

既不让市场缺钱，也不让钱溢出来

关于下一阶段货币政策，易纲表示，稳健的货币政策更加灵活适度、精准导向。货币政策要把握好稳增长和防风险的平衡，既不让市场缺钱，也不让市场的钱溢出来，保持货币供应与反映潜在产出的名义国内生产总值增速基本匹配。同时，他表示，尽可能长时间实施正常货币政策，保持正常的、向上倾斜的收益率曲线，为经济主体提供正向激励，总体上有利于经济社会的可持续发展，有利于人民币资产的全球竞争力，帮助我国利用好两个市场、两种资源。

“在今年抗疫的特殊时期，宏观杠杆率有所上升，明年GDP增速回升后，宏观杠杆率将会更稳一些。货币政策需把好货币供应总闸门，适当平滑宏观杠杆率波动，使之长期维持在一个合理的轨道上。”易纲表示。

易纲指出，坚持稳健的货币政策，坚持和完善应对疫情中一些行之有效的结构性金融政策，助力完成全年发展目标任务。他表示，支持小微民营企业、支持稳就业、支持绿色发展的政策措施将继续坚持，并进一步完善，促进形成以国内大循环为主体、国内国际双循环相互促进的发展新格局。

资料来源：易纲：把好货币供应总闸门　平滑宏观杠杆率波动［N］. 上海证券报，2020-10-22。

14.3.5　财政政策与货币政策的联系和区别

1. **财政政策与货币政策的联系**

第一，两大政策的目标一致。实现物价稳定、经济增长、充分就业和国际收支平衡是两者的共同任务。

第二，两大政策对总需求的影响具有互补性。例如，通过实行增支减收积极财政政策在刺激经济扩张的同时也可能产生紧缩效应，这些紧缩效应表现在以下两个方面。首先，政府扩大支出势必减少公共储蓄，由此造成货币需求紧张，迫使利率上升，从而减少私人部门的投资，这就是积极财政政策产生的对于私人部门投资需求的“挤出效应”。其次，财政扩张可能引起本币升值，将构成本币升值的压力，从而促使汇率上升进而降低国外需求，导致出口的减少，对经济产生一定的紧缩效应。政府如果同时采取扩张性的货币政策，就可以抑制因紧缩效应而导致的利率上升，扩大信贷规模，刺激投资，消除或减少扩张性财政政策产生的“挤出效应”。

第三，两大政策同是资金分配的渠道，都与货币流通密切联系。从社会总资金的运动来看，财政政策对资金运动的影响和货币政策对资金运动的影响之间有千丝万缕的联系。

2. **财政政策与货币政策的主要区别**

第一，实施主体和具体手段不同。财政政策由财政部制定和实施，而货币政策一般由中央银行制定和实施。财政政策主要手段包括税种增减、税率升降、支出预算缩张、公债增减、补贴等，通过调整财政收支的数量、结构及平衡关系对国民经济产生影响。货币政策比财政政策复杂，它通过运用法定存款准备金率、再贴现率、公开市场业务等手段调节货币供应量、利率、增减信贷规模、增减社会现金供应等对国民经济产生影响。

第二，两者作用对象和作用机制不同。财政政策直接作用对象是总需求，货币政策直接作用对象是货币供给。财政从收入和支出两个方向上直接影响社会需求的形成；银行通过信贷规模的伸缩影响消费需求和投资需求的形成。

第三，两大政策对总需求的影响不同。财政政策直接影响总需求的规模，其作用的发生是没有通过任何中间变量的；货币政策通过利率的变动对总需求产生影响，间接发挥作用。财政政策在社会消费需求形成中起决定作用，对个人消费需求的形成有直接影响；银行主要是通过工资基金的管理以及现金投放的控制，间接影响个人消费需求，当然也可以通过储蓄存款直接影响个人消费需求，但与财政政策相比其影响力度小很多。财政政策在形成投资需求方面的作用主要是调整产业结构，促进国民经济结构的合理化；货币政策的作用主要在于调整货币供求总量。

第四，两者扩张或紧缩需求的机制不同。财政政策通常是通过财政赤字或盈余来扩张或紧缩需求。但财政政策本身并不能有直接创造需求，即创造货币的能力，唯一能创造需求、创造货币的是中央银行。因此，财政政策的扩张和紧缩效应一定要通过货币政策机制的传导才能发生。比如，扩张性财政政策将会刺激社会总需求扩大，引起银行资金供应紧张，最终导致利率上升，利率上升又会缩减信贷规模，抑制社会需求的扩大。由此可见，财政政策作用的发挥会受到货币政策的影响。而银行自身却可以直接通过信贷规模的扩张和收缩起到扩张和紧缩需求的作用。比如，中央银行可以通过增发货币的方法达到降低利率，刺激需求的目的，这个过程不会受到财政政策的干扰。从这个意义上说，中央银行的货币政策是扩张或紧缩需求的“总闸门”。

第五，两者的作用强度、决策速度及执行阻力不同。财政政策中的政府支出和货币政策中的法定存款准备金率的作用较为猛烈，而财政政策中的税收政策和货币政策中的公开市场业务、贴现率政策的作用较为温和。从决策速度来看，财政政策中的政府支出政策、税收政策和货币政策中的法定存款准备金率决策较慢，而货币政策中的公开市场业务、贴现率决策较快。在执行阻力上，财政政策中的政府支出政策、税收政策阻力较大，而货币政策中的贴现率政策，以及公开市场业务、法定存款准备金率阻力较小。政府在制定和实施财政政策和货币政策时，必须考虑上述特点，以便使其协调配合共同为经济政策目标服务。

14.3.6 财政政策与货币政策协调配合的组合方式

财政政策与货币政策的协调配合方式表现为扩张性、紧缩性和中性政策的不同组合。

1. **“双松”政策**

“双松”政策即宽松的财政政策和宽松的货币政策。在社会总需求严重不足，生产能力和社会资源未能得到充分利用的情况下，利用这种政策组合，可以刺激经济增长，扩大就业。尽管这种“双松”政策组合对经济的恢复具有“高效”的作用，但在使用的时候也有严格限制。一般来说，在经济衰退程度不太严重时，使用“双松”政策组合力度一定小。即使经济处于严重衰退阶段，也不宜长时间实行“双松”政策，在经济出现好转的迹象后，政策组合方式应立即转为温和型政策组合，甚至在好转迹象尚不明显之际，就应该减弱政策强度。否则，由于时滞的存在，滞后的政策效果可能在经济过热时刺激其发展，而在经济萧条时又抑制其发展。

2. **“双紧”政策**

“双紧”政策即紧的财政政策与紧的货币政策。当社会总需求极度膨胀，社会总供给严重不足和物价大幅度攀升，抑制通货膨胀成为首要调控目标时，适宜采取“双紧”政策。这种政策组合可以有效遏制需求膨胀与通货膨胀。值得注意的是，“双紧”政策的搭配方式同“双松”政策的搭配方式一样，都是一种强劲的政策组合，在实施过程中必须注意政策力度及持续的时间。如果政策的力度调整不及时，经济就可能迅速地陷入衰退，引起经济的大起大落。

3. **紧的财政政策和松的货币政策**

当政府开支过大，物价基本稳定，经济结构合理，但企业投资并不十分旺盛，经济也非过度繁荣，促进经济较快增长成为经济运行的主要目标时，宜采用这种政策组合模式。这种政策组合模式可以有效地降低利率和减少挤出效应，为私人提供良好的投资环境，推动经济的持续稳定发展。正因为这种政策组合模式能够在控制通货膨胀的同时，保持经济适度增长，因此受到西方学者较多的赞赏。但是，这种“紧松”的政策组合持续地实施扩张性货币政策会引发通货膨胀，由于通货膨胀对经济危害巨大，所以这种政策组合模式的实施不宜持续时间太长。

4. **松的财政政策和紧的货币政策**

当社会运行表现为通货膨胀与经济停滞并存，产业结构和产品结构失衡，社会总需求不足，货币流通中的数量较大，贷款较大幅度增长，经济存在较大通货膨胀压力时，适宜采用此政策配合模式。“松紧”政策的优点是在通过扩张性财政政策刺激经济的同时，有效地防范了因经济升温过快而导致的通货膨胀。但其缺陷也是显而易见的，利率水平会因为实施扩张性的财政政策而被拉高，此时再搭配以紧缩性的货币政策，利率水平会进一步上升，因此扩张性财政政策的挤出效应会被放大，对经济拉动的作用效果就会大大减弱。同时，良好的财政状况是长期实施该政策组合的前提条件，实施该政策组合的时间也不宜过长。因为持续的财政扩张必然会引发政府赤字，而财政赤字的规模应该控制在一定的限度内。

5. **稳定的政策组合**

中性财政政策与中性货币政策协调搭配是稳定型政策组合的典型代表。从“适度从紧”的意义来说，可以将中性财政政策与紧缩性货币政策的搭配以及紧缩性财政政策和中性货币政策的搭配归于稳定型的政策组合。稳定型的政策组合适用于整体经济形势运行良好、物价稳定、GDP等指标的增长速度比较合理的状况。这种政策搭配具有“微调”的意义。由于强劲的政策组合使用不当可能会引起经济的波动，所以在经济状态良好时，采用稳定型的政策组合是比较适当的。在某种意义上，中性的政策可以是一种“双防”的政策组合，既要防止经济过热增长，出现通货膨胀，又要防止经济增长乏力，出现通货紧缩。对于政策的制定者来说，采用中性政策并不比采用其他类型政策的调控难度小，稳定型的政策组合对经济的上下微调力度要适中，调节时间要及时，否则达不到政策调控效果。

14.4 收入分配政策

现代经济学理论不仅证明了竞争性市场可以实现效率，也证明了市场发挥作用的整体成就非常依赖一个国家的政治和社会环境。政府构建合理的收入分配体系，发挥收入分配政策的积极作用对于构建稳定社会发展环境具有重要意义。

14.4.1 收入分配概念

广义上的收入分配是指一国在一定时期内经济活动成果在各经济主体之间的分配；狭义上的收入分配是指国民收入在国民经济各部门、各生产单位和非生产单位以及居民中的分配过程。收入分配的主体包括国家、企业和个人。国家收入分配主要是通过税收形式来实现的，还有一部分是以所有者身份通过参与利润分配的形式来实现的。企业主要以利润形式参与国民收入的分配。居民对国民收入的分配主要以劳动者报酬形式来实现，这是居民获得收入的主要形式。此外，居民还可以通过资本收入、要素分配以及财政的转移支付等形式来实现。

国民收入分配包括初次分配和再分配。初次分配是指国民收入在物质生产领域内部进行的分配。国民收入经过初次分配形成了国家、企业或集体、物质生产部门、劳动者的原始收入。初次分配主要由市场机制形成，生产要素价格由市场供求状况决定，政府通过税收杠杆和法律法规对其进行调节与规范，一般不直接干预初次分配。国民收入的再分配是国民收入在初次分配基础上的进一步分配。通过国民收入再分配，不直接参与物质生产的社会成员或集团，从参与初次分配的社会成员或集团那里获得收入。再分配主要由政府调控机制起作用，政府进行必要的宏观管理和收入调节，是保持社会稳定、维护社会公正的基本机制。

14.4.2 收入分配原则

市场不能保证效率和公平的同时实现，无论是在经济发展水平比较高的西方国家，还是在像中国这样的发展中国家，收入分配领域都存在着大量的不公平现象。因此，政府在构建收入分配制度时，首先需要满足相应的收入分配原则。

1. 按劳分配为主体，多种分配方式并存的原则

按劳分配作为分配方式的主体，是市场经济最大限度发挥劳动者生产积极性的最佳形式，因为按劳分配为社会成员在参与社会产品分配的过程中提供了基本的原则和前提，更为提高经济活动的效益提供了内在动力。由于经济转型中多种所有制形式并存，个人分配在形式上也表现为多种分配方式并存，如按生产要素分配就是依据劳动、资本、技术和管理等生产要素的贡献参与分配。要素所有者按照投入的要素数量和质量及其对生产经营的贡献获取报酬，可以有效地调动各种要素所有者的生产积极性。由于分配激励的内在原因是一致的，因而，以按劳分配为主体，多种分配方式并存是一个重要原则。

2. **效率优先、兼顾公平的原则**

效率不仅可以用经济活动中所耗费的劳动量与获得的劳动成果的比率来衡量，还可以用资源的节约量和社会净财富的增加量来衡量。在社会主义市场经济条件下，收入分配政策在国民收入初次分配环节应该以效率为先导，坚持效率标准，如此才能做到人尽其才、物尽其用，激励劳动者，提高效率，促进生产力发展。

公平是效率的前提。社会收入分配差距过大，贫富悬殊，必然引起社会不稳定，国家动荡，在这样的社会中是没有经济效率可言的。因此，收入分配政策在国民收入再分配环节要促进公平，使收入分配差距保持在合理的范围内。只有这样才能为经济的持续发展建立和谐稳定的社会环境，最终实现经济增长的目标。

收入分配政策要实现公平目标必须把握公平的三个层面。第一，机会均等。这是指每个人都有付出劳动的机会和发挥自己才干的机会。第二，规则平等。这是指劳动者在收入分配过程中遵守同样标准的规则，在规则面前人人平等。第三，差距适度、兼顾平等和兼容责任。在承认人的能力、才智、积极性的差距以及由此带来的劳动生产率差别的基础上，财产和收入可以有适度差异。

14.4.3 收入分配政策的目标

收入分配政策是国家为实现社会经济发展目标在收入分配领域制定的一系列收入分配制度和方针，它是对国民收入进行宏观管理的经济政策，可以调节国民收入中的重大比例关系。国民收入分配政策的基本目标是通过初次分配和再分配提高国民经济效率，促进社会公平。

1. **收入分配公平**

关注收入分配公平是政府的责任。政府通过运用税收、社会保障、转移支付等政策工具调节收入在各个社会阶层和利益群体之间的分配。并通过建立科学的收入分配政策体系，完善教育制度、就业制度和社会保障制度实现起点公平、过程公平和结果公平。

2. **经济稳定增长**

合理而公平的收入分配政策不仅对于增进社会公平、实现社会稳定有积极作用，还能为社会经济发展创造和谐的社会环境，促进经济增长目标的实现。收入分配政策中的税收政策、转移支付政策具有“自动稳定器”的功能，可“熨平”经济的周期性波动，保持经济增长的效率。

3. **社会和谐稳定**

收入分配政策可缩小收入分配差距，稳定民心，为社会经济发展创造和谐稳定的社会环境。收入分配政策中的社会保障政策、转移支付制度和税收政策都具有社会稳定功能。

14.4.4 收入分配政策工具

收入分配政策工具主要有：社会保障、转移支付和税收。

1. **社会保障**

社会保障（Social Security）是指国家和社会通过立法对国民收入进行分配和再分配，对社会成员特别是生活有特殊困难的人的基本生活权利给予保障的社会安全制度。社会保障的本质是维护社会公平进而促进社会稳定发展。一般来说，社会保障由社会保险、社会救济、社会福利、优抚安置等组成。其中，社会保险是社会保障的核心内容。社会保障的主要目的是保证无收入、低收入以及遭受各种意外灾害的公民维持生存，保障劳动者在年老、失业、患病、工伤、生育时的基本生活不受影响，同时根据经济和社会发展状况，逐步提升公共福利水平，提高国民生活质量。

社会保障的功能主要体现在四个方面。第一，社会保障是劳动力再生产的保护器。在劳动力再生产遇到障碍时给予劳动者及其家属基本生活、生命的必要保障，以维系劳动力再生产的需要，从而保证社会再生产的正常进行。第二，社会保障是社会发展的“稳定器”。通过社会保障对社会财富进行再分配，适当缩小各阶层社会成员之间的收入差距，避免贫富悬殊，使社会成员的基本生活得到保障，能协调社会关系，维护社会稳定。第三，社会保障是经济发展的“调节器”。社会保障对经济发展的调节作用主要体现在对社会总需求的自动调节作用。在经济萧条时期，一方面，由于失业增加、收入减少，用于社会保障的货币积累相应减少；另一方面，因失业或收入减少而需要社会救济的人数增加，社会用于失业救济和其他社会福利方面的社会保障支出也相应增加。这使社会保障的同期支出大于收入，从而刺激了消费需求和社会总需求。在经济繁荣时期，其作用则正好相反。第四，社会保障可以解除劳动力流动的后顾之忧，使劳动力流动渠道畅通，有利于调节和实现人力资源的高效配置。

■ 资料链接：发挥好社会保障收入再分配作用

社会保障是现代社会防范劳动者及社会成员社会风险、缩小收入分配差距、促进社会和谐稳定的制度安排。

（1）社会保障是调节收入分配的重要工具

社会保障调节收入分配的功能体现在收入分配的多个层次中，包括初次分配、再分配，甚至三次分配，其中社会保障在收入再分配方面的作用更加明显。在再分配领域，通过发挥政府的主导和调节作用，运用社会保障的资源和机制，扶弱济困，保障各类风险；通过政府对社会保障的财政转移支付机制和社会保障的资金筹集与待遇支付机制，实现对弱者和贫困人口的直接帮助，进而实现不同人群之间的收入分配调节。其中，社会保险通过权利与义务关系的非完全对应性进行资金筹集与待遇支付，可以体现其调节收入分配的作用；社会福利和社会救助由于显著的福利性，其收入分配调节作用更加明显和突出。

国际经验表明，社会保障调节收入分配的作用在一定程度上要大于其他措施。有关研究表明，发达国家社会保障调节收入分配差距的作用要大于税收。作为福利国家的瑞典，其调节收入分配的措施主要是社会保障，其所起的作用高达80%以上，而税收所起的作用只占10%左右。德国社会保障调节收入分配差距的作用要比税收显著。美国调节收入分配差距更多地依赖于税收，当然社会保障所起的作用也非常突出，美国基尼系数下降的过程中社会保障的贡献高达40%以上。日本的社会保障制度对调节收入分配差距发挥了关键作用，日本政府通过对各项社会保险制度的调整与改革，改善了初次收入分配不平等的状况。

（2）社会保障已经发挥调节收入分配的积极作用

随着各项社会保障制度的建立健全，覆盖城乡居民的社会保障体系基本形成，实现了制度全覆盖。医疗保险制度率先实现覆盖全民，编制了世界上最大的医疗保障网络。随着我国不断加大社会保障财政投入，社会保障的待遇水平明显提升，社会保障的收入再分配效果日益明显。我们的调查发现，越来越多的人成为社会保险受益者，社会保险待遇成为个人和家庭收入的重要组成部分。2011年，个人社会保险所有待遇占个人全年收入平均14.5%；社会保险待遇占退休者收入的比重更高，达43%。通过调查样本2012年社会保险年收入转入总体年收入前后的基尼系数变化情况来看，社会保险收入转入前，全部样本的年收入基尼系数为0.547；社会保险收入转入后，全部样本的年收入基尼系数为0.512，可见社会保险转移收入具有比较明显的收入再分配作用，转入前后基尼系数下降了6.4%。社会救助与社会福利项目不需要个人缴费，资金来源于国家财政和社会捐赠，按照特定人群的生活需求进行分配，因而缩小收入差距的功能也十分显著。

资料来源：王延中，龙玉其.发挥好社会保障收入再分配作用［EB/OL］.（2016-04-01）.新华网，http://www.xinhuanet.com/politics/2016-04/01/c_128854341.htm。

2. 转移支付

转移支付（Transfer Payment），是政府财政资金的单方面无偿转移，体现的是非市场性的分配关系。它是指各级政府之间为解决财政失衡而通过一定的形式和途径转移财政资金的活动，是用于补充公共物品而提供的一种无偿支出，是二级分配的一种手段。转移支付是一种平衡经济发展水平和解决贫富差距的财务方法，包括政府转移支付、企业转移支付和政府间转移支付。政府转移支付大多具有福利支出的性质，如社会保险福利津贴、抚恤金、养老金、失业补助、救济金以及各种补助费等；农产品价格补贴也是政府的转移支付。由于政府的转移支付实际上是把国家的财政收入还给个人，所以有的西方经济学家称为“负税收”。企业转移支付通常是指企业对非营利组织的赠款或捐款，以及非企业雇员的人身伤害赔偿等。政府间的转移支付一般是上一级政府对下级政府的补助。政府间的转移支付主要是为了平衡各地区由于地理环境不同或经济发展水平不同而产生的政府收入差距，以保证各地区政府能够有效地按照国家统一的标准为社会提供服务。

转移支付的主要功能有三个。第一，保障地方政府提供最基本的公共产品，如教育、基础设施和卫生保健等。第二，调节辖区之间的财政净收益。自然环境、经济条件和社会条件不同会引起供给成本的差异，从而使居民的财政净收益有差别。第三，矫正地方政府活动在辖区之间的外部效应。

3. **税收**

税收是国家为满足社会公共需要，凭借公共权力，按照法律所规定的标准和程序，参与国民收入分配，强制取得财政收入的一种特定分配方式。它体现了国家与纳税人在征收、纳税的利益分配上的一种特殊关系，是一定社会制度下的一种特定分配关系。税收收入是国家财政收入最主要的来源。税收主要用于国防和军队建设、国家公务员工资发放、道路交通和城市基础设施建设、科学研究、医疗卫生防疫、文化教育、救灾赈济、环境保护等领域。

税收的作用就是税收职能在一定经济条件下，具体表现出来的效果。税收的作用具体表现为能够体现公平税负，促进平等竞争；调节经济总量，保持经济稳定；体现产业政策，促进结构调整；合理调节分配，促进共同富裕；维护国家权益，促进对外开放等。

公平税负是现代税收的重要原则，它对保障财政收入、促进社会公正、缩小贫富差距、实现经济发展有积极作用。公平税负指国家征税要使每个纳税人承受的负担与其经济状况相适当，并使各纳税人之间的负担水平保持平衡。它是税收负担公平地分配于各纳税人的基本原则，具体来说，其基本功能就是按照国家税制设置的原则和税收法律、法规的规定，税收负担的标准和比例建立在一个相对公平合理的基础上，使每个经济组织和个人能够履行税收责任和承担纳税义务。

14.4.5 当前中国特色社会主义收入分配问题

改革开放以来，我国建立了以按劳分配为主体、多种分配方式并存，按劳分配与按生产要素分配相结合的分配制度。这大大解放了生产力，调动了人们的生产积极性，推动了中国经济的发展，人们的生活水平也得到提高。与此同时，分配制度的改革也加剧了贫富差距，财富向拥有要素多者集中。基尼系数从1978年的0.15上升到2008年的0.491，2008年作为一个转折点，开始逐步下降，但2016年依然高达0.465，收入分配差距过大问题依然突出，这严重影响了社会的和谐稳定。中国从收入平均下的民风淳朴与夜不闭户，到快速富起来后的贫富分化与社会焦虑。中国社会主义制度的内在属性要求必须关注整个集体中的弱势群体、收入差距拉大问题。随着中国成为世界第二大经济体，人均GDP达到1万美元，社会主义的物质基础初步建立，为"先富带动后富"提供了条件，如近年来加大了社保投入、完善社会保障制度，以及在全国推行精准扶贫，政府正在通过各种手段阻止贫富分化继续发展的趋势，这些变化也引起了诸多专家和民众的关注和拥护。

1. **当前我国收入分配问题**

当前我国基尼系数接近0.5，分配不公已严重危及社会和谐与经济发展。收入差距过大，导致消费不足，使经济发展不可持续。具体来看，中国当前的收入分配改革不足之处主要表现在以下几个方面。

第一，区域之间、城乡之间、城市内部、农村内部的收入差距在不断扩大。1978年，东西部地区城镇居民可支配收入只相差37.03元，2008年这一差距上升到6232.28元，增长了167.30倍，2018年这一差距上升到13044元，东西部地区居民收入的绝对差距越来越大。从城乡比较来看，2009年城镇居民人均收入是农村居民人均收入的3.33倍，比1983年扩大了1.51倍。1978年农民人均纯收入与城镇居民可支配收入只相差209.8元，到2009年就突破万元大关，达到12022元，增长了56.30倍，2018年差距扩大到24634元。城市内部收入最高的10%和收入最低的10%的群体的收入比，2007年是9.2倍，2013年是12倍。农村内部收入最高的10%和收入最低的10%的群体收入比，2007年是11倍，2013年是13倍。城市和农村内部收入差距扩大的一个主要因素是财产性收入分配的不平等。所以，我们看到城市内部、农村内部、城乡之间与不同区域之间的收入差距在拉大而不是缩小。

第二，行业收入差距扩大。尤其是垄断性行业与竞争性行业之间的行业收入差距在拉大，部分垄断行业的高管工资、一般员工工资远远高于同类人员工资的平均水平。目前，我国最低收入行业与最高收入行业的收入差距高达15倍左右，电力、电信、金融、保险、烟草、石油、能源等具有垄断属性行业，其职工的平均工资是其他行业平均工资的2~3倍，如果加上工资外收入和职工福利待遇上的差异，实际收入差距在5~10倍。全国7个垄断行业有2833万人，不到全国职工人数的8%，但工资和工资外收入却占全国当年职工（不含农民工）工资总额的55%。虽然这些数据是2010年的，但到2020年依然没有改变中国不同行业之间收入差距大的问题，并且出现了新情况，具有网络平台型垄断和技术型垄断的行业与企业的员工收入大幅超过其他行业，甚至是一些传统垄断型行业员工收入水平。所以，基本上可以认为是行业垄断产生的垄断利润导致的垄断行业的高收入，这也是收入差距扩大、收入分配不公的一个很重要原因。

第二，不同人群收入差距拉大。根据中国经济景气检测中心的资料，2003年我国排名前50的富翁财产等于5000万农民年收入的总和；2020年"胡润百富榜"前三名马云、马化腾和钟睒睒的财富超过万亿元，千亿元级别的企业家达到41人，为历史之最，上榜的2398位企业家总财富达到27.5万亿元。最高收入者与最低收入者的收入差距，每年正以3.10%的增长速度扩大；依据收入分配的基尼系数变动情况，财富正在以1.83%的年平均增长速度向少数富人集中。收入的差距正在神州大地推动着贫富分化，在时间维度的累积演进和资本市场的加持下，又进一步加剧了这一趋势。目前，收入最高的10%家庭的财产总额占城镇居民全部财产的比重接近50%，而收入最低的10%家庭的财产总额只占城镇居民全部财产的1%左右。数据表明，不同人群的收入差距很大，贫富悬殊，财富集中在少数富人手里。

第四，收入分配"亲资本、重权属、疏劳动"。与改革开放初期相比，财产差距快速扩大，劳动收入份额大幅度下降。从大分配角度看，整个国民收入被分成三大块：居民收入、企业收入、政府收入。1985年城乡居民收入占GDP比重为56.18%，1997年下降到55%，2018年再降到42.7%，虽然最近几年有所回升，但始终低于50%，远低于发达国家。国民收入向企业和政府手中集中，进一步挤占了居民收入增长的空间，收入分配更偏向掌握土地、资本等要素的政府和企业。更具体的数据，如资本报酬占GDP的比重，从1978年到2005年上升了20%。2009年我国电子行业共有760万名职工，全部工资支出1810亿元，只占总销售收入5.3万亿元的3.5%，这些都是典型的“亲资本”表现。从政府方面看，2009年政府支配的收入总计在30%以上，这就是“重权属”的表现。

第五，以间接税为主，税收调节收入分配作用薄弱。大部分国家的直接税基本上都是累进制的，收入越高，税率越高，累进的直接税可以缩小收入差距。而间接税没有办法实行累进征收，间接税是单一税率，并且间接税最后归属到个人或家庭，它起到的作用是扩大收入差距。我国政府税收中直接税比重过低，间接税比重过高。直接税过低导致调节收入差距的力度非常有限。比如，缺乏房产税和遗产税，这是近些年代际分化的一个重要原因。

2. 收入差距的未来走向

随着经济发展，影响未来收入差距基本走向的因素依然存在，而且出现了新情况，比如，第四次工业革命到来、城市化高潮已过，以及人口老龄化到来，导致收入差距的一些走向趋势在社会中成形和强化，需要注意，主要表现在以下几个方面。

第一，收入流动性降低。收入流动性是一个时期中不同收入阶层人群的相对收入的变动情况，或者高收入与低收入人群的相对收入地位是否发生变化。从20世纪90年代后期开始，我国的收入流动性开始下降，随着中国经济出现产能过剩，从增量到存量竞争，各行业竞争开始加剧，进入门槛的提高，以及网络平台对各行各业的渗透，已经不利于小资本和个人创业，尤其是人力资本和社会资本储备低的人和群体，导致近年来流动性进一步降低。在中短期收入差距不变的情况下，这会带来社会风险。

第二，代际流动性降低。父代收入和子代收入之间的相关性越来越高，这意味着收入的代际流动性在降低。相对而言，从社会公平和防范社会风险的角度来看，代际流动性降低、社会阶层的长期固化会产生更大的影响。

第三，新技术带来的就业极化。人工智能已经开始出现人工替代，并且趋势在强化。新科技发展带来就业需求、就业结构的变化，以及失业问题。新技术会带来就业极化问题表现在两个方面。一方面，就业市场中需要更多高智商和有创新性的就业人员，是人工智能不可替代的，他们是高工资人群。另一方面，就业市场还需要低技能人群，不是引领新技术发展的一方，但也是人工智能无法替代的，比如，老年人护理员、家政服务人员，他们是低工资人群。这样，就业市场就出现了两极化，同时带来收入差距的扩大。

第四，利益集团的阻力。利益集团不一定是指具体的一群人，它可以是一个机构、一个部门、一个地区。在收入分配制度改革中利益受到潜在不利影响的人群和机构都可能成为利益集团。收入分配的深度改革必然会触及一部分人的利益，也必然会引起他们的阻挠和反对。更严重的是，利益集团并不仅满足于现有利益，他们还想获取更大的利益，带来更大的收入差距和分配不公平。

第五，居民财产加速积累及其分配差距的扩大。财富分配实际上有两个层面的问题：一个是收入分配，收入是经济活动中的流量；另一个是财产分配，财产是经济活动中的存量。财产差距的扩大是当前的一个大问题，更重要的是，财产差距的扩大必然会拉大收入差距。2002—2013年的居民财产年均实际增长率是17%，财产的积累速度非常快。值得注意的是，财产差距的扩大，中国居民收入（CHIP）调查数据显示，2002年财产最少的10%人群的财产份额大概是1%，到了2013年降为0.3%，而财产最多的10%人群的财产份额同期从37%上升到48%。从居民财产差距的基尼系数来看，城市内部财产差距上升了18%，农村内部财产差距上升了42%，全国财产差距上升了25%。与其他国家相比，我们的财产差距上升得非常快。这会成为将来收入差距扩大的一个重要推动因素。①

3. **收入分配问题治理思路**

收入分配问题直接关系到人民群众切身利益，体现社会公平正义，影响经济社会可持续发展。党的十八大报告指出，要千方百计增加居民收入，实现发展成果由人民共享。针对中国当前的收入分配问题，应从以下几个方面加强治理。第一，建立健全以工资为核心的企业职工利益集体协

① 李实.中国特色社会主义收入分配问题［J］.政治经济学评论，2020（1）：116-129.

商共决机制，以确保在劳资关系谈判中处于天生弱势地位的劳动者能获得公平谈判地位。第二，要对具有垄断属性行业，尤其是自然垄断和要素垄断属性行业的收入分配进行根本性改革。第三，改革税制，强化税收调节杠杆功能。第四，减少行政干预，强化权力监督，清理“灰色收入”、消除不合理收入、打击不合法收入。第五，彻底改革城乡二元体制，加大城乡统筹发展力度。应以户籍为重点，破除城乡二元壁垒，科学统筹城乡经济社会发展。建立健全覆盖城乡居民社会保障体系。加大农村扶贫开发力度，利用科技反哺农业，利用网络技术加强城乡联合，实现优势互补。第六，加快推进农村城镇化进程，国家资源配置要逐步从城市转向农村。积极推进农业产业化和现代化进程。使乡村各种商品和生产要素都得以交流而实现其价值。第七，坚持实施区域协调发展战略。①

为了防止收入差距的进一步扩大，一定要根据影响收入差距的因素，努力抑制其扩大收入差距作用的发挥。争取建成一个社会公平、发展成果共享、与效率兼容的收入分配制度。为了实现这一目标，必须加快收入分配制度改革，作为发展中的大国，大幅度缩小收入差距在短期内是难以做到的，但作为特色社会主义国家，国家有这方面的制度优势和资源优势去解决收入分配当中的不公平问题，以及缩小收入差距的长期战略定力和内在制度要求。

14.5 其他政策

公共经济政策除了财政政策、货币政策和收入政策外，还包括一些其他政策，主要有产业政策、消费政策和环境政策等。

14.5.1 产业政策

产业政策是指政府根据一国经济的产业结构、产业发展阶段和产业运行状况，为优化产业结构和国民经济现代化而制定的调整产业结构、提高产业发展水平和产业运行效率的各种政策。产业政策功能主要是弥补市场

① 黄家仁.中国收入分配问题成因与出路［J］.云南行政学院学报，2010（6）：106–108.

缺陷、有效配置资源、"熨平"经济震荡，以及增强经济适应力，使国民经济健康可持续发展。一般将产业政策划分为产业结构政策、产业组织政策、产业布局政策等。三种产业政策表现为"集合"政策，每一种产业政策都以市场机制的调节为依据，对市场起着直接调控，对企业起着间接调控的宏观作用，使社会资源在各产业、各行业、各企业、各地区之间得到合理配置，逐步实现产业结构的优化。

产业结构政策是指政府根据经济发展的内在联系，按照产业结构的发展规律，以本国产业发展状况制定的调整产业结构，保证产业结构顺利发展，推动国民经济健康发展的政策。它通过对产业结构的调整而调整供给结构，从而协调需求结构与供给结构的矛盾。一般而言，政府根据本国的资源、资金、技术力量和经济发展水平等情况，选择和确定一定时期的主导或有前景的产业部门，并将资金和政策向相关产业部门倾斜，以此带动国民经济各产业部门的发展。此外，政府还根据市场需求的发展趋势来协调各经济部门的关系，使产业结构政策在市场机制充分作用的基础上发挥作用，解决经济中需求结构和供给结构的矛盾。

产业组织政策是指通过选择效益好、资源配置效率高的产业组织形式，进而促进经济协调发展的政策。从政策导向角度来看，产业组织政策通常分为两类：一类是竞争促进政策，鼓励竞争、限制垄断，它着眼于维持正常的市场秩序；另一类是产业合理化政策，鼓励专业化和规模经济，限制过度竞争，直接表现为政府的规制政策。政府应当根据各产业的规模经济变化情况，促进产业逐步通过产业组织调整实现适度规模经营。对规模经济效益明显的产业，政府应积极组织企业间联合、改组、兼并，形成大的骨干企业或企业集团；对集聚效益显著的产业，政府要避免其布局过于分散，引导其在地域上的适当集中和在全国的合理分布，并在该产业集聚区域解决好运输、服务、污染防治等问题。这一政策是产业结构政策必不可少的配套政策。

产业布局政策是指政府根据产业的经济技术特性、国情、国力状况和各类地区的综合条件，调整和引导产业空间配置格局的政策。从本质上讲，产业布局合理化的过程就是建立合理的地区分工关系的过程，产业结构合理化与产业布局合理化分别从纵向角度和横向角度，即产业空间分布的两个具体方面考察同一事物。产业布局政策主要解决如何利用生产的相对集中所引起的“集聚效应”，尽可能平衡各区域间经济活动和产业结构的布局，缩小各区域间经济发展水平的差距。

14.5.2 消费政策

消费政策是指政府根据本国的经济发展水平和基本国情为原则，以实现经济健康发展为前提，确保消费水平稳步提高的经济目标，而制定的促进消费正常运行、社会消费顺利实现的各项制度措施。政府可以通过实施消费政策来调节消费的经济环境，进而通过消费市场来引导和规范社会成员的消费行为。消费政策包含宏观消费政策、微观消费政策和与消费相关的政策体系。其中，宏观消费政策包括财税政策、货币政策、价格政策；微观消费政策包括消费引导、消费教育、消费信用、消费者权益保护等。

长期以来，消费在国民经济中的地位不高，我国经济消费政策经历了由“重积累、轻消费”到“扩大内需、刺激消费”的过程。根据国家统计局数据，2019年消费支出对GDP增长贡献率已经上升到57.8%，消费在国民经济中的地位越来越高，但与发达国家的占比约80%相比，还有较大差距。近年来，国家在一系列重要文件中一再提出要扩大消费，各地也在研究扩大消费的政策，比如新冠肺炎疫情期间各级政府都出台了促进消费政策，甚至直接发放消费券。处于转型期的中国，逐渐意识到消费对经济的巨大作用，国家已经完全从过去的抑制消费政策转向了鼓励消费政策。从国内外的经验来看，唯有坚持“适度消费”原则，使消费水平的增长与社会再生产提供的条件及其发展的客观要求相适应，才能确保国民经济的持续快速健康发展，而不是一味地学习一些西方发达国家的“过度消费”。

14.5.3 环境政策

环境政策，又称“环境公共政策”（Public Policies of Environment），是诱导、约束、协调环境政策调控对象的观念和行为准则，是实现可持续发展战略目标的定向管理手段。简而言之，是国家为保护环境而采取的一系列控制、管理、调节措施的总和。环境政策主要有三种类型：首先，传统的“自上而下”的管制政策，主要是通过制定环保标准来约束管理对象的行为；其次，经济政策，主要是通过市场手段来刺激对象改变行为方式；最后，教育和信息政策，主要是通过道德感、公众舆论压力等推动对象更环保。一般来说，管制政策和经济能直接影响行为，管制政策效果更快且直接，但难以从根本上改变行为者的认知和态度，而教育和信息政策虽然作用缓慢，却有长期的影响。

从习近平总书记提出的“金山银山论”以及2060年“碳中和”目标，到“环保税”征收和“垃圾分类”的逐步推行，印证着中国环境公共政策调控方式正在不断完善，而且更加科学、全面，既有管制政策与经济政策，也有教育与信息政策。总体的发展趋势是，政府职能呈现出一种由单纯的环境治理到建设一种可持续发展社会的转变，把国内生产总值及其增长率作为主要目标向兼顾环境效益、社会效益和经济效益的综合效益作为主要目标的转变。

◎ 关键概念

自动稳定的财政政策；相机抉择的财政政策；财政政策传导机制；税收乘数；政府支出乘数；货币政策；公开市场业务；法定存款准备金率；再贴现率；收入分配

复习思考题

1. 常用的财政政策工具有哪些？对国民经济发展有什么影响？

2. 政府投资在宏观经济调控中的作用有哪些？

3. 财政政策时滞对国民经济调控有怎样的影响？

4. 结合我国经济调控实际情况，谈谈财政政策与货币政策协调配合的方式。

5. 收入分配的原则有哪些？

6. 我国当前的收入分配状况如何？应该怎样应对？

7. 结合我国当前经济调控，谈谈产业政策、消费政策和环境政策的影响。

推荐阅读

- 要想对国民收入决定的内容做更深入的了解，可阅读高鸿业等主编的《西方经济学》（第八版）（中国人民大学出版社2018年版）。
- 要想对货币政策内容做更深入的了解，可阅读黄达、张杰等主编的《货币银行学》（第七版）（中国人民大学出版社2020年版）。

参考文献

[1] 艾伯斯坦. 哈耶克传[M]. 秋风，译. 北京：中国社会科学出版社，2003.

[2] 安秀梅. 财政学[M]. 北京：中国人民大学出版社，2008.

[3] 鲍德威，威迪逊. 公共部门经济学[M]. 邓力平，译. 北京：中国人民大学出版社，2000.

[4] 布坎南. 市场和国家[M]. 平新乔，译. 上海：三联书店，1989.

[5] 蔡继明. 从中共十三大到中共十七大——解读平等：效率和公平关系的演变[J]. 经济学动态，2008（1）：72–77.

[6] 曾建华. 现代西方财政学[M]. 厦门：厦门大学出版社，2004.

[7] 陈昌盛，李承健. 我国财政支出结构特征与优化调整方向[J]. 中国财政，2020（20）：11–15.

[8] 陈共. 财政学[M]. 北京：中国人民大学出版社，2020.

[9] 陈树文，刘金涛，王大刚，辛宪章. 公共经济学[M]. 大连：大连理工大学出版社，2011.

[10] 崔惠玉. 税式支出预算研究[M]. 北京：中国财政经济出版社，2011：81–92.

[11] 戴文标. 公共经济学[M]. 北京：高等教育出版社，2015.

[12] 邓子基，林致远. 财政学[M]. 北京：清华大学出版社，2005.

[13] 杜振华. 财政学[M]. 北京：中国邮电出版社，2015.

[14] 杜振华. 公共经济学[M]. 北京：对外经济贸易大学出版社，2010.

[15] 敦利威. 官僚制与公共选择[M]. 张庆东，译. 徐湘林，校. 北京：中国青年出版社，2004.

[16] 高鸿业. 西方经济学（第四版）[M]. 北京：中国人民大学出版社，2007.

［17］高培勇，崔军. 公共部门经济学（第三版）[M]. 北京：中国人民大学出版社，2011.

［18］高培勇，杨之刚，夏杰长. 中国财政经济理论前沿[M]. 北京：社会科学文献出版社，2008.

［19］郭庆旺，陈志刚，温新新，吕冰洋. 中国政府转移性支出的收入再分配效应[J]. 世界经济，2016，39（8）：50–68.

［20］郭庆旺，赵志耘. 公共经济学（第二版）[M]. 北京：高等教育出版社，2010.

［21］韩康. 公共经济学（新修订版）[M]. 北京：经济科学出版社，2010.

［22］韩小红，施阳. 财政与金融[M]. 北京：北京理工大学出版社，2019.

［23］何振一. 理论财政学[M]. 北京：中国社会科学出版社，2016.

［24］侯卓. 重识税收中性原则及其治理价值——以竞争中性和税收中性的结合研究为视角[J]. 财政研究，2020（9）：93–104.

［25］黄范章. 建设社会主义市场经济体制的30年[J]. 经济学动态，2008（8）：17–23.

［26］黄恒学，高桂芳，郭喜. 公共经济学（第二版）[M]. 北京：北京大学出版社，2009.

［27］黄桦. 税收学[M]. 北京：中国人民大学出版社，2020.

［28］黄家仁. 中国收入分配问题成因与出路［J］. 云南行政学院学报，2010（6）：106–108.

［29］黄小玲，张帆，廖宇航. 公共经济学[M]. 北京：人民卫生出版社，2019.

［30］贾康，苏京春. 论中国财政政策与货币政策的协调配合[J]. 地方财政研究，2021（2）：39–52.

［31］杰克逊. 公共部门经济学的前沿问题[M]. 北京：中国税务出版社，2000.

［32］凯恩斯. 就业利息和货币通论[M]. 上海：商务印书馆，1983.

［33］科斯. 企业的本质[J]. 经济学家，1937，4（16）：386–405.

［34］匡小平. 公共经济学[M]. 上海：复旦大学出版社，2014.

［35］李嘉图. 政治经济学及赋税原理[M]. 上海：商务印书馆，1976.

［36］李江宇，徐翔. 我国财政科技支出效率的区域差异研究[J]. 财政监督，2021（6）：75–80.

［37］李克强. 财政政策理论与中国财政政策实践[M]. 北京：中国经济出版社，2020.

［38］李晓蕙. 公共经济学[M]. 大连：大连海事大学出版社，2015.

［39］李燕. 政府预算管理（第二版）[M]. 北京：北京大学出版社，2016.

［40］利奇. 公共经济学教程[M]. 朱萍，译. 上海：上海财经大学出版社，2005.

［41］梁朋. 公共财政学[M]. 北京：中共中央党校出版社，2006.

［42］廖楚晖. 教育财政学（第二版）[M]. 北京：北京大学出版社，2016.

［43］刘畅. 我国财政社会保障支出困境及对策建议[J]. 中央财经大学学报，2009（9）：19–23.

［44］刘俊英，刘平. 转型中的政府公共支出与公共服务[M]. 北京：中国经济出版社，2013.

［45］刘守刚. 中国财政史十六讲. 基于财政政治学的历史重撰[M]. 上海：复旦大学出版社，2016.

［46］刘天琦，宋俊杰. 财政支农政策助推乡村振兴的路径、问题与对策[J]. 经济纵横，2020（6）：55–60.

［47］刘卫东，徐国成. 公共产品供给制度演进逻辑与中国实践[J]. 社会科学战线，2018（3）：251–254.

［48］刘怡. 财政学（第三版）[M]. 北京：北京大学出版社，2016.

［49］刘宇. 个人所得税税制模式改革研究[D]. 上海：复旦大学，2010.

［50］卢洪友，余锦亮，张楠. 纵向行政管理结构与地方政府财政支出规模[J]. 金融研究，2017（10）：35–51.

［51］罗宾斯. 经济科学的性质和意义[M]. 朱泱，译. 北京：商务印书馆，2000.

［52］罗森. 财政学（第四版）[M]. 北京：中国人民大学出版社，2000.

［53］罗斯托. 经济成长的阶段[M]. 北京：商务印书馆，1962.

［54］洛克. 政府论[M]. 瞿菊农，叶启芳，译. 北京：商务印书馆，1996.

［55］马光荣. 中国财政体制改革与变迁（1978-2018）[M]. 北京：中国人民大学出版社，2019.

［56］马克和，章力. 财政学[M]. 北京：经济科学出版社，2020.

［57］马桑. 公共经济学：思维与拓展[M]. 北京：经济科学出版社，2016.

［58］马斯格雷夫. 比较财政制度[M]. 上海：上海三联书店，1996.

［59］曼昆. 经济学基础（第5版）[M]. 梁小民，梁砾，译. 北京：北京大学出版社，2010.

［60］蒙丽珍，古炳玮. 公共财政学（第二版）[M]. 大连：东北财经大学出版社，2010.

［61］米塞斯. 官僚体制和反资本主义的心态[M]. 冯克利，姚中秋，译. 北京：新星出版社，2007.

［62］穆勒. 功用主义[M]. 北京：商务印书馆，1957.

［63］聂永有. 公共经济学[M]. 北京：清华大学出版社，2021.

［64］彭成洪. 政府预算[M]. 北京：经济科学出版社，2010.

［65］钱纳里. 结构变化与发展政策[M]. 北京：经济科学出版社，1991.

［66］青木昌彦. 政府在东亚经济发展中的作用——比较制度分析[M]. 赵辰宁，等译. 北京：中国经济出版社，1998.

［67］阮守武. 公共选择理论及其应用研究[M]. 合肥：安徽教育出版社，2014.

［68］萨缪尔森，诺德豪斯. 宏观经济学.（第16版）[M]. 萧深，等译. 北京：华夏出版社，1999.

［69］萨缪尔森，诺德豪斯. 经济学（第12版）[M]. 北京：中国发展出版社，1992.

［70］史锦华. 公债学[M]. 北京：中国社会科学出版社，2011.

［71］史普博. 管制与市场[M]. 钱家骏，周维富，译. 上海：格致出版社，上海三联书店，上海人民出版社，2003.

［72］斯蒂格利茨. 公共部门经济学（第三版）[M]. 北京：中国人民大学出版社，2005.

［73］斯蒂格利茨. 经济学[M]. 高鸿业等，译. 北京：中国人民大学出版社，1997.

［74］斯蒂格利茨. 斯蒂格利茨经济学文集（第一卷）（上，下册）[M]. 陈工文，李飞跃，译. 北京：中国金融出版社，2007.

［75］斯蒂格利茨. 政府为什么干预经济——政府在市场经济中的角色[M]. 北京：中国物资出版社，1998.

［76］斯密. 道德情操论[M]. 蒋自强，钦北愚，朱钟棣，沈凯璋，译. 北京：商务印书馆，2011.

［77］斯密. 国民财富的性质和原因的研究[M]. 郭大力，王亚南，译. 北京：商务印书馆，2009.

［78］斯诺思，托马斯. 西方世界的兴起[M]. 厉以平，蔡磊，译. 北京：华夏出版社，1999.

［79］唐任伍. 公共经济学[M]. 北京：科学出版社，2018.

［80］唐祥来，黄书猛. 财政学[M]. 北京：经济科学出版社，2010.

［81］陶一桃，程静. 经济下行风险中的中国税制改革探索[J]. 理论探讨，2020（5）：103–109.

［82］陶志梅. 公共经济学[M]. 北京：经济科学出版社，2010.

［83］托达罗. 经济发展与第三世界[M]. 北京：中国经济出版社，1992.

［84］汪笛晚，付新法，王琼. 财政学[M]. 延吉：延边大学出版社，2018.

［85］王华春. 公共财政学[M]. 北京：北京师范大学出版社，2018.

［86］王慧英. 对我国目前财政补贴的思考[J]. 新西部（理论版），2012（3）：69–72.

［87］王曙光，蔡德发. 公共财政与管理研究[M]. 北京：经济科学出版社，2017.

［88］王文婷. 我国税式支出规范浅析[J]. 中国经贸导刊，2011（20）：64–65.

［89］王雍君. 公共经济学[M]. 北京：高等教育出版社，2016.

［90］席小涛. 我国教育支出规模分析[J]. 黑龙江教育学院学报，2010（12）：21–23.

［91］肖炎舜. 中国经济体制转轨与财政政策调控[J]. 财政研究，2017（2）：2–14.

［92］谢宇航. 我国财产税改革的阶段化路径研究[J]. 经济问题，2014（11）：53–57.

［93］许洁，葛乃旭. 公共经济学：理论、文献及案例[M]. 北京：清华大学出版社，2017.

［94］杨志勇，张馨. 公共经济学[M]. 北京：清华大学出版社，2011.

［95］杨志勇. 新中国财政政策70年：回顾与展望[J]. 财贸经济，2019，40（9）：21–34.

［96］杨志勇. 中国财政体制改革与变迁（1978–2018）[M]. 北京：社会科学文献出版社，2019.

［97］尹伯成. 西方经济学简明教程（第七版）[M]. 上海：上海人民出版社，2011.

［98］余斌. 公共经济学[M]. 武汉：武汉大学出版社，2017.

［99］岳远贺. 外部性理论探讨研究[J]. 现代商业，2016（29）：62–63.

［100］臧文君，张超. 公共经济学[M]. 成都：西南财经大学出版社，2017.

［101］臧雪静，黄莉茹. 大国竞争时代下全球军费支出趋势分析及启示[J]. 国防科技工业，2020（7）：50–52.

［102］周巧红. 新编财政学概论[M]. 北京：清华大学出版社，2014.

［103］朱柏铭. 公共经济学[M]. 北京：高等教育出版社，2018.

［104］朱珍. 改革开放40年财政支农政策嬗变的政治经济学分析[J]. 财经问题研究，2019（8）：87–95.

后　记

公共经济学是一门以公共部门特别是政府部门的经济活动为研究对象的学科。“公共”的概念是针对“私人”的概念提出的，在传统的计划经济体制下，私人部门的不发达就意味着以提供公共服务为核心的公共部门的不发达。公共经济学作为一门新兴的学科，正像公共部门或第三部门在中国的发展一样，正处于方兴未艾的发展之中。公共经济学教育事实上可以理解为经济学知识在公共领域的延伸，也是经济学理论应用到公共领域的具体实践。因此，公共经济学是经济学与公共部门活动相结合的一个学科领域，既具有理论特征，又具有实践特征。

本书作为一部高等学校本、专生和研究生相关专业适用的教材，既遵从教材的一般体例，又尽量把最新的与公共经济相关的知识融会其中，希望读者能从中得到一定的启发和感悟。当然，其中也包含着各位作者对公共经济学各种知识点的取舍以及对该学科的理解与探索，体现了一定的自身特色。

在本书的编写过程中，编写组参阅了大量已经出版的同类教科书和许多学者的著作、讲义、研究成果，在此表示衷心的感谢！

本书编写组多次商议本书的内容、知识点或者还存在争议的问题。本书各章节凝聚着集体智慧的结晶，各位作者分工如下：第一章、第六章由河南大学刘俊英撰写；第二章由海南大学王宁撰写；第三章由洛阳师范学院翟小会撰写；第四章、第五章由郑州轻工业大学张绍阳撰写；第七章、第八章由郑州轻工业大学郝宏杰撰写；第九章、第十四章由郑州轻工业大学游保德撰写；第十章、第十一章由郑州轻工业大学孙亚南撰写；第十二章、第十三章由河南大学刘平撰写。

全书由刘俊英主编和郝宏杰副主编进行统稿并定稿。本书在编写过程中可能存在一些缺点和错误，不当之处恳请广大读者给予批评指正，我们将进一步修改和完善。

刘俊英　郝宏杰

2022年3月